U0708669

河南寺廟道觀碑刻集成

洛陽卷一

楊振威 主編

中州古籍出版社
·鄭州·

圖書在版編目（CIP）數據

河南寺廟道觀碑刻集成.洛陽卷.一/楊振威主編.—鄭州：中州古籍出版社，2019.12

ISBN 978-7-5348-8851-9

Ⅰ.①河… Ⅱ.①楊… Ⅲ.①寺廟－碑刻－匯編－洛陽 Ⅳ.①K877.42

中國版本圖書館CIP數據核字(2019)第208927號

河南寺廟道觀碑刻集成
HENAN SIMIAO DAOGUAN BEIKE JICHENG

責任編輯：吕兵偉
責任校對：米　敏
出 版 社：中州古籍出版社
（地址：鄭州市鄭東新區祥盛街27號6層　郵政編碼：450016）
發行單位：新華書店
承印單位：河南瑞之光印刷股份有限公司
開　　本：787×1092mm　1/8　　**印　　张**：60.5
字　　數：523千字　　**印　　數**：1—1000册
版　　次：2019年12月第1版　　**印　　次**：2019年12月第1次印刷

定价：420.00元

本书如有印装质量问题，由承印厂负责调换。

《河南寺廟道觀碑刻集成》
叢書編輯委員會

總　　編：楊振威　余扶危

《洛陽卷一》編輯委員會

主　　編：楊振威

執行主編：郭茂育　郭水濤

副 主 編：王理香　顧　濤　張建文　鄭學通

序言

河南地處中原，歷史悠久，文化燦爛，是華夏文明的重要發源地之一。目前，全省各級文物保護單位達八千餘處，館藏文物一百七十萬件（套）。這些文物，類别多樣，内涵豐富。在衆多文物中，碑刻文物具有鮮明的特色。古代刻碑之風，肇始於先秦，發展成熟於東漢，鼎盛於唐宋，明清漸至衰落。由於碑刻材質堅硬，利於保存，幾千年來，洋洋大觀，流傳至今，數量極爲龐大。河南這些碑刻分佈廣泛，反映的内容上自國家大政，下至風土民情，自然的、社會的、官方的、民間的、宗教的，無所不有，包羅萬象。據不完全統計，河南現存碑刻不下萬通，主要分佈在鄭州、洛陽、開封、南陽、安陽、焦作、新鄉、濟源等地，其中大多隸屬于寺廟道觀。這些保存在廟觀或散落在田野中的碑刻文物從一個側面反映了我國古代政治、經濟、文化、軍事以及宗教文化等狀況，是前人留給我們的寶貴文化遺産，是研究中國歷史文化極爲重要的實證資料，是中華文明的重要載體之一。

近年來，伴隨着中華古代文明及古代思想史研究的深入，國内外學術界對於宗教歷史及宗教文化遺存的關注度日益提高。宗教思想作爲人類文明的重要組成部分，是社會科學研究不可或缺的内容。正確理解與認識宗教思想，是保持社會和諧、文明進步的需要。在我省保存的歷代石刻中，有關宗教思想的資料蔚爲大觀。其内容涉及寺廟建設、高僧生平、宗派流衍、社團活動、公益事業等，展現了一部廣闊詳盡的社會宗教歷史和展示了一幅生動靈活的民俗畫卷。因此，當代有志者編録的宗教石刻資料彙集陸續問世，彌補了有關學術空白，受到社會各界的普遍好評。

我省近十幾年來，雖則出版了一些古代碑刻方面的著録，但系統梳理宗教碑刻文物一直是學術空缺。河南省文物建築保護研究院摭拾寺廟碑刻這一專題，把河南現存的寺廟石刻文獻，以原拓圖版和釋文對照的形式，編匯《河南寺廟道觀碑刻集成》，旨在通過整理石刻文獻，挖掘、開發古代寺廟宫觀文化，爲學者和社會提供豐富可靠的石刻資料及研究寺廟文化平臺，也是編著者爲保護古代碑刻遺産所做的一項有意義的文物保護基礎工作。

碑刻作爲不可再生的文化資源和不可置换的文化載體，其重要性毋庸置疑。因此，挖掘、整理、研究這一文化遺産刻不容緩，也是一件功在當代、利在千秋的好事。作爲我省重要品類的碑刻文物，一件件重要的古代石刻不僅是濃縮的國家民族歷史，也在某些方面代表和反映着民族精神，其在維繫和彙集廣大民眾的愛國熱情與民族自豪感中能夠發揮其獨特價值和作用。保護搶救寺廟碑刻文物就是保護和傳承我們的歷史和傳統文化。長期以來，河南省委、省政府高度重視文化文物工作，在國家批准的中原經濟區規劃的五個定位之中，專題制定了建設華夏歷史文明傳承創新區規劃。省十次黨代會也提出了打造河南“全國重要的文化高地”的建設目標。最近，中共中央辦公廳、國務院辦公廳印發了《關於加强文物保護利用改革的若干意見》，指出文物承載燦爛文明，傳承歷史文化，維繫民族精神，是弘揚中華優秀傳統文化的珍貴財富，是促進經濟社會發展的優勢資源，是培育社會主義核心價值觀、凝聚共築中國夢磅礴力量的深厚滋養。保護文物功在當代、利在千秋。要從堅定文化自信、傳承中華文明、實現中華民族偉大復興中國夢的戰略高度，提高對文物保護利用重要性的認識，增强責任感、使命感、緊迫感，進一步解放思想、轉變觀念，深化文物保護利用體制機制改革，加强文物政策制度頂層設計，切實做好文物保護利用各項工作。面對新時代黨中央、國務院提出的新目標新要求，我省文物保護工作者要以《關於加强文物保護利用改革的若干意見》爲指針，深入研究河南各級各類文物保護利用改革開放的新舉措、新路徑，爲弘揚中原文化，打造中原品牌做出新貢獻。河南省文物建築保護研究院編録出版《河南寺廟道觀碑刻集成》，其意義也在此。

是爲序。

中共河南省文化廳黨組書記、廳長　宋麗萍

二〇一八年十月

前言

自古以來，中國就是一個熱愛和崇敬文化的國度。今天，我們更加清醒地認識到，每個國家都有自己的文化，文化是一個國家的靈魂，文化興則國家興，文化亡則國家亡。洛陽是河洛文化的中心地區，是國家首批歷史文化名城，十三朝古都的歷史蘊積了無比燦爛的豐厚文化。煌煌祖宗業，永懷河洛間。歷史事實告訴我們，洛陽及其附近地區是中國最早的文化發源地之一，並在相當長時間内一直是華夏文化的核心區域，因此洛陽也長期成爲中國政治、經濟、文化的中心。洛陽文化的繁榮體現在諸多方面，不僅儒學、玄學、理學等肇始於此，古代中國的宗教不少也源起於此，尤其是道教和佛教與洛陽有着十分密切的關係。

從普遍的人類歷史看，宗教是一種重要的文化現象，在不同民族和國家的發展史上都發揮過重要而獨特的作用，即使到今天，宗教對世界上許多國家仍然具有巨大的現實影響力，因此以理性與科學的態度看待和研究宗教才是我們應有的態度。我們要傳承和弘揚華夏文化，同樣不能回避這一問題。衆所周知，古代宗教不僅在我國本土起源很早，而且不斷吸收融合外來宗教，形成了多種宗教互相借鑒、共生共長的複雜局面和形態，對我國社會文化的方方面面都産生了相當廣泛而深刻的影響，並不斷融入中國人的精神世界、習俗文化和日常生活之中，早已成爲我們傳統文化的重要組成部分。作爲古代文化中心的洛陽，其宗教文化自然不可忽視。從原始宗教、民間宗教和道教、佛教等各種宗教的發展和傳播來看，洛陽這片土地聚留了無數的宗教印記和宗教元素，雖歷經千年的滄桑歲月，但仍需要凝聚我們的目光和心力去探尋其中藴藏的文化智慧，擷取其精華，剔除其糟粕，爲我們今天的文化建設服務。

從本土宗教來看，道教無疑是對中國文化影響最大的一種宗教。追尋道教的源頭和歷史，必然就會探源尋根到洛陽。道家乃至道教都尊崇老子，老子是春秋時期著名的思想家、道家學説的創始人，在洛陽做官和居住，長期擔任東周王室的"守藏室之史"，即國家圖書館館長。老子精通歷史，在洛陽他飽覽文獻，匯通古今，仰觀宇宙，俯察天下，從而撰寫出藴含無限智慧的《道德經》。老子的學説被稱作道家學説，在道家學説的基礎上，衍生演化而形成道教，自然老子也成爲世代膜拜的道教創始人。洛陽周圍的嵩山、王屋山等後來也成爲道教名山，使道教在洛陽及其附近發展傳承下來。

與道教不同，佛教是外來宗教，在東漢永平年間傳入都城洛陽，由官方在洛陽建造了當時中國第一座佛教寺院白馬寺。以此爲濫觴，佛教在中國以洛陽爲中心向四方傳播，開始並逐步完成了其中國化的進程。到北魏時，由於綿延賡續幾百年的傳播，加上數代統治者的大力提倡，社會上信佛崇佛之人衆多，佛教之風已經吹遍中華大地，及北魏遷都洛陽後，佛教在洛陽更是達到頂峰，據《洛陽伽藍記》載，北魏後期僅洛陽一地的寺廟就多達一千多座，可謂遍地開花，洛陽成爲名符其實的佛教中心。今天，名聞中外的世界文化遺産、位於洛陽城南的巍峨壯觀的龍門石窟，就是開鑿於北魏，歷經隋、唐諸朝，斷斷續續數百年而形成的佛教石窟，是古代洛陽佛教興盛的一個縮影和最好見證。

宗教信仰的興盛必然帶來宗教文化藝術的興盛。道教、佛教等宗教的存在和長期發展，不僅促進了社會文化的交流和融合，也促進了與宗教相關的建築、繪畫、音樂、雕塑等文化藝術的發展。同時，獨具中國特色的文化藝術載體碑刻與書法藝術、宗教緊密結合在一起，這些特點在古都洛陽充分體現出來。由於歲月侵蝕、戰爭破壞等各種原因，洛陽歷史上北魏寺廟道觀林立的景象早已不復存在（少量頑强保留到現在的寺觀也大多保護力度不夠），同時消失的還有大量的宗教建築和雕塑壁畫等宗教藝術作品，但值得慶幸的是，由於石頭本身的堅固不朽，洛陽的許多宗教碑刻仍然保存了下來。洛陽現存道教的道觀有北邙的上清宫、下清宫、吕祖庵，洛陽老城的祖師廟、城隍廟，洛陽關帝廟，新安縣的洞真觀，欒川的老君山等，這些道觀保存下了許多非常珍貴的碑刻，尤其是興建于元朝的祖師廟、洞真觀，保存下來了一些珍貴罕見的元朝碑刻，關林的關帝廟保存下來的明清民國時期的一百多塊碑刻也十分珍貴。相比較而言，佛教碑刻遺存數量更多，現在洛陽佛教寺廟白馬寺、大福先寺、洛陽廣化寺、龍門香山寺、偃師唐僧寺、伊川浄土寺、嵩縣雲岩寺、宜陽靈山寺、汝陽觀音寺、偃師白雲寺、洛寧羅玲香山寺等都保存下來大量的碑刻，有些碑刻如白馬寺的北宋《御賜封號碑》、金代《大金國重修河南府左街東白馬寺釋迦舍利塔記碑》等都屬於珍稀碑刻。

據不完全統計，洛陽及周邊縣區現存的寺廟道觀碑刻不下數千方，這些碑刻真實地記録了當時的社會政治、經濟、軍事、文化、民俗等方方面面的資訊，對於研究者是不可多得的珍貴碑刻文獻，是極其重要的第一手資料。尤其是那些已經不存在寺廟的宗教碑刻，它們無所附麗，没有建築物的遮擋，也無人看管和保護，由於長期裸露在室外和荒野，常年日曬雨淋，有些碑刻已經漫漶不清，亟需搶救性地進行保護、整理和研究。否則，隨着時間的推移，這些碑刻將逐漸從我們的視野消失，到那時其損失將是無法彌補的。現在，我們把這些碑刻裒輯整理並出版面世，就是希望保存這些珍貴的文化資源，並期望引起世人的關注，共同來保護和傳承包括碑刻在内的優秀民族文化。

宗教碑刻雖只是洛陽古代文化的一個小的側面，但它所藴含的歷史智慧和文化資訊卻可以使我們洞察天下，知古鑒今。“若問古今興廢事，請君只看洛陽城”，先哲的話言猶在耳。文化興衰事關民族復興之成敗，以洛陽爲中心的河洛文化是中華文化的核心和源頭，它不僅在古代規塑和滋養了中華民族的精神和心靈，我們相信，在傳統文化涅槃重生的今天，它也必將焕發出新的動人光彩！

凡例

一、《河南寺廟道觀碑刻集成》的收録範圍爲佛寺、道觀碑刻。佛寺包括佛教的寺、廟、堂、殿、庵等，道觀包括道教的觀、廟、殿、庵、洞、宫、閣等。

二、《河南寺廟道觀碑刻集成》的各册先按市、縣、區排列，再依佛寺、道觀分别排列。碑刻則依其年代先後順序排列。

三、本書的釋文部分，以忠實於原文爲原則，使用規範的繁體字，碑别字、俗字等改爲規範的繁體字。

四、碑刻因年代久遠、風雨剥蝕，或出土過程中出現的刮痕、石花及漫漶不清等，字迹無法辨識者，釋文中用“□”標出。若連續出現多字無法辨識的，則用“……”表示。

五、凡碑刻有首題的，統一置於釋文的第一行。無確切題名，或首題不能準確表達其内容的，自擬題目。

六、凡碑首有題字的，釋文時將其題字放在首行，并在其題字前加“〔〕：”。若碑首有不同内容的題字，則在不同題字中間空二個字符。例如：“〔碑首〕：流傳百代　　日月”。

七、凡碑刻中的施錢符號統一用“銀”或“錢”表示。

目録

吉利區

佛寺

道觀

伊濱區

佛寺

道觀

洛龍區

佛寺

道觀

高新區

佛寺

道觀

澗西區

佛寺

道觀

圖版／釋文

TUBAN SHIWEN

西京留府

准尚書禮部符准崇寧貳年捌月叁日
敕中書省檢會崇寧貳年肆月貳拾壹日
敕書應先聖賢祠宇舊來有名德僧道爲衆師法未
蒙封賜爵秩謚號師名顧頭仰所屬勘會聞奏特加
封賜今勘會下項捌月貳日三省同奉
聖旨摩騰賜號啓道圓通大法師法蘭賜號開教總
持大法師傅大士賜號空紹覺大士李長者賜號
顯教妙嚴長者定應大師賜號定光圓應大師其發
册雙林寺并太原府壽陽縣方山昭化禪院西京白
馬寺汀州武平縣南安巖均慶禪院今後每遇
聖節各許進奉功德疏內雙林寺回賜度牒貳道餘
叁處各壹道奉
勅如右牒到奉行前批今入祠部拾捌月肆日午時
付禮部施行仍關合屬去處數內壹項須至符下西
京白馬寺後漢梵僧摩騰法蘭河南府主者一依
勅命指揮施行仍關應干合屬去處者
右帖白馬寺主首仰一依前項
勅命指揮施行崇寧貳年捌月貳拾伍日帖
權西京留守推官賈
通直郎簽書西京留守判官廳公事黃
承議郎[illegible]事孟
奉議郎[illegible]事孫

【〇〇一】 御賜封號碑

年代：宋崇寧二年

尺寸：高 49 釐米，寬 86 釐米

立石地點：洛阳白馬寺

西京留府，准尚書禮部符准，崇寧貳年捌月叁日。

勅中書省檢會，崇寧貳年肆月拾壹日，勅書應先聖賢祠宇，舊來有名德僧道爲衆師法，未有封賜爵秩、謚號、師名、廟額。仰所屬勘會聞奏，特加封賜。今勘會下項，捌月貳日三省同奉，聖旨：摩騰賜號“啓道圓通大法師”；法蘭賜號“開教總持大法師”；傅大士賜號“等空紹覺大士”；李長者賜號“顯教妙嚴長者”；定應大師賜號“定光圓應大師”。其婺州雙林寺，并太原府壽陽縣方山昭化禪院、西京白馬寺、汀州武平縣南安嚴鈞慶禪院，今後每遇聖節，各許進奉功德。疏内雙林寺回賜度牒貳道，餘叁處各壹道。奉勅如右，牒到奉行。前批合入祠部格，捌月肆日午時付禮部施行，仍關合屬去處，數内壹項，須至符，下西京白馬寺，後漢梵僧摩騰、法蘭。河南府主者，一依勅命，指揮施行，仍關應千合屬去處者。右帖，白馬寺主首仰，一依前項，勅命，指揮施行。崇寧貳年捌月貳拾伍日帖。

權西京留守推官竇，通直郎簽書西京留守判官廳公事黄，承議郎通判河南府兼西京留守司公事孟，中大夫□寶文閣待制知河南府兼西京留守司公事孫。

當寺住持賜紫僧德玉立石，西京書表司孔目官成嗣宗書。

大金重修洛陽東白馬寺塔記

大金國重修河南府左街東白馬寺釋迦舍利塔記

河南府學正李[illegible]撰 [illegible]鄉[illegible]蓮書

浮圖氏之教大矣哉本西方聖人之設教也逮乎東漢明帝時則有若三藏[illegible]摩騰竺法蘭以白馬馱經四十二章
始流傳教法至于中州是時迺卜府皇城之東二十餘里建精舍度僧徒創[illegible]馬寺中州之人奉釋氏者此自[illegible]
厥後敬供香火相傳魏晉隋唐而下迄千有餘歲不絕洎五代之後粵有[illegible]莊武李王施己淨財於寺東又建精[illegible]
一區亦號曰東白馬寺并造木浮圖九層高五百餘尺塔之東南隅有[illegible]功既落成太祖綰王之[illegible]
相輪王之三子又施宅房廊叓角龜頭等僅百間[illegible]先大王夫人遠忌等日逐季[illegible]一千三百人以[illegible]
又一百五十餘季至丙午歲之宋遭劫火二炬寺[illegible]俱廢惟留餘址[illegible]者今三一[illegible]
者覩之孰不咨嗟嘆息焉噫天壤之間古今而來事之廢興何代無之莫不係時與[illegible]使之然爾又[illegible]物[illegible]
必反無何畢 彥公大士自濁河之北歲此覩是名刹荒榛丘墟徬徨不忍去一[illegible]發踴躍精[illegible]工[illegible]造[illegible]
緣行如流四方雲會不芳餘刃而所費辦集因塔之舊基剪除荒埋重建磚浮圖一十三層高一百六七尺[illegible]
宇洞并龜頭一十五所護塔墻垣三重甘露井又立古[illegible]通左右梵經[illegible]兩[illegible]杈子并塔門九座[illegible]
十八間門總大小三十七座其餘不可具紀不踰季而悉就所願恭值臨濟之宗無畏之[illegible]謹持六宿幸遇[illegible]
明天子在上太守百里賢士大夫在位抑又天時物數若合符節焉[illegible]非我 建[illegible]來持一舉手孰能起廢[illegible]
興致巍巍之功德能如是乎於告成之明日丐李[illegible]以記其事予 莊武王系六代孫[illegible]知其要義不當[illegible]
是可書也旹大定十五季五月初八日于是[illegible]書

文林郎行河南府洛陽縣主簿[illegible] 武義將軍行河南府洛陽縣[illegible]尉[illegible]
宣威將軍行河南府洛陽縣令上騎都尉廣陵郡開國子食邑五伯戶[illegible]
定遠大將軍河南府判官輕車都尉滎水郡開國子食邑七伯戶郭[illegible]
金吾衛上將軍河南尹上護軍鼓城郡開國侯食邑壹仟戶食實封壹伯戶唐括[illegible]

建

【〇〇二】　大金國重修河南府左街東白馬寺釋迦舍利塔記

年代：金大定十五年

尺寸：高 205 釐米，寬 89 釐米

立石地點：洛阳白馬寺

〔碑首〕：大金重修洛陽東白馬寺塔記

浮圖氏之教大矣哉，本西方聖人之設教也。迨乎東漢明帝時，則有若三藏曰摩騰、竺法蘭，以白馬馱經四十二章，始流傳教法至于中州。是時迺卜府皇城之東二十餘里，建精舍，度僧徒，創建白馬寺，中州之人奉釋氏者此自始。厥後敬供，香火相傳，魏、晉、隋唐而下，迄千有餘歲不絶。洎五代之後，粤有莊武李王，施己净財，於寺東又建精藍一區，亦號曰東白馬寺，并造木浮圖九層，高五百餘尺。塔之東南隅有舊碑云：功既落成，太祖睹王之樂善，賜以相輪。王之三子，又施宅房廊裹角龜頭等僅百間。每遇先大王夫人遠忌等日，逐年齋僧一千五百人，以崇追焉。又一百五十餘年，至丙午歲之末，遭劫火一炬，寺與浮圖俱廢，唯留餘址。鞠爲瓦子堆、茂草場者，今五十載矣。往來者視之，孰不咨嗟嘆息焉？噫！天壤之間，古今而來，事之廢興，何代無之？莫不係時與數而使之然爾，又奚足怪？物極必反，無何，果彦公大士，自濁河之北底此，睹是名刹，荒榛丘墟，彷徨不忍去。一夕遽發踴躍，持達心，迺鳩工食造甓，緣行如流，四方雲會，不勞餘刃而所費辦集。因塔之舊基，剪除荒埋，重建磚浮圖一十三層，高一百六十尺，徘徊界宇，洞并龜頭一十五所，護塔墻垣三重。甘露井又立古碑五通，左右焚經臺兩所，杴子并塔門九座，下創修屋宇二十八間，門窗大小三十七座，其餘不可具紀，不逾年而悉就所願，恭以臨濟之宗，無畏之壇，謹持六齋。幸遇明天子在上，太守百里賢士大夫在位，抑又天時、物數，若合符節焉。可見非我棲巖彦公乘時一舉手，孰能起廢嗣興，致巍巍之功德能如是乎？於告成之明日，丐李中孚以紀其事。中孚于莊武王係六代孫，粗知其要，義不當辭，是可書也者。大定十五年五月初八日，于是乎書。

文林郎行河南府洛陽縣主簿馮焕，武義將軍行河南府洛陽縣尉驍騎尉孫翊，宣威將軍行河南府洛陽縣令上騎都尉廣陵郡開國子食邑五百户高師旦，定遠大將軍河南府判官輕車都尉漆水郡開國伯食邑七百户耶律重哥，金吾衛上將軍河南尹上護軍彭城郡開國侯食邑壹仟户食實封壹佰户唐括烏也建。

修塔會首忠顯公□忠翊公立石。

河南府學正李中孚撰，男鄉貢進士夔書。

宣授扶宗弘教大師釋源宗主江淮諸路都揔攝
鴻臚卿贈司空護法大師龍川和尚舍利塔誌
嗣法孫 法洪 撰并書
師諱行育女真人姓納合氏得度於寶應秀受
業於永安柔量宇弘遠識鑑高明因辯譽緇黃
世祖皇帝賜赤僧伽梨加扶宗弘教大師之號江
南敀命
詔令揔攝江淮諸路僧事
帝師拔思八甚器重之一時賢貴如太保劉文貞
公之輩皆引為友輔
帝師以釋源荒廢歲久遂
奏請命師興葺仍假懷孟六縣官田之租以供
支度大剎落成師遷順化荼毗舍利五色
詔謚鴻臚卿贈司空護法大師門弟子分舍利建
塔以閟之燕雲奉聖蔚楊安西諸處皆有塔焉
其殊勳盛德具載翰林 勑撰之碑也銘曰
浩、德風巍、功烈 伊洛崧邙清輝無歇
大德七年癸卯十月初十日門人 海珍誌
徒弟 海祐 海貴 海信
洛陽李天祐刊

【〇〇三】 龍川和尚塔誌

年代：元大德七年

尺寸：高 50 釐米，寬 49 釐米

立石地點：洛阳白馬寺

宣授扶宗弘教大師釋源宗主江淮諸路都總攝鴻臚卿贈司空護法大師龍川和尚舍利塔誌

嗣法孫法洪撰并書。

師諱行育，女真人，姓納合氏，得度於寶應秀，受業於永安柔。量宇弘遠，識鑒高明。因辯賽緇黄，世祖皇帝賜赤僧伽梨，加扶宗弘教大師之號。江南皈命，詔令總攝江淮諸路僧事。帝師拔思八甚器重之，一時賢貴，如太保劉文貞公之輩，皆引爲友輔。帝師以釋源荒廢歲久，遂奏，請命師興葺。仍假懷孟六縣官田之租，以供支度。大刹落成，師遽順化，茶毗舍利五色。詔謚鴻臚卿、贈司空、護法大師。門弟子分舍利，建塔以閟之。燕雲、奉聖、蔚揚、安西諸處皆有塔焉。其殊勳盛德，具載翰林勅撰之碑也，銘曰：

浩浩德風，巍巍功烈；伊洛崧邙，清輝無歇。

門人海珍誌。徒弟：海祐、海貴、海信。

洛陽申天祐刊。

大德七年癸卯十月初十日。

故釋源開山宗主贈司空護法大師龍川大和尚遺囑記

嗣法孫講經論沙門圓覺述

先師維揚之行也，預知世緣之將盡，乃召門弟子海琳等，大書遺囑，悉以平昔衣盂之分黃金一百兩、白銀一十五定，俾充釋源造像之資；并以近寺西北陸田二百畝，歲收所產，充本寺長供；自餘聖像、經籍、法衣、器用，付之常住，傳流護持。又令供元孫萬聖於清涼山館伴侶，於燕臺憫忠、萬安、寶集、崇孝、崇國等五大剎暨餘中外，成趣分訖。乃曰：清涼祖師云：大明不能破長夜之昏，慈母不能保身後之子。今吾斯往，再會難期，人各勉旃，同荷祖剎。琳等謹泣書額，敬奉嚴詔，元貞二年膽巴上士奏奉

聖旨，造成大使馳驛届寺，塑佛菩薩于大殿者五，及三門四天王，計所費中統鈔二百定。大德三年，召本府馬君祥等莊繪，又費三百五十定，其精巧臻極，咸曰希有。每歲三月十三日師之示滅，四月初五日師之銘忌，嚴辦上供，以餽佛僧，永為常式。其餘所委，一一遵行。仍命圓覺敬述梗槩，刊諸貞石，示不忘也。嗚呼！老師生平遇知於

聖主，用力於祖庭，化金碧於丘墟，導法源於叔世，其功業之盛既如彼，而臨終囑累，叮嚀諄切又如此。於此可見老師願力之大，志慮之深且遠矣。後之來者，可不念哉！

大德十一年四月　日，門弟子海琳、海□、海□、海□等立石

【〇〇四】 故釋源開山宗主贈司空護法大師龍川大和尚遺囑記

年代：元大德十一年

尺寸：高 63 釐米，寬 62 釐米

立石地點：洛阳白馬寺

故釋源開山宗主贈司空護法大師龍川大和尚遺囑記

嗣法孫講經論沙門圓覺述。

先師維揚之行也，預知世緣之將盡，乃召门弟子海珍等大書遺囑，悉以平昔衣盂之分黄金一百兩、白銀一十五定，俾充釋源造像之資，并以近寺西北陸田二百畝歲收所産，充本寺長供。自餘聖像、經籍、法衣、器用，付之常住，傳流護持。又令供文殊萬聖於清涼山，饌佛僧於燕臺，憫忠、萬安、寶集、崇孝、崇國等五大刹，暨餘中外，咸處分訖，乃曰："清涼祖師云：大明不能破長夜之昏，慈母不能保身後之子。今吾斯往，再會難期，人各勉旃，同荷祖刹。"珍等涕泣稽顙，敬奉嚴訓。元貞二年，紞巴上士奏，奉聖旨，遣成大使，馳驛届寺，塑佛菩薩於大殿者五，及三門四天王，計所費中統鈔二百定。大德三年，召本府馬君祥等莊繪，又費三百五十定。其精巧臻極，咸曰希有。每歲三月十三日，師之示滅，四月初五日，師之銘忌，嚴辦上供，以饌佛僧，永爲常式。其餘所委，一一遵行。仍命圓覺敬述梗概，刊諸貞石，示不忘也。嗚呼！老師生平遇知於聖主，用力於祖庭，化金碧於丘墟，導法源於叔世，其功業之盛既如彼，而臨終囑累叮嚀諄切又如此，於此可見老師願力之大、志慮之深且遠矣。後之來者，可不念哉！

大德十一年四月□日，門弟子海珍、海祐、海貴、海信、海政等立石。

【〇〇五】　洛京白馬寺祖庭記

年代：元至順四年

尺寸：高 350 釐米，寬 115 釐米

立石地點：洛阳白馬寺

〔碑首〕：洛京白馬寺祖庭記

佛教源于天竺，派于中夏，正覺覺物，行世惟永，前德述事，典記麗然。獨此寺祖庭之碑，久淪毀滅。先德……謂釋源居中天，權輿佛法之地，可復峙芳磬，庀示騰、蘭二神僧，開教之緒。予妄以狂□，承録重寄，謹案宣公……上夢金人自西飛至，身光煒燁。□以遲旦，告所夢於臣下。通人傅毅博士王遵對曰：臣聞周書異記，昭……泉□盈溢，□光□色，上貫舉微，一輿雷動。時太史蘇由奏曰：西方有聖人生。王曰：於天下何日。即命無他……陛下斯夢將無然乎？上則遣遵偕郎中蔡愔、秦景等十八人西訪，至天竺，遇沙門迦攝摩騰、竺法蘭，……萬殊性真，適化初染，人罕信行。唯出經四十二章，蘭續譯十地斷結等五部，其要以慈悲懷物，戒……并□陵十一□苦可速惡，以洗心□，樂在□苦而復性，□性而爲佛。時君□□□楚王英……上置□寺□之兹，……治理也。其博施凡愛，行普門慈海，墨不書信矣。二師……一斑耳。餘説騰以天眼見清涼古大孚靈鷲寺，帝莊塔之雍門，□□育□□□帝□塔……葬□之東西。有宋淳化中旱，命中使發騰壙請雨，儀貌如生，故蘇易簡碑云：□骨宛如。……闢教貞而不諒，塔久頹落，靈骨失存。後人置石經幢，其上□□雲……之壬申，教被五竺，先千十四年始東。由永平乙丑，迨今又千二百三十二年。……六載皆齊有光，元貞丙申也。於乎！果行蕭然，徒教理僅存，何懸記之效如此。

至順四年九月□五……

重脩白馬寺佛殿記

重脩祖庭釋源大白馬禪寺佛殿記

欽差後軍都督府會昌侯孫杲
尚膳監太監黃錦
錦衣衛指揮黃鏽

原夫中國之三教也，粤自伏羲氏始畫八卦而儒教托始，自老子著道經而道教斯興，自漢帝夜夢金人而佛教初起，此中國有三教之序焉。蓋儒以正設教，道以尊設教，佛以大設教。觀其好生惡殺，同一人也；慈忍至慈，同一守也。由是觀之，天下之理二，善與惡而已矣。三教之立意，無非欲人去其惡而歸與善耳。原道辨曰：以佛治心，以道治身，以儒治世。誠知心也、身也、世也，不容有不知也。三教雖設施不同，及末歸本，其理則一也。夫三光麗天，亘萬古而常耀；百川道海，同一味以忘名。以迹儀之，未始不異；以理推之，未始不同。一而三，三而一，不可得而親疎焉。三教如鼎趺，一不可也。儒歸泰曰：仰之彌高，鑽之彌堅，瞻之在前，忽然在後。道曰：視之而不足見，聽之而不足聞。釋曰：垂之無前，引之無後，舉之異上，抑之無下。嗚呼！聖人雖居異域，其情則一也。今寺名曰白馬，乃天下建僧寺命名之始也。自漢明永平七年甲子四月八日，帝寢[illegible]宮，夜夢金人，旦問群臣，因群臣之對，遂使人西域訪求佛道，迺得摩騰、竺法蘭，帝大悅。至十四年辛未，勅西雍門外建白馬寺以居之。至丙午歲次，規模廢壞。迨宋淳化中，天旱無雨，宋太宗遂命儒匠重修其寺，以顯其靈。至今日久年遠，棟宇傾頹。迨我朝至明正德丁丑，有僧定太等暨化主德允攀近功德[illegible]等，召請名匠重脩一區。由是四方之人聞風向化，富者輸其財，貧者効其力，不日之間，殿宇煥然而日新，聖像彩色而鮮明。斯時也，觀之者敬心生焉，覩之者畏意起焉，四時之香煙裊裊矣。太等因緣際遇，固不敢云功也，願丐一言以序其始末。予與太公素交，心契累辭不果，予迺考諸經史，姑述其梗槩，以紀其歲月也。夫僧也者，其防身有戒，攝心有定，辨明有惠，有威可敬，有儀可則，經書詳明，不捨寸陰，此數者出家之端本，為僧之正要也。上可以陰翊乎皇圖，下可以福均乎民庶。使施財施力者保祐命之福緣德[illegible]。易曰：積善之家必有餘慶。書曰：作善降祥。此必然之理也，豈聖人妄以禄慶以示人哉？良有以也。是以為記。

嘉靖二十年歲次辛丑季春之月二日戊子

本寺明安　明川　圓文
洪緒　圓祿　圓河
智曉　智滿　智可　仝門徒　圓經　圓[illegible]　圓[illegible]　圓勤
住持僧[illegible]　智永　智玄　智來　立
智忠　智奎　洛陽韓鳳　韓達　洗鑴石

【〇〇六】　重修祖庭釋源大白馬禪寺佛殿記

年代：明嘉靖二十年

尺寸：高 245 釐米，寬 68 釐米

立石地點：洛阳白馬寺

〔碑首〕：重修白馬寺佛殿記

原夫中國之三教也，粵自伏羲氏始畫八卦而儒教托始，自老子著《道經》而道教斯興，自漢帝夜夢金人而佛教初起，此中國有三教始序焉。蓋儒以正設教，道以尊設教，佛以大設教，觀其好生惡殺同一人也，懲忿窒欲同一守也。由是觀之，天下之理二：善與惡而已矣。三教之立意，無非欲人去其惡而歸與善耳。《原道》辨曰："以佛治心，以道治身，以儒治世，誠知心也、身也、世也，不容有不知也。"三教雖設施不同，原末歸本，其理則一也。夫三光麗天，亘萬古而常耀；百川道海，同一味而忘名。以迹儀之，未始不異；以理推之，未始不同，一而三，三而一，不可得而親疏焉。三教如鼎，缺一不可也。儒歸本曰："仰之彌高，鑽之彌堅，瞻之在前，忽然在後。"道曰："視之而不足見，聽之而不足聞。"釋曰："牽之無前，引之無後，舉之無上，抑之無下。"嗚呼！聖人雖居異域，源其清則一也。今寺名曰白馬，乃天下建僧寺命名之始也。自漢明永平七年甲子四月八日，帝寢南宫，夜夢金人，旦問群臣，因群臣之對，遂使人西域訪求佛道，迺得摩騰、竺法蘭，帝大悦。至十四年辛未，勑西雍門外建白馬寺以居之，至丙午歲次，規模廢壞。迨宋淳化中，天旱無雨，宋太宗遂命儒臣重修其寺，以顯其靈，至今日久年遠，棟宇傾頽。迨我朝皇明正德丁丑，有僧定太等暨化主德允、攀近，功德張端、張禹、馬成、李深等，召請名匠重修一區，由是四方之人，聞風向化，富者輸其財，貧者効其力，不日之間殿陛焕然而日新，聖像彩色而鮮明。斯時也，觀之者敬心生焉，睹之者畏意起焉，四時之香煙靉靆矣。太等因緣際遇，固不敢云功也，願丐一言，以序其始末。予與太公素交心契，累辭不果，予迺考諸經史，姑述其梗概，以紀其歲月也。夫僧也者，其防身有戒，攝心有定，辨明有惠，有威可敬，有儀可則，經書詳明，不捨寸蔭，此數者，出家之端本，爲僧之正要也。上可以陰翊乎皇圖，下可以福均乎民庶，使施財施力者，保佑命之福緣後世矣。《易》曰："積善之家，必有餘慶。"《書》曰："作善降祥。"此必然之理也，豈聖人妄以禄慶以示人哉？良有以也，是以爲記。

欽差後軍都督府會昌侯孫杲，尚膳監太監黄錦，錦衣衛指揮黄銹。

主持僧：智曉、智永、智忠、智滿、智玄、智奉、智可、智來，門徒：圓經、圓流、圓妙、圓勤、東寺明安、明川、圓艾，洪緒圓禄、圓河立。

洛陽韓鳳、韓廷洗鐫石。

嘉靖二十年歲次辛丑季春之月二日戊子。

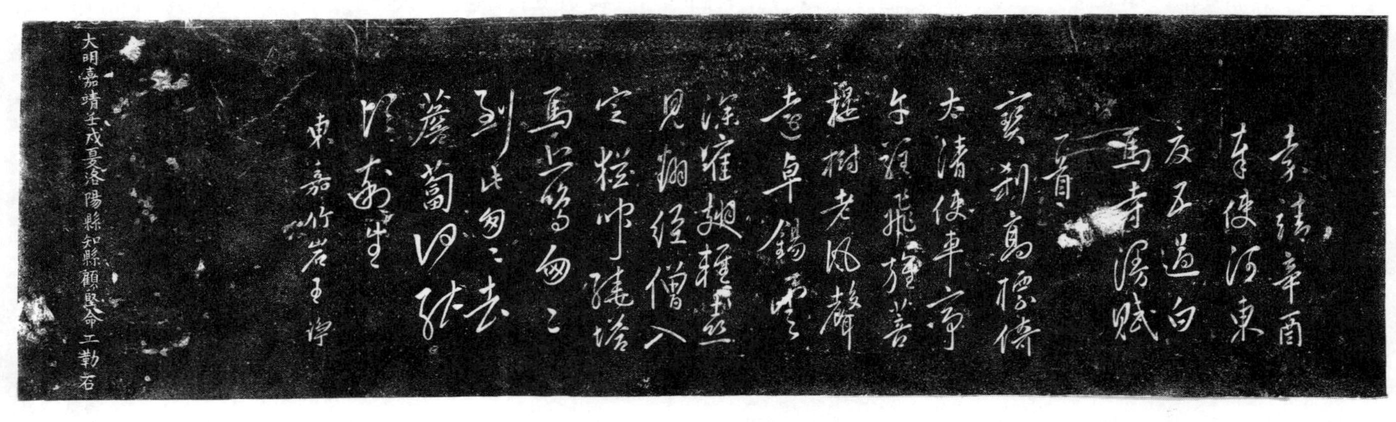

【〇〇七】　王諍題白馬寺詩

年代：明嘉靖四十一年

尺寸：高 40 釐米，寬 137 釐米

立石地點：洛阳白馬寺

嘉靖辛酉奉使河東，夏五過白馬寺，漫賦一首。

寶刹高標倚太清，使車亭午駐飛旌。菩提樹老風聲遠，卓錫雲深鶴翅輕。喜見翻經僧入定，猶聞繞塔馬悲鳴。匆匆到此匆匆去，薝蔔何能頃剩生。

東嘉竹岩王諍。

大明嘉靖壬戌夏洛陽縣知縣顧堅命工勒石。

洛京白馬寺揆敘原
流碑記
原夫釋迦如來之應
跡也有迦維降誕雪
嶺修因果滿於阿僧
祇劫並證於菩提樹
下十號具足三界獨
尊經談三百餘會法
說四十九年臨涅槃
會上偈爾拈花示衆
吐百萬億人天咸皆罔
措獨迦葉破顏微笑
世尊遂以正法眼藏
涅槃妙心無相實相
付囑而偈竟焉矣
時也大地震動江河
泛漲有白虹十二南北
貫通連宵不滅即
周穆王壬申五十二年
也王問太史扈多曰
是何瑞也對曰此西方
大聖人入滅所現之相
也由是嫡真指聖列
子述居父之業拈花
契機西界載伯陽
之偈至漢明帝永平
七年甲子帝夢金
人身佛丈六放大光
明自西飛至旦問群
臣通人傅毅奏曰臣
聞周書異記云昭王
二十四年四月八日此方
地振六震光貫太微
照自西方王即時問
群臣太史蘇由奏曰
西方生大聖人也王曰
於此何如由曰至今千
年之後聲教傳流
於此乃刻銘於南郊
品祀之今陛下斯夢
得無是乎帝悅詔遣
郎中蔡愔郎將秦景
博士王遵等一十八人
詣天竺國尋訪聖典
至大月支國遇摩騰
竺法蘭得釋迦栴檀
相及白氎影相梵本
並經四十二章以白馬
負之永平十年抵洛
初館於鴻臚寺後騰
蘭二尊者入對帝影
垂之經而又問佛教
源流尊者導以釋種
正藏諸秘密門且屢
示神變攝伏異道
其要以慈悲利物或
空條身帝由是益
加欽崇始於雍門
外創白馬寺以居之
騰以大化初傳人未
源流且援經爲導
時俗欲譯四十二章
一卷蘭繼譯十地斷
結等五部繼之
蘭臺石室帝即
勅令圖寫佛像置
清涼臺及顯節
陵而從奏之明年
嵩岳道士褚費等
上表滅佛帝降教
令道士與騰蘭就元
宵日辯集白馬寺南
門外立壇以火焚試其
真偽蘭時惟佛經
不燬且有神光五色
又火中至今焚經臺
尚存又曰聖塚勅建
齊雲寶塔高五百餘
尺瑞館遂追踵之
六之光寧猶後雲
依稀尺五之上時
中夏人民瞻仰爲
往者以億萬計積
興崇焉而寰宇
梵剎之興於茲爲
始至魏文帝黃初
三年壬寅有沙門
曇柯迦羅中印土
人來至洛陽大行
佛法於白馬寺譯
僧祇戒本一卷更集
梵僧立羯磨受戒
東夏戒律實緣舉
祖其後教律興越
並播寰中歷魏
唐五季宋元更變
廢興不一雖以俱陳
至宋淳化間太宗帝
命中使移於列爲
去黃壤猶兩儀歟
如生耳霏普降靈
應如響即重新
寺宇勅學士蘇易
簡撰文誌之迄明
世宗時寺院荒蕪
殿宇頹落司禮監
太監黃公捐俸修
理而殿堂僧舍煥然
一新矣及
國朝納剎渠若寺
參拈諸方善業無
甚澀僧徒數不滿
本邑掌官紳衿
山主護法遂主叢
林敦請洞上納遂
於康熙四十一年佛
誕日舉剎於此安
念指人已陋祖院故
存殘碑於草萊
中恐歲久廢弛湮
塞佛祖之來源爰
是缺者補之傾者
葺之庶幾精藍
福地不致勝蹟之
久湮而紺殿瑤宮
式煥往潤於伽
敷四湖漢洄唐於
此爲勝西乳東
震賴以弗墜哉
敬勒貞珉用誌不
朽是爲敘
康熙五十二年四
月八日傳臨濟正
宗第三十五世孫
住沙門釋源如琇
撰並書

釋如琇
古虞王施仁鐫石

【〇〇八】 洛京白馬寺釋教源流碑記

年代：清康熙五十二年

尺寸：高218釐米，寬95釐米

立石地點：洛陽白馬寺

洛京白馬寺釋教源流碑記

原夫釋迦如來之應迹也，自迦維降誕靈兹，修因果滿於阿僧祇劫，道成於菩提樹下，十號具足，三界稱尊，經談三百餘會，法説四十九年。至涅槃會上，偶爾拈花示衆，時百萬人天悉皆罔顧，獨迦葉破顔微嘆，世尊遂以正法眼藏，涅槃妙心，無相實相，付囑而歸寂焉。是時也，大地震動，江河泛漲，有白虹十二，南北貫通，連宵不滅，即周穆王壬申五十二年也。王問太史扈多曰："是何瑞也？"對曰："此西方大聖人入滅所現之相也。"由是，疑真指聖，列子述尼父之言，探花焚梅西昇，載伯陽之偈。至漢明帝永平七年甲子，帝夢金人，身偉丈六，放大光明，自西飛至。旦問群臣，通人傅毅奏曰："臣閲《周書異記》云：昭王二十四年四月八日，此方地摇六震，光貫太微，照自西方。"王即怪問群臣，太史蘇由奏曰："西方生大聖人也。"王曰："於此何如？"由曰："無事，千年之後，聲教傳流於此，乃刻銘於南郊以記之。今陛下斯夢得無是乎？"帝悦，詔遣郎中蔡愔、郎將秦景、博士王尊等一十八人，詣天竺國尋訪聖典。至大月支國，遇摩騰、竺法蘭，得釋迦栴檀相及白氎影相、榆檔亟經四十二章，以白馬負之，永平十年抵洛。初館於鴻臚寺，召騰、蘭二尊者入對，帝頗重之。繼而又問佛教源流，尊者導以釋種正義諸秘密門，且屢示神變，攝伏異道。其要以慈悲利物，戒定修身。帝由是益加欽崇，始於鏞門外創白馬寺以居之。騰以大化初傳，人未深信，且撮經要，以導時俗，故譯《四十二章》一卷，蘭繼譯《十地斷結》等五部，緘之蘭臺石室。帝即勑令圖寫佛像，置之清涼臺及顯節陵而供養之。明年歲旦，道士褚、費等上表滅佛，帝降勑，令道士與騰、蘭就元宵日，騈集白馬寺南門外，立壇火焚，試其真僞。爾時，惟佛經不壞，且有神光五色見火中，至今焚經臺尚存。又因聖塚勑建齊雲寶塔，高五百餘尺。珠宫幽邃，遥瞻丈六之光；窣堵凌雲，依稀尺五之上。時中夏人民瞻仰歸信者，以億萬計。猗與盛哉！而震旦梵刹之興，於兹爲始。至魏文帝黄初三年壬寅，有沙門曇柯迦羅，中印士人來至洛陽，大行佛法，於白馬寺譯《僧祇戒本》一卷，更集梵僧立羯摩受戒，東夏戒律，實稱鼻祖。其後，教行吴越，道播寰中，歷魏唐五季，滄桑更變，廢興不一，難以俱陳。至宋淳化間大旱，帝命中使禱於二尊者，發壙請雨，儀貌如生，甘霖普降，靈應如響。即重新寺宇，勑學士蘇易簡撰文誌之。迄明世宗時，寺院荒蕪，廟宇頹落，司禮監太監黄公捐俸修理，而殿堂僧舍焕然一新矣。及國朝，衲剃染兹寺，參扣諸方，道業無成，濫膺僧數，不謂本邑宰官紳衿山主護法，建立叢林，敦請開堂。衲遂於康熙四十一年佛誕日，豎刹於此。每念哲人已往，祖院猶存，讀殘碑於草萊中，恐歲久廢弛，滯塞佛祖之來源，爰是缺者補之，傾者葺之，庶幾精藍福地，不致勝迹之久湮，而紺殿瑤宫，或挽狂瀾於既倒，敢曰溯漢迴唐，於此爲勝，西吼東震，賴以弗墜哉！敬勒貞珉，用誌不朽，是爲敘。

傳臨濟正宗第三十五世弘法沙門釋源如琇撰并書，古亳王施仁鎸石。

康熙五十二年四月八日。

重修釋源大白馬寺殿宇碑記

佛生西域漢以前未通中國至梁武時達摩西來爲震旦第一祖教化始大行於天下然而𨗇柰園之朔寔起於漢明帝之永平七年爾時帝夢金人飛至殿庭旦問羣臣有
傅毅奏其由帝遣博士王遵蔡愔等求佛法於西域遇摩騰竺法蘭二神僧得佛經四十二章及白氈影像以白馬馱至洛陽帝於雍門外立白馬寺寺爲天下佛氏祖庭也
余爲諸生時性癖涉獵覽史至此嘗思一過洛陽憑弔遺蹤以道遠弗能致也康熙庚寅歲余由京口量移河郡營務之暇訪南宮舊址始得登清涼臺一償夙願又晤方丈
賴公諱如琇者翩翩儒家子詩文字畫凌轢一時余益嫒然喜不勝所惜者洛陽遭闖逆蹂躪紺宮紅樓卷爲灰燼白馬雖巋然獨存而金粉零星土木凋殘想明帝之初
不無盛衰之感云閱二歲再驅車過之登其臺見毘盧一閣丹流雲表輝生霄漢余灑然異之更逾歲復以事過其地而大殿山門配殿等俱燦然陸離大改前觀余益[illegible]
異之未幾賴公來謁余請余文志其事余問賴公曰阿誰檀越興功如此之鉅與賴公曰此蒼髯公之力也余閱其故公曰寺有古栢數株余謀諸山主黃瑋黃蓮隆黃肇等
售金若干兼以耕三餘一耕九餘三之力加之邑侯高公諱鎬捐俸若干數載經營粗完斯功余聞之爽然自失嘆未曾有若賴公者可謂高僧矣較之捧籌漁利相去可道
里計哉於戲余既喜登清涼臺以酬素抱又得賴公爲塵外之交余縱不能文敢以不文辭耶余以此尤有感焉夫賴公一衲子也借名山卧三竿亦其分也迺克苦行焚修
不媿其職而世之高牙大纛尸位素餐者聞賴公此舉可以油然而興矣況余待罪此土賦性庸拙日夜惴惴惟以有忝
朝廷之簡任是懼余是以不覺緣事生感臨文興惕也爰踴躍而爲之記

賜進士出身河南府城守營中軍守備加一級盧陽江總撰　太學生邑人孟習蘊書丹

原任兵部車駕司郎中[illegible]肇新篆額

監院如棟　副寺如學　維那性慈　知客性智　典座性宗　悅衆道[illegible]　[illegible]　[illegible]主了九　照客道弘　行者道[illegible]

西堂心祿　書記了機　知客性誠　直歲性寬　知衆性方　知殿了賢　侍者了見　菜主了全　[illegible]主了[illegible]　香燈道仙　佛子了相

康熙五十五年歲次丙申春月　吉旦　兩序執事　仝立石

彭店姚進孝鐫字

【〇〇九】　重修釋源大白馬寺殿宇碑記

年代：康熙五十五年

尺寸：高 199 釐米，寬 65 釐米

立石地點：洛阳白馬寺

重修釋源大白馬寺殿宇碑記

佛生西域，漢以前未通中國。至梁武時，達摩西來，爲震旦第一祖，教化始大行於天下。然而溯柰園之朔，是起於漢明帝之永平七年。爾時帝夢金人飛至殿庭，旦問群臣，有傅毅奏其由，帝遣博士王遵、蔡愔等，求佛法於西域，遇摩騰、竺法蘭二神僧，得佛經四十二章及白氎影像，以白馬馱至洛陽。帝於雍門外立白馬寺，寺實天下佛氏祖庭也。余爲諸生時，性癖涉獵覽史，至此，嘗思一過洛陽，憑吊遺迹，以道遠弗能致也。康熙庚寅歲，余由京口量移河郡，營務之暇，訪南宫舊址，始得登清涼臺，一償夙願。又晤方丈穎公諱如琇者，翩翩儒家子，詩文字畫，凌轢一時，余益輾然喜不勝。所惜者，洛陽遭闖逆蹂躪，紺宫紅樓悉爲灰燼，白馬雖巋然獨存，而金粉零星，土木凋殘，想明帝之初制，不無盛衰之感云。閱二歲，再駈車過之，登其臺，見毘盧一閣，丹流雲表，輝生霄漢，余灑然異之。更逾歲，復以事過其地，而大殿、山門、配殿等俱燦然陸離，大改前觀，余益灑然異之。未幾，穎公來謁余，請余文誌其事。余問穎公曰："阿誰檀樾興工如此之鉅與？"穎公曰："此蒼髯公之力也。"余問其故，公曰："寺有古柏數株，余謀諸山主黄璘、黄運隆、黄肇等，售金若干，兼以耕三餘一，耕九餘三之力，加之邑侯高公諱鎬捐俸若干，數載經營，粗完斯功。"余聞之，爽然自失，嘆未曾有若穎公者，可謂高僧矣。較之捧簿漁利，相去可道里計哉？於戲！余既喜登清涼臺，以酬素抱，又得穎公爲塵外之交，余縱不能文，敢以不文辭耶？余以此尤有感焉。夫穎公一衲子也，僣名山臥三竿，亦其分也，迺克苦行焚修，不媿其職，而世之高牙大纛、尸位素餐者，聞穎公此舉，可以油然而興矣。况余待罪此土，賦性庸拙，日夜惴惴，惟以有負朝廷之簡任是懼，余是以不覺緣事生感，臨文興惕也，迺踴躍而爲之記。

賜進士出身河南府城守營中軍守備加一級盧陽江總撰，太學生邑人孟習蘇書丹，原任兵部車駕司郎中□肇新篆額。

兩序執事：監院如燦、西堂心祿、副寺如學、書記了機、維那性慧、知客性識、知事性智直歲性寬、典座性寶、知衆性方、悦衆道榮、知殿了賢、副悦道純、侍者了見、寮元了然、堂主了全、莊主了凡、貼案了塵、照客道弘、香燈道仙、行者道明、佛子了相。仝立石。

康熙五十五年歲次丙申春月。

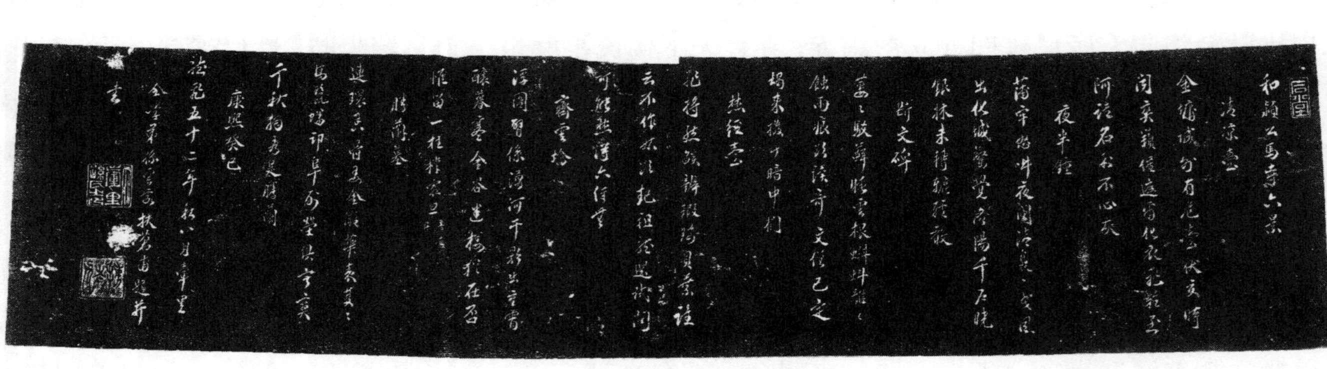

【〇一〇】　和潁公馬寺六景

年代：清康熙五十六年
尺寸：高 30 釐米，寬 121 釐米
立石地點：洛阳白馬寺

清涼臺
金墉城外有危臺，伏夏時聞爽籟催。遮尔化衣飛難到，阿詰名利不心灰。
夜半鐘
蒲牢怒叫夜闌清，裊裊曳風出化城。驚覺洛陽千户曉，銀牀未轉轆轤聲。
斷文碑
萋萋駁蘚睡雲根，蝌蚪離離蝕雨痕。欲讀奇文僧已定，揭來撥草暗中捫。
焚經臺
非將然焰辨瑕瑜，貝葉誰云不作姑。欲起祖龍還試問，可能焚得六經無。
齊雲塔
浮圖臂係湧河干，影出重霄釀暮寒。金谷迷楼猶在否，惟留一柱撐震旦。
騰蘭墓
連環香骨委金凝，華表雙雙馬鬣蟠。邙阜列塋俱寂寞，千秋獨秀是騰蘭。
犨里仝學弟孫雲客扶蒼甫題并書。
康熙癸巳龍飛五十二年秋八月。

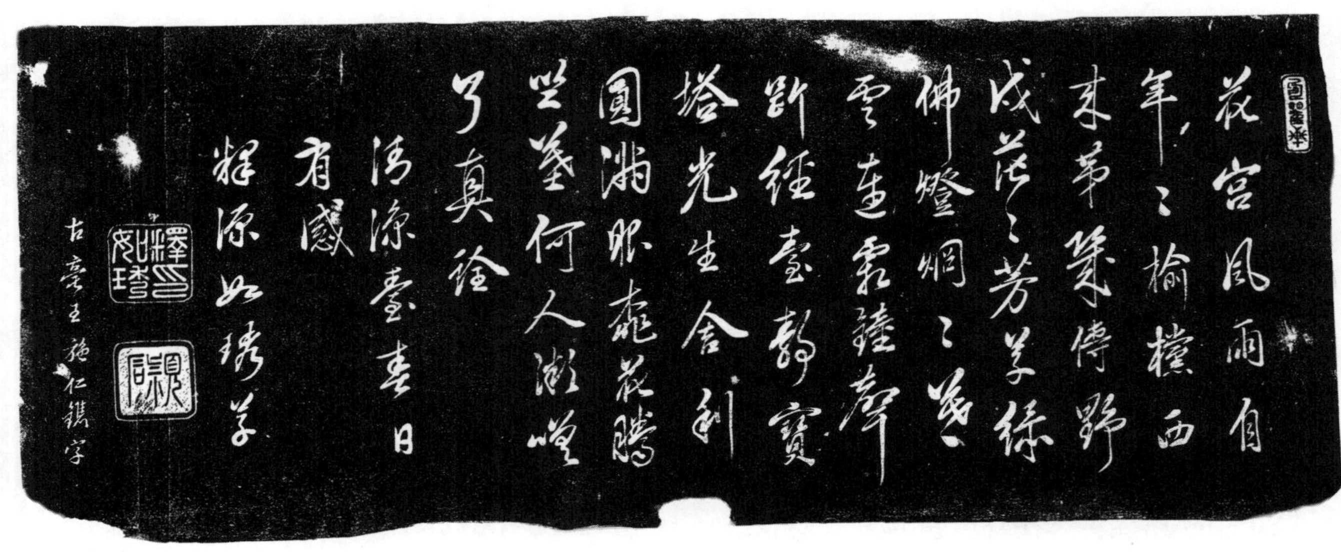
花宫风雨自
年年榆㯼西
来第叶传归
成茂茂芳草绿
佛灯烱烱灵
云连云钟声
断经台静宝
塔光生舍利
圆消那尨花腾
片基何人澈嘡
了真诠
洛涤台春日
有感
释源如琇草
古亭王施仁撰字

【〇一一】 清涼臺春日有感

年代：清康熙年

尺寸：高 30 釐米，寬 75 釐米

立石地點：洛阳白馬寺

花宫風雨自年年，榆檔西來第幾傳。野戍茫茫芳草緑，佛燈炯炯幕云連。霜鍾聲斷經臺静，寶塔光生舍利圓。滿眼桃花騰竺墓，何人微嘆了真詮。

清涼臺春日有感。

釋源如琇草，古亳王施仁鐫字。

傳臨濟正宗第三十五世穎石琇公和尚壽塔銘

雍正紀元歲舍己酉風穴顯公禪師世壽七十有二其嗣法門人等以歲宿叶吉預營壽塔爲他日舍利藏屬余銘其詞石余與穎公方外交久知其行實悉且其嗣孫了機復與余有文字之雅誼固不容以弇鄙辭也

師姓潘氏世籍洛陽幼多疾投白馬寺去名如琇字穎石年九歲入寺遊依本師培之不去父母強之歸不能得以娠師時有異兆遂聽之既而剃染攻內外典了無隆義兼善詩文工書畫遍閱禪青雷師有契之

之遊燕薊禮五台諸名剎歸入風穴得戒於慈公老人署書記與歆老高足輩同參風穴數載心印相融獨委心於默公輝爲後同醉雪禪人從默公住靜於伏牛山之演法坪默公道行高潔素少許可遂主寶閣

堂時默公以從上源流付之康熙辛巳默公繼風穴祖席師從之主西堂事洛陽令錢石臣侍御耳師名久謂白馬乃釋教源流騰蘭去後二千五百餘年未有勝選佛之任者今穎公挺生崛起豈其再來身耶謀

諸二尹詹公學臣袁太史紫宸先生庠彥黃運隆王可選輩偕同官紳士庶請歸白馬開堂演教入院日四衆雲從邂逅不期而會者數百人錢侍御爲闢常住建方丈備諸叢林威儀師於十年來辛苦備嘗上而臺閣

殿宇及諸寮舍等煥然一新者皆師經營之力至今白馬鐘鼓遂冠中土云雍正癸卯風穴席虛汝牧宛平章公念風穴耆舊凋謝非具大圓通者不克肩荷乃函啟延師西來師手度從容道氣渾穆

棒頭拂子迎機善導於今七載白雲緇素皈依經營締造大工屢興佛法人緣近今罕儔廼謙退不遑累求退休今汝牧李咸武公及蓮社僧衆以法運甫升極盛難繼堅留坐鎮不聽師去憶會屬末法

刹竿多倒曲彔談禪正眼直指求如師者寧可數數見耶錦屏流翠桂殿香飄法演祖燈笑振席溪非如師者又焉可追蹤嗣響耶初門人輩欲建壽塔於風穴山寬師之意在白馬遂將卸東歸辭道人

元復張子卜吉於寺之左師得法於默公輝得法於慈公是爲臨濟下第三十五世法嗣所著有句瞿詩集及白馬白雲語錄行世[illegible]其實而爲之銘曰

白馬紹衣　白雲僧聚　清涼一指　錦屏栢樹　惟大知識　千佛嶽注　仔肩大道　鉗鎚陶鑄　遠出乘法　徹不二義　遇默而圓　遇石而試　風穴祖庭

振錫而至　獅吼天中　淨掃魑魅　說詩中禪　示畫中意　升堂入室　兒孫遍地　桂嶺香馥　參松並翠　億萬斯年　宗風不墜

古南梁懷峴居士法弟屈啟賢拜撰

同邑法弟孟習藴書丹

大清雍正十年歲次壬子二月之吉

門人信翁　滄溟　佛行　道歡　海容

性方　了聞　了賢

徒性慧　孫了機　了元　曾孫道光　紘　紫　弘　明

性淨　了然　了全

性誠　了見

侄性寬　孫了貴　了[illegible]

性寶　了恒

全立石

彭店姚道孝鐫字

【〇一二】 傳臨濟正宗第三十五世潁石琇公和尚壽塔銘

年代：清雍正十年

尺寸：高 135 釐米，寬 69 釐米

立石地點：洛阳白馬寺

傳臨濟正宗第三十五世潁石琇公和尚壽塔銘

雍正紀元，歲舍己酉，風穴潁公禪師，世壽七十有二。其嗣法門人等，以歲宿葉吉，預營壽塔，爲他日舍利藏，囑余銘其額石。余與潁公方外交久，知其行最悉，且其嗣孫了機復與余有文字之雅誼，固不容以弁鄙辭也。師姓潘氏，世籍洛陽。幼多疾，托身白馬寺，法名如琇，字潁石。年九歲入寺遊，依本師培之不去，父母強之歸，不能得，以娠師時有異兆，遂聽之。既剃，雜攻内外典，了無障義，兼善詩文，工書畫。遇閩禪青雷師，有深契，從之遊燕薊，禮五臺諸名刹，嗣入風穴，得戒於憨公老人，署書記，與憨老高足輩同參風穴數載，心印相融，獨委心於默公輝焉。後同醉雪禪人，從默公住靜於伏牛山之演法坪。默公道行高潔，素少許可。逮玉寶開堂時，默公從上源流，付之。康熙辛巳，默公繼風穴祖席，師從之，主西堂事。洛陽令錢石臣侍御，耳師名久，謂白馬乃釋教源流，騰蘭去後二千五百餘年，未有勝選佛之任者。今潁公挺生崛起，豈其再來身耶？謀諸二尹詹公鼎臣、袁太史紫宸先生、庠彦黄運隆、王可選輩，倡同官紳士庶，請歸白馬，開堂演教。入院日，四衆雲從，遐邇不期而會者數百人。錢侍御爲開堂住建方丈，備諸叢林威儀。師於十年來，辛苦備嘗，上而臺閣殿宇及諸寮舍等焕然一新者，皆師經營之力。至今白馬鐘鼓，遂冠中土云。雍正癸卯，風穴席虚，汝牧宛平章公念風穴者舊凋謝，非具大圓通者，不克負荷，乃函啟延師西來。師豐度從容，道氣渾穆，棒頭拂子，迎機善導，於今七載。白雲緇素皈依，經營締造，大工屢興，佛法人緣，近今罕儔，迺謙退不遑，累求退休。今汝牧孝感武公及蓮社僧衆，以法運甫昇，極盛難繼，堅留坐鎮，不聽師去。噫！會屬末法，刹竿多倒，曲録談禪，正眼直指，求如師者，寧可數數見耶？錦屏流翠，桂殿香飄，法演祖乘，笑振虎溪，非如師者，又烏可追蹤嗣響耶？初，門人輩欲建壽塔於風穴山，窺師之意在白馬，遂聘瀍東獨醉道人元復張子，卜吉於寺之左。師得法於默公輝，得法於憨公乾，是爲臨濟下第三十五世法嗣。所著有《句瞿詩集》及《白馬白雲語録》行世。爰摭其實而爲之銘曰：

白馬紹衣，白雲僧聚。清涼一指，錦屏柏樹。惟大知識，千佛垂注。仔肩大道，鉗錘陶鑄。透上乘法，徹不二義。遇默而圓，遇石而試。風穴祖庭，振錫而至。獅吼天中，净掃魑魅。説詩中禪，示畫中意。昇堂入室，兒孫遍地。桂嶺香馥，喬松聳翠。億萬斯年，宗風不墜。

古南梁懷峴居士、法弟屈啟賢拜撰，同邑法弟孟習蘇書丹。

門人：信翁、滄溟、佛行、遙哉、海容。

徒：性方、性慧、性智。孫：了聞、了機、了然、了賢、了凡、了全。曾孫：道先、道純、道榮、道弘、道明。

侄：性誠、性寬、性寶。孫：了見、了貴、了恒、了塵。仝立石。

彭店姚進孝鐫字。

大清雍正十年歲次壬子二月之吉。

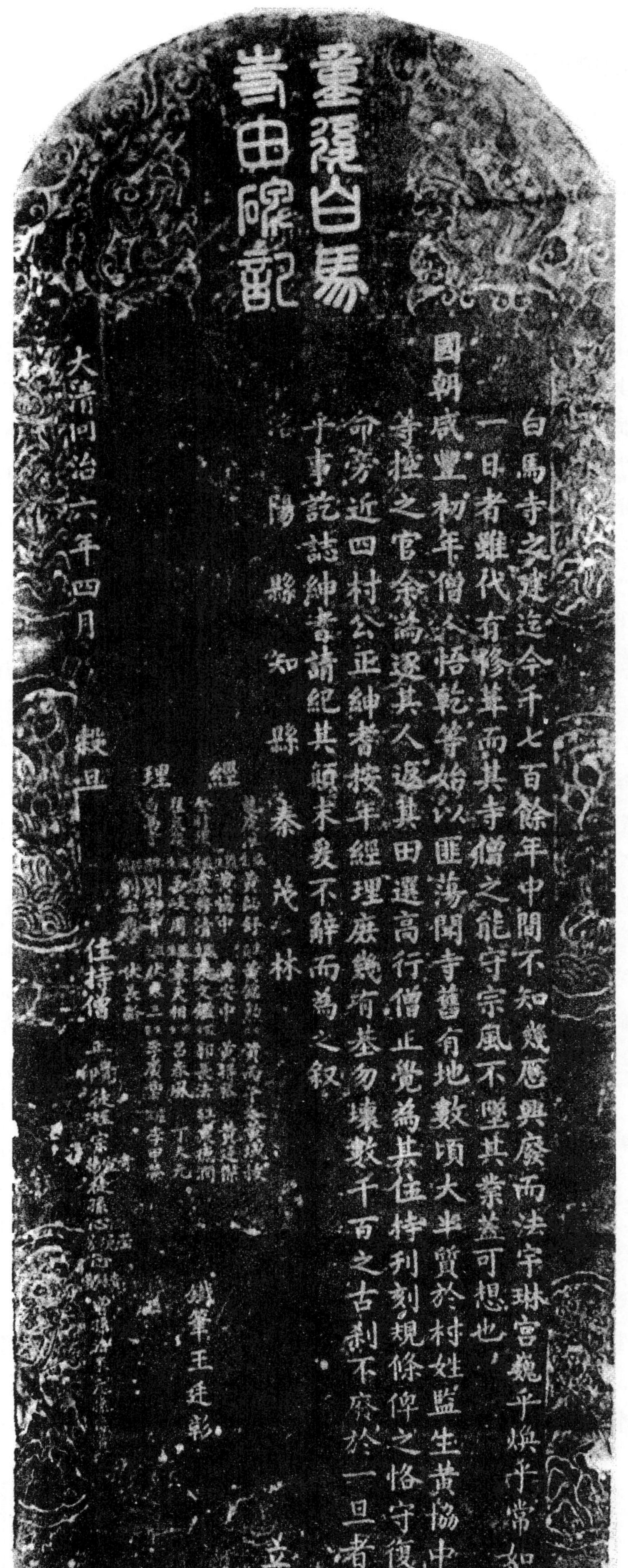
重復白馬寺田碑記

白馬寺之建迄今千七百餘年中間不知幾歷興廢而法宇琳宮巍乎煥乎常如
一日者雖代有修葺而其寺僧之能守宗風不墜其業蓋可想也
國朝咸豐初年僧人悟乾等始以匪蕩闔寺舊有地數頃大半質於村姓監生黃協中
等控之官余為逐其人返其田選高行僧正覺為其住持刊刻規條俾之恪守復
命傍近四村公正紳耆按年經理庶幾有基勿壞數千百之古剎不廢於一旦者
于事訖誌紳耆請紀其顛末爰不辭而為之叙
洛陽縣知縣秦茂林
經理
鐵筆王廷彰
大清同治六年四月　穀旦
住持僧
立

【〇一三】　重修白馬寺田碑記

年代：清同治六年

尺寸：高 148 釐米，寬 54 釐米

立石地點：洛阳白馬寺

〔碑首〕：重修白馬寺田碑記

白馬寺之建，迄今千七百餘年，中間不知幾歷興廢。而法宇琳宫，巍乎焕乎，常如一日者。雖代有修葺，而其寺僧之能守宗風，不墜其業，蓋可想也。

國朝咸豐初年，僧人悟乾等始以匪蕩，聞寺舊有地數頃，大半質於村姓。監生黄協中等控之官，余爲逐其人，返其田，選高行僧正覺爲其住持，刊刻規條，俾之恪守。復命旁近四村公正紳耆，按年經理，庶幾有基勿壞，數千百之古刹，不廢於一旦者乎！事訖誌，紳耆請紀其顛末，爰不辭而爲之敘。

洛陽知縣秦茂林立。

經理：黄仙舒、黄協中、袁修清、王岐周、劉中才、劉中霖、黄銘勳、黄安中、張文鑑、袁天相、伏太一、伏長齡、黄丙午、黄得□、郭長法、吕春鳳、李廣□、黄城收、黄廷傑、黄德潤、丁大元、李甲榮。

住持僧：正覺、正印。徒侄：宗奇、宗宣、宗揚。徒孫：心瑩、心境、心芳、心貴、心録、心義。曾孫：法來。元孫：傳道。

鐵筆王廷彰。

大清同治六年四月穀旦。

皇清
重修 金粧神像並油飾廟
蓋聞漢至明帝 佛法始入中國稽其言不外仁義道德之說釋其術惟修真養性之
學是以遊其門者心悅聞其風者誠服一倡百和若不獨稱美於晉魏於隋之間洛邑
東白馬寺有立佛殿一座殿宇輝煌由來舊矣值 同治元年逆賊入洛焚燒殿宇暴
露 神像歷經風雨 神像之傾圮已甚凡駿奔斯寺者孰不目擊心傷感慨不已時有
魚骨村善士郭成選等勸念重修各捐己財募化四方轉傾覆以為壯麗除塵封而煥然一
新也善哉斯舉既前以光前人之烈亦足以啟佑我後人功竣立石以垂不朽
大 首
老師朱封氏 徒子修了 承 郭成選 事 郭連宗 塑匠 李清水
郭永善 郭天錫 郭天建 郭萬氏 郭王氏 郭曲氏 郭王氏 郭李氏
飛郭氏 黃郭氏 劉郭氏 徐郭氏
領 人 住持 宗宣
大清光緒九年柒月二十五日 穀旦 全立

【〇一四】 重修金粧神像并油飾序

年代：清光緒九年

尺寸：高 142 釐米，寬 55 釐米

立石地點：洛阳白馬寺

重修金粧神像并油飾序

〔碑首〕：皇清

蓋聞漢至明帝，佛法始入中國。稽其言，不外仁義道德之説；繹其術，儼然修真養性之學。是以遊其門者心悦，聞其風者誠服，一倡百和，若不獨稱羨於晉、魏、梁、隋之間。洛邑東白馬寺有立佛殿一座，殿宇輝煌，由來舊矣。值同治元年，寇賊入洛，焚燒殿宇，暴露神像。歷經風雨，神像之傾圮已甚，凡駿奔斯寺者，孰不目擊心傷，感慨不已。時有魚骨村善士郭成選等，動念重修，各捐己財，募化四方。轉傾覆以爲壯麗，除塵封而焕然一新也。善哉斯舉，既有以光前人之烈，亦足以啟佑我後人。功竣立石，以垂不朽。

老師朱彭氏暨子修。

大承領：郭成選、郭永貴、郭天有、郭天建、郭董氏、郭王氏、郭曲氏、郭王氏、郭王氏。

首事人：郭連宗、龐郭氏、黄郭氏、劉郭氏、徐郭氏。

塑匠：李清水。住持：宗宣。

大清光緒九年柒月二十五日穀旦仝立。

皇清

重修毘盧閣碑記

夫清涼臺之有毘盧閣由來舊矣歷唐宋元明所以廢而復興不隳厥功者端賴有明敏任事之住持與四方資助之善士營葺更新代不乏人越至今日歷有年所風雨損傷潮濕頹萎其剝蝕之狀亦極觸目而傷心者乎主持僧法闊等思修理之而苦於資助道善士[illegible]氏興同志姚陶國華施百金以助焉無如有志未逮及陶國華之子天倫[illegible]成此款功由此亦興四方募化之士自此而益眾不數月而煥然以新厥功豈淺鮮哉因書施者姓名與金之數於左以誌不朽云

洛陽縣學增廣生員王仁圃書丹

宣統二年梅月　立

【〇一五】 重修毘廬閣碑記

年代：清宣統二年

尺寸：高 139 釐米，寬 56 釐米

立石地點：洛阳白馬寺

〔碑首〕：皇清

夫清涼臺之有毘廬閣，由來舊矣！歷唐、宋、元、明，所以廢而復興，不墜厥功者，端賴有明敏任事之住持，與四方資助之善士，營舊更新，代不乏人。矧至今日，歷年有所，風雨損傷，廟貌頹萎，其剥蝕之狀，亦極觸目而傷心者乎！住持法闊、傳聚等，思修理之，而苦於資助。適善士張李氏，與同志陶國華、史尚周，施百金以助焉。無如有志未逮。及陶國華之子天倫襄成此款，功由此亦興。四方募化之士，自此而益衆。不數月，而焕然以新，厥功豈淺鮮哉？因書施者姓名與金之數于左，以誌不朽云。

洛陽縣學增廣生員王仁因書丹。

郝李氏、王安、姚進樂、高大明、王富有、姬宗周、張李氏、劉長根、高九棟、周英、謝寶賢、何廣德、張喜來、米二元、張道□、劉李氏、徐胡氏、麻芳太、楊新太、劉狗娃、朱元喜、魏全山、郭金光、王根文、楊日龍、郭江、李劉氏、孫胡氏、韋李氏、丁馮氏、王徐氏、謝胡氏、孔來福、張奇光、吕招昇、謝裴氏、閻王氏、李蔡氏、王吕氏、張呈雲、王照、王長太、龐玉鳳、李陳氏、李杜氏、曹韋氏、楊鄧氏、董秋、王張氏、張王氏、匡張氏、郭曹氏、李□、李劉氏、張鄧氏、杜李氏、杜任氏、張劉氏、郝戊辰、王周氏、王郭氏、李曹氏、徐李氏、閻喬氏、王劉氏、高占有、張金玉、郭明發、李閻氏、吕王氏、楊德保、李王氏、李劉氏、□朱氏、王郭氏、閻吕氏、楊李氏、張王氏、王李氏、□新法、謝張氏、謝李氏、胡中央、胡北旺、

化主：李宗卿、劉萬秀、陶天倫、□德潤、王寬。

首事人：張廣淵、郭廷超、張建淼、王虎臣、伏雲清、伏照祖、李喜才、王善。

共施錢一百串。

住持僧法闊，徒傳聚、傳道。

宣統二年梅月。

【〇一六】　如琇畫竹

年代：清代

尺寸：高 97 釐米，寬 54 釐米

立石地點：洛陽白馬寺

重建古跡上清宮記

夫上清宮乃太上老君堂即玄元皇帝廟也其神最尊其顯化歷屢載諸太上混元實錄等編亦不足以盡其詳若夫為守藏吏迁柱下史作道德經過函谷關度關令
尹喜降蜀青羊肆西度流沙化胡域化蘇鄰諸國歷代累降教化神異之跡亦大矣古今讀書之士亦衆矣未有能究其始末而言之者雖孔子文宣然亦有猶龍之嘆
其生生化化之功詎不偉歟茲廟不知創建於何始騎青牛過函關特洛中有牛乳峪廟建其左乃其遺跡也唐杜甫題洛城北玄元皇帝廟有五聖聯龍袞千官列鴈
行之句即此地也至今廢為荒田野坡徒有舊址在焉碑誌石礎悉為築今洛城週圍之基而無鐫刻一字存焉廟之廢興隆替不知其幾易也莫不默有定數數也者
理之限也或詣崆峒問道或為柱史作經或養神僻谷或白日羽翰或除九患凌三尸或鍊九轉食六氣或靈峰上昇或雲臺不起或餐風臥雲或茹芝鍊丹或修紫府
玄壇或建瓊宮金闕紫極瑤臺歆與天根月窟之長靈宮秘宇期同地軸鰲極之久咸欲致身福地換骨洞天孰不欲興且崇以隆道教之風哉間以世代興衰之故氣
運崇廢之妨歲時豐歉之異兵火遭逢之變近而廟貌傾欹遠而遺跡僅存雖廢興存乎其人是蓋有數焉默行乎其間而理以維持之者也豈人能智力可得而[illegible]
其間耶方今
聖朝崇奬於真風
國維持於道教顧茲上清宮其規模廣闊而難追因年歲深遠而莫考厥構雖襲於新興據實難仍於舊貫在唐中盛於今益新議者以為[illegible]崗峻嶺風猛勢危建以木
亮是於脫落乃募化鉎鉄爐鑄冶鑄創以鉄殿堅久以延歲月但誹者易舉工力難施茲予所[illegible]施白金[illegible]兩銅錢[illegible]幹有行實者[illegible]董理之
建立正殿前後及神宮門廡之屬費用物料錢糧俱在碑陰使宮殿崢嶸金碧光耀宋規[illegible]址壯觀[illegible]之郊鄆隆棟修椽彩飾[illegible]之氣象形勝巍峩花木繁陰龍蒞
射牛斗之墟鰲極奠乾坤之正規矩一新煙霞改色山川絢綵雲日宣明聞者莫不感發願見之誠觀者咸有傾心敬仰之念是以見洛邑當天地之中廟貌占中原之
盛有以甲天下琳宮梵宮而為四方之瞻望也建斯大功宜豎豐碑予概夫恢識宇以見千遠之理數以至於命上元道教之會也非可謂寡見寡聞者論也此地位邱
山之原面伊洛之流枕大川朝少室挾太行跨函谷天下供衛萬方輻輳寰宇之中道德之聚也興衰繫於崇風更有關於元化所謂參天地之化關盛衰之運者灼然
有數焉存耳可不信夫於戲廟之興與廢前此守不知在於何時今繼建矣後之重修者予亦不知在於何時其興數也其廢數也其重修亦數也元會運世天地莫逃
乎數而況於廟乎惟達理而後可以言數予故書此以告後之嗣其意者云
旹
大明龍集嘉靖庚戌歲四月初六日良吉
伊藩掌國體玄子書
敬　委　督　工　内　官劉琮　義官倪經勒石
[illegible]元慶鐫

【〇一七】　重建古跡上清宮記

年代：明嘉靖二十九年

尺寸：高 320 釐米，寬 90 釐米

立石地點：洛陽上清宮

重建古跡上清宮記

夫上清宮乃太上老君堂，即玄元皇帝廟也。其神最尊，其顯化歷履，載諸太上混元實録等編，亦不足以盡其詳。若夫爲守藏吏，遷柱下史，作《道德經》。過函谷關，度關令尹喜，降蜀青羊肆，西度流沙，化胡域、化蘇鄰諸國，歷代昇降教化，神異之跡亦大矣。古今讀書之士亦衆矣，未有能究其始末而言之者，雖孔子、文宣然亦有猶龍之嘆，其生生化化之功，詎不偉歟！兹廟不知創建於何始，騎青牛過函谷關，持洛中有牛孔峪廟建其左，乃其遺跡也。唐杜甫題洛城北玄元皇帝廟有“五聖聯龍袞，千官列雁行”之句，即此地也。至今廢爲荒田野坡，徒有舊址在焉，碑誌石礎悉爲築，今洛城周圍之基無鐫刻一字存焉，廟之廢興隆替，不知其幾易也，莫不默有定數。數也者，理之限也，或詣崆峒問道，或爲柱史作經，或養神僻谷，或白日羽翰，或除九患凌三光，或煉九轉食六氣，或靈峰上昇，或雲臺不起，或餐風臥雲，或茹芝煉玉，或修紫府玄壇，或建瓊宮金闕，紫極瑤臺，欲與天根月窟之長；靈宮秘宇，期同地軸鰲極之久。咸欲致身福地，換骨洞天，孰不欲興且崇以隆道教之風哉！間以世代興衰之故，氤運崇毁之妨，歲時豐歉之異，兵火遭逢之變，近而廟貌傾欹，遠而遺跡厪存，雖廢興存乎其人，是蓋有數焉。默行乎其間，而理以維持之者也，豈人能智力可得而寓於其間耶！方今聖明崇奬於真風，藩國維持於道教，顧兹上清宮其規模廣闊而難追，因年歲深遠，而莫考厥構，雖襲於新興，據實難仍於舊貫，在唐中盛，於今益新。議者以爲崇崗峻嶺，風猛勢兇，建以木瓦，易於脱落，乃募化銈鐵，爐錋冶鑄，創以鐵殿，堅久以延歲月。但謀者易舉，工力難施，兹予府敬施白金□兩，銅錢□文，擇□□幹有行實者，以董理之，建立正殿前後及神宫、門廡之屬費用、物料、錢糧，俱在碑陰。使宫殿崢嶸，金碧光耀，□規懿址，壯觀定鼎之郟鄏；隆棟修椽，彩飾莊嚴之氣象。形勝巍峨，花木繁陰，龍光射牛斗之墟，鰲極奠乾坤之正，規矩一新，煙霞改色，山川絢綵，雲日宣明，聞者莫不感發願見之誠，觀者咸有傾心敬仰之念。是以見洛邑當天地之中，廟貌占中原之盛，有以甲天下，琳宫梵宫，而爲四方之瞻望也。建斯大功，宜豎豐碑。予慨夫恢識宇以見乎遠，窮理數以至於命，一元道教之會，此非可謂淺見寡聞者論也。此地位邙山之原，面伊洛之流，枕大川、朝少室、挾太行、跨函谷，天下拱衛，萬方輻輳，環宇之中，道德之聚也，既聿振於崇風，更有關於元化，所謂參天地之化，關盛衰之運者，灼然有數焉存耳，可不信夫！於戲！廟之興與廢，前此予不知在於何時，今繼建矣，後之重修者，予亦不知在於何時，其興數也，其廢數也，其重修亦數也。元會運世天地，莫逃乎數，而況於廟乎？惟達理而後可以言數，予故書此，以告後之嗣其意者云。

伊藩掌國體玄子書。敬委督工，内官劉琮，義官倪經勒石。

時大明龍集嘉慶庚戌歲四月初六日良吉。

【〇一八】　黃籙緣起儀文記（碑陽）

年代：明萬曆五年

尺寸：高 125 釐米，寬 65 釐米

立石地點：洛陽上清宮

黃籙緣起儀文記

〔碑首〕：黃籙碑記

始自漢光和己未正月一日，太上老君乘八景王輿，勅真人徐來勤等降天臺山，命侍仙王思真披玉輻出黃籙，齋醮科儀，及諸品仙經，授仙人葛玄翁也。後與天師張道陵同歸龍虎山，開闡大教，永傳法籙，亘古亘今，垂名不朽。漢晉隋唐，教法逐興，至唐時，間有劉楫者，遊香山寺回，道遇相士曰：汝壽不長矣。楫行途見群鬼曰：我等世崇李密，戰殺之魂，丐求超托。楫遂謁上清宮孫真人，建黃籙齋，超魂托趣。真人夢天門大開，天真曰：賜楫壽延三紀。真人曰其言，後楫□天津橋復遇相者，曰：翁所陰德出現，壽延三紀。後果如言。楫以才德位列品官，生子五人，壽考善終。今衛舍陳雨，因聞其故，發心盡造黃籙一堂，永遠供奉。合村施財善人逐一開名于後：

陳雨、吴三近，雨父陳騰、雨母史氏、雨妻武氏、子陳天佑，生員陳天壽、孫陳遵化、陳向化、陳從化、陳萬化、陳承化，□□□，馬仁妻李氏、王氏、韓氏、男韓希敬，牛□峪史松，營莊王世英、許林、劉萬，西關住人沈門趙氏、男沈文相、沈文用、沈文章、沈文玉，衛門住人任門馬氏，□城住人張應光、邢其志、岳進寶、岳進福、岳進禄、岳昇、王有才，馬市街社首任思元、李用忠、侯茂、李乘隆、王可賢、沈儒、李永慶、胡進孝、李門崔氏、寧門吴氏、馬門劉氏、張門王氏、龐門吴氏、杜門趙氏、周門楊氏、關門張氏、魏門金氏、秦門楊氏、鎖門劉氏、王門客氏、劉門王氏、蔡門韓氏、蔡氏、蔡氏，在城井門住社首信女白門焦氏、楊門周氏、郭門曹氏、白門張氏、尚門劉氏、翟門蔣氏、鎖門文氏、張門趙氏、楊門李氏、陳門劉氏、朱門劉氏、王門張氏、周門王氏、徐門黄氏、徐門石氏、王門靳氏、王門房氏、鄧門史氏、張門李氏、王門馮氏、肖欒、姚忠、修進章、張臣、李保、王天受、胡洛、韓見、史天桂、蘇良、徐東、李木京、周定、王門劉氏，本府井關社首楊甫、劉朝臣、李得志、于得水、郭臣、劉寧、方平、楊立、李田、郭堯、李臣、張萬、李□□、王友、孔奇、符子受、潘庫、王沛、張天錫、張子安、郭仲、許繼古、王茂才、姚金榜、周金、高述、姚世科、楊門閆氏，安王山前并在城關住社首朱世禄、趙廷洗、劉學、李宗實、朱桐、張春、李津、張應科、張應時、朱保、李應亨、陳□、韋福、李秉之、李九韶、車孝，馬家屯住人蘇門牛氏、趙松、張雨、張常太、王孝、李文進、趙門蘇氏、孫艾、張天清、李進學、李宗進、和孟夔、孟春、王臣、武真禄，汝州衛千户仝人李信、謝氏、李文官、陳魁、張應林、張應魁、孟忠、李汗、鎖廷鋭，上□溝賈孟科、陳住、賈孟雲、李孟陽、楊進寵、楊庫、王天祐、董世貞、楊肖、謝蒼，北門外婁良、婁天受、馬幹，府前住人徐竹、徐孟元、徐士元、張國惟、白庫，孟津地方鐵爐莊住人習經、丁景新、王車、孫庫、習天福、李斗、習天仁、習寵、鄭江，高廟後張敖，滹沱村董武、李奈、董門李氏、董天爵。

住持：李本然。師馬□淵。徒：魏希琴、□希盡、習希棋。

大明萬曆五年歲在丁丑孟冬之吉。

【〇一九】　黄籙緣起儀文記（碑陰）

年代：明萬曆五年
尺寸：高 125 釐米，寬 65 釐米
立石地點：洛陽上清宫

□□市任思元、孫一陽、□重文、姚財□、連延臣、王社、張天受、許隆、劉子厚。馬家屯：常氏、宫氏、楊氏。石井：孟門徐氏、齊天禄、祝銀恭、閔忠、□門張氏、劉永昶。景家溝：靳□鋭、……□□高。蔡家莊：□述孜、米子柱、張其任、俞在、米溝、樂穎陽、符用。范村：喬林、吴朝、吴世金、闞世強、高白少、馬九衡、郭玉□、李如、郭晁、張有成。富留莊：劉茂、郭□、……何文。司馬莊：許倉。楊家莊：楊木、朱膺魁、趙金。穆家溝：賈進財。牡丹溝：□士貴。五郎廟：張如世、張成、張朝臣、任門劉氏。景家莊：馬守振、李大義、任世毫、……萬步□、武自獻、劉□、趙廷。古莊：王世英、胡從化。□溝：昌琴申、李宗、員大魁、王常嶺、邢門王氏、李尚賓、邢樸。牛家屯：宋門開氏、牛天河、李坤、李九連、韋洪節。蘇家滹沱：董天府、李□、李木。黄家屯：劉進孝、白貫。桃園村：李江、王仲民、任門段氏、……于朝。鳳凰臺：宋門丘氏。營莊：丘廷肖、張氏、楊壽、韓門王氏、城内王門丘氏。後河：李朝卿、錢□、□朝用、李大友。軍屯：牛守道、李友才、温守、阮門陳氏。二郎溝：李應選、李頓。像莊：張許、張川、張九□、……王仲仁。坡頭村：孫海、蘇和、高升。陳村：周大林。于水河：符進甫。□城：王應時。獅子橋：吉得林、王禮思。張顯屯：劉□吉、許門井氏。午橋：劉門潘氏、韓太、劉應鉞。史家屯：……劉廷、楊州、楊天福、孫雨、楊天壽、孫應節。烏家寨：焦司登、……張永登、劉永君、翟鳳其。府店：操門陳氏、王門徐氏、郭門張氏。佛善村：吴河、李仁、楊萬。董家莊：王文會。盧嶺村：宋正德。孟家川：宋現、石彦輝、謝大軍、……紀大臣。郎家店：李應州、張詔。侯加凹：楊剛、楊強。上店：李穩、葛禄扒、布伸臣、韓逯。嚴莊鎮：王廷裕。伊陽縣南關里：車在、黄天保。魯山大平□：翟昆、……趙世登、□門趙氏。邵家窖：王得林、竹匹顯、郝從現。百洛凹：王仲松、朱慶山、張門蘆氏、李倉奉、趙應時、張要、萬安山：李亨。石人村：雷天福、馮氏。野胡嶺：張門侯氏、……劉大臣、□贊。牛心山：晉仲仁。齊州塌河：李應時。張家莊：梁門王氏、朱清林、王相、張花官。陳家店：李仁、李寵。夾馬嶺：楊鰲、彭婆街：馬志仁。

【〇二〇】　重修上清宫記（碑陽）

年代：明萬曆七年
尺寸：高 272 釐米，寬 78 釐米
立石地點：洛陽上清宫

重修上清宫記

洛陽北邙山上最高處名曰翠雲峰，建有上清宫焉。據傳爲老子修煉於此，□□□其事不……言之，□之前紀，在唐開元天保年間，……老子玄元皇帝作廟其上，□□居運□□□，杜甫詩有……可想見矣。歷載……山門……東西……三十一年規制，視昔大備。嘉靖三十四年地震，毁于……修葺宫内外，栽松柏雜樹千餘株，望之肅穆，……衆自□□之成也，神既攸寧，人亦和會，簪紳士女□□□遊，或設□醮拜焉。□□□□，洛之儒□□□之功德，此方亦多矣。……覽《道德經》，嘗有□其言，以爲老子之道□矣，其實易行其詞，雖知今□此書多出於上古聖人格言，其□□□約者，如合神玄牝之尤難。世□言□問其藴奥，故大衆□敘六家要指，□道家言曰：神者生之本，物受之□。不□知及其去來，故聖人畏而欲存之，老子書大意使人專壹精，神動無形，瞻史□物之建□□聰明，□焜□□光耀天下，復遂無名得其□。然明之謂大道也，□老被服成習，毁所不見轍，稱老佛二氏之學，衹爲異端。夫釋氏□去人倫，坐禪入定，所著不過慈悲幻化，皆慮□□□之語，衹可□□，無傳世□者，至與□□并作之語矣。後如魏葛諸人，勒襲其緒，爲荒冶文化之術，此□□老子□□稍有能辨者，又以長……得其精神也。孔子大聖人，適……柱下史之，而有猶□之嘆。其告孔子以……清虚無□哉，彼□窺□，乃□□□□也。嗚呼！時逢瀛閬門……

大明賜進士出身正議大夫大理寺卿前翰林院庶吉士湖廣四州參□□使……撰文。

萬曆己卯歲次八月十日。

九日謁
上清宮
上清古廟枕花崟
况值重陽感慨深
往事清牢不可問
東來紫氣謾蕭森
何人能了玄關旨
舉世空傳道德音
我欲乘風覓仙跡
碧天無路可追尋
右副都御史
時奄蔡翰題

仙界登時已 [illegible]
[illegible] 今上 [illegible]
風 [illegible]
月 [illegible]
他年 [illegible] 功 [illegible]
覓金丹 [illegible] 故 [illegible]
大理寺卿 [illegible]
人 [illegible]

【〇二一】　九日謁上清宮（碑陰）

年代：明萬曆七年
尺寸：高 272 釐米，寬 78 釐米
立石地點：洛陽上清宮

九日謁上清宮
上清古廟枕荒嶺，仙界登時已暮鐘。
況值重陽感慨深，步虛今上凌高峰。
往事青牛不可問，山中空負黄花祠。
東來紫氣謾蕭沉，谷口猶疑紫氣鍾。
何人能了玄關旨，風雜笙聲摇晚竹。
舉世空傳道德音，月移壇影落踈□。
我欲乘風覓仙跡，他年筋力能常健。
碧天無路可追尋，欲覓金丹問故縱。
右副都御史耐菴吴瀚題，大理寺卿兩室山人吴三樂□。

【〇二二】 重修上清宫記

年代：明崇禎五年
尺寸：高 271 釐米，寬 74 釐米
立石地點：洛陽上清宫

重修上清宫記

上清宫相傳老君煉丹故處也，自伊藩重修後，年遠傾頹，神不堪棲，住持淪亡，香火湮滅。庠生吴本定避喧卜居道德宫後，每謁叩天尊闕下，見荒涼之景，心甚惻然，遂偕莊鄰陳天啟、陳甲第、陳大有等，糾各鎮諸親友結爲一社，各捐資募緣，改建門樓，前後修葺。於是，墻垣聿新，廟貌焕然，創建兩廊，東廊恭迎草角，尊神保障一方。復延黄冠士遊守道，侍奉香火，迎送賓客，煙祀大行，無論神，無怨恫，□遊觀者，亦心悦也。事竣，謹勒之碑，以誌不朽云。

山主：□政、吴本厚、和□、楊□□、吴本真、吴世禎、吴世祥、吴世邦、吴世美、吴世棟、世養、世選、吴連、吴佩、□□□、處士吴進學、吴進孝、吴進取、陳天道、天中、天則、天□、庠生陳國顯、陳大任、陳士俊、□勞任、武大喜。

化主：劉輔周、馬守敖、董大義、知縣□方□、李騰云、張國卿、史洛賢、庠生鄭賢龍、李節民、李望云、鮑州、董大美、王君謙、李守講、陳國翰、王三陽、劉中慶、武尚仁、鮑縣、史諫言、龐□□、楊于武、徐進、王三才、許尚志、董松、陳慶、李守□、陳際明、劉宗儒、李子賀、蔡良、董樂珍、井應選、曹邦卿、吴進學、高思功、高思孝、馬天德、鄭萬第、朱邦佐、劉行濤、鮑秉颜、楊標……

大明崇禎五年二月吉日立。

【〇二三】　楊所修題詩碑

年代：清順治十年

尺寸：高 48 釐米，寬 106 釐米

立石地點：洛陽上清宮

楊所修題詩碑

癸巳春日，與高淑恬粘質公、兩同寅□□黑許公實軒、學憲黄公彤□遊北邙上清宮。

數日飲觀簇笙歌，聲入層霄慷慨多。□節春花三月□，兼逢山鳥一啼過。河山極目迷颸霧，□來平崗浸棘蘿。俯仰中原懷舊蹟，悠悠何日靜滄波。

前一日同陪過洛浦，訪天津橋安樂窩舊址，并遊邙山之約。

公返驅車尋洛浦，天津橋畔對河灘。三春草長園堤没，二月□□洞閣寒。伊闕有懷堪入夢，邙山無事不妨看。荒阡尚臥河南路，晉字秦鐫未雪殘。

順治十年知河南府西蜀楊所修。

上清宮同霍劍寒懷歸詩和韻四首，其二，劍寒係前日□同留。

何事塵沙裡，悠悠不可詮。花開一夜後，月到幾時圓。皆醉疇非我，獨醒豈是禪。洛陽堪吊石，漢晉不鐫年。

公餘偶散步，永眺北邙山。古塚荒煙處，殘碑落照間。飛飛看倦鳥，兀兀獨之官。東問孟津渡，又西函谷關。

蜀内江楊所修。

【〇二四】　重建上清宫玉皇閣碑記

年代：清康熙二十二年

尺寸：高 253 釐米，寬 91 釐米

立石地點：洛陽上清宫

重建上清宫玉皇閣碑記

翠雲山去郡城數里，乃此郡之第一峰也，上接霄漢，風水陡峻，昔人以作鐵瓦殿以鎮之，奉道德君之香火，因名曰“上清宫”，殿後突起玉皇大帝高閣，以協靈通泰。此前代河洛人不蔚□申第蟬聯，不可勝記。桅桑告變，宫闕頹圮，所僅存者，苔蘚荒丘而已。有住持道人王全真募化，葺修前殿。至於穹隆帝閣雖建立臺基，若夫成功猶未也。洎全真南進不返，繼有住持賈太貴商於山主陳蓮、陳士孝及善士周新鼎、劉正學等，合力編募，鼓勸鄉里之好義者，欲竭蹶以成之。尤慮荒砌之不可以久，復約本郡鄉紳、中書令史彬協力共勷，料簡其精，匠擇其良，工取其堅，肇始於康熙十九年，迄兹二十一年而落成焉。閣之上拱棟巖巖，丹堊煌煌，垣墉隆起，枚枚渠渠，望之巋然。如士民瞻眺拜謁，老者稚者，杖而掖者，跛而陟者，把香持楮無虚日。皆曰：是後都人士必多彪炳豹變，鴻漸鵬摶，且木天沙堤，咸可翹首而竢。且時和年豐，民康物阜，凡百休徵，兹果有驗矣，信青鳥子之書爲不誣也。若非王全真經始於前，其後周新鼎、劉正學與中書史公同爲編募，而又有鄭文秀、連九德、陳盛典、馬象乾、李貞、張星燦、陳士奇、劉定愛、陳進善捐助協理，暨陳士孝一切錢糧收掌度支，其奚以堅凌霄之高閣，而培中天之勝概也哉。用是勒之於石，復有望於善士擅越修四帥殿，以全古制，更誌功德於不朽。

欽差分守河南道翁長庸，河南府知府朱明魁、通判陳達、推官趙九齡，洛陽縣知縣盧應召、僧經司僧道隆方龍，欽差河南提督右都督許天龍、城守營都司徐茂，欽差河南提學道吴子雲，河南府知府蔣應泰、通判任進孝，河南府知府吕朝佐、通判亢嗣濟，洛陽縣知縣傅繼樞、經歷潘文秀、照磨趙一焜、税稽大使羅士晟，河南府儒學教授萬維賢、訓導張力加，洛陽縣縣丞薛士璋、洛陽縣儒學教諭霍顯忠、訓導齊懷瑜、典史俞弘宦、楊鎮，河南府城守營都司王從厚、白騰蛟，中軍守備陳止信、趙一賢，把總李士洪、高捷，嵩縣巡檢周治，原任都司睢州人趙珍，鄉宦董篤行、石岳、陳績顯、孟長安、史彬、蕭應聘、張含性、進士任光業、袁拱、舉人陳振鐸、陳尚、裴若度、郭如岳、楊芳聲、王彭年、張步瀛、州同黄玨、廩生石重器、武舉人陳斌、周之德、貢士董健行、董景行、郭堧、郭瑄、范崑、黄詢、郭士英、郭翼龍、李國體、州同何鈉、貢監張於惠、何鉞、李九成、何獻圖、楊甡、督工生員陳大功、張於恭、信士陳所藴、募化功德主陳正學、周新鼎、陳士孝、陳聖典、山主生員陳蓮、陳其度、慈寧宫太監陳士忠、善士鄭文秀、連九德、馬濟遠、馬象乾、陳士奇、李貞、張星燦、劉定愛、陳進善、岳維恭、效勞善士文安劉太中、生員黎觀光、黎重光、史青、張泰亨、奉碑生員孫士琦、孫鳳、孫俌、信士孫鷗、孫烺、奉布旌生員許定國、張其雲、張問仁、徐衡璣、張應麟、董必昌、黎士英、黎獻英、郭天相、凌飛鵬……

住持道人：賈太桂、趙正興、賈清明。

郡人貢士東正敬譔，後學陳璣敬書。

時大清康熙貳拾貳年歲次癸亥貳月仲春穀旦立。

【〇二五】　閻中丞買施上清宮香火地碑記（碑陽）

年代：清康熙五十二年
尺寸：高159釐米，寬65釐米
立石地點：洛陽上清宮

閻中丞買施上清宮香火地碑記

北邙翠雲峰之陽有道院曰“上清宮”，去洛城八里許，舊傳謂即唐開元中所建，祀老君玄元皇帝，太微宮遺址，其因時廢興，昔人志碣猶有存者，姑弗深考。今上龍飛二十一年，前撫閻中丞以督餉駐洛，捐資修葺，置備善地八頃供奉香火。閻中丞已自爲記，□無事再□。第當中丞置地踵修時，本宮住持曰王太緒，殆後太緒與其□鄧□□移住在城之銅三官廟，惟劉清普留知宮事，蓋清普者，亦太緒徒也。余以庚寅承之茲邑，清白與□師太緒作古，遂與清普互相争軋，訐訟連年，於以稔悉各道皆屬黄冠，敗類不守清規，并用驅除，以順輿情，仍博采士庶，另延羽士田常明住持焚修，當於新舊嬗代之際，逐事釐剔，其閻中丞買置地畝，檄飭道宛司傳集公，直佃户人等徹底查丈，止存七頃二□四十一畝零，其餘已歸之烏有。慨自閻中丞之捐金施地，迄今不過二十年，而即爲人朘削銷融，有□是者，若更歷□，將清之過地畝丘段數目與夫坐落四至，逐一揭之貞珉，以昭示來茲，庶幾閻中丞□欲來靡劫不磨，而是宮亦將有□賴也。

知洛陽縣事三韓高鎬誌并書。

康熙五十二年歲次甲午仲春吉旦。

【〇二六】　閻中丞買施上清宫香火地碑記（碑陰）

年代：清康熙五十二年
尺寸：高 159 釐米，寬 65 釐米
立石地點：洛陽上清宫

上清宫香火地丘段數目坐落四至列後：
計開：坐落宫東地二十五段：
一段十一畝五分，南北畛，東香火地，西丘姓，南路，北墳。
一段二分七厘，南北畛，東路，西路，南香火地，北路。
一段一畝一分八厘八毫，南北畛，東西至蔡化麟，南北至墳。
一段四畝八厘三毫，東西畛，東西至蔡化麟，南至張昇，北墳。
一段九分七厘六毫，南北畛，東西至蔡化麟，南至張昇，北墳。
一段二畝四分七厘九毫，南北畛，東西至蔡化麟，南路，北墳。
一段五畝四分一厘六毫，南北畛，東西至蔡化麟，南路，北墳。
一段七畝八厘八毫，南北畛，東西至蔡化麟，南路，北墳。
一段二畝三分三厘三毫，東西畛，東馬姓，西本主，南路，北墳。一段一十七畝九分八厘五毫，東西畛，東路，西南之本主，北塔。
一段六畝一分五厘一毫，東西畛，東馬姓，西本主，南墳，北本主。
一段七畝九分七厘五毫，南北畛，東墳，西香火地，南丘姓，北路。
一段七畝三分六厘五毫，南北畛，東香火地，西陳姓，南丘姓，北路。
一段一十三畝一分，内除墳地一畝二分，東西畛，東陳姓，西路，南墳，北路。
一段一十畝二毫，東西畛，東路，西香火地，南路，北丘姓。
一段三畝二分八厘五毫，南北畛，東路，西陳姓，南路，北路。
一段三畝一分一厘六毫，東西畛，東本主，西路，南路，北陳姓。
一段二十七畝五分九厘二毫，南北畛，東陳聖興，西塔，南墳，北路。
一段二十五畝二分，南北畛，東路，西墳，南塔，北路。
一段一十四畝一分一厘六毫，内除墳二畝四分，南北畛，東路，西香火地，南塔，北路。
一段六分六厘六毫，南北畛，東香火地，西墳，南墳，北路。
一段五畝二分七厘，南北畛，東香火地，西墳，南墳，北路。
一段九畝六分三厘三毫，南北畛，東墳，西墳，南墳，北墳。
一段六畝一分一厘九毫，東西畛，東古路，西路，南路，北陳姓。
一段六畝八分二厘五毫，南北畛，東香火地，西路，南路，北路。
坐落城裡四段：
一段五畝五分五厘二毫，南北畛，東香火地，西塔，南路，北陳姓。
一段二十三畝五分一厘三毫，内除墳一畝二分，東西畛，東路，西香火地，南丘姓，北塔。
一段六畝七分七厘一毫，内除墳七分，南北畛，東陳姓，西路，南王姓，北塔。

一段一十八畝四分三厘四毫，南北畛，東陳士林，西李姓，南塔，北路。
坐落宫西地五段：
一段一十三畝五分四厘四毫，内除墳二畝四分，東西畛，東塔，西塔，南塔，北路。
一段二畝九分一厘六毫，南北畛，東塔，西李姓，南墳，北香火地。
一段三十三畝五分，南北畛，東宫墻，西塔，南路，北塔。
一段一畝九分七厘二毫，南北畛，東路，西南北至路。
一段三畝四厘二毫，南北畛，東西南北至塔。
坐落宫前地七段：
一段六畝三分二厘一毫，南北畛，東里姓，西路，南路，北香火地。
一段七畝六分五厘，東西畛，東任姓，西路，南塔，北李姓。
一段二畝五分八厘八毫，東西畛，東路，西墳，南路，北香火地。
一段五畝，東西畛，東墳，西香火地，南墳，北墳。
一段二畝四分三厘三毫，東西畛，東路，西墳，南墳，北李姓。
一段一十四畝四分八毫，南北畛，東路，西塔，南李姓，北宫墻。
一段九畝四分五厘，東西畛，東香火地，西路，南香火地，北路。
坐落宫後地七段：
一段一十二畝六分六厘八毫，南北畛，東路，西蔡化麟，南廟，北路。
一段九畝八分五厘四毫，南北畛，東蔡化鳳，西塔，南宫墻，北路。
一段一十三畝七分九厘五毫，南北畛，東蔡化鳳，西香火地，南塔，北路。
一段二十五畝五分五厘八毫，南北畛，東西香火地，南塔，北路。
一段二十畝一厘，南北畛，東香火地，西路，南塔，北路。
一段七畝九分一厘，南北畛，東路，西陳姓，南武姓，北塔。
一段宫後北嶺七畝八厘三毫，内除墳一畝二分，南北畛，東蔡化麟，西陳良策，南塔，北陳姓。
坐落景家溝第四段：
一段一十八畝四分一厘五毫，東西畛，東西南至路，北宋英。
一段二十一畝六分三厘五毫，内除墳一畝二分，東西畛，東路，西墳，南路，北溝。
一段九畝一分四毫，南北畛，東董姓，西陳姓，南香火地，北路。
一段溝前一十七畝四分四厘一毫，南北畛，東陳姓，西王加相，南本主，北路。
坐落莊王山地三段：
一段五畝七分三厘九毫，東西畛，東塔，西路，南香火地，北塔。
一段四畝四分六厘六毫，南北畛，東墳，西南北至王姓。
一段四畝二分六厘五毫，南北畛，東西塔，南墳，北路。
坐落廟西北嶺地一段：
一段六畝三分六厘五毫，東西畛，東路，西南墳，北塔。
坐落營莊地二十段：
一段西北坡三畝二分六厘五毫，東西畛，東古路，西水溝，南塔，北侯多。
一段莊後二畝一分三厘三毫，東西畛，東楊姓，西劉姓，南墳，北塔。
一段莊後八畝六分二厘三毫，南北畛，東陳姓，西香火地，南胡光前，北陳姓。
一段莊後七畝三分九厘八毫，南北畛，東香火地，西墳，南墳，北塔。
一段莊後二畝三分七厘五毫，東西畛，東香火地，西墳，南劉姓，北墳。
一段莊後一畝，南北畛，東西墳，南香火地，北墳。

一段西北嶺四畝九分七厘八毫，東西畛，東西胡姓，南塔，北路。
一段西北嶺六分六厘六毫，東西畛，東西墳，南香火地，北墳。
一段西凹一十五畝五分四厘四毫，南北畛，東西塔，南香火地，北路。
一段西北嶺八畝二分五厘，東西畛，東陳姓，西香火地，南墳，北陳姓。
一段西北嶺三畝九分五厘八毫，東西畛，東香火地，西墳，南胡家墳，北墳。
一段上營莊後三分一厘九毫，東西畛，東西至王璞，南溝，北路。
一段上營莊一畝八分三厘八毫，南北畛，東西至梁姓，南孫姓，北路。
一段西凹二十三畝八分三厘八毫，南北畛，東本廟，西王加相，南塔，北香火地。
一段西凹六畝七分五厘，東西畛，東香火地，西塔，南塔，北香火地。
一段西南嶺五畝六厘六毫，東西畛，東塔，西路，南胡姓，北朱姓。
一段西南嶺一十畝一厘三毫，東西畛，東馬姓，西塔，南胡姓，北王姓。
一段南坡一十七畝七分三厘三毫，南北畛，東路，西王姓，南馬姓，北塔。
一段西北嶺一十三畝八分一厘，南北畛，東香火地，西墳，南胡姓，北墳。
一段南嶺四畝五分，南北畛，東西塔，南石姓，北王姓。
坐落王朝嶺地三段：
一段西北六畝八厘三毫，南北畛，東崔姓，西湯姓，南北路。
一段西北一十六畝二分三厘四毫，東西畛，東路，西湯姓，南北至王道隆。
一段西北四畝六分八厘八毫，東西畛，東西至李姓，南塔，北路。
坐落蘇家滹沱地三段：
一段三畝七分九厘一毫，南北畛，東塔，西南路，北塔。
一段一畝七分六厘，南北畛，東西塔，南路，北墳。
一段一十一畝五分八厘三毫，南北畛，東西路，南北塔。
坐落後洞地一段：
一段西凹八畝七分五厘，南北畛，東梁姓，西于姓，南陳姓，北塔。
坐落葛家嶺地一段：
一段三畝九分五厘，南北畛，東西南至塔，北路。
坐落八里窯地二段：
一段一十一畝三分八厘九毫，南北畛，東武姓，西南北至溝。
一段二畝八分六厘六毫，東西畛，東墳，西許姓，南塔，北墳。
坐落南嶺地一段：
一段五畝八分五厘，南北畛，東石姓，西馬姓，南塔，北路。
坐落孫家墳地六段：
一段四畝一分八厘八毫，東西畛，東孫姓，西南至路，北墳。
一段六畝四分三厘一毫，南北畛，東西至墳，南北至路。
一段二畝七厘一毫，南北畛，東西至墳，南北至路。
一段七分三厘三毫，南北畛，東西至墳，南北至路。
一段七分一厘三毫，東西畛，東香火地，西墳，南路，北塔。
一段一畝三分二厘八毫，東西畛，東西至墳，南路，北塔。
以上共地七頃六十二畝八分九厘九毫。

大清

重脩洛陽上清宮記

老氏之學吾儒罕言之夫老氏亦[illegible]見于道然律以中庸之義殆亦孔子所謂賢知之過者耳雖然入周問禮孔子亦禮事之
則夫天下後世但知聖賢人之用因其宜也謂直老氏終私之而尸而祝之者哉善乎呂坦菴先生之題老子室也有曰經
一為觀周日猶龍一語傳之古重是先師賢人雖階升堂三韓揖蓋謂老子當以孔子重而成周故壤尤兩聖人今敬而言禮之
地則上清之建在北邙之巔祀亦烏可廢哉攷上清宮之始吾不知自何時郡史傳其地為老子修煉故處以故昔人於此
寓其形而廟祀之其楹棟椽瓦諸具胥範銅成其質棟楹則鏤錯交龍蜿蜒其上至今完好無缺蝕而唐書則載高宗乾封元
年追尊老子為玄元皇帝天寶二年上親祀之勅改西京廟為上清宮即此有杜甫謁廟詩可攷讀其詩可想規模之壯潤詩
亦稱是予嘗欲求石鐫詩于其庭不果洛陽人士恐其廟久而廢也乃募金若干葺其成漸手於雍正六年之十月乞余為之
記予謂老子修煉于此其說為無徵不足信矣唐之世奉為己所出而祖之不尤誕妄乎廟固不以是說存也予存其廟則
問禮于老子為孔子所重廟又於杜甫一詩以傳因附鐫全詩其上俾好古之士得稽而考也詩曰
配極玄都閟憑高禁禦長守祧嚴具禮掌節鎮非常碧瓦初寒外金莖一氣旁山河扶繡戶日月近雕梁仙李蟠根大猗蘭奕
葉光世家遺廟史道德付今王畫手看前輩吳生遠擅場森羅移地軸妙絕動宮牆五聖聯龍袞千官列雁行冕旒俱秀發旌
旆盡飛揚翠柏深留景紅梨迥得霜風箏吹玉柱露井凍銀床身退卑周室經傳拱漢皇谷神如不死養拙更何鄉

大清雍正六年戊申一陽月朔日

賜進士翰林院檢討知河南府事石屏張漢拜撰

賜進士吏部候選知縣邑人陳獻可書丹

【〇二七】 重修洛陽上清宫記

年代：清雍正六年

尺寸：高 158 釐米，寬 74 釐米

立石地點：洛陽上清宫

重修洛陽上清宫記

〔碑首〕：大清

老氏之學，吾儒罕言之。夫老氏亦深見于道，然律以中庸之義，殆亦孔子所謂賢知之過者耳。雖然入周問禮，孔子亦禮事之，則天下後世俎豆于賢人之間，因其宜也。詎直老氏之徒，私之而尸而祝之者哉，善乎！吕坦菴先生之題老子臺也，有曰“總爲觀周日猶龍”一語傳，又曰“重是先師問禮，人歷階昇堂，三肅揖”，蓋謂老子當以孔子重而成周哉！故壤尤兩聖人聚而言禮之地，則上清之建在邙山之麓，祀亦烏可廢哉！考上清宫之始，吾不知自何時，郡史傳其地爲老子修煉故處，以故昔人於此寫其形而廟祀之，其楹棟椽瓦諸具，胥範鐵成其質，棟楹則鏤錯，交龍蜿蜒其上，至今完好無缺蝕。而《唐書》則載，高宗乾封元年，追尊老子爲玄元皇帝。天寶二年，上親祀之，勅改西京廟爲上清宫。即此有杜甫謁廟詩可考，讀其詩可想規廡之壯闊，詩亦稱是，予嘗欲採石鐫詩于其庭不果。洛陽人士恐其廟久而廢也，乃募金若干，葺其成。斷手於雍正六年之十月，乞余爲之記，予謂老子修煉于此，其説爲無徵，不足信矣。唐之世奉爲己所出而祖之，不尤誕妄乎？廟固不以是故存也，予存其廟，則以問禮于老子，爲孔子所重。廟又托杜甫一詩以傳，因附鐫全詩其上，俾好古之士得稽而考也。詩曰：

配極玄都閟，憑高禁御長。守祧嚴具禮，掌節鎮非常。

碧瓦初寒外，金莖一氣旁。山河扶繡户，日月近雕梁。

仙李蟠根大，猗蘭奕葉光。世家遺舊史，道德付今王。

畫手看前輩，吴生遠擅場。森羅移地軸，妙絶動宫墻。

五聖聯龍兖，千官列雁行。冕旒俱秀發，旌旆盡飛揚。

翠柏深留景，紅梨迥得霜。風箏吹玉柱，露井凍銀床。

身退卑周室，經傳拱漢皇。谷神如不死，養拙更何鄉。

賜進士翰林院檢討知河南府事石屏張漢拜撰，賜進士吏部候選知縣邑人陳獻可書丹。

大清雍正六年戊申一陽月朔日。

【〇二八】 重修上清宮碑記

年代：清乾隆四十八年

尺寸：高 188 釐米，寬 68 釐米

立石地點：洛陽上清宮

重修上清宮碑記

〔碑首〕：萬善同歸

翠雲洞明時巡撫部院閻公創建，由來久矣。後有中憲大夫張公選擇至誠老實之原任道會司許清琴住廟焚修。奈年深日久，風雨損壞，久欲重修，功果浩大，獨力難成，雖不能重修，而重修之心未嘗一日存諸懷也。流傳至三世徒孫，現任道會司道會蕭陽琯坐視心傷，因會請道衆，跪拜苦化貴官長者以及四方村莊善男信女，各發善念，捐施己財，成修玉皇閣、三門、舞樓、耳房四處，焕然一新，共成厥事，立碑刻名，永垂不朽。夫所謂行善雖無人見，而神必賜之以福也。誠哉！是言矣云爾。

施財姓名開列於後：

特調洛陽縣正堂加三級紀録三次李之駿捐銀貳拾肆兩。洛陽縣鹽捕廳加一級凌茂修捐銀捌兩。登封縣城守營副司許鑑捐銀壹兩。介休縣知縣新安吕公滋捐銀貳兩。……

住持道會司道會蕭陽琯、師弟孫陽玫、冀陽玫，徒李來斌、高來潤，孫蘇復憑立。

龍飛乾隆四十八年歲次癸卯荷月。

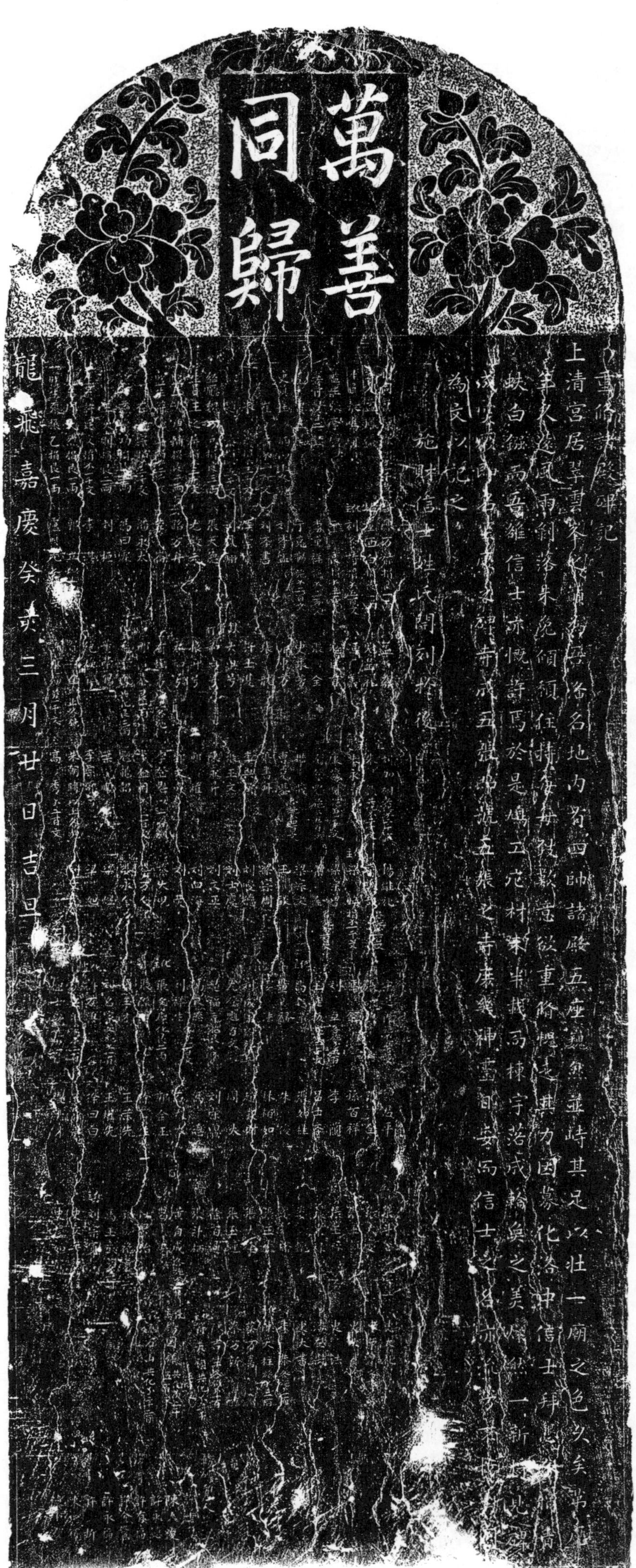
萬善同歸
龍飛嘉慶癸亥三月廿日吉旦

【〇二九】 重修上清宫諸殿碑記

年代：清嘉慶八年

尺寸：高 150 釐米，寬 58 釐米

立石地點：洛陽上清宫

重修諸殿碑記

〔碑身〕：萬善同歸

上清宫居翠雲峰之巔，爲吾洛名地，内有四帥諸殿五座，巍然并峙，其足以壯一廟之色。久矣，第歷年久遠，風雨剥落，未免傾頽。住持每每致歎，意欲重修，愧乏其力，因募化洛中信士，拜懇各捐青蚨白鏹，而吾洛信士亦慨許焉。於是，鳩工庀材，未半載而棟宇落成，輪奂之美，燦然一新，將見碑成突厥，即名突厥之碑，寺成五張，即號五張之寺，庶幾神靈日妥，而信士之名亦流芳不朽，□□爲文以記之。

施財信士姓名開列於後：

州同羅秉敬捐錢一千文。孟鳳儀、生員張鳴珂、監生張學廣、壽官賈三□、賈三星、吏員崔炳、崔壽，以上各施錢三百文。朱巖捐錢二千文。趙恭捐錢五千文。經廳魏萬户銀三兩。生員王之屏錢三千文。監生沈庚輔捐銀二兩。監生符□昇捐錢二千文。李士宗捐錢二千文。潘的功捐銀二兩。王天明捐銀二兩。生員許廷文捐錢一千文。監生周大烈捐銀一兩。監生張振乙捐銀一兩。陳萬禄捐銀一兩。化主董西白捐銀一兩。劉學詩捐錢五百文。于良捐錢三百文。李近祥施錢二百文。于克勤施錢二百文。劉學孟、侯崇貴、劉鳳翩、張天德、尤殿元、路方舟、李崙、潘永太、馮曰霖、劉恒、李湛、郭立、盧貞元，以上各捐錢一百文。孟發、寇呈禮、馬義、寇廷有、張全、史永芳、張東方、張龍、許士雙、大興號、和興號、太和號、有恒號、邢恭，以上各施銀一兩。化主毛德鳳共化銀三兩。董榮錫、紀焕章、賀□，以上各捐錢一千文。化主劉加相化錢二千文。朱欽化錢二千文。朱永清、康發財施錢一千文。尤登魁施錢五百文。楊莪、曹克基各施錢四百文。張書丹、李興業、張玉文、陳永昇、郭植、鄧文成、李登魁、李金用，以上各施錢三百文。寇龍詔、葉順、李宗邵、朱朝聘、高秀，以上各施錢二百文。楊維禮、喬謙哉各施錢二百文。梁焕捐錢一千文。梁宗曾、梁□各施錢二百文。梁宗文、王餤、梁宗周、劉峻德、劉士慶、劉文正、劉四海、劉熒、蔡大觀、蔡萬人、婁永全、梁煜、梁旭、劉文魁，以上各施錢一百文。宋之郎施錢一百文。張永□、馬鑑、劉卓各施錢五百。王建拔施錢二千文。尚起業、董福、劉成家、尤登魁各施錢三百文。趙福施銀八錢。馬忠德、劉祥生各錢一百文。張文燦化銀二兩。張際、羅玉才、劉名家各施錢一百文。許萬興、方正、任士殿各施錢二百文。魏居平、張□全、孫百祥、李蘭、吕士齋、張如桂、朱俊、林柏如……

撈磚瓦人：牛二、許士真、陳人俊、許永德、許有福、許金鰲、許永福、許折、陳鐸。

龍飛嘉慶癸亥三月廿日吉旦。

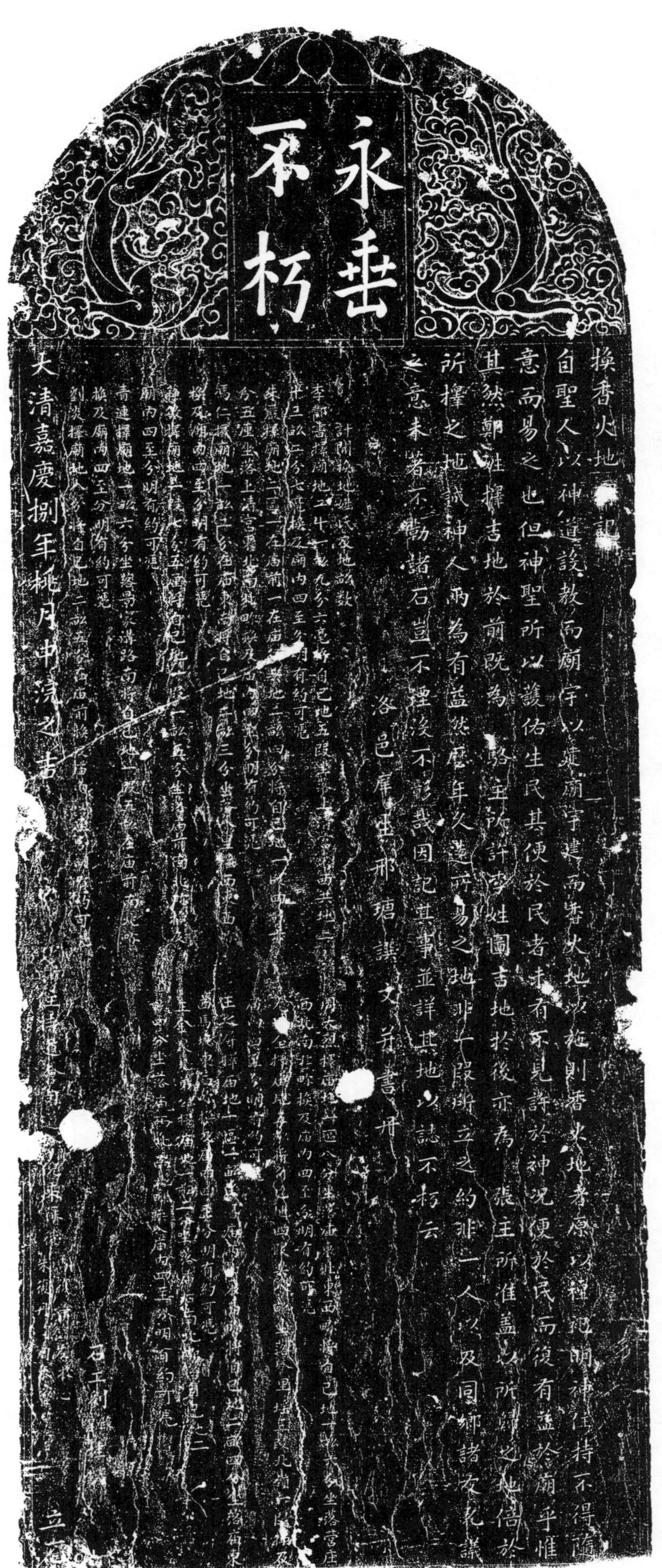

【〇三〇】　上清宫换香火地碑記

年代：清嘉慶八年

尺寸：高 150 釐米，寬 58 釐米

立石地點：洛陽上清宫

换香火地碑記

〔碑首〕：永垂不朽

自聖人以神道設教而廟宇以建，廟宇建而香火地以施。則香火地者，原以禋祀明神，住持不得隨意而易之也。但神聖所以護佑生民，其便於民者，未有不見許於神，況便於民而復有益於廟乎？惟其然，鄭姓擇吉地於前，既爲駱主所許，李姓圖吉地於後，亦爲張主所準，蓋以所歸之地倍於所擇之地，誠神人兩爲有益。然歷年久遠，所易之地非一段，所立之約非一人，以及同鄉諸友允議之意未著，不勒諸石，豈不湮没不彰哉！因記其事，并詳其地，以誌不朽云。

洛邑庠生邢瑭譔文并書丹。

計開换地姓氏及地畝數：

李鄭書擇廟地二十一畝九分六毫，將自己地五段，坐落上清宫東西共地二十三畝二分七毫换及廟内，四至分明，有約可憑。朱巖擇廟地二區，一在廟前，一在廟後，共地二畝四分，將自己地一段四畝六分五厘，坐落上清宫東北，南北畛，换及廟内，四至分明，有約可憑。馮仁擇廟地一畝二分，在廟東南，將自己地二畝三分，坐落八里窖西，東西畛，换及廟内，四至分明，有約可憑。蘇敏擇廟地一段七分五厘，將自己地一段一畝五分，坐落廟前，南北畛，换及廟内，四至分明，有約可憑。青連擇廟地一畝六分，坐落景家溝路南，將自己地一段五畝，在廟前，南北畛，换及廟内，四至分明，有約可憑。劉炎擇廟地八分，將自己地二畝五分，在廟前，换及廟内，四至分明，有約可憑。周大烈擇廟地一區八分，坐落廟東北，東西畛，將自己地一畝六分，坐落營莊西北，南北畛，换及廟内，四至分明，有約可憑。□□全擇廟地五畝，將自己地四段共八畝，坐落八里窖三段，北嶺一段，换及廟内，四至分明，有約可憑。王之屏擇廟地一區一畝，坐落廟西北，東西畛，將自己地二畝四分，坐落廟東西馬坡，東西畛，换及廟内，四至分明，有約可憑。王金泉兄弟公擇廟地一畝二分，坐落廟後，南北畛，將自己地二畝四分，坐落廟西北，南北畛，换入廟内，四至分明，有約可憑。

住持：道會司道倪來禄。徒：馬復學、朱復丹。孫：左本心、周本善。

石工：劉殿桂、劉霄桂。

大清嘉慶捌年桃月中浣之吉。

【〇三一】 重修上清宮碑記

年代：清光緒十六年

尺寸：高 197 釐米，寬 68 釐米

立石地點：洛陽上清宮

重修上清宮碑記

〔碑首〕：萬善同歸

洛城西北翠雲峰舊有上清宮一座，久爲風雨飄摇，曾經諸善士於同治年間募捐重修三清殿等等。未幾，而年景荒旱，未獲成功，迄今數年之間，剥蝕尤甚，其玉皇閣、翠雲洞等處幾成廢址，目睹之餘，深爲惋惜。於光緒十六年四月念一日，因約諸紳民人等首先捐資，重修玉皇閣、東西樓、三清殿、東王母殿、西火瘟殿、老君殿、東西鐘鼓樓、四帥殿、靈官殿、西玄壇殿、山門、舞樓，焕然一新，并爲募化善士以成善舉，從兹輪奂興歌，昔年之規模依舊，豈徒經營不日，當前之氣象重新哉！是爲序。

特授光州直隸州儒學副堂李藻撰文，大學生余作霖書丹。

欽加四品銜花翎特用府調署洛陽縣正堂沈捐銀八兩。河南府經歷彭捐資列後：河南府訓導杜捐銀二兩，洛陽縣右堂尤捐銀二兩，候選同知賞戴藍翎邑人張欽捐銀十兩，姚閔氏捐錢以上串文，張全盛捐銀七兩五錢。

執事人：陳廷蘭錢一千。孔廣太、葉奪錦錢一千。余作霖、張應祥錢一千。潘雲山、陳文奇錢一千。婁得志錢三千。陳湧銀一兩。婁敬錢三千。陳萬枝錢一千。陳五秉捐銀一兩。化主劉明堂錢一千。陳模、梁文秀錢二百。史德保錢一千。陳五倫、武生張天鈞。

抱經運覽生銀一兩。五品陳國慶銀一兩。六品陳元慶銀一兩。翰林徐九齡錢一千。劉玉亭銀二兩。後李村銀一兩。文明社銀錢十千。蘇滹沱化錢一千。史三合錢一千。監生張理一錢三千。錢公館錢三千。生員陸啟瑞錢一千。陸端錢一千。文盛和錢一千。陳公館錢一千。塚頭村化錢一千。苗家溝化錢一千。董慶祥錢一千。陳有娃化錢一千。張法子、暢金名各五錢。王自強銀一兩。化主張周氏化錢一千。□化凌錢二千。王任氏、王張氏各錢一千。王李氏、周孔氏、張申氏、齊劉氏各麥一斗。劉任氏、孫趙氏、楊任氏楊玉璽各麥一斗。郭武氏麥六升。李張氏、鄭董氏、鄭楊氏、杜寧氏、劉張氏、郭李氏、鄭馮氏、周吴氏、董劉氏、周齊氏、楊興娃、馬婁氏、毛牛氏、胡牛氏、許馬氏，各麥五升。秦李氏、蘇劉氏、劉克恭、符福來、王符氏、王周氏、趙周氏、周董氏、董胡氏、楊梁氏、張李氏、張蘇氏、史湯氏、秦張氏、秦吝氏各麥五升。龐文林錢一千。王牛氏、石牛氏、牛楊氏、牛裴氏、牛孫氏、牛邢氏、王郭氏、各錢五百，孫定、潘溝、毛史氏、李毛氏、李張氏……

泥作：侯儀、趙玉尺、岳文進。木作：韓金超、楊瑞。油漆：龔全德、周天九。畫工：翟文元捐畫新殿。鐵筆：金如鏡。

住持道：孫教順、韓教會、余教旺。徒：永和、永亮。仝立。

光緒十六年仲冬月。

【〇三二】　粘本盛題詩碑（一）

年代：清代
尺寸：高 47 釐米，寬 85 釐米
立石地點：洛陽上清宫

丙午夏，余以禮垣奉命滇南典試，道出洛陽，諸故老遮道酌别，口占志懷。

滇雲天際遠靈華，曉夕兼馳過洛東。故老争看最是旧，扶攜指説向兒童。（其一）豈有芳規敢自奇，捫衾三載只無期。重來猶認嵩山色，不改青青照腑脾。（其二）慎别自古説張于，不及張于爲數所。獨幸當年高高看，而今尘路秣生刍。（其三）十九衝城萬户編，旧思無計拯火邊。園扉敢道生春口，但記人言不是鸜。（其四）洛陽花錦逐時開，桃李曾經信手栽。文聚天中傳盛事，時□層看瑞气對

【〇三三】 粘本盛題詩碑（二）

年代：清代

尺寸：高 47 釐米，寬 85 釐米

立石地點：洛陽上清宮

樓臺。（其五）翩翻麥田麗新畬，驟雨西郊水滿渠。爲喜月雲多稼足，道傍謬説更隨車。（時至郊外遇雨）（其六）物望巍巍不可攀，川泓岳峙此中間。雲崖百丈波千頃，俯仰臨思豈得閑。（其七）當初牖户豫綢繆，計靖元霄執手謀。夜半渠魁城上得，（時偽王各處會人於洛陽，元霄夜，執手密偵得之，頃刻就縛。）生靈拜德奉慈猷（時奉慈命云變須速在，但勿株連愚民，爲慰。）（其八）昔年膺召憶臨岐，童叟紛紛擁洛伊。不謂多情偏此地，依然十載此相思。（其九）嘶風去馬立踟躕，停轡牽衣古道隅。衹爲駪駪懷靡及，回來相慰醉屠蘇。（其十）

閩中粘本盛偶題。

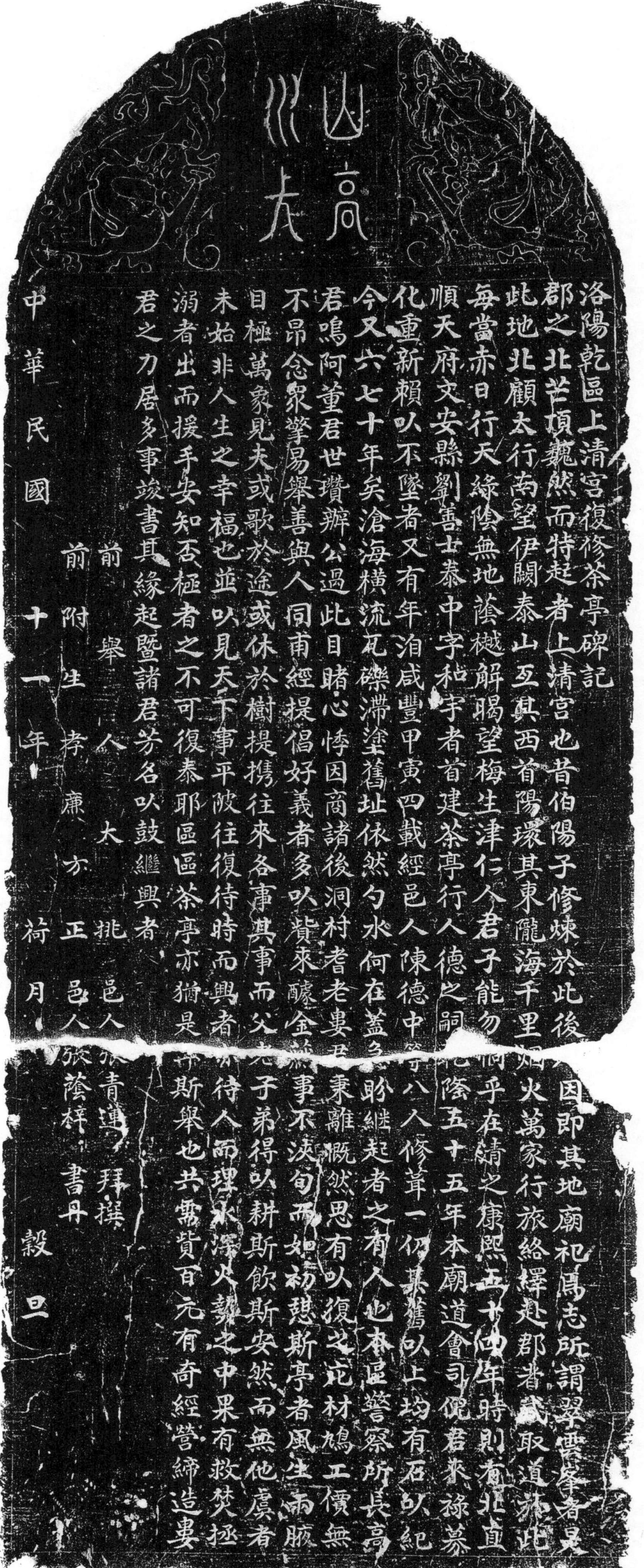

洛陽乾區上清宮復修茶亭碑記

郡之北芒頂巍然而特起者上清宮也昔伯陽子修煉於此後因即其地廟祀焉志所謂翠雲峰者是此地北顧太行南望伊闕泰山亙其西首陽環其東隴海千里烟火萬家行旅絡繹赴郡者咸取道於此每當赤日行天綠陰無地蔭樾解暍望梅生津仁人君子能勿惻乎在清之康熙五十四年時則有北直順天府文安縣劉善士泰中字和宇者首建茶亭行人德之嗣乾隆五十五年本廟道會司倪君來祿募化重新賴以不墜者又有年洎咸豐甲寅四載經邑人陳德中等八人修葺一仍其舊以上均有石以紀今又六七十年矣滄海橫流瓦礫滯塗舊址依然勺水何在蓋多盼繼起者之有人也本區警察所長高君鳴阿董君世瓚辦公過此目睹心悸因商諸後洞村耆老婁君秉離慨然思有以復之庀材鳩工價無不昂念衆擎易舉善與人同甫經提倡好義者多以貲來醵金蕆事不浹旬而如初憩斯亭者風生兩腋目極萬象見夫或歌於途或休於樹提携往來各事其事而父老子弟得以耕斯飲斯安然而無他虞者未始非人生之幸福也並以見天下事平陂往復待時而興者亦待人而理水深火熱之中果有救焚拯溺者出而援手安知否極者之不可復泰耶區區茶亭亦猶是乎斯舉也共需貲百元有奇經營締造婁君之力居多事竣書其緣起暨諸君芳名以鼓繼興者

前舉人大挑邑人孫青蓮拜撰

前附生孝廉方正邑人張蔭梓書丹

中華民國十一年荷月穀旦

【〇三四】 洛陽上清宮復修茶亭碑記（碑陽）

年代：民國十一年

尺寸：高 129 釐米，宽 50 釐米

立石地點：洛陽上清宮

〔碑首〕山高水長

洛陽乾區上清宮復修茶亭碑記

郡之北芒頂巍然而特起者，上清宮也。昔伯陽子修煉於此，後□因即其地廟祀焉，志所謂翠雲峰者，是此地。北顧太行，南望伊闕，泰山亘其西，首陽環其東，隴海千里，煙火萬家，行旅絡繹赴郡者，咸取道於此。每當赤日行天，緑陰無地，蔭樾解渴，望梅生津，仁人君子，能勿□乎？在清之康熙五十四年時，則有北直順天府文安縣劉善士泰中字和宇者，首建茶亭，行人德之。嗣乾隆五十五年，本廟道會司倪君來禄募化重新，賴以不墜者又有年。洎咸豐甲寅四載，經邑人陳德中等八人修葺，一仍其舊，以上均有石以紀。今又六七十年矣，滄海横流，瓦礫滯塗，舊址依然，勺水何在？蓋急盼繼起者之有人也。本區警察所長高君鳴阿、董君世瓚辦公過此，目睹心悸，因商諸後洞村耆老婁君秉離，慨然思有以複之。庀材鳩工，價無不昂，念眾擎易舉，善與人同。甫經提倡，好義者多以貲來醵金蕆事，不浹旬而如初。憩斯亭者，風生雨腋，目極萬象，見夫或歌於途，或休於樹，提攜往來，各事其事，而父老子弟得以耕斯飲斯，安然而無他虞者，未始非人生之幸福也。並以見天下事平陂往復，待時而興者亦待人而理。水深火熱之中，果有救焚拯溺者出而援手，安知否極者之不可復泰耶？區區茶亭，亦猶是□。斯舉也，共需貲百元有奇，經營締造，婁君之力居多。事竣，書其緣起暨諸君芳名，以鼓繼興者。

前舉人大挑邑人張青蓮拜撰。

前附生孝廉方正邑人張蔭梓書丹。

中華民國十一年荷月穀旦。

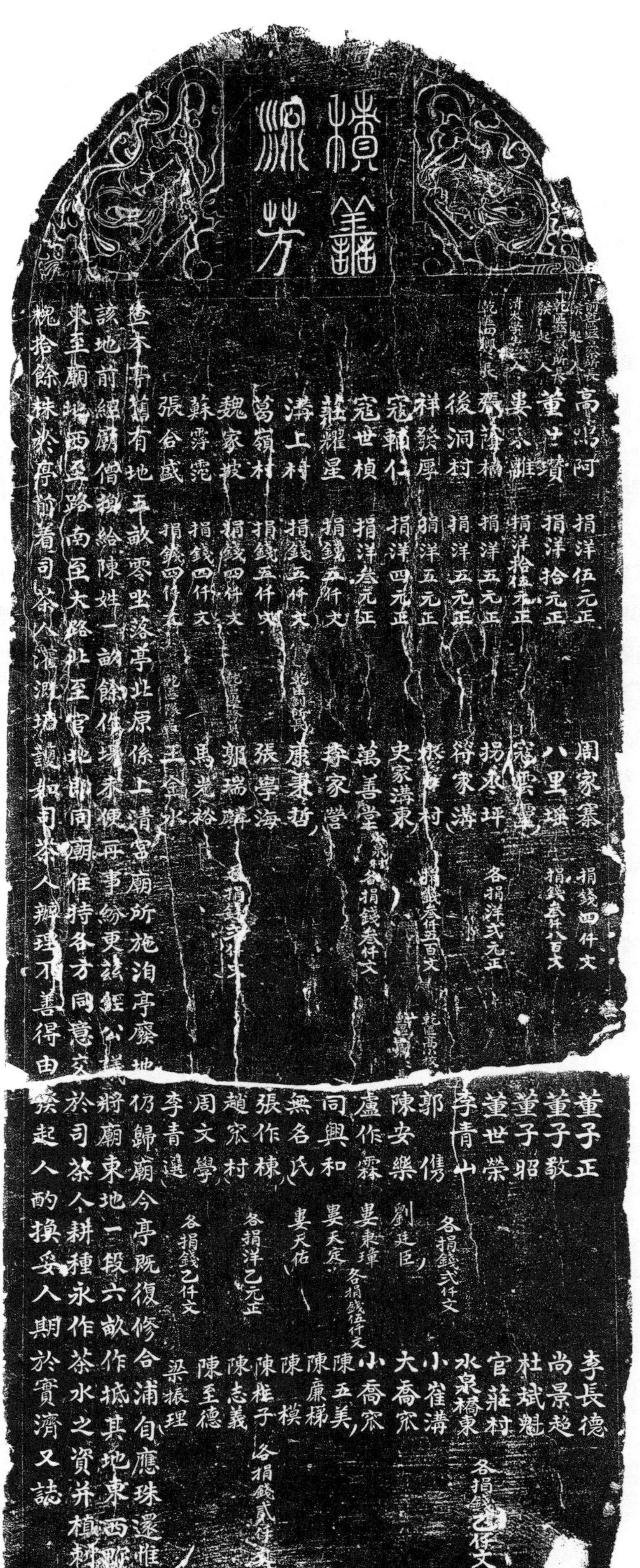
積義
流芳
查本亭舊有地五畝零坐落亭北原係上清宮廟所施泊亭廢地仍歸廟今亭既復修合浦自應珠還惟
該地前經廟僧撥給陳姓一畝餘作場未便再事紛更茲經公議將廟東地一段六畝作抵其地東西畛
東至廟北西至路南至大路北至官地即同廟住持各方同意交於司茶人耕種永作茶水之資并植樹
槐拾餘株於亭前着司茶人留溉培護如司茶人辦理不善得由經起人酌換妥人期於實濟又誌

【〇三五】 洛陽上清宫復修茶亭碑記（碑陰）

年年代：民國十一年
尺寸：高 129 釐米，寬 50 釐米
立石地點：洛陽上清宫

〔碑首〕積善流芳

前乾區警察所長、發起人高鳴阿捐洋伍元正。乾區警察所長、發起人董世瓚捐洋拾元正。清太學生、發起人婁秉離捐洋拾伍元正。乾區四鄉鄉長張蔭楠捐洋五元正。後洞村捐洋五元正。祥發厚捐洋五元正。寇輔仁捐洋四元正。寇世楨捐洋三元正。莊耀星捐錢五仟文。溝上村捐錢五仟文。葛嶺村捐錢五仟文。魏家坡捐錢四仟文。蘇滹沱捐錢四仟文。張合盛捐錢四仟文。周家寨捐錢四仟文。八里堀捐錢三仟八百文。寇雲靈、拐棗坪、符家溝，各捐洋貳元正。水□村捐錢三仟五百文。史家溝東、萬善堂、水泉村、李家營，各捐錢三仟文。乾區副所長康秉哲、張學海、乾區學務員郭瑞麟、馬光裕、乾區隊□王金水，各捐錢貳仟文。董子正、董子敏、董子昭、董世榮、李青山、郭俊，各捐錢貳仟文。陳安樂、盧作霖、同興和、無名氏、劉廷臣、婁秉璋、婁天定、婁天佑，各捐錢伍仟文。張作棟、趙窊村，各捐洋乙元正。周文學、李青選，各捐錢乙仟文。李長德、尚景超、杜斌魁、官莊村、水泉橋東、小崔溝、大喬窊、小喬窊，各捐錢乙仟文。陳五美、陳廉梯、陳模、陳柱子、陳志義、陳至德、梁振理，各捐錢貳仟文。

查本亭舊有地五畝零，坐落亭北，原係上清宫廟所施。洎亭廢，地仍歸廟，今亭既復修，合浦自應珠還。惟該地前經廟僧换給陳姓一畝餘作場，未便再事紛更，兹經公議，將廟東地一段六畝作抵。其地東西畛：東至廟地，西至路，南至大路，北至官地。即同廟住持各方同意，交於司茶人耕種，永作茶水之資，並植刺槐拾餘株於亭前，著司茶人灌溉□護。如司茶人辦理不善，得由發起人酌换妥人，期於實濟。又誌。

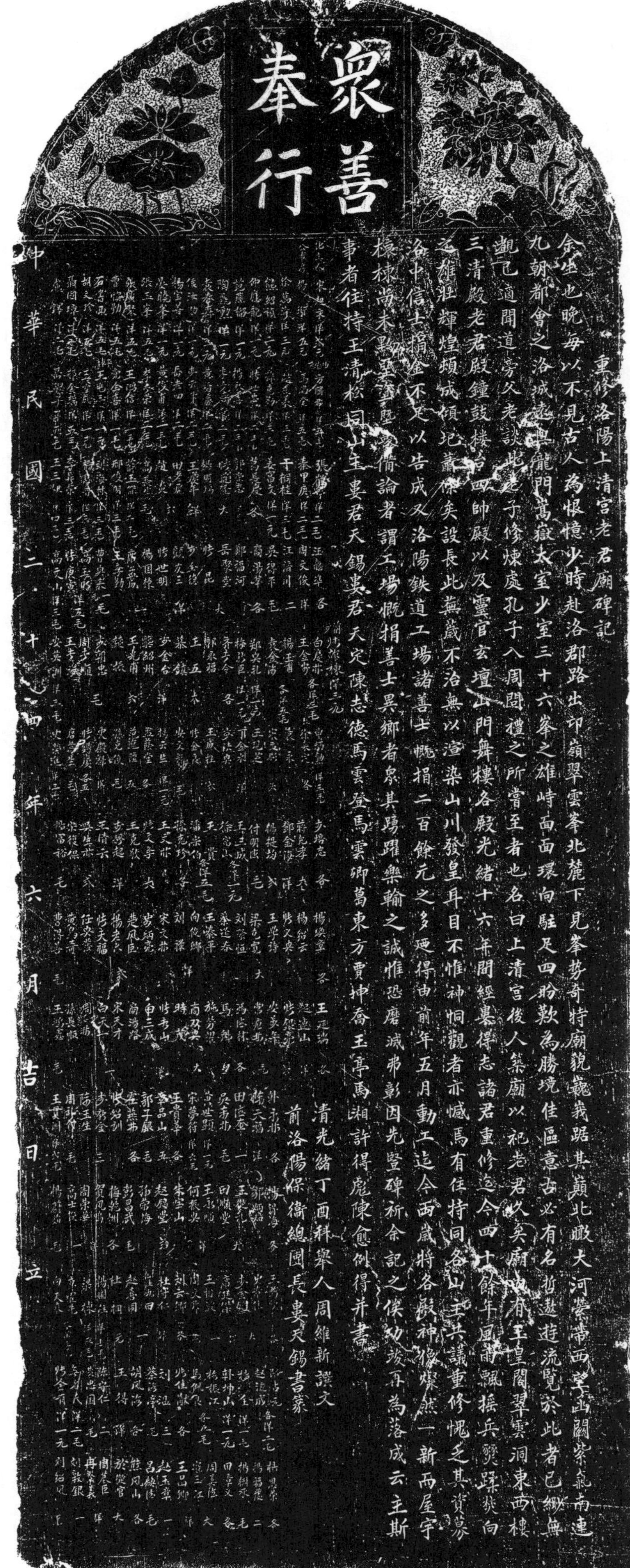

衆善奉行

重修洛陽上清宮老君廟碑記

余生也晚每以不見古人為恨憶少時赴洛郡路出邙嶺翠雲峯北麓下見峯勢奇特廟貌巍峩踞其巔北瞰大河紫帶西望函關紫氣南連九朝都會之洛城遠與龍門嵩嶽太室少室三十六峯之雄峙西面環向駐足四盼歎為勝境佳區意古必有名哲遊遊流覽於此者已緲無聞已道聞道旁父老談此乃老子修煉處孔子入周問禮之所嘗至者也名曰上清宮後人築廟以祀老君以奠廟右有玉皇閣翠雲洞東西樓三清殿老君殿鐘鼓樓四帥殿以及靈官玄壇山門舞樓各殿光緒十六年間經裏得志諸君重修迄今四十餘年風雨飄搖兵燹蹂躪向之雄壯輝煌頓成傾圮荒涼矣設長此蕪蔵不治無以渲染山川發皇耳目不惟神恫觀者亦憾焉有住持同各山主共議重修愧乏其資爰為中信士捐金不足以告成及洛陽鉄道工場諸善士慨捐二百餘元之多遂得由前年五月動工迄今兩歲將各殿神像燦然一新西屋宇棟棟尚未[illegible]備論者謂工場慨捐善士異鄉者衆其踴躍樂輸之誠惟恐磨滅弗彰因先豎碑祈余記之俟功竣再為落成云主斯事者住持王清松同山主婁君天錫婁君天定陳志德馬雲登馬雲卿葛東方賈坤喬王亭馬湘許得彪陳愈例得并書

清光緒丁酉科舉人周維新撰文

前洛陽保衛總團長婁天錫書篆

中華民國二十四年六月吉日立

【〇三六】 重修洛陽上清宫老君廟碑記

年代：民國二十四年

尺寸：高 175 釐米，寬 65 釐米

立石地點：洛陽上清宫

〔碑首〕衆善奉行

重修洛陽上清宫老君廟碑記

余生也晚，每以不見古人爲恨。憶少時赴洛郡，路出邙嶺翠雲峰北麓下，見峰勢奇特，廟貌巍峨，踞其巔，北瞰大河縈帶，西望函關紫氣，南連九朝都會之洛城，遠與龍門、嵩嶽太室、少室三十六峰之雄峙，面面環向，駐足四盼，歎爲勝境佳區。意古必有名哲遨遊流覽於此者，已緲無睹已。適聞道旁父老談此老子修煉處、孔子入周問禮之所嘗至者也，名曰上清宫，後人築廟以祀老君久矣。廟内有玉皇閣、翠雲洞、東西樓、三清殿、老君殿、鐘鼓樓台、四帥殿，以及靈官玄壇、山門、舞樓各殿。光緒十六年間，經婁得志諸君重修，迄今四十餘年，風雨飄摇，兵燹蹂焚，向之雄壯輝煌頓成傾圮蕭條矣。設長此蕪歲不治，無以渲染山川、發皇耳目，不惟神恫，觀者亦憾焉。有住持同各山主共議重修，愧乏其資，募洛中信士捐金不足以告成。又洛陽鐵道工場諸善士慨捐二百餘元之多，乃得由前年五月動工，迄今兩歲，將各殿神像燦然一新，而屋宇榱棟尚未黝堊塗塈竣備。論者謂工場慨捐善士、異鄉者眾，其踴躍樂輸之誠，惟恐磨滅弗彰，因先豎碑，祈余記之，俟功竣再爲落成云。

主斯事者：住持王青松，同山主婁君天錫、婁君天定、陳志德、馬雲登、馬雲卿、葛東方、賈坤、喬玉亭、馬湘、許得彪、陳愈，例得并書。

清光緒丁酉科舉人周維新撰文。

前洛陽保衛總團長婁天錫書篆。

化主人宋起文洋貳元。公事房楊珩洋五元。徐萬清洋三元。熊紹禎洋二元。仲應龍洋一元。范燕榴洋一元。陶鼎勳洋一元。袁春森洋一元。侯汝勳洋一元。楊寶善洋一元。晏曉峰洋一元。張玉峰洋五毛。張廣聚洋五毛。曹慎勤洋五毛。石書西洋五毛。胡文珍洋五毛。聶國璋洋二毛。盧鐸洋二毛。油漆房方國君洋五毛。馬滿堂洋五毛。趙喜來洋三毛。孫克勤洋三毛。張世忠洋二毛。楊永喜洋二毛。李長喜洋二毛。黄福慶洋二毛。李雲升洋二毛。岳老四洋二毛。黄俊甫洋二毛。李長榮洋二毛。王鴻信洋一毛。党全喜洋一毛。平車房王光三洋一元。王雪成洋一元。邢金瑞洋五毛。岳騾子洋五毛。張鶴亭洋二毛。秦甲庚洋二毛。于桐桂洋三毛。姜富文洋一元。葛長慶、郭崇志、張道隆、楊明瑞、王慶年、田老虎、趙炎、高長生，各大洋貳毛。薛玉傑洋二毛。邢俊明洋三毛。劉海林洋三毛。楊恩普洋三毛。李鼎榮洋三毛。王三妞洋四毛。汪龍准、周文俊、汪濟川、吴得平各洋二毛。商湯華、鄭福河、嶽聚堂、張昆、李全德、顧友三、張世明、楊國棟、席孟成、王學勤各大洋一毛。曹興來一元。高玉明、張庚寅洋五毛。高文山洋三毛。前李張作棟洋三元。白慶林、王金安各洋三毛。楊玉甫、袁金海各洋五毛……

中華民國二十四年六月吉日立。

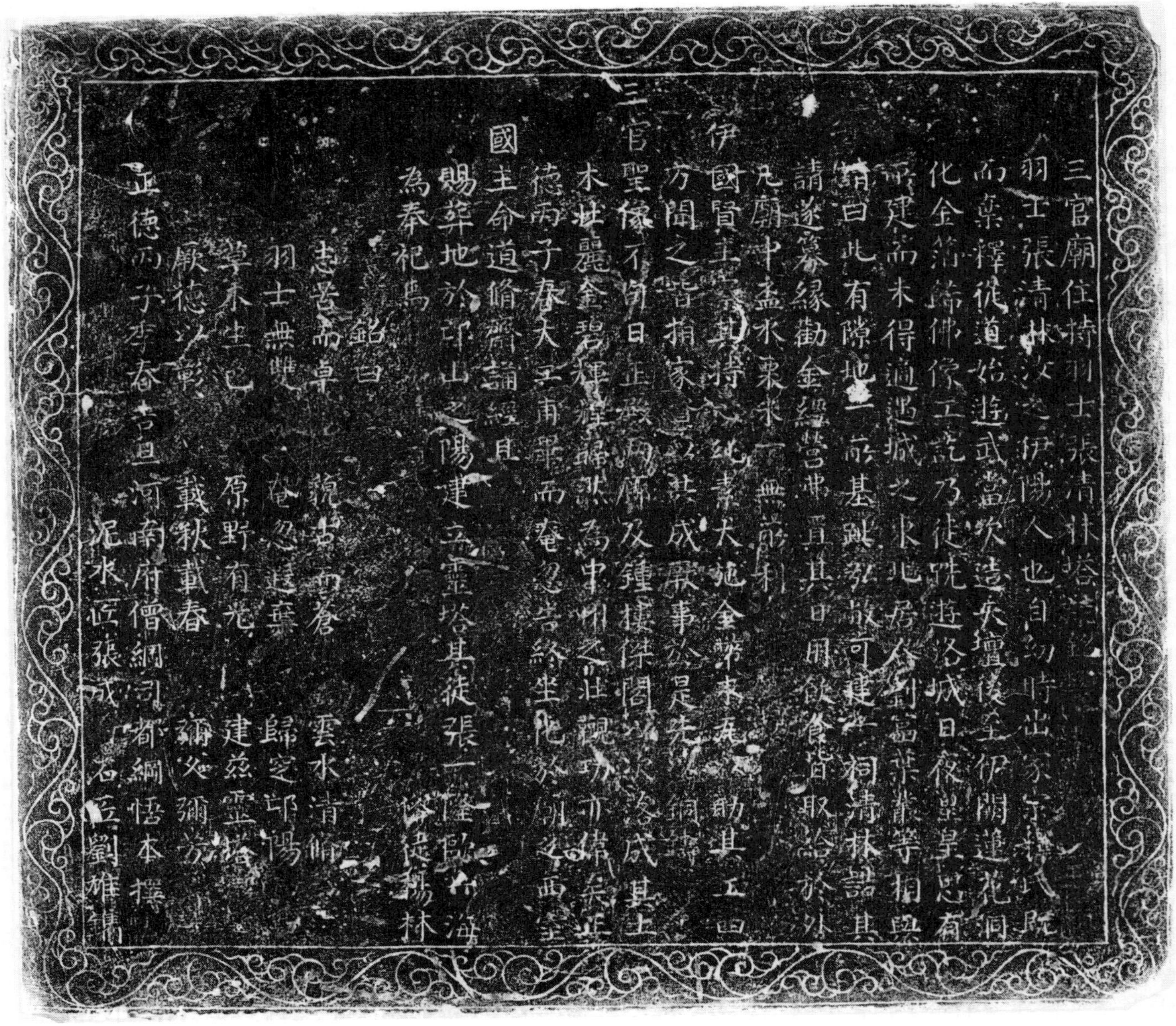

三官廟住持羽士張清林塔[illegible]
羽士張清林汝之伊陽人也自幼時出家[illegible][illegible]戒既
而棄釋從道始遊武當次造[illegible]壇後至伊闕蓮花洞
化金粧飾佛像工訖乃徙跣遊洛城日夜皇皇思有
所建而未得適遇城之東北居人劉富葉森等捐與
[illegible]曰此有隙地一畝基址宏敞可建一祠清林詣其
請遂募緣勸金繕營佛置其日用飲食皆取給於外
凡廟中盂水粟米一無所利
伊國賢主[illegible]其時[illegible]純素大施金幣來[illegible]助其工曰
方聞之皆捐家貲以共成厥事於是先以銅鑄
三官聖像不日日正殿兩廊及鍾樓傑閣以次咸其土
木壯麗金碧輝煌歸然為中州之壯觀功亦偉矣延
德丙子春大王甫畢而奄忽告終坐化於所之西室
國主命道偱齋誦經且
賜葬地於邙山之陽建立靈塔其徒張一隆[illegible]海
為奉祀焉　[illegible]提點林

銘曰
志晉而卓　貌古而蒼　雲水清[illegible]
羽士無雙　奄忽遐棄　歸窆邙陽
學本生已　原野有光　建茲靈塔
厥德以彰　載歌載春　彌久彌芳
正德丙子季春吉旦　河南府僧綱司都綱悟本撰
泥水匠張成　石匠劉雄鐫

【〇三七】　三官廟住持羽士張清林塔誌銘

年代：明正德十一年

尺寸：高 50 釐米，寬 55.5 釐米

立石地點：洛陽下清宫

三官廟住持羽士張清林塔誌銘

羽士張清林，汝之伊陽人也。自幼時出家宗釋氏，既而棄釋從道，始遊武當，次造天壇，後至伊闕蓮花洞，化金箔，飾佛像，工訖，乃徒跣遊洛城，日夜皇皇，思有所建而未得。適遇城之東北居人劉富、葉叢等相與請曰：此有隙地一所，基址弘敞，可建一祠。清林諾其請，遂募緣勸金，經營弗置，其日用飲食，皆取給於外，凡廟中盃水粟米，一無所利。伊國賢主察其持心純素，大施金幣、木瓦，以助其工，四方聞之，皆捐家資，以共成厥事。於是，先以銅鑄三官聖像，不旬日正殿兩廊及鐘樓、傑閣以次落成，其土木壯麗，金碧輝煌，巋然爲中州之壯觀，功亦偉矣。正德丙子春大工甫畢，而奄忽告終，坐化於廟之西室。國主命道修齋誦經，且賜葬地，於邙山之陽建立靈塔。其徒張一隆、歐一海爲奉祀焉。銘曰：

志苦而卓，貌古而蒼。雲水清修，羽士無雙。奄忽遐棄，歸窆邙陽。草木生色，原野有光。建兹靈塔，厥德以彰。載秋載春，彌久彌芳。

河南府僧綱司都綱悟本撰。

泥水匠：張成。石匠：劉雄鐫。

正德丙子季春吉旦。

【〇三八】　性天和尚塔銘

年代：明嘉靖四年

尺寸：高 47 釐米，寬 45 釐米

立石地點：洛陽下清宮

勑賜法藏禪寺第五代住持澄公性天和尚之塔銘。

孝徒子：德瑾、德秀、德臻、德奉、德洪。

嘉靖乙酉四月十二日吉旦立石。

【〇三九】 大明洛陽安國寺故住持東山鄧本執塔銘記

年代：明嘉靖三十九年

尺寸：高 58 釐米，寬 58 釐米

立石地點：洛陽下清宫

嘉靖庚申夏四月一日，本執禪師樂寂於安國寺，卜是月二十有六日葬之邙山下，從舊兆也。壬戌春，徒子圓錦、圓繡、圓徽、圓泉建塔，□□□泣血請予紀其行，刻之石。圓錦□□□與本執誰□且有年，義弗容辭，本執初離俗日，侍都綱定公涼，□□□書視承教書修，且合□深鎮□□□師受，乃與兄鏡木，明服平三年，□□闡于年，既□行益修爲□□寺，住持嚴□有則，夫□慈閔多聰慧，樂施惡……爲佛子生，不重爲人，□無聞於後者□如也。……本執其字也，於弘治貳十有二年一月十四日……明登圓濟所度，明山徹所變者，明順圓泉所□者，……也。嗚呼！人有□□不表而出之，是謂□人之善也。兄于……言，而其徒之意□也。遂援筆爲之銘曰：

……

盖聞天地間立大功者莫於治國安邦積大德者莫於重修廟宇其二者皆為善政之道也惟我洛邑北郊外古有青牛觀廟一座内奉太上老君聖像四方善男信女凡有不豫者惠然肯來誠默祈禱隨時靈感護國佑民今已歷年屢遭風雨損壞舉目難睹交民國二十六年七七事變常受敵機襲洛人難安靖日常民衆防避於此如遇風雨之期神人皆有憂色義舉者立弗容緩各界慈善信士樂捐相助傾囊投資重修東西兩廊金塑神像復修道德洞門刻已完工告竣所有各善士捐助巨資修葺工料花費開例於後豎石表明以彰慈念永垂不朽云爾

洛邑　河南省立汴垣中學畢業生李之用撰文

張冠瀛書丹

中華民國二十八年小陽月吉日

【〇四〇】 重修青牛觀碑記

年代：民國二十八年

尺寸：高 149 釐米，寬 60 釐米

立石地點：洛陽下清宫

重修青牛觀碑記

蓋聞天地間立大功者，莫於治國安邦；積大德者，莫於重修廟宇，其二者皆爲善政之道也。惟我洛邑北郊外古有青牛觀廟一座，内奉太上老君聖像，四方善男信女，凡有不豫者，惠然肯來，誠默祈禱，隨時靈感，護國佑民。今已歷年，屢遭風雨損壞，舉目難睹。交民國二十六年“七七事變”，常受敵機襲洛，人難安靖，日常民眾防避於此，如遇風雨之期，神人皆有憂色。義舉者立弗容緩，各界慈善信士樂捐相助，傾囊投資，重修東西兩廊，金塑神像，復修道德洞門。刻已完工告竣，所有各善士捐助鉅資修葺，工料花費開例（列）於後，豎石表明，以彰慈念，永垂不朽云爾。

河南省立汴垣中學畢業生李之用撰文。

洛邑張冠瀛書丹。

發起人：西宫合社共捐洋二十元。無名氏捐洋拾元。電報局共捐洋十七元。司馬德芬、張金堂、吕鴻恩、張六魁、司馬□德、李承霖、馬萬傑，以上各捐洋五元。東街趙齋公捐洋二元。喬齋公捐洋二元三。西關史齋公共捐洋五元。安陽宫翟高堂弟子桂珍、任東街合社共捐洋十五元。前李村共捐洋四元二。三元世共捐洋三十元。下池村苗先生捐洋七元。下園何武臣捐洋四元。安陽宫魏忠祥捐洋三元。魏家街共捐洋四元。公園街共捐洋三元。西門口共捐洋伍元。東溝合社共捐洋伍元。華中戲院共捐洋十元。府後街合社共捐洋十元。李王氏□元。孫錦章一元。張王氏五元。劉景漢五元。姚惠民、吴東魯、陳允淑、李裕德、協和興、趙發旺、李裕豐、劉太太、張雲軒、劉春祥、無名氏、李劉氏，以上各洋二元。劉□氏、吴楊氏、楊李氏、牛李氏，以上共洋三元。張旺□、陳濟宣、郭振武、戴玉山、鄭□□、段德人、張秉善、萬太豐、福豐坊、王順成、太瑞坊、李來成、善□□、郭禎祥、王升卿、王文俊、陳士傑……陳周波、董天河、盛中堂、史本心、張元林、皇姑宫、李茹氏、耿徐氏、劉齊氏、□余氏、武□氏、張王氏、耿何氏、張魏氏、張牛氏、張韓氏、張胡氏、無名氏、王法正、郭劉氏、宋莊氏、李孫氏、□菊秋、張潘氏、苗太太、雙成義、郭太太、任史氏、梁太昌、阮邱氏、西慶太、九成俊、□東門、無名氏、吕錫麟、王□進、馬清臣、郭筱岑、董建寅、自修堂、岳申氏、李全喜、喬文斌、任堯耕、李海泉、王榮甫、梁善舟、李寶玉、郭明禮、陸花湧、西河園、文聚、匯遠長、永昶、謙泰、慶昌、裕東、義太、滙豐、順興隆、王劉氏、仁裕、興記、復興，以上各洋一元。榮福泉二元。李丁氏七毛。李楊氏六毛。郝雲亭一元。裴誠德一元。史振國一元。喬太太三元。張寇氏一元。

中華民國二十八年小陽月吉日。

住持道人綦至廣率弟子馬理貴、劉理禄立。

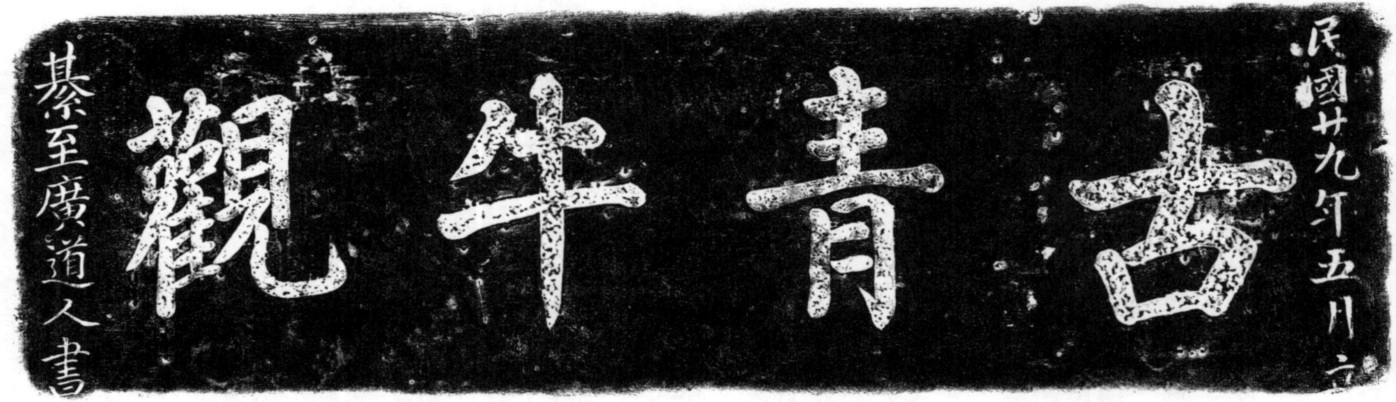
民國廿九年五月
古青牛觀
綦至廣道人書

【〇四一】 青牛觀石匾

年代：民國二十九年
尺寸：高 33 釐米，寬 110 釐米
立石地點：洛陽下清宫

青牛觀石匾
古青牛觀。
民國廿九年五月立。
蓁至廣道人書。

大清

【〇四二】　重修吕祖庵碑記

年代：清乾隆十九年

尺寸：高 160 釐米，寬 64 釐米

立石地點：老城區吕祖廟

〔碑首〕：大清

洛城之北，邙嶺之上，舊有吕祖庵。是庵也，盤龍虎伏，又有瀍水縈廻，其形不過一間，而巍峨者萬狀，殆所謂“山不在高，有僊則名”者耶。近因年代久遠，頗爲風雨所損，往來行人至其下者，多惆悵焉，是又昌黎所謂“失其所憑依，信不可”者也。吾鄉有王君字德生等，皆善士也，慮其傾圮，慨然以修墜修廢爲己任，已皆各蠲己資矣。而又慮其不足以給也，因念人之欲善，誰不如我，爰是同心募化，積□成林，仍其規模而重修焉。取材愈多，用物愈宏。又命畫工塑吕祖遺像，使其瞻望一新。此其植基孔固，較甚於前，而其所謂巍巍峨峨者，又不止於前日之觀也。功竣，爰將募化功德及善士之施銀者姓名并列於石，以誌不朽云。

河南府學廩膳生員張素英沐手拜撰，邑庠生姚渡沐手敬書。

化主：張翔、陳立、白秀、朱永昌、李學易、張□孝。

張□公：施銀五兩。張聖學、孫堅各一兩。張尚、阮有德、張問門、劉玉亭、郭棕，以上各五錢。陳良、閆學廷、王春各三錢。許克生、張天成、徐大甫、吴大來、朱鳳瑞、杜恒、李學周、王沿、陳沛、馬果行、馬象行、馬朝桂、馬有行、賈宗程、徐大體、馬毅行、姚淳、史國誌、王朝楨、鄭秀如、王應乾、高文成各二錢。馬一鶴、史雲峰、温相公、王正義、任義、李學孟、馬琳、馬現、徐大儒、王積福、權元生、李好書、□廷學各一錢五分。吴永貴、田多生、石生芝、劉省、劉俊、張□翔、郭合盛、姜太和、李如桂、蔣柱、盧月平、婁建寧、許枚卜、高輔臣、康曰仁、王得文、柳澤、吴居廣、寧朝瀚、王德普、沈興、李海川各一錢。閆福禄、陳喆、吴秉景、李大成、徐興捷、任起鵬、王梅、王進孝、王聿修、沈如桐、益豐號、楊希智、李秀石、賈壽山、張雨芬、王繼通、邢大焕各一錢。張珍、梁文、周錫乃、許□□、王復性、許永寧、許泮、許學仁、許永盛、邢吉節、許淳、許潤、姚永利、朱克選、朱霄、張天春、葛振聲各一錢。孟天培、葛振公、張良知、張自奇、張文吉、李建、張伯成、陳儉、姚希賢、姚希崇、姚永祚、姚化遠、姚天眷、姚林、姚義、姚潮、姚華國各一錢。龐義五錢。姚玳、姚坤、姚方、姚裕國、姚玫、姚學、姚仁國、姚鏜、許法、姚天仁、姚天慶、李知鳳、趙鳳、姚天澤、姚成、李正倫、史鳳龍各一錢。孟衍慶三錢。史惟信、史惟正、史惟義、史鳳梧、劉有祥、劉有元、吴學詩、徐四堯、牛連、徐大勉、馬秀、李良吾、徐大中、徐思孔、馬中行、徐德培、馬樸各一錢。陳沛二錢。張元英、張林禮、張士重、閆起龍、張耀宗、張士彦、張士儒、張青霄、張楫、張中選、史如楢、許國標、李成、馮泰、薛朋文、白夢周、李光遠各一錢。張所澤、吴方如、王履禮、王顯曾、王周、張泉、范□喜、王□九、高守志、哀起才、徐繼周、徐繼孝、許儒珍、王朝會、許傳珍……

重脩

呂祖庵南北兩茶房陞閣越台陞閣碑記

洛陽縣趙[illegible]來 捐[illegible]拾陸仟文

嵩縣吳 捐銀[illegible]拾兩正

錢湖陽 捐銀肆拾兩正

當商 捐銀貳拾兩正

布店 捐銀乙拾兩正

庫吏 方恒泰 捐銀陸兩正

戶南房 劉廷乙 邢懷宗 捐銀陸兩正

閻南樑 危天成 捐錢捌仟文

督工山右董事 陳永瑞

泥作[illegible]泰

木作劉王順

石工李大有

嘉慶二十年三月吉日立

【〇四三】 重修吕祖庵北兩茶房陸間越臺陸間碑記

年代：清嘉慶二十年

尺寸：高 52 釐米，寬 94 釐米

立石地點：老城區吕祖廟

重修吕祖庵北兩茶房陸間越臺陸間碑記

洛陽縣魏襄：捐錢一百貳拾陸仟文。嵩縣莫：捐銀壹拾兩正。錢潮湧：捐銀肆拾兩正。當商：捐銀貳拾兩正。布店：捐銀乙拾兩正。庫吏方恒泰：捐銀陸兩正。户南房劉廷乙、郭振家：捐銀陸兩正。周南驛尤天成：捐錢捌仟文。

督工：山右。董事：陳永瑞。

泥作：利長泰。木作：劉玉順。石工：李大有。

嘉慶二十年三月吉日立。

【〇四四】 吕祖廟施地植柏記

年代：清嘉慶二十四年

尺寸：高 37 釐米，寬 91 釐米

立石地點：老城區吕祖廟

施地植柏記

洛城迤北五里許，舊有吕祖仙庵，背邙面瀍，幽雅非常，别有天地。遷客騷人多會於此，但聖誕之期，炎熱難容，苦無仙山之風。向有故人和公質洵善良，係山右潞安府長治縣鄉曰璩家溝，貿易洛邑諱茂松者，善念勃勃，意欲植柏，躊躇無地，鄉人壽官李君諱鈺聞之，輒恬然曰：公誠有此美意，予豈吝一區之地，將庵後己地四分零直施無悔。和公遂捐己財，植柏百有餘株。自植之後，不無抑損，兹者公已不禄，其子安城善成乃父之志，不惟補栽，且惟水艱難以灌溉，特爲修井，頗費心力。是二公之美既已交濟，而和氏子更爲曲全，則善善相承，功德真無既矣。予往往與國學董珩暨趙公元吉、齋洪王玉等閑敘，念及此事俱不忍没，因爰筆以誌不朽云。

□客董銘西撰文并書丹。

與賀：魏炳然、董輝南、趙元慶、周巘南。石工：白有林鐫。

大清嘉慶二十四年孟夏之吉立。

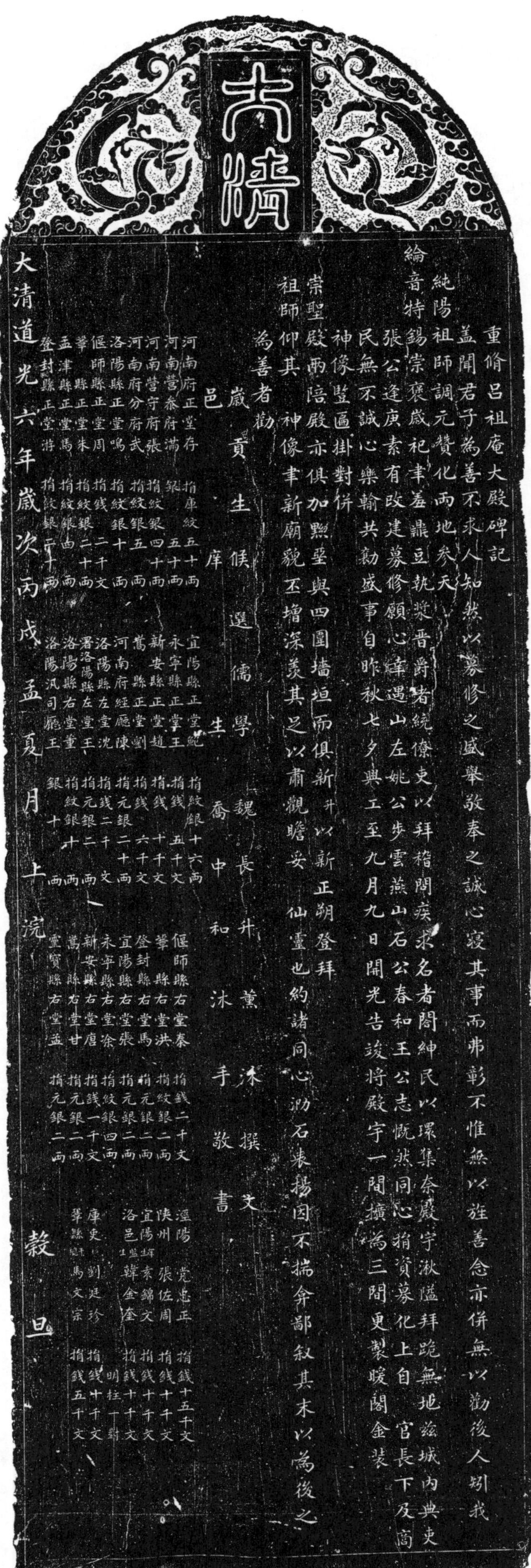

【〇四五】 重修吕祖庵大殿碑記

年代：清道光六年

尺寸：高 192 釐米，寬 61.5 釐米

立石地點：老城區吕祖廟

重修吕祖庵大殿碑記

〔碑首〕：大清

蓋聞君子爲善，不求人知，然以募修之盛舉，敬奉之誠心，寢其事而弗彰，不惟無以旌善念，亦并無以勸後人。矧我純陽祖師調元贊化兩地，參天綸音，特錫崇褒。歲祀聿羞鼎豆，執漿晉爵者，統僚吏以拜稽；問疾求名者，閤紳民以環集。奈殿宇湫隘，拜跪無地，兹城内典吏張公逢庚素有改建募修願心，幸遇山左姚公步雲、燕山石公春和、王公志慨然同心，捐資募化，上自官長，下及商民，無不誠心樂輸，共勷盛事。自昨秋七夕興工，至九月九日開光告竣，將殿宇一間擴爲三間，更製暖閣，金裝神像，豎匾掛對，并崇聖殿、兩陪殿亦俱加黝堊與四圍墻垣而俱新。昇以新正朔登拜祖師，仰其神像聿新，廟貌丕增，深羨其足以肅觀瞻、妥仙靈也。約諸同心泐石表揚，因不揣弇鄙，敘其末，以爲後之爲善者勸。

歲貢生候選儒學魏長升熏沐撰文，邑庠生喬中和沐手敬書。

河南府正堂存捐庫紋五十兩。河南營參府滿銀五十兩。河南營守府張捐紋銀四十兩。河南府分府武捐紋銀五兩。洛陽縣正堂鳴捐紋銀十兩。偃師縣正堂周捐錢二千文。鞏縣正堂朱捐紋銀二十兩。孟津縣正堂馬捐紋銀四兩。登封縣正堂遊捐紋銀二十兩。宜陽縣正堂鮑捐紋銀十六兩。永寧縣正堂王捐錢五千文。新安縣正堂趙捐錢十千文。嵩縣正堂劉捐錢六千文。河南府經廳陳捐元銀二十兩。洛陽縣左堂沈捐錢二千文。署洛陽縣左堂王捐元銀二兩。洛陽縣右堂董捐紋銀十兩。洛陽汛司廳王銀十兩。偃師縣右堂秦捐錢二千文。鞏縣右堂洪捐紋銀二兩。登封縣右堂馬捐元銀二兩。宜陽縣右堂張捐元銀二兩。永寧縣右堂涂捐紋銀四兩。新安縣右堂唐捐錢一千文。嵩縣右堂甘捐元銀二兩。靈寶縣右堂孟捐元銀二兩。涇陽黨忠正捐錢十五千文。陜州張佐周捐錢十千文。宜陽庠生袁錦文捐錢十千文。洛邑監生韓金奎捐錢十千文、明柱一對。庫吏劉廷珍捐錢十千文。鞏縣千總馬文宗捐錢五千文。

大清道光六年歲次丙戌孟夏月上浣穀旦。

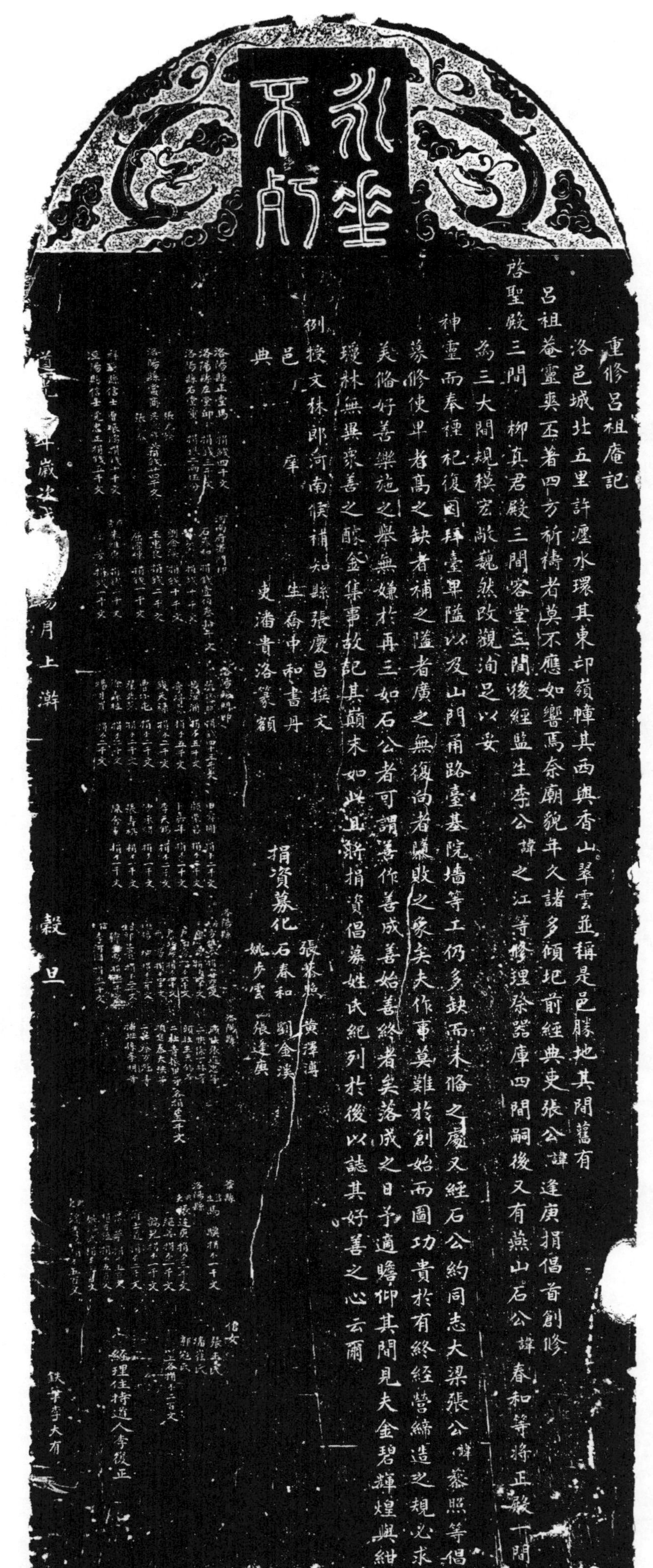

永垂不朽

重修呂祖庵記

洛邑城北五里許瀍水環其東邙嶺幛其西與香山翠雲並稱是邑勝地其間舊有呂祖庵靈爽丕着四方祈禱者莫不應如響焉奈廟貌年久諸多傾圮前經典吏張公諱逢庚捐倡首創修啓聖殿三間　柳真君殿三間客堂三間後經監生李公諱之江等修理祭器庫四間嗣後又有燕山石公諱春和等將正殿一間改為三大間規模宏敞巍然改觀洵足以妥神靈而奉禋祀復因拜臺卑隘以及山門甬路臺基院墻等工仍多缺而未脩之處又經石公約同志大梁張公諱蔡熙等倡首募修使卑者高之缺者補之隘者廣之無復向者頹敗之象矣夫作事莫難於創始而圖功貴於有終經營締造之規必求其美脩好善樂施之舉無嫌於再三如石公者可謂善作善成善始善終者矣落成之日予適瞻仰其間見夫金碧輝煌與紺宇瓊林無異衆善之助僉集事故紀其巔末如此且將捐資倡募姓氏紀列於後以誌其好善之心云爾

例授文林郎河南候補知縣張慶昌撰文

邑庠生喬中和書丹

典吏潘青洛篆額

捐資募化　張蔡熙　黄澤溥　石春和　劉金漢　姚步雲　張逢庚

道光□年歲次戊□□月上澣　穀旦

經理住持道人李復正

鐵筆李大有

【〇四六】　重修吕祖庵記

年代：清道光八年

尺寸：高 175 釐米，寬 63 釐米

立石地點：老城區吕祖廟

重修吕祖庵記

〔碑首〕：永垂不朽

洛邑城北五里許，瀍水環其東，邙嶺幛其西，與香山翠雲并稱是邑勝地。其間，舊有吕祖庵，靈爽丕著，四方祈禱者，莫不應如響焉。奈廟貌年久，諸多傾圮，前經典吏張公諱逢庚捐倡，首創修啓聖殿三間、柳真君殿三間、客堂三間。後經監生李公諱之江等修理祭器庫四間，嗣後又有燕山石公諱春和等將正殿一間改爲三大間，規模宏敞，巍然改觀，洵足以妥神靈而奉禋祀。復因拜臺卑隘，以及山門甬路、臺基、院墻等工仍多缺而未備之處，又經石公約同志大梁張公諱藜照等倡資募修，使卑者高之，缺者補之，隘者廣之，無復向者隳敗之象矣。夫作事莫難於創始，而圖功貴於有終。經營締造之規必求其美備，好善樂施之舉無嫌於再三，如石公者，可謂善作善成，善始善終者矣。落成之日，予適瞻仰其間，見夫金碧輝煌，與紺宇瓊林無異。衆善之醵金集事，故記其巔末如此，且將捐資倡募姓氏紀列於後，以誌其好善之心云爾。

例授文林郎河南候補知縣張慶昌撰文，邑庠生喬中和書丹，典吏潘貴洛篆額。

洛陽縣正堂馬捐錢四千文。洛陽縣左堂邱捐錢三千文。洛陽縣右堂董捐銀二兩五分。洛陽縣當商張元發、吴永祥、張元泰共捐錢廿四千文。祥符縣信士曹振儒捐錢十千文。涇陽縣信士黨忠正捐錢五千文。河南府署門印：石春和捐錢壹佰叁拾千文，姚步雲捐錢十千文，劉金溪捐錢十千文，王忠良捐錢二千文，屈國棟捐錢一千文，府書朱維庚捐錢二千文，徐芳捐錢一千文。洛陽縣門印：張藜照捐錢四十三千文，黄澤浦捐錢五千文，李得霖捐錢五千文，錢天禄捐錢二千文，曹小屯捐錢二千文，翟先藜捐錢二千文，徐森桂捐錢二千文，楊月崖捐錢二千文，田舜圃捐錢二千文，顧榮昌捐錢二千文，卜嘉年捐錢二千文，李天錫捐錢二千文，沙承緒捐錢一千文，張壽祺捐錢一千文，陳含章捐錢一千文。洛陽縣：庫吏方恒泰捐錢廿六千文，庫房捐錢六十千文，户南房捐錢六千文，户北房捐錢四千文，刑房捐錢四千文，信士楊坤捐錢三千文，武生楊生貴捐錢二千文，韓金鼎捐錢一千文，信士李河圖捐錢一千文。洛陽縣：頭快張進忠等、二快徐萬林等、頭壯王天錫等、二壯青振甲等、頭皂秦大法等、二皂蔡萬魁等、捕班孫學明等各捐錢五千文。鞏縣監生馬驥捐錢一千文。洛陽縣：殿吏張逢庚捐錢三千文，繼善捐錢一千文，鶴兒捐錢一千文，蕭士道捐錢二千文，葉華捐錢五百文，趙百鎰捐錢五百文，姚繩武捐錢三百文，典吏潘貴洛捐錢五百文，信士張王氏、　潘崔氏、郭寇氏，以上各捐錢二百文。

經理住持道人：李復正。鐵筆：李大有。

道光八年歲次戊子小陽月上澣穀旦。

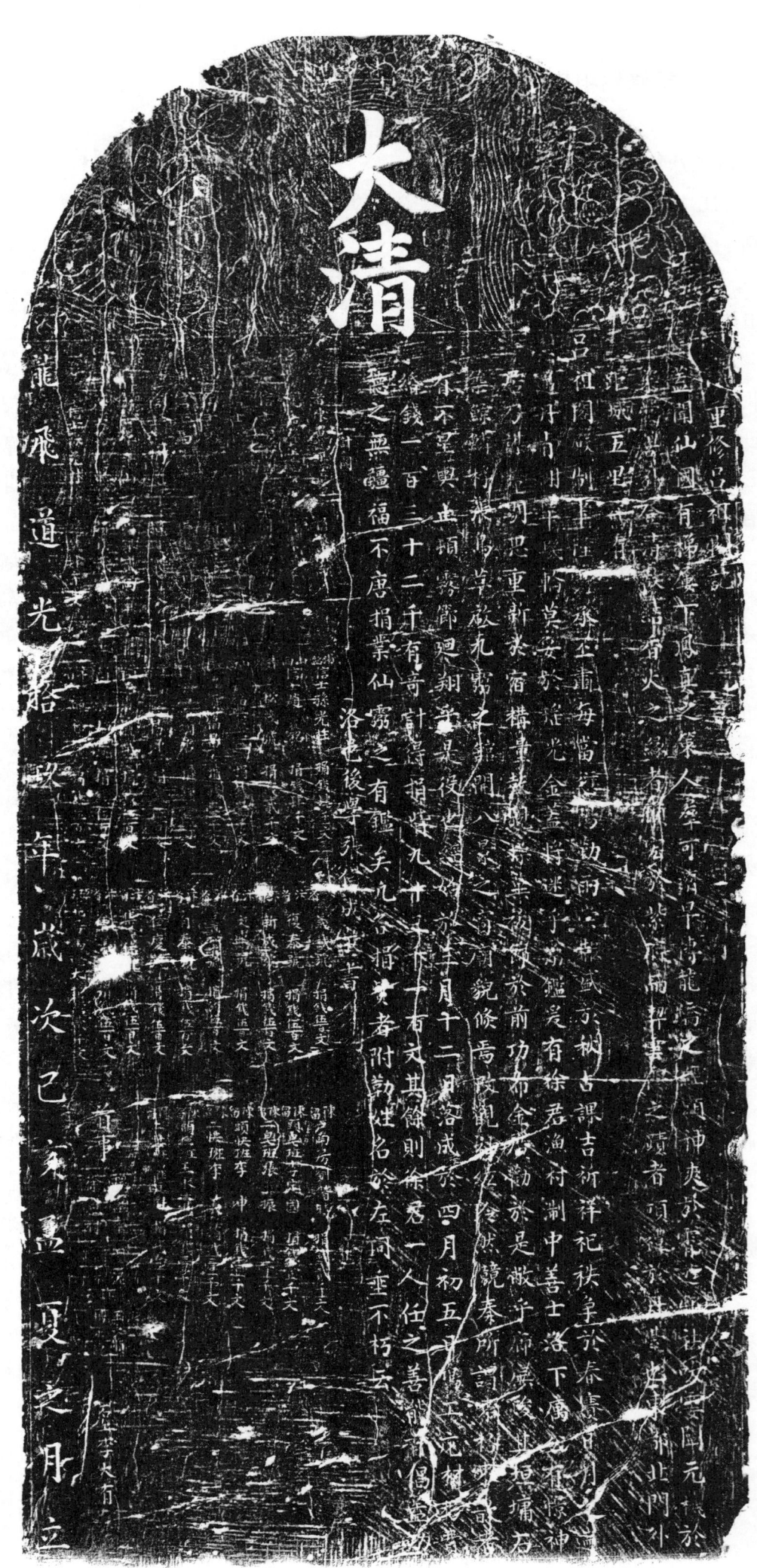

【〇四七】 重修吕祖閣記

年代：清道光十九年

尺寸：高 131 釐米，寬 59 釐米

立石地點：老城區吕祖廟

重修吕祖閣記

〔碑首〕：大清

蓋聞仙國有梯，屢下鳳真之策；人群可濟，早傳龍蹻之經。顯神爽於霄遊，□祛叨霎；闡元機於□窔，當善引登。清故結香火之緣者，顧宏宇紫府，而契雲□之蹟者，頂禮於丹臺也。東都北門外距城五里許有吕祖閣，殿制畫隆，□承丕肅，每當愆陽勤雨，崇報盛於秋占；課吉祈祥，祀秩争於春賽。日月之遄邁，丹青謝華，幾輪莫妥於瑤光，金蓋將迷乎翳鑑。爰有徐君漁村，浙中善士；洛下寓公，有憬神居，乃謀釐剔思，重新於宿構，量鼓親操，冀被節於前功。布金磨權，於是敞乎廊廡，峻其垣墉，石築鯨鱗，桴張鳥革，啟九靈之館，開八景之窗，廟貌倏然改觀，神絃令然競奏，所謂來格來歆者，有不星輿止頓霧節廻翔乎！是役也，經始於三月十二日，落成於四月初五日，鳩工庀材，花費緡錢一百三十一千有奇，計得捐資九十三千一百文，其餘則徐君一人任之，善能者倡，蓋功德之無疆，福不唐捐，業仙靈之有鑑矣。凡各捐資者，附勒姓名於左，同垂不朽云。

洛邑後學張信成敬書。

計開：……義誠號捐錢五百文。復泰號捐錢五百文。新成號捐錢五百文。文盛號捐錢五百文。義盛號捐錢五百文。自泰號捐錢五百文。德慶號捐錢五百文。集德號捐錢五百文。會義號捐錢五百文。陳留户南房劉偕時捐錢貳千文。陳留頭皂班李定國捐錢壹千文。陳留二皂班張振捐錢壹千文。陳留頭快班李坤捐錢壹千文。陳留二快班李義捐錢壹千文。陳留頭□班王永發捐錢壹千文。陳留而□班翟廷魁捐錢壹千文。

首事：魏盈聲、徐漁村。泥作：王永順。木作：楊永槐。石工：李大有。

龍飛道光拾玖年歲次己亥孟夏之月立。

呂祖真人大殿前石獅碑文記

蓋聞畫棟雕梁原所以壯廟色而

白象青獅亦可以酧神功況

呂祖迷津普渡靈應不爽余等敬獻石

獅非敢謂邀福禄亦聊以表誠虔

耳兹將諸信士姓名開列於左以

昭感格並垂千古於不朽云

後學李國正撰文并書丹

計開

管事張邱娃　白旺

行營千總向青雲　管事徐文廣

管事王天禄子林　鄭百萬

李定邦　張文燦

姚元　溫有興

郭金庚　王克順

王四合　孫長太

總管申魁元　魏毓田

張連升　山西郭三科

郭振魁　陳黑

劉進孝　楊振興

總管李長清　張開雲

孫泰　總管張全炳子書景

管事王思甲　方裕興

郭偷生　喬德生

寇德　阮起

劉德炳　石作劉天佑鐫

住持王復先

大清道光二十四年桃月穀旦

【〇四八】　吕祖真人大殿前石獅碑文記

年代：清道光二十四年

尺寸：高 54 釐米，寬 97 釐米

立石地點：老城區吕祖廟

吕祖真人大殿前石獅碑文記

蓋聞畫棟雕梁，原所以壯廟色；而白象青獅，亦可以酧神功。況吕祖迷津普渡，靈應不爽，余等敬獻石獅，非敢謂邀福禄，亦聊以表誠虔耳。兹將諸信士姓名開列於左，以昭感格，并垂千古於不朽云。

後學李國正撰文并書丹。

計開：管事張印娃、行營千總向青雲、管事王天禄、李定邦、姚元、郭金庚、王四合、總管申魁元、張連昇、郭振魁、劉進孝、總管李長清、孫泰、管事王恩甲、郭倫生、寇德、劉德炳、白旺、管事徐文廣、鄭百萬、張文燦、温有興、王克順、孫長太、魏毓田、山西郭三科、陳黑、楊振興、張開雲、總管張全炳、子書景、方裕興、喬德生、阮超。

石作：劉天佑鐫。住持：王復元。

大清道光二十四年桃月穀旦。

嘉慶六年
詔直省郡縣修建
呂祖祠每歲春秋與
文昌帝君同日致祭祀典攸崇
神靈感格匪獨都會崇奉即方社集鎮老少婦子
莫不致虔而報賽焉府北門外八里許有
呂祖庵靈應丕昭籤無不應驗故其香火為尤盛
本年兒子浚蘭應試禮部三月十六日場期
方畢余望其春捷乃往求籤又恐仙機元妙
深遠難釋默祝籤藏中字
降六十三籤籤載中平籤語木得金魚心尚焦已
入室堂更念曉侏將門前馬脫失一杆難得
滿樹棗榜發中八十二名貢士謹按中平二
字係中八十二首句春為木德金魚鯉魚能
化龍也心尚焦會元姓焦二句謂已到房呈
堂候曉兒旋洛逮房師云卷果十六日呈薦
三句門前馬係闖字馬出頭貌乃走馬看花
之兆四句一杆難得甲木係天干第一一杆
一甲也一甲難得也滿樹棗棗字亦藏八十
二數且兩木為林字滿樹棗乃言翰林庶吉
士廷試果二甲三十三名選庶吉士又三
十三合之一甲三名乃三十六數應首句金
魚三十六鱗之數也謹記之以彰
神貺
道光甲辰長至知河南府事蕭元吉謹記
命男翰林院庶吉士浚蘭敬書

【〇四九】　呂祖庵求籤碑記

年代：清道光二十四年

尺寸：高 57 釐米，寬 97 釐米

立石地點：老城區呂祖廟

嘉慶六年，詔直省郡縣修建呂祖祠，每歲春秋與文昌帝君同日致祭祀典，攸崇神靈，感格匪獨。都會崇奉，即方社集鎮老少婦子，莫不致虔而報賽焉。府北門外八里許有呂祖庵，靈應丕昭，籤無不應驗，故其香火爲尤盛。本年兒子浚蘭應試禮部，三月十六日場期方畢，余望其春捷，乃往求籤，又恐仙機元妙，深遠難釋，默祝籤藏“中”字，降六十三籤，籤載中平，籤語：木得金魚心尚焦，已入室堂更念曉。休將門前馬脱去，一杆難得滿樹棗。榜發，中八十二名貢士，謹按中平二字，係中八十二，首句春爲木德金魚，鯉魚，能化龍也；心尚焦，會元姓焦。二句謂已到房呈堂候曉，兒旋洛述房師，云卷果十六日呈薦。三句門前馬，係闖字，馬出頭貌，乃走馬看花之兆。四句一杆難得，甲木係天干第一，一杆一甲也，一甲難得也；滿樹棗字，亦藏八十二數，且兩木爲林字，滿樹棗乃言翰林庶吉士。廷試，果二甲三十六名，選庶吉士，又三十三合之，一甲三名，乃三十六數，應首句金魚三十六鱗之數也，謹記之以彰神貺。

道光甲辰長至知河南府事蕭元吉謹記，命男翰林院庶吉士浚蘭敬書。

【〇五〇】　吕祖廟施地碑記

年代：清道光二十九年

尺寸：高 40 釐米，寬 70 釐米

立石地點：老城區吕祖廟

施地碑記

洛邑城北五里許，瀍水環其東，邙嶺幛其西，與香山翠雲并稱是邑勝地。其間，有馬君諱五常者，慕道禮神，嚮義樂善，兹因道光二十七年間，買營莊莫君諱若蘭者地畝，坐落營莊村，有六畝，即施捨廟中，以爲香火之資。現值回贖地畝，莫君向馬君備銀回贖，馬君言地畝已施捨吕祖庵久矣。馬君因邀衆人與馬君商議，莫君亦慨然樂義，情願不贖。住持念二公同心好善，因勒石以誌不朽。是爲序。

信士：馬五常、莫若蘭仝施地六畝。

此地坐落東營莊村東北，東西南俱至墳下根，北至楊姓，四至弓口開後：

兩段行丈，西一段三畝二分二厘八毫五系，西横十四弓二尺九寸，東横十三弓二尺，中横十四弓三尺七寸，中長五十三弓四尺七寸。東一段二畝九分四厘四毫二系，西横十三弓二尺，東横十二弓四尺，中長五十三弓四尺一寸。其地大糧貳錢伍分，在北二里十甲行徵。

同中人：朱萬祥、李金錫、宋清泰、宋丙寅、趙會。

住持：王復光。

大清道光二十九年三月初一吉日立。

重修戲樓暨大殿前檐碑記
呂祖
洛城北五里許有
神庵一座乃山川鍾毓而成實
神聖威靈所致也無異蓬萊仙境
居然鐵嶺　神區仕宦紳民與農
商工賈日求指迷於　神側朝夕
不絶馬山西布商永興通記彩計
朱進銘向臨潁辦布路經洛水適
河水驟發將騾馱沈溺河中水落
後百餘人踏尋其處上下渺不可
得因虔心求籤　神前祈指迷津
得第十五籤詞内有南東字句遂
向遺金處東南求之果不數武全
馱即獲非　神聖有靈何以如取
囊物之易兹捐金酧願將戲樓房
頂堂屏梁柱暨大殿前檐修理油
漆一新以彰　神德以告人處於
以見靈應之不爽云
洛邑舉人候選知縣劉嵩萬拜撰并書丹
山西蒲州府臨晉縣信士永興通記敬修
洛　貫尚志
孟邑監生盧魁旺　仝督監
洛　李榮詔
住持王本玩率徒洪合續
吳本榮　郭合全
石工李春林敬鐫
龍飛咸豐十年桂月上浣之吉日敬立

【〇五一】　重修戲樓暨大殿前檐碑記

年代：清咸豐十年

尺寸：高 40 釐米，寬 80 釐米

存石地點：老城區吕祖廟

重修戲樓暨大殿前檐碑記

洛城北五里許有吕祖神庵一座，乃山川鍾毓而成，實神聖威靈所致也，無異蓬萊仙境，居然鐵嶺神區，仕宦紳民與農商工賈日求指述於神側，朝夕不絶焉。山西布商永興通記夥計朱進銘，向臨潁辦布，路經洛水，適河水驟發，將驃馱沉溺河中。水落後，百餘人踏尋其處，上下渺不可得。因虔心求籤□神所，祈指迷津，得第十五籤，詞内有南東字句，遂向遺金處東南求之，果不數武，全馱即獲。非神聖有靈，何以如取囊物之易？兹捐金酧願，將戲樓房頂堂屏梁柱暨大殿前檐修理、油漆一新，以彰神德，以告人虔，於以見靈應之不爽云。

洛邑舉人候選知縣劉嵩萬拜撰并書丹，山西蒲州府臨晉縣信士永興通記敬修。

洛邑監生賈尚志、孟邑監生盧魁旺、洛邑監生李榮詔仝督鑒。

住持：王本元、吴本榮率徒洪合續、郭合全。

石工：李春林敬鐫。

龍飛咸豐十年桂月上澣之吉敬立。

呂祖菴增修記

增修呂祖菴碑記

洛城瀍水之西舊有
呂祖菴康熙間邑人任鍾英之所建也後百餘年而典史張君逢庚復重修之迄今又數十年矣地勢雖高規
模未廣歲時大會紳商士婦之熙来而穰往者幾莫能容也竊維
呂祖神靈昭著天下
榮頒封號入祀典其相傳在人耳目間者黃粱覺世丹篆題詩隨地隨時悉徵感應倘其乘白雲駕黃鶴翩翩然
來遊而湫隘囂塵之間奚足以託
靈爽而薦馨香乎璜下車之始瞻謁廟貌慨然有增修之志而兵差絡繹公冗不遑適邑人朝會等以修葺
為請乃捐廉首倡俾其廣為勸募閒工於己巳之秋而告成於庚午之春廊房客舍棟宇輝煌巍巍乎極
一時之大觀焉夫事莫難於創始而尤莫難於更新洛陽名勝之甲於天下也久矣彼金谷園林銷磨兵
燹平泉花木湮沒荊榛後之人弔古情深亦第憑眺欷歔流連故址耳至若廟宇森嚴之地神所憑依宜
可以永垂久遠然而香山十寺僅傳其名且自元魏以至李唐崇修梵行寺觀尤多迄今存者寥寥豈非
創建難而重修者亦不易乎今也仰賴
孚佑帝君之靈得以百年之功成於一旦固屬洛中人士好善樂施者多抑亦司事者之實心實力克任其勞
也璜幸其事之有成因樂為之記並誌司事及捐貲者姓名於左以示不忘云
賜進士出身
賞戴花翎特用知府知河南府洛陽縣事黔南路璜謹序　即選教諭戊午科舉人楊端和書丹
同治九年歲次庚午清和月　穀旦

【〇五二】　增修吕祖庵碑記（碑陽）

年代：清同治九年

尺寸：高 178 釐米，寬 65 釐米

立石地點：老城區吕祖廟

增修吕祖庵碑記

〔碑首〕：增修吕祖庵記

洛城瀍水之西，舊有吕祖庵，康熙間，邑人任鍾英之所建也。後百餘年，而典史張君逢庚復重修之，迄今又數十年矣。地勢雖高，規模未廣，歲時大會，紳商士婦之熙來而攘往者，幾莫能容也。竊維吕祖神靈昭著天下，榮頒封號入祀典，其相傳在人耳目間者，黄粱覺世，丹篆題詩，隨地歲時悉徵感應。倘其乘白雲駕黄鶴，翩翩然來遊，而湫隘囂塵之間，奚足以託靈爽而薦馨香乎？璜下車之始，瞻謁廟貌，慨然有增修之志，而兵差絡繹，公冗不遑。適邑人朝會等以修葺爲請，乃捐廉首倡，俾其廣爲勸募。開工於己巳之秋，而告成於庚午之春，廊房客舍，楝宇輝煌，巍巍乎，極一時之大觀焉。夫事莫難於創始，而尤莫難於更新。洛陽名勝之甲於天下也久矣，彼金谷園林，銷磨兵燹；平泉花木，湮没荆榛。後之人弔古情深，亦第憑眺欷歔，流連故址耳。至若廟宇森嚴之地，神所憑依，宜可以永垂久遠。然而香山十寺，謹傳其名，且自元魏以至李唐，崇修梵行寺觀尤多，迄今存者寥寥，豈非創建難而重修者亦不易乎？今也，仰賴孚佑帝君之靈，得以百年之功成於一旦，固屬洛中人士好善樂施者多，抑亦司事者之實心實力，克任其勞也。璜幸其事之有成，因樂爲之記，并誌司事及捐資者姓名於左，以示不忘云。

賜進士出身賞戴花翎特用知府知河南府洛陽縣事黔南路璜謹序，即選教諭戊午科舉人楊端和書丹。

同治九年歲次庚午清和月穀旦。

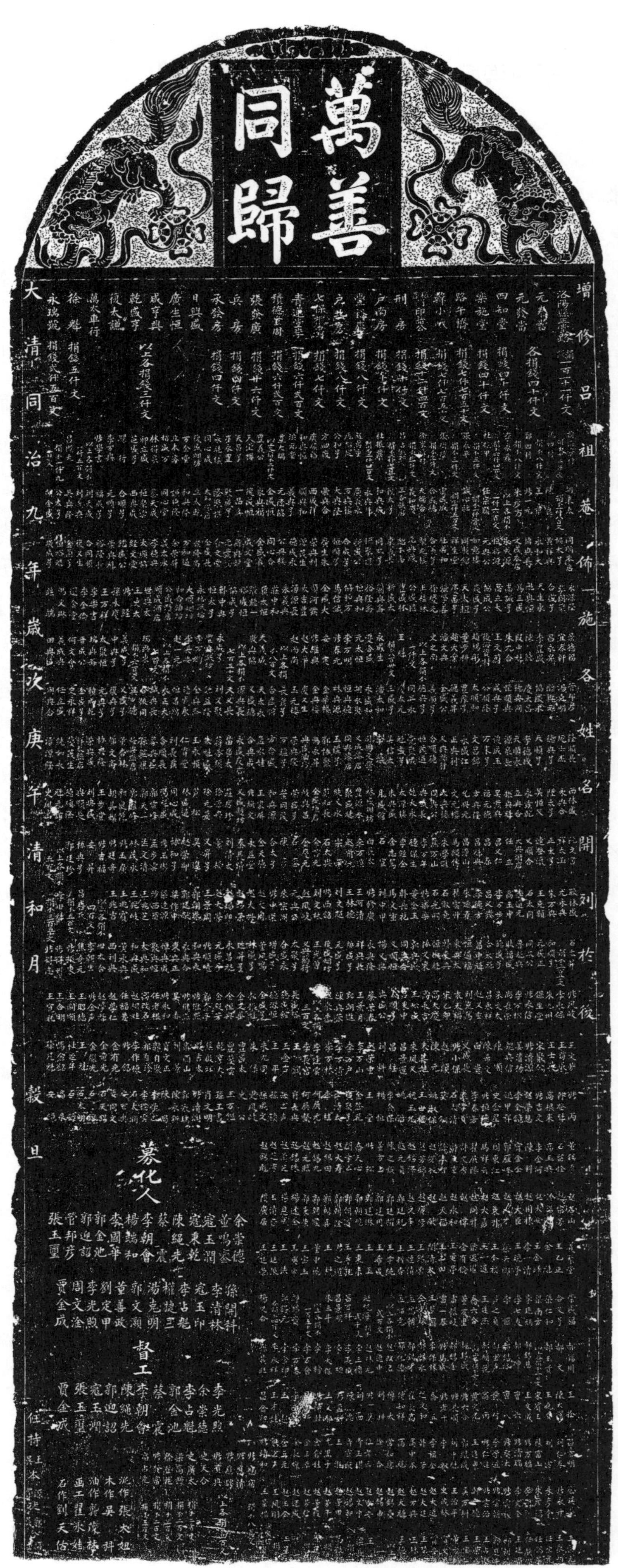
萬善同歸
增修呂祖菴佈施各姓名開列於後
大清同治九年歲次庚午清和月穀旦

【〇五三】 增修吕祖庵碑記（碑陰）

年代：清同治九年

尺寸：高 178 釐米，寬 65 釐米

立石地點：老城區吕祖廟

增修吕祖庵碑記

〔碑首〕：萬善同歸

增修吕祖庵布施各姓名開列於後：

洛陽縣正堂捐錢一百一十一千文。元泰當、元發當各捐錢四十千文。四知堂捐錢四十千文。樂施堂捐錢四十千文。路午橋捐錢七千七百五十文。韓小峨捐錢七千七百五十文。縣署門諸公捐錢十二千四百文。邢房捐錢十千文。户南房捐錢十千文。豐裕庫捐錢八千文。户北房捐錢八千文。七保櫃書捐錢七千文。青蓮堂李捐錢六千貳百文。積德堂周捐錢六千貳佰文。張發廣捐錢廿六千文。兵房捐錢四千文。承務房捐錢四千文。日興盛、廣生恒　咸亨興、乾盛亨、復大謙、萬太車行，以上各捐錢三千文。徐魁捐錢五千文。永瑞號捐錢貳仟五百文……

募化人：余崇德、董鳴鑾、寇玉潤、寇秉乾、陳繩先、蔡震、李朝會、楊端和、李國華、郭金池、郭迎詔、管邦彦、張玉璽、孫開科、李清林、寇玉印、李占魁、權捷三、湯克明、郭文灝、董善政、劉定甲、李光煦、周文淦、賈金成。

督工：李廣煦、余崇德、李占魁、郭金池、蔡震、李朝會、陳繩先、郭迎詔、寇玉潤、張玉璽、賈金成。

泥作：張文妞。木作：吴科。油作：龔茂林。畫工：翟永娃。石作：劉天佑。住持：王本源、吴本榮。徒：郭合福、吴合立。

同治九年歲次庚午清和月穀旦。

北山呂祖閣

傑閣憑高四望通西
來秋氣滿胸中不知
黃鶴樓何在武昌鶴樓燬於賊
剩此白雲戶為封洛
水澄清環郡郭邙
山重疊拱靈宮翹
瞻遺像丹青妙仙境
深幽到處同壁間有邑人繪像並圖
寫鳳穴錦屏五景筆至幽秀

同治庚午初秋
黔陽鼓璜

【〇五四】　北山吕祖閣

年代：清同治九年

尺寸：高 40 釐米，寬 71.5 釐米

立石地點：老城區吕祖廟

北山吕祖閣

傑閣憑高四望通，西來秋氣滿胸中。不知黄鶴樓何在（武昌鶴樓毁於賊），剩此白雲户尚封。洛水澧清環郡郭，邙山重疊拱靈宫。翹瞻遺像丹青妙，仙境深幽到處同。（壁間有邑人繪像並圖）

寫風穴錦屏各景，筆墨幽秀。

黔陽路璜。

同治庚午（九年）初秋。

獻

書曰享多儀儀不及物曰不享[illegible]

[illegible]之令潞雨[illegible][illegible][illegible]虔心[illegible]

監亦可以少達其誠敬也是為序

敬

[illegible]師大順

[illegible]宋文德

管[illegible]任永發

[illegible]張進興 捐大錢三千文

楊[illegible]娃

王廷裕

任福來

程長泰

李長富

木工 王廷臣[illegible]

石工 [illegible]文宗

住持道人 張合 李[illegible]

光緒二十二年二月 吉日

【〇五五】 獻杆記

年代：清光緒二十二年

尺寸：高 32 釐米，寬 40 釐米

立石地點：老城區吕祖廟

《書》曰："享多儀，儀不及物。"曰。不享物者，用之所田□也。今睹兩杆昏朽，弟子等虔心修治，去舊豎新，可以少達其誠敬也。是爲序。

敬獻。

社首：師大順。總管：宋文德。管事：任永發。張進興：捐錢三千文。楊苟娃、王廷裕、任福來、任長泰、李長富。

木工：王廷巨。石工：魯文寅。住持道人：張合□、李合丛。

光緒二十二年二月吉日。

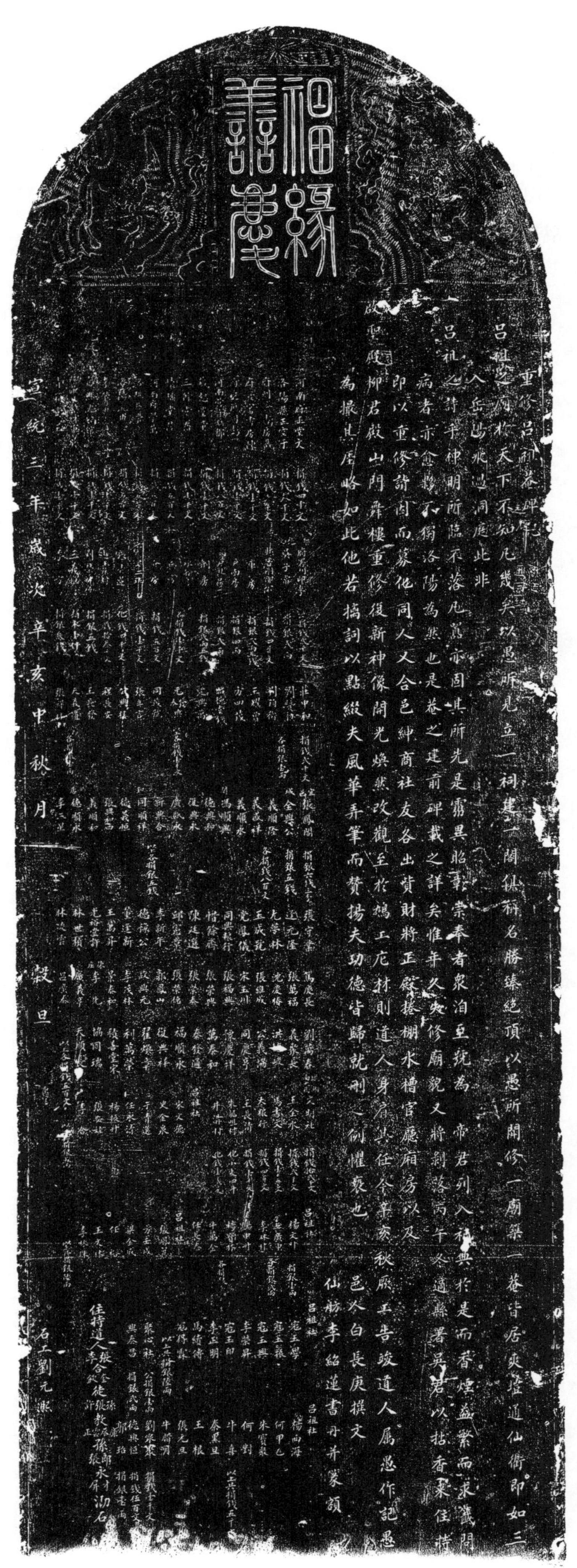

【〇五六】　重修呂祖庵碑記

年代：清宣統三年

尺寸：高 174.5 釐米，寬 58.5 釐米

立石地點：老城區呂祖廟

重修呂祖庵碑記

〔碑首〕：福緣善慶

呂祖之廟，於天下不知凡幾矣。以愚所見，立一祠、建一閣，俱稱名勝臻絶頂；以愚所聞，修一廟、築一庵，皆居爽塏通仙衢。即如“三入岳陽，飛過洞庭”，此非呂祖之詩乎？神明所臨，不落凡囂，亦固其所先是靈異昭彰，崇奉者衆。洎至號爲帝君，列入祀典，於是而香煙益繁，而求籤問病者亦愈夥，不獨洛陽爲然也。是庵之建，前碑載之詳矣，惟年久失修，廟貌又將剥落。丙午冬，適縣署吴君以掂香來，住持即以重修請，因而募化同人，又合邑紳商社友，各出資財，將正殿、捲棚、水槽、官廳、廂房以及啟聖殿、柳君殿、山門、舞樓重修復新，神像開光，焕然改觀。至於鳩工庀材，則道人身肩其任。今辛亥秋厥工告竣，道人屬愚作記，愚爲撮其厓略如此，他若摛詞以點綴夫風華，弄筆而贊揚夫功德，皆歸就删之例，懼褻也。

邑人白長庚撰文，仙舫李紹蓮書丹並篆額。

河南府正堂文捐錢四千文。洛陽縣正堂于捐錢叁文。府刑管書房戴捐錢貳千文。府發宗書房陳捐錢壹千文。府經歷司彭捐錢壹千文。河南營督那捐錢八百文。藏恕堂童捐錢壹千文。三餘堂喬捐錢壹千文。懷橘堂吕捐錢五百文。河南府學萬捐錢五百文。洛陽縣學□捐錢五百文。洛陽□田捐錢五百文。李肇唐捐錢壹千文。藏興沈公館捐錢壹千文。府署川印李捐錢貳千文。吴子常捐銀貳兩。縣署明印公捐錢四千文。庫房捐銀貳兩五錢。户南房捐銀四兩。户北房捐銀貳兩。刑房捐銀貳兩五錢。水谷房、兵房各捐錢壹千文。倉房捐錢五百文。七二班捐錢壹千文。張青蓮化錢四千文。王莊村捐錢拾叁千文。劉榮中捐銀五錢。三義恒捐木壹千。李方捐銀三錢。莊中和捐錢貳千文。劉贊勳、劉鈞衡各捐銀壹兩。王耀曾、方四茂、昭德堂、定興萬、元發興、元秦興，以上各捐錢壹千文。同茂號、張立言、公興樓、程長安、王長發、天義通、張祥林各捐銀壹兩。宜邑張鳳閣捐銀六錢三分。全興公捐銀五錢。義順隆、義盛祥、各捐錢八百文。義順永、馮順興、德興和、復興永、廣盛永、新興合、同順祥、德義恒、張興和西、義順和、德順永、李三星，以上各捐銀五錢、張守業、逄元隆、尤夢林、玉成號、黨鳳儀、同興糧行、惜餘齋、陳廷選、邱憲章、李新年、德豫公、董逢新、王萬昇、光裕堂許、林世楨、林凌雲、篤慶長、張萬福、沈慶椿、張維成、宋玉川、張福興、張榮興、張榮泰、張榮德、郭鳳山、政興元、李茂林、景泰和、陳莊李先、廣義亨、吕廣泰、劉萬春、義聚長、洪德峻、公義協、同慶亨、豫慶祥、萬泰和……

住持道人：張合奎、李合欽。徒：孫教廉、張教承、張教雲、許正。孫：郎永才、張永屏泐石。石工：劉元熙。

宣統三年歲次辛亥中秋月穀旦。

閱字學摘誤載宋敬仙顏洞賓飛
劍斬黃龍又戲妓女白牡丹事非
純陽也據此唐宋異代呂顏異姓
不過名偶同耳曾參殺人何與孔
門子輿優劇裝點演媚自屬常態
向嘗疑之彝以問執其口也伏思
洞賓呂老夫子以名進士為名神
聰明正直顯靈度阨昭人耳目此
等齣猥誕妄於 帝君有何加損
肰知而弗改心未安也特而正之
度割烹自鬻諸瑣事不得勝擾謗
障於清淨世界而大有關於名教
也附俚句 端冕垂旒坐梵宮仰
瞻遺骨與仙風如何耳食目盲輩
錯認顏標作魯公
邑後學張青蓮敬述
斷制謹嚴 義正詞純 邑紳林東郊拜閱
邑人寇謙書丹
邑紳寇輔仁泐石
民國十四年歲次乙丑嘉平穀旦

【〇五七】 爲吕洞賓正名碑

年代：民國十四年

尺寸：高 48 釐米，寬 77 釐米

立石地點：老城區吕祖庙

爲吕洞賓正名碑

《閲字學摘》誤載，宋散仙颜洞賓飛劍斬黄龍，又戲妓女白牡丹事，非純陽也。據此，唐宋異代，吕颜異姓，不過名偶同耳。曾參殺人何與孔門子輿優劇，裝點演媚，自屬常態，向嘗疑之，無以間執其口也。伏思洞賓吕老夫子以名進士爲名神，聰明正直，顯靈度阨，昭人耳目，此等鄙猥誕妄，於帝君有何加損？朕知而弗改，心未安也。刊而正之，庶割烹自鬻諸瑣事，不得膠擾翳障于清净世界，而大有關於名教也。

附俚句：

端冕垂旒坐梵宫，仰瞻道骨與仙風。

如何耳食目盲輩，錯認颜標作魯公。

斷制謹嚴，義正詞純。

邑後學張青蓮敬述。

邑紳林東郊拜閲。

邑人寇謙書丹。

邑紳寇輔仁泐石。

民國十四年歲次乙丑嘉平谷旦。

山高水長

大羽師張公諱教承紀念碑

羽師張公河南歸德人法名教承字鑾甫道官合奎仙師之高足生性高尚與世無爭自幼入玄門後尊師重道祀神虔誠修養天真不喜繁華一生親有道憐貧苦不特忠厚待人謙讓自持猶敬老矜幼好善尚藝治乎晚節更籍音樂以和性情栽養花鳥而驗天時舉名利革爭為者羽師概無為焉雖俱中庸之資亦誠能人所難能　羽師仙化於民國三十三年夏歷前四月二十二日距生於光緒六年享壽六十有六歲閭里欽　羽師之行感念不置予等友誼不忘其行謹序巔末以誌不朽云

方外友弟李品三書丹

愚晚楊作奇篆額

友誼

郭之源　胡緒先　寇德鈞　寇德忠　崔立齋　徐毅亭　張鴻恩　楊蘭卿　曹鴻恩　匡克誠

吳福堂　胡介臣　楊作奇　李鎮坤　李麟閣　司馬良臣　寇新位　李品三　張寅甫　寇新明

章雙五　李□祥　楊智齋　馮良甫　劉作霖　黃耀□　趙宗祥　蘭鳳鳴　李仲爾　馮□崇

姜增光　□□齋　劉崇源　任學曾　王遂有　王道行　王瑞祥　姚子明　史瑞祥　徐承則

寇新奇　郭自平　孫耀先　寇鉄書　張耀明　牛化南　趙德林　袁學禮　董蘊華　董永寬

任得魁　張學福　鄭治平　王鴻昇　楊春茂　梁萬業　劉榦參　曹孔先　袁光明　王普□　王仁壽

宋錦彩　張玉書　□家新　李松林　沈子亮　郭孝風　蔡建泉　劉鳳常　寇生□　袁德□　張玉亭

仝立

中華民國三十四年元月初八日穀旦

【〇五八】　張教承紀念碑

年代：民國三十四年

尺寸：高 159 釐米，寬 63 釐米

立石地點：老城區吕祖庙

〔碑首〕山高水長

大羽師張公諱教承紀念碑

羽師張公，河南歸德人，法名教承，字繼甫，道官合奎仙師之高足。生性高尚，與世無争，自幼入玄門後，尊師重道，祀神虔誠，修養天真，不喜繁華。一生親有道憐，貧苦不特，忠厚待人，謙讓自持。猶敬老矜幼，好善尚慈。洎乎晚節，更籍音樂以和性情，栽養花鳥而驗天時，舉名利輩争爲者，羽師概無爲焉。雖俱中庸之資，亦誠能人所難能。羽師仙化於民國三十三年夏曆前四月二十二日，詎生於光緒六年，享壽六十有六歲。閭裡欽羽師之行，感念不置，予等友誼，不忘其行，謹序巔末，以志不朽雲。

友誼：郭之源、胡紹先、寇德鈞、寇德忠、霍立齋、徐彩亭、張鴻恩、楊蘭卿、曹鴻恩、匡克誠、吴福堂、胡介臣、楊作奇、李鎮坤、李麟閣、司馬良臣、寇新位、李品三、張實甫、寇新明、章雙五、李永祥、楊智齋、湯良甫、劉作霖、黄捷肇、趙宗祥、蕭鳳鳴、李仲苒、馮樹棠、姜增光、廖思齋、劉景漢、任學曾、王遂有、王道行、王瑞祥、姚子明、史瑞祥、徐承則、寇新奇、郭自平、孫耀先、寇鐵書、張耀明、牛化南、趙德林、袁學禮、董藴華、董永亮、任得魁、張學福、邢治平、王鴻昇、楊春茂、梁萬榮、劉幹岑、曹孔先、史光明、王普雲、王仁壽、宋錦彩、張玉書、張東軒、李松林、沈子亮、郭子風、蔡中泉、劉鳳章、黨生娃、夏德魁、張玉亭。仝立。

中華民國三十四年元月初八日穀旦。

重修城隍廟記

【〇五九】 重修河南府城隍廟記

年代：明景泰六年

尺寸：高204釐米，寬71.5釐米

立石地點：老城區城隍廟

重修河南府城隍廟記

〔碑首〕：重修城隍廟記

河南府治西有神祠曰“城隍”，而神之肇祀莫詳。所自古有天下必祀百神者，非以徼福，所以寓愛斯民之意也。方……聖朝際天開宇，極地闢疆，混一四海。建元洪武，首詔天下郡縣皆立城隍廟，以爲揭虔妥靈之所。按郡誌：洪武己酉，同□於……神之靈周徧天下，如日之麗天，無所往而不照；如水之行地，無所往而不有。神既廟食□，玆土必能護廕庇……則禱之，疫癘祟降則禱之，凡人民患難，計無所出，咸惟神是訴焉。神之靈應，不啻如龜神□筮，若響若……雨順風調，禾豐麥稔，化荒以爲穰，易沴以爲和，皆神之所賜也。徵諸祭法，宜在□□民賴其神。歲時□報，千載……守何侯壽來涖玆郡，始至，謁神，瞻視廟宇，上雨旁風，歲月寖久，見其廢墜不修，祀事不□，乃曰：政之所先，在於……舊而改建，特視事之始，正當問民疾苦，土木之役，非敢先越。明年癸酉秋興工，又值事務倥偬不遑，志未所……戌春，太守虞侯廷璽來知河南府事，始至，寬養民力，興廢舉墜，知無不爲。與之共謁，同推府卜公紳協力修葺，又……府中僚幕無事而政務稍緩矣。太守虞侯暨貳守何侯與夫推府卜侯，首□奉金贏餘，以增役費，凡同僚□□所部……輸財貨，以佽助之，凡得錢若干萬緡，其土木、瓦石、丹堊、金碧之需皆係官出，而不□費於民，遂募工……通專董其事，必謹必飭，靡懈靡惰，使棟桷朽腐者易之，基址狹陋者闢之，垣墻崩墜者塗，暨而黝堊……之正殿卑狹，增而加高者三之一焉。廟之後別爲寢殿，其寢如廟之制，前爲□廈，後爲穿廊。廟之東爲……君殿，廟之南爲居中構爲香亭，周迴四旁環以廊廡，左右總分三十四司，廣而新之，使□□相稱，餘……之正殿、寢殿、穿廊、抱廈及東西二殿、左右兩廊、中外三間，□爲屋七十餘楹間，彩絢彰施，金碧輝映，侖……安棲，永宅厥靈，禮文咸秩，而祀事嚴矣。始事於甲戌二月花朝之前，訖工於乙亥九月……然知有敬仰而喜曰：神明感而宣靈，人心歡而致和者，因貳守何侯一念之所致也。是役……有推府卜侯與之協同焉。廟事告完，而郡之士民之賢者，見其落成盛美，咸以爲不可泯……歲月，且使後人知重修之所始，因述其用功之顛末，來徵余文以記之，余以年衰嘗稿辭，□請益堅，弗……始終效勞之事，直書於前，俾勒石紀功，垂億萬祀云。

前孟縣儒學訓導洛陽鄭安撰，國子監生郡人孫暉篆額并書丹。

賜進士中順大夫知漢中□□，承直郎通判建□□□，經歷唐□□□福，照磨廟饒□□，司獄官勝，洛陽□□□，奉議大夫同知鎮□□□，知事□□□□□，檢校江浦□□。

大明景泰六年歲次乙亥仲冬中澣立石。

河南府重脩城隍廟記
賜進士出身徵仕郎兵科右給事中丹川[illegible]撰文
賜進士出身中憲大夫知河南府事長垣[illegible]篆額
賜進士出身通奉大夫湖廣右布政使邑人[illegible]書丹
城隍之神莫詳事始然蕪湖建祠昉自赤烏武陵脩祀著之良史則六朝隋唐以前固已然矣説者謂有社不
當復有城隍獨呂睦州以為合於禮之八蜡祭防於水庸者可謂有見夫眢井鵵翔危堞神護有其舉之莫敢
廢也況我
國家議禮制度損益古今一切淫祠悉經釐革定為百代不刊之典而城隍之祠自都城以通於天下雖封爵不加
崇尚益至河南府舊有專祠歲久廢圮不治更前守數十政謁晴之墨未乾禱雨之詞復出瀆者踵至禦災捍
患神之宣力居多顧莫有振起作新以報其貺者正德丙寅章山沈公来守是邦滌篆之先積牲往警顧瞻廟
貌頽然上雨旁風莫為障蔽大懼無以稱事神之職視事遂亟力圖之疲精締思至忘寢食出帑藏羨餘率而
部之嚮義有力者共其役徵材鳩工刻期集事再閱寒暑厥工告成棟宇壯麗百世可支金碧煇煌四方改觀
足以安神之靈而慰滿吏民之望矣靈貺之昭風雨之時神之所以格於公公之所以利於人者顧不皆有餘
地哉先是役之經營也[illegible]逵佐公下風上梁有文固嘗授簡比工之成寓書京師曰祠成不可無記予具識巔
末且吾同志宜速為之時方假憲節入闗而公亦有督學三輔之
命避逅洛中並謁祠下仰瞻起廢規畫一新欽嘆之餘庸可以不文讓因僭著神之當祀合於禮經
時制如此而公之事神治民號為知務一舉動間可以丕見其美視世之吏宅郡者盛逢迎以悅監司飭廚傳以禮
過客相去賢不肖非但不可同日語而已公名文華字[illegible]實湖南名士蚤年舉進士官秋臺藹績茂著治郡建
立多可書者以無關於祠事故不併及云
正德庚午夏五月吉旦　河南府同知[illegible]　通判[illegible]　推官[illegible]　洛陽縣知縣[illegible]　立石

【〇六〇】　河南府重修城隍廟記

年代：明正德五年

尺寸：高 230 釐米，寬 88 釐米

立石地點：老城區城隍廟

河南府重修城隍廟記

〔碑首〕：重修城隍廟記

賜進士出身徵仕郎兵科右給事中丹川□秀撰文，賜進士出身中憲大夫知河南府事長垣□□篆額，賜進士出身通奉大夫湖廣右布政使邑人□□書丹。

城隍之神莫詳事始，然蕪湖建祠昉自赤烏，武陵修祀著之良史，則六朝隋唐以前，固已然矣。説者謂有社不當，復有城隍。獨吕睦州以爲合於禮之八蠟祭，防於水庸者，可謂有見。夫背井鵷翔，危堞神護，有其舉之，莫敢廢也。況我國家議禮制度損益古今，一切淫祠悉經釐革，定爲百代不刊之典。而城隍之祠，自都城以通於天下，雖封爵不加，崇尚益至。河南府舊有專祠，歲久廢圮不治，更前守數十政，謁晴之墨未乾，禱雨之詞復出，瀆者踵至。禦災捍患，神之宣力居多，顧莫有振起作新，以報其貺者。正德丙寅，章山沈公來守是邦，滌篆之先，犢牲往誓，顧瞻廟貌頹然，上雨旁風，莫爲障蔽，大懼，無以稱事神之職視事，遂亟力圖之，疲精締思，至忘寢食。出帑藏羡餘，率所部之嚮義有力者共其役。徵材鳩工，刻期集事，再閲寒暑，厥工告成，棟宇壯麗，百世可支，金碧輝煌，四方改觀，足以妥神之靈，而慰滿吏民之望矣。靈貺之昭，風雨之時，神之所以格於公，公之所以利於人者，顧不皆有餘地哉！先是役之經營也，豸適佐公，下風上梁，有文固嘗授簡。比工之成，寓書京師曰：祠成不可無記。予具識巔末，且吾同志宜速爲之，時方假憲節入關，而公亦有督學三輔之命，邂逅洛中，并謁祠下，仰瞻起廢，規畫一新，欽嘆之餘，庸可以不文，讓因偕著，神之當祀，合於禮經，時制如此。而公之事神治民，號爲知務，一舉動間，可以互見其美，視世之吏它都者盛，逢迎以悦，監司飭廚傳以禮，過客相去賢不肖，非但不可同日語而已。公名文華，字崇，實湖南名士，蚤年舉進士，官秋臺，聲績茂著，治郡建立，多可書者，以無關於祠事，故不并及云。

河南府同知颜□、通判徐騏、推官臧敏華、洛陽縣知縣劉□立石。

正德庚午夏五月吉旦。

焚脩住持劉德福
住持石德温
張通洲
趙通儒
張通慶
隆慶六年孟春吉日信官沈隨時重脩碑樓
計開廟内地基
南北長七十三丈
二門外東西闊四丈
後面東西闊三十丈
東面至倉南北長
西面至月城南北長

【〇六一】 信官沈隨時重修碑樓

年代：明隆慶六年

尺寸：高 230 釐米，寬 88 釐米

立石地點：老城區城隍廟

隆慶六年孟春吉日信官沈隨時重修碑樓

焚修住持：劉德福、張通洲、趙通儒、張通慶。住持：石德温。

計開：廟内地基南北長七十三丈；二門外東西闊四丈；後面東西闊三十丈；東面至倉南北長五十五丈；西面至月城南北長□十三丈。

施捨原約誌後：立永施香火地主劉澤洪有□家村平地五畝，坐落村西，東西至溝，北至□，南至□成，今情願奉施本府城隍老爺廟，永供香火。恐後無憑，立約存照。本縣硃批，準照，永供香火。康熙二十七年六月十一日立契生劉澤洪。

同人：郭振威、何騰鳳、張成、劉光炳（畫押）。

立施捨文約人曹景隆有祖業一十八畝，坐落七里河北，東至□□，西至胡連，南至河，北至河溝，四至分明，同衆情願施於府城隍廟，永供香火善地。恐後無憑，立捨契存照。康熙二十年初三日，立契人曹景隆（畫押）。

同人：錢鋭、楊廷諫、卞石安、生員尚希颜、陳天寵。

立施捨文約李國珍、許文煌兩家，周家寨有荒地八畝，同衆施於府城隍廟内，作香火地。訖後，許將所捨之地又賣於元覺寺僧人，李國珍心不甘，具告本縣佟老爺案下，蒙批于證查明回話，許文煌同于證親友，情当原將八里窯本身祖業荒地一段，南北畛，東少史，西許文燦，南溝，北許文燦，計地八畝，以補周家寨地，原係兩家施捨，日久如有争，若違礙者，執約到官甘罰。此照本縣硃批照過。

康熙二十九年四月初二日，立施捨補地文約人許文煌（畫押）。

同人：劉璽、周新鼎、王弘文、陳履太、錢鋭、陳士奇、郭起元、石令器、李麟、許文燦同花共施。

立施香火地人焦存節同子銅、銀、錦、鉞因素有城隍神惠，故買到焦篤儒地兩段拾畝，情願施于府城隍廟，永供香火，父子并無反悔，恐後無證，立施約存照。

一段東西畛，坐落葦園溝，南至小路，北至墻，西至塔，東至焦君禮，計地九畝半。一段南北畛，坐落葦園溝北，東至溝，西至溝，北至溝，南至墻，計地五分。

同見知人：劉震東（畫押）、李凝度（畫押）。

乾隆三十年十月初七日，立施約焦存節，子：銅、銀、錦、鉞（畫押）。

立施香火地人張存禮，因素有瘟神神願，今將祖業地兩段拾畝情願施于府城隍廟内，永作香火。存禮并無返悔，恐後無證，立施約存照。一段東西畛，坐落劉家樓以南，東至瞿姓，西至郭莊寺香火，南至胡，北至張姓、毛姓，計地七畝五分。一段南北畛，坐落劉家樓東南，東至王姓，西至劉姓，南至李，北至劉姓，計地貳畝五分。

施捨地人張存禮，在城内西南隅舊府門居住。見知人朱倫元（畫押）。

乾隆二十六年五月十一日立施約張存禮（畫押）。

本廟住持署道紀司事石清安、弟焦清山，徒侄趙一洞、蕭一鶴、劉一蛟、王一錫，孫李陽奎；師祖道紀司都紀李守正；師焦太虛；住持道人范清福、張濟室；師道紀司道紀楊太辰，兩門住持仝刻立石。

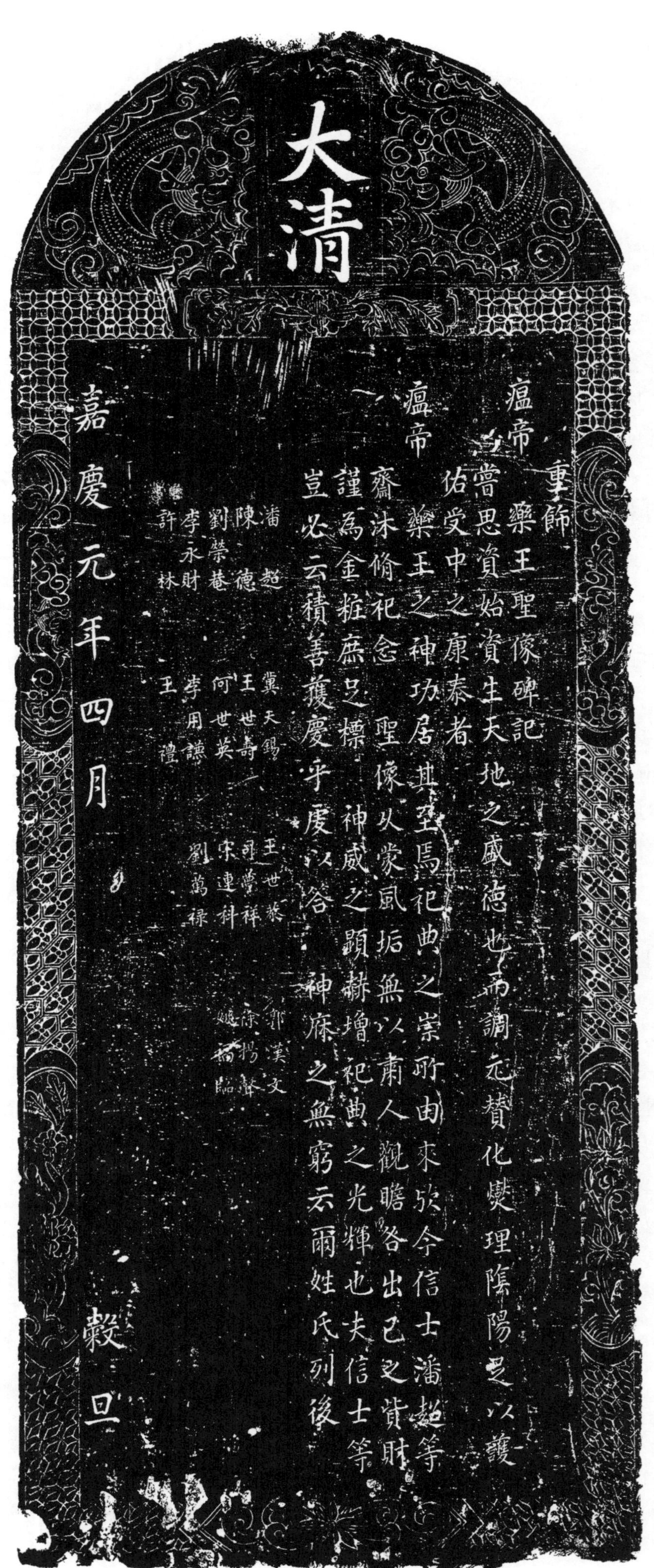

大清

重飾
瘟帝藥王聖像碑記
嘗思資始資生天地之盛德也而調元贊化爕理陰陽是以護
佑受中之康泰者
瘟帝藥王之神功居其至焉祀典之崇所由來於今信士潘超等
齋沐脩祀念聖像从蒙風垢無以肅人觀瞻各出己之貲財
一謹為金粧庶足標神威之顯赫增祀典之光輝也夫信士等
豈必云積善獲慶乎庶以答神庥之無窮云爾姓氏列後

潘超　陳德　劉榮菴　李永財　許林
冀天錫　王世奇　何世英　李用謙　王禮
王世恭　司豐祥　宋連科　劉萬祿
郭漢文　徐揚聲　姚瑞臨

嘉慶元年四月　穀旦

【〇六二】 重飾瘟帝藥王聖像碑記

年代：清嘉慶元年

尺寸：高 145 釐米，寬 57 釐米

立石地點：老城區城隍廟

重飾瘟帝藥王聖像碑記

〔碑首〕：大清

嘗思資始資生，天地之盛德也，而調元贊化，燮理陰陽，足以護佑受中之康泰者，瘟帝、藥王之神功居其至焉，祀典之崇所由來歟。今信士潘超等齋沐修祀，念聖像久蒙風垢，無以肅人觀瞻，各出己之資財，謹爲金粧，庶足標神威之顯赫，增祀典之光輝夫也。信士等豈必云積善獲慶乎虔，以答神庥之無窮云爾。姓氏列後：

潘超、陳德、劉榮奄、李永財、管事許林、冀天錫、王世壽、何世英、李用謙、王禮、王世恭、司夢祥、宋連科、劉萬禄、郭漢文、徐揚聲、姚福臨。

嘉慶元年四月穀旦。

大清

重修舞樓碑記

嘗聞莫爲之前雖美弗彰莫爲之

瘟神藥王羅真聖殿三間拜殿三間

舞樓久因風雨損壞同社人目睹

殿宇大門院牆粉飾煥然一新以

敬而已工程告竣勒石刻名永垂

龍飛道光四年七月十三日

【〇六三】 重修舞樓碑記

年代：清道光四年

尺寸：高 73 釐米，寬 53 釐米

立石地點：老城區城隍廟

重修舞樓碑記

〔碑首〕：大清

嘗聞莫爲之前，雖美弗彰；莫爲之後，雖盛弗傳。……瘟神、藥王、羅真聖殿三間，拜殿三間，……舞樓久因風雨損壞，同社人目睹……殿宇大門、院墻粉飾，焕然一新，以……敬而已，工程告竣，勒石刻名，永垂不朽云。

社首：金寶福、于中魁、史文傑、李全德、沈德明、于中道、趙萬成、師殿青、楊更新、何武、張永會、朱明道、和文魁、李芬、劉道發、王萬和、楊呈瑞、李丙、潘復興、李富榮、馮吉昌、張金成、李桃夥、李三槐、鄧桂、梁全孝、喬昇、段起鳳、于中和、姚趙夥、于治田、方牛夥、黄永發、劉崙、馬傅夥、張□、于安、程□、袁金□、王永興、楊呈周、宋天才、王松林、崔凡有……

龍飛道光四年七月十三日。

萬善同歸

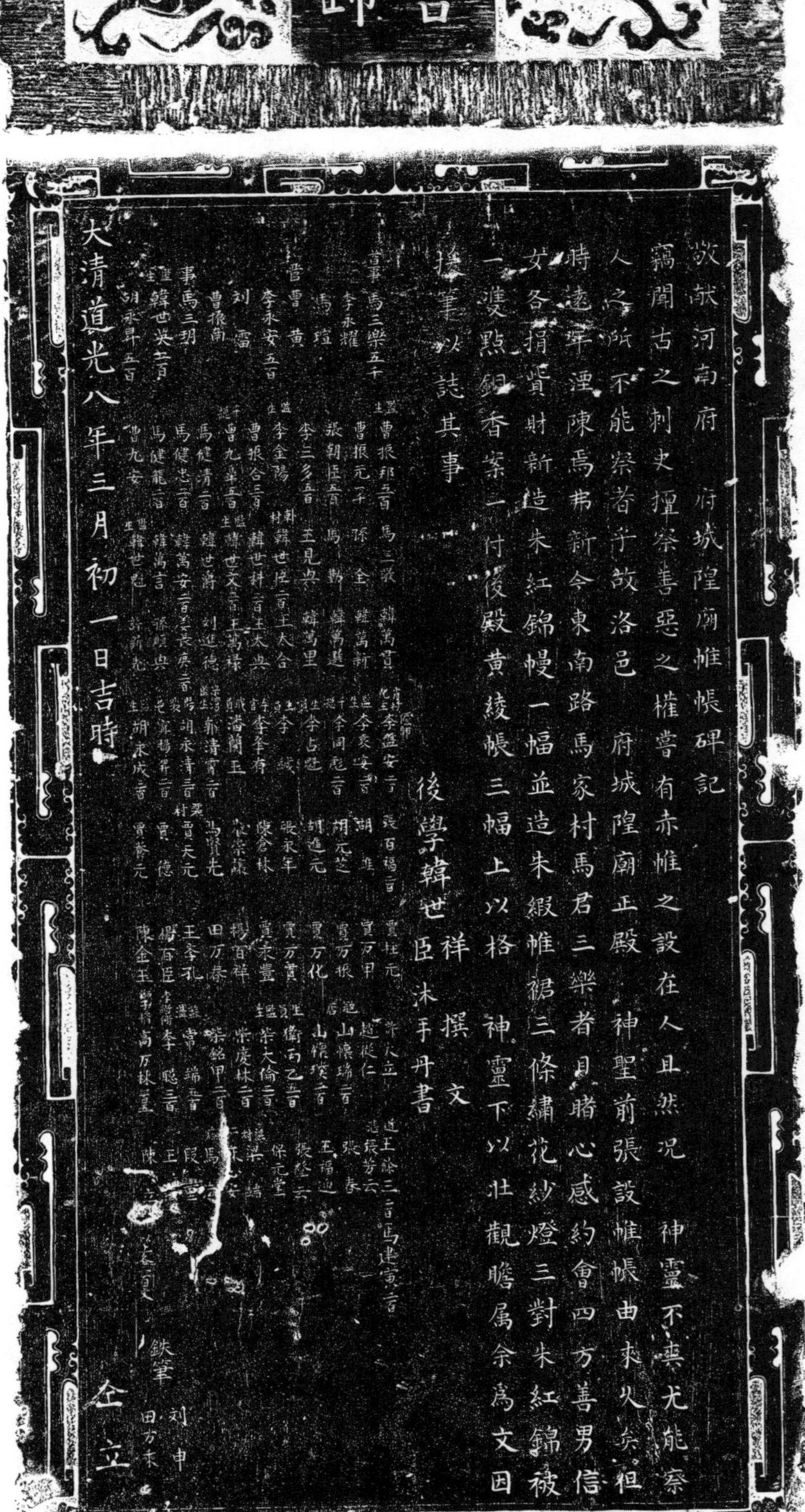

【〇六四】 敬獻河南府府城隍廟帷帳碑記

年代：清道光八年

尺寸：碑身高 174 釐米，寬 65 釐米

立石地點：老城區城隍廟

敬獻河南府府城隍廟帷帳碑記

〔碑首〕：萬善同歸

竊聞古之刺史擅察善惡之權，嘗有赤帷之設，在人且然，况神靈不爽，尤能察人之所不能察者乎？故洛邑府城隍廟正殿神聖前張設帷帳，由來久矣，但時遠年湮，陳焉弗新。今東南路馬家村馬君三樂者，目睹心感，約會四方善男信女，各捐資財，新造朱紅錦幔一幅，并造朱緞帷裙三條、繡花紗燈三對、朱紅錦被一雙、點銅香案一付、後殿黄綾帳三幅，上以格神靈，下以壯觀瞻。屬余爲文，因援筆以誌其事。

後學韓世祥撰文，後學韓世臣沐手丹書。

首事馬三樂五千。李永耀、馬瑄、管事曹黄、李永安五百，劉雷、曹振南、馬三玥、監生韓世英二百。胡永昇五百。監生曹振邦五百。曹振元一千。張朝臣五百。李三多五百。監生李金陽、曹振合三百。千總曹九皋五百。馬健清二百。馬健忠二百。馬健龍二百。曹九安、馬三敬、孫全、馬勤、王見興、韓村韓世臣二百。韓世科二百。監生韓世文二百。韓世爵、韓萬安二百。韓萬言、監生韓世魁、韓萬貫、韓萬新、韓萬選、韓萬里、王太合、王太興、王萬禄、劉進德、姜長庚、孫順興、許新先、偃師肖村化主李盤安：二百。監生李袁安二百。千總李同彪二百。生員李占魁、生員李緎、壽官李夆有、職員潘蘭玉、宋灣監生郭清霄二百。楊裴屯胡永清三百。寧揚昇二百。監生胡永成三百。張百福二百。胡維、胡元芝、胡進元、張永年、陳倉林、恭崇讓、馬賢先，裴村：賈天元、賈德、賈養元、賈柱元、賈萬甲、賈萬振、賈萬化、賈萬貫、賈永豐、楊百祥、田萬春、王學孔、楊百臣、陳金玉、許大立、趙從仁，寇店山懷瑞二百。山懷璞二百。生員衛丙乙五百。監生柴大倫二百。柴慶林二百。柴銘甲二百。蘇溝常端五百。李聰三百。獅子橋高萬林一百五，道湛王餘三百。張芳云、張春、王福迎、張隆云、保元堂，梁村：梁端、麻心安、馬法、段重、王法、陳立，以上各一百。馬建寅二百。

鐵筆：劉申、田方乘。

大清道光八年三月初一日吉時。

太清

刻石為樂事易撰志願明表因本城內范公諱天□保嘉慶年間在
河南营隨营時與府隍廟住持孫合彬交好接給錢壹佰仟整餉
後范公出仕宝豐縣城守营後調陞孟縣城守营年老告戚回洛病
合彬物故已久范公观廟內人口但多每年出產不足費用觴起
范公善念將孫合彬借債以作佈施捐入 隍廟借約當面火焚
隍廟街隣看范公善意兩全同住持立碑刻石傳曉世世

街隣
申占時
董永清
劉□泗
賀名邦
吳振魁
肖永和

料理承領鄧合陞
住持道會司魏教隆書丹

道光二十年三月。初五日　穀旦

【〇六五】 城隍廟捐資碑記

年代：清道光二十年

尺寸：高 98 釐米，寬 54 釐米

立石地點：老城區城隍廟

〔碑首〕：大清

刻石爲樂事，易捐志願明表，因本城内范公諱天保，嘉慶年間在河南營隨營，時與府隍廟住持孫合彬交好，接洽錢壹佰仟整。嗣後，范公出仕寶豐縣城守營，後調升孟縣城守營，年老告職回洛，孫合彬物故已久，范公觀廟内人口俱多，每年出産不足費用，觸起范公善念，將孫合彬借債以作布施捐入隍廟，借約當面火焚。隍廟街鄰看范公善意兩全，同住持立碑刻石，傳曉世世。

街鄰：申占魁、董永清、劉洞、賀登邦、吴振魁、肖用和。

料理承領：鄧合陞。住持道會司魏教隆書丹。

道光二十年三月初三日穀旦。

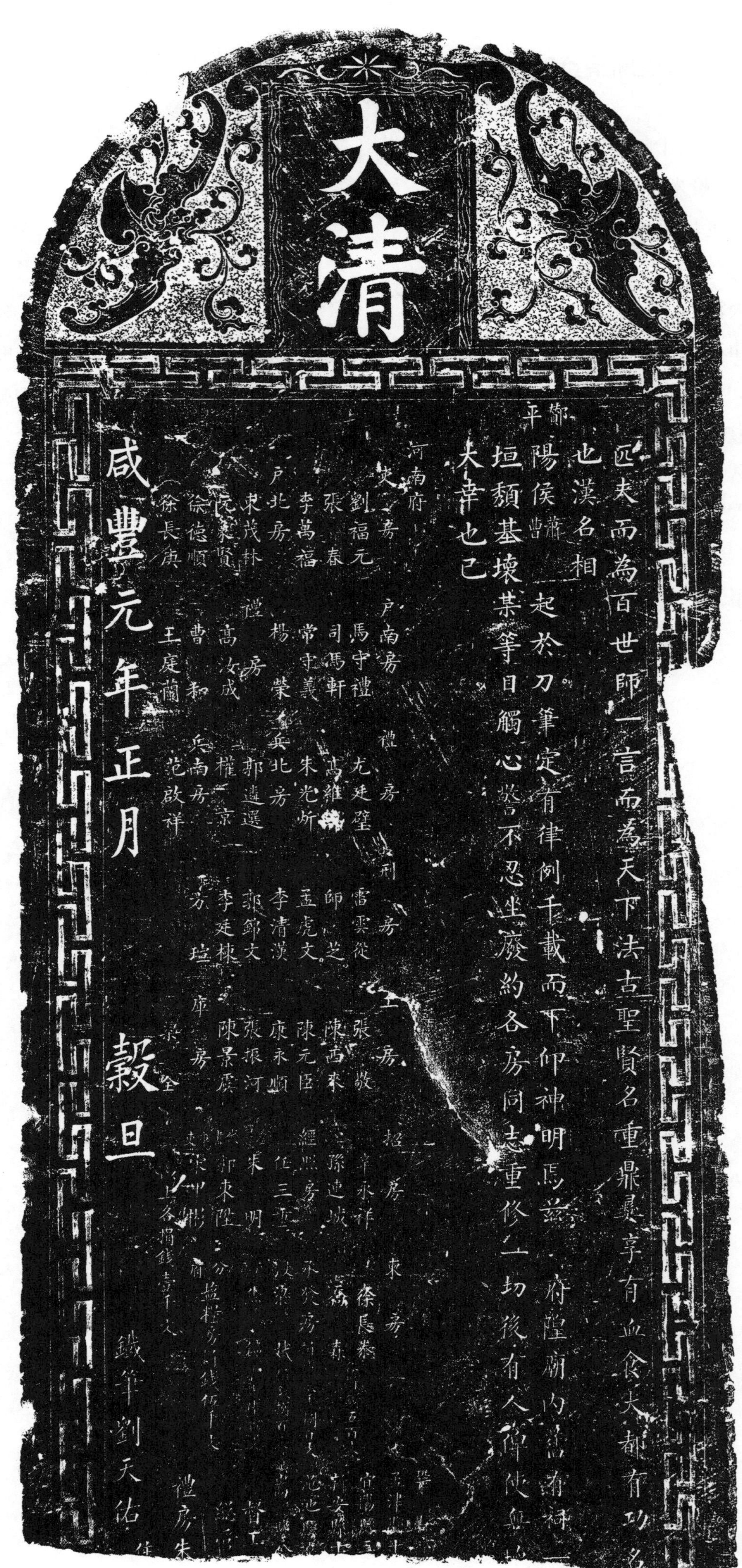

【〇六六】 重修隍廟碑記

年代：清咸豐元年
尺寸：高 132 釐米，寬 58 釐米
立石地點：老城區城隍廟

〔碑首〕：大清

匹夫而爲百世，師一言而爲天下法，古聖賢名重鼎彝，享有血食，大都有功名也。漢名相鄼陽侯蕭、平陽侯曹起於刀筆，定有律例，千載而下，仰神明焉。兹府隍廟内舊有祠一□，垣頹基壞，某等目觸心警，不忍坐廢，約各房同志重修一切，後有人俾使無壞，大幸也已。

河南府吏房：劉福元、張春、李萬福。户北房：東茂林、阮象賢、徐德順、徐長庚。户南房：馬守禮、司馬軒、常守義、楊榮。禮房：高汝成、曹和、王廷蘭、尤廷璧、高維□、朱光炘。兵北房：郭遴選、權京。兵南房：范啟祥。刑房：雷雲從、師芝、孟虎文、李清漢、郭錦文、李廷棟、方瑄。工房：張敬、陳西來、陳元臣、康永順、張振河、陳景虞。庫房：梁全。招房：辛永祥、孫連城。經照房：任三重、朱明、郭東陞、宋甲彬，以上各捐錢壹仟文。東房：徐長泰、喬森各捐錢五百文。承務房捐錢二千八百文。吏房梁斌捐錢捌百文。户房焦鐘捐錢陸百文。分府鹽糧房捐錢五千文。……

鐵筆：劉天佑。

咸豐元年正月穀旦。

同治四年八月初三吉日

【〇六七】 竈君聖社碑記

年代：清同治四年

尺寸：高 45.5 釐米，寬 95 釐米

立石地點：老城區城隍廟

嘗思上古之世，未有火化，自燧人氏作，而火食以興，人之賴火以生者，功莫大也，而竈君實司其事，夏以祀焉，不可不有以報答之。於是結社酌恩列石，永垂不朽云。

謹將同社友人開列於後：

計開：社首：郭之治、寇恭、李永和、楊老虎、義合館、義聚館、劉元、李三元、孟有娃、劉隨科、張合娃、朱林、朱克印、楊麥貴、李炳印、朱金河、五福元，管事同聚館、三元館、孫永和，管事毛驢，管事宜春軒、張意，管事張書丹、劉印、高振昇、石月、戴來萬，收管閻文清、曹全寶，收管西合盛、鄧永年、吴恒娃、楊春華，收管魁元館、蘇長安、興盛館，收管李孝林、魏慶、段德福。

住持劉教貴，石工李春林。

同治四年八月初三吉日。

【〇六八】 洛邑城開飯館重會竈君聖社碑

年代：清同治五年

尺寸：高 60 釐米，寬 101 釐米

立石地點：老城區城隍廟

洛邑城開飯館重會竈君聖社碑

考之夏令其日丙丁，其帝炎帝，炎帝者，即竈神也，夏祭之者，夏爲太陽，其氣長養，取其火以養人，自古以黄羊祀之，火食之功，生民攸賴，所以祀典煌煌，迄今不廢。兹結社報答神庥，因將同社友姓名列諸貞珉，以誌不朽云。

同邑毛鳳翔撰文并書丹。

計開：郭之治、霍振德、段德福、劉福星、戴震、匡正位、李銀貴、石月、同聚館、焦黑三、朱林、興盛館、高立泰、張永暹、曹全保、劉松昇、義聚館、劉元、耿文焕、李三元、李玉華、劉印、劉隋科、魏慶、劉德全、李丙義、朱金河、孟定、宜春軒、李廷標、閻清文、高振昇、雙合館、吴恒娃、李永和、張義、寇恭。

管事：楊麥貴、義合館、三義館、李孝林、張書丹、魁元館、毛驢、朱克印、張水口。

石工：李春林。住持：劉教貴。

大清同治五年八月初三日穀旦。

【〇六九】 竈君聖社碑記

年代：清同治六年

尺寸：高 55 釐米，寬 100 釐米

立石地點：老城區城隍廟

竈君聖社碑記

粵稽《古史考》有云：古者，茹毛飲血，燧人鑽火，而人始裹肉而燔之。曰：□及神農時，人方食穀，加米於燒石之上，而食之。迨至黄帝始有金甑，火食之道乃成，是人所賴以生者食，而食之所由以熟者火，火蒸之利，所以煩古聖之經營者美且至矣。後人養生全德不忘，因聯社以報神功。今將同社姓名刻石，永垂不朽云。是爲序。

同邑毛鳳翔撰文并書丹。

計開：河南府大廚房楊學禮，社首：高立泰、鄭廷福、茹長富、耿文焕、劉印、雷元泰、楊老虎、張三喜、戴震、趙長德、余清泰、寇定娃、李三元、郭安、焦黑三、馮富盛、寇恭、劉隋科、孟老堆、霍振德、李保娃、匡正位、梅成義、寇二鈕、孟水娃、雙合館、興盛館、孫永和、李三高、高金聲、朱金河、劉元、董潔、潘元一、方芝、吴永清、馮永昇、吴恒娃、曹全保、王心一、劉德全、雷天心、顯圪、郭永發、李良貴，總管郭之治，收報楊麥貴，賬先徐元慶，管事：魁元館、毛驢、魏慶、劉福星、四昇館、石月、同聚館、孫昇、朱克印、宜春軒、李永和、張書丹、曹長泰、高振昇、李丙義、李孝林。

住持劉教貴。石工李春芝。

大清同治六年八月初三日穀旦。

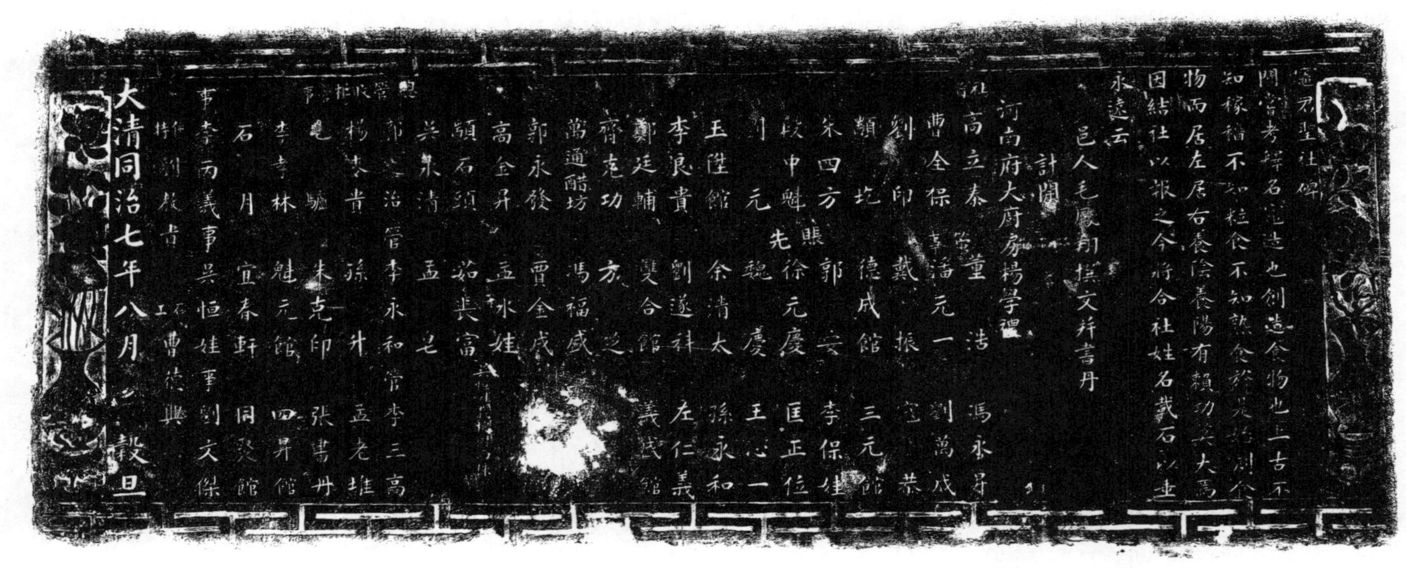

【〇七〇】 竈君聖社碑

年代：清同治七年

尺寸：高 48 釐米，寬 118 釐米

立石地點：老城區城隍廟

竈君聖社碑

閑嘗考釋名竈，造也，創造食物也。上古不知稼穡，不知粒食，不知熟食，於是，始創食物，而居左居右，養陰養陽有賴，功莫大焉。因結社以報之，今將合社姓名載石，以垂永遠云。

邑人毛鳳翔撰文并書丹。

計開：河南府大廚房楊學禮。社首：高立泰、曹全保、劉印、顒圪、朱四方、段中魁、劉元、玉陞館、李良貴、鄭廷輔、齊克功、萬通醋坊、郭永發、高金昇、顒石頭、吴永清，總管：郭之治。收櫃：楊麥貴。管事：毛驢、李孝林、石月、李炳義、董浩、戴震、德成館、郭安。賬先：徐元慶、魏慶、余清太、劉遂科、雙合館、方芝、馮福盛、賈金成、孟水娃、茹長富、孟皀。管事：李永和、孫昇、朱克印、魁元館、宜春軒、吴恒娃、馮永昇、劉萬成、寇恭、三元館、李保娃、匡正位、王心一、孫永和、左仁義、義盛館、吴恒娃，栽槐樹兩株。管事：李三高、孟老堆、張書丹、四昇館、同聚館、劉文傑。

住持：劉教貴。石工：曹德興。

大清同治七年八月穀旦。

同邑毛文昭撰文并書
計開
毛新興
李孝林
孫昇
余清泰
匡正位
新發長
馬雲高
石工 李春光
大清同治癸酉年八月立石

【〇七一】　恭會竈君聖社碑

年代：清同治十二年

尺寸：高 43 釐米，寬 56.5 釐米

立石地點：老城區城隍廟

恭會灶君聖社碑

嘗考孟夏之月其祀竈，夏化竈者，夏以火王長養萬物，迄今煌煌祀典無不知，而竈神主食養人者，功誠大也。今有同心結社，以報神功。將合社姓名勒諸貞珉，永誌不朽云爾。是爲序。

同邑毛文昭撰文并書。

計開：河南府管廚趙朝欽。社首：毛新興、李孝林、孫玉麟、匡正位、馬雲高，管事茹長興、孫昇。管事：余清泰、新發長。石工：李春光。

大清同治癸酉八月立石。

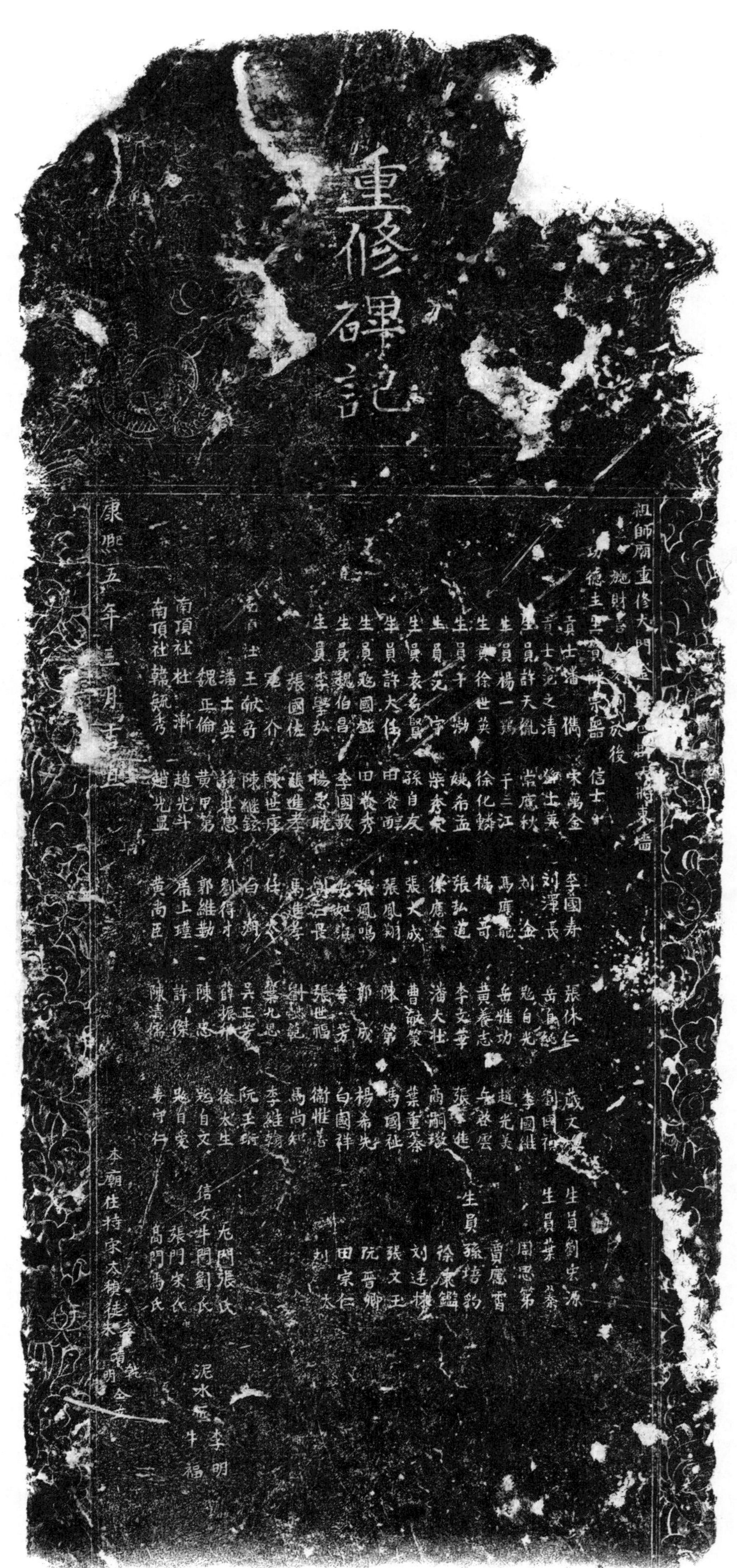
重修碑記

【〇七二】 祖師廟重修大門金粧四帥天將碑記

年代：康熙五年

尺寸：高 144 釐米，寬 58 釐米

立石地點：老城區祖師廟

祖師廟重修大門金粧四帥天將東墻

〔碑首〕：重修碑記

施財善人刻列於後：功德主生員陳宗器、貢士潘儁、貢士范文清、生員許天胤、生員楊一鶚、生員徐世英、生員于渤、生員范宇、生員袁名賢、生員許大任、生員晁國鉉、生員魏伯昌、生員李學弘、張國佐、晁介。南頂社：王獻奇、潘士英、魏正倫、南頂社杜漸、南頂社韓毓秀。信士：宋萬金、鄧士英、常應秋、于三江、徐化鱗、姚希孟、柴秀榮、孫自友、田養醇、李國敬、楊忠曉、張進孝、陳世庫、陳繼鉉、蘇其恩、黄甲第、趙光斗、趙光顯、李國壽、劉澤長、劉金、馬應龍、楊奇、張弘道、徐應金、張大成、張鳳翔、張鳳鳴、安如海、劉三畏、馬進孝、任太、白湖、劉得才、郭維勤、席上瑾、黄尚臣、張休林、岳自純、寇自光、岳維功、黄養志、李文華、潘大壯、曹獻策、陳第、郭成、李芳、張世福、劉懿範、葉九思、吴正芳、薛振昇、陳忠、徐傑、陳清儒、臧文焕、劉國禎、李國維、趙光美、丘啟雲、張□進、商嗣璥、葉重蓁、馬國祉、楊希先、白國祥、衛惟善、馬尚知、李維翰、阮玉珩、徐太生、寇自文、寇自愛、姜守仁、生員劉宏源、生員葉蓁、周思第、賈應霄、生員孫培豹、徐秉鑑、劉廷棟、張文玉、阮晉卿、田宗仁、劉太。信女：尤門張氏、牛門劉氏、張門宋氏、高門馬氏。

泥水匠：李明、牛福。

本廟住持宋太楨，徒李清乾、朱清明。仝立。

康熙五年三月吉旦。

【〇七三】 重修祖師廟四師殿記

年代：雍正十一年

尺寸：高 94 釐米，寬 50 釐米

立石地點：老城區祖師廟

重修祖師廟四帥殿記

〔碑首〕：鴻功不朽　日月

洛城北門裏有玄帝廟一座，建自弘治四年，粵稽古訓，南朱雀，而北玄武。斯廟……諒非□謂，乃正殿之前為拜殿，為月台，為甬道，為大門，……神像固以多歷年所矣。其間，興廢不知凡幾，……亦不知凡幾。雍正元年，正殿、拜殿及……曾公暨諸從士重修，……惻然者久之，會金真社□長光輝□朝山旋……數月而告竣焉，殿宇輝煌，……余，余以廢興存亡之感，□清天下……是需，兹役也，拮据孔勞，……君子，是記。

邑庠生尤大儒撰并書。

督工：田永成。

時皇清雍正十一年歲次癸丑夏四月穀旦。

脩真武廟碑記

五帝之祀亟於天帝釋之者曰五帝者青帝靈威仰赤帝赤熛怒黄……帝白招拒黑帝汁光紀祀之各于其郊
五行志天地之間為物最鉅者五然則宜有神以主之諒矣漢書天……元武宋中興志北方黑帝其精元武為七
牛首龜蛇蟠結之象□象女龜象虛危室壁司冬司水司北嶽司北方……曲禮篇疏軍後須殿捍故用元武元武龜□
甲□能禦侮也由此言之北極之神固雨暘時若之主□□捍衛之所由賴也尚書禋於六宗六宗之說自漢世以來□
十餘家靡所折衷然或主天地四時或主寒暑水旱大率以人事為權衡北極司冬司水宜皆與焉司馬彪續漢書
六年立六宗祠於洛陽城西北亥地祀比大社魏亦因之夫亥地水方也六宗各有所司而概立祠於彼豈非以
而北極為尤重與奉
命出為河南知府□年於茲矣屬禱雨城北真武廟見棟宇毀壞急進屬吏紳士耆老等謀更新之自蠲朱……倡
□若干兩歷若干月□成凡以北極司水司捍衛所謂有功於民則祀之而非藉以求福田利益也其曰真武……時所
□今亦以敬避
聖祖廟諱仍其稱時在嘉慶十有八年九月　吉日

賜進士出身
誥授朝議大夫河南府知府前
日講起居注官翰林院編修
賜一品服充
冊封琉球正使任官齊鯤譔文并書丹題額

【〇七四】 重修真武廟碑記

年代：清嘉慶十八年

尺寸：高 208 釐米，寬 74.5 釐米

立石地點：老城區祖師廟

重修真武廟碑記

□□五帝之祀，亞於天帝。釋之者曰：五帝者，青帝靈威仰，赤帝赤熛怒，黄□□□□，□帝白招拒，黑帝汁光紀。祀之各於其郊，□□五行志天地之間，爲物最鉅者五，然則宜有神以主之，諒矣。《漢書》天□□□□元武，宋《中興志》：北方黑帝其精元武爲七，□□牛有龜蛇蟠結之象，蛇象女龜，虚危室辟，司冬司水，司北嶽，司北方，□□曲禮篇疏軍後須殿捍，故用元武，元武，龜也，□甲能禦侮也，由此言之，北極之神，固雨暘時若之主，而□人捍衛之，所由賴也。《尚書》禋於六宗，六宗之説，自漢世以來，解□□□十餘家，靡所折衷。然或主天地四時，或主寒暑水旱，大率以人事爲權衡。北極司冬司水，宜皆與焉。司馬彪續《漢書》，□□□□六年，立六宗祠於洛陽城西北亥地，祀比大社，魏亦因之。夫亥地，水方也，六宗各有所司，而概立祠於彼，豈非以□□□□□□。而北極爲尤重。與奉□□命出爲河南知府三年於兹矣，禱雨城北真武廟，見棟宇毁壞，急進屬吏紳士耆老等，謀更新之。自蠲朱□□□□倡□，則若干兩，歷若干月告成，凡以北極司水司捍衛，所謂有功於民則祀之，而非藉以求福曰利益也。其曰真武□□□時所易，今亦以敬避聖祖廟諱，仍其稱時在嘉慶十有八年九月吉日。

賜進士出身誥授朝議大夫河南府知府前日講起居注官翰林院編修賜一品服充冊封琉球正使俟官齊鯤譔文并書丹題額。

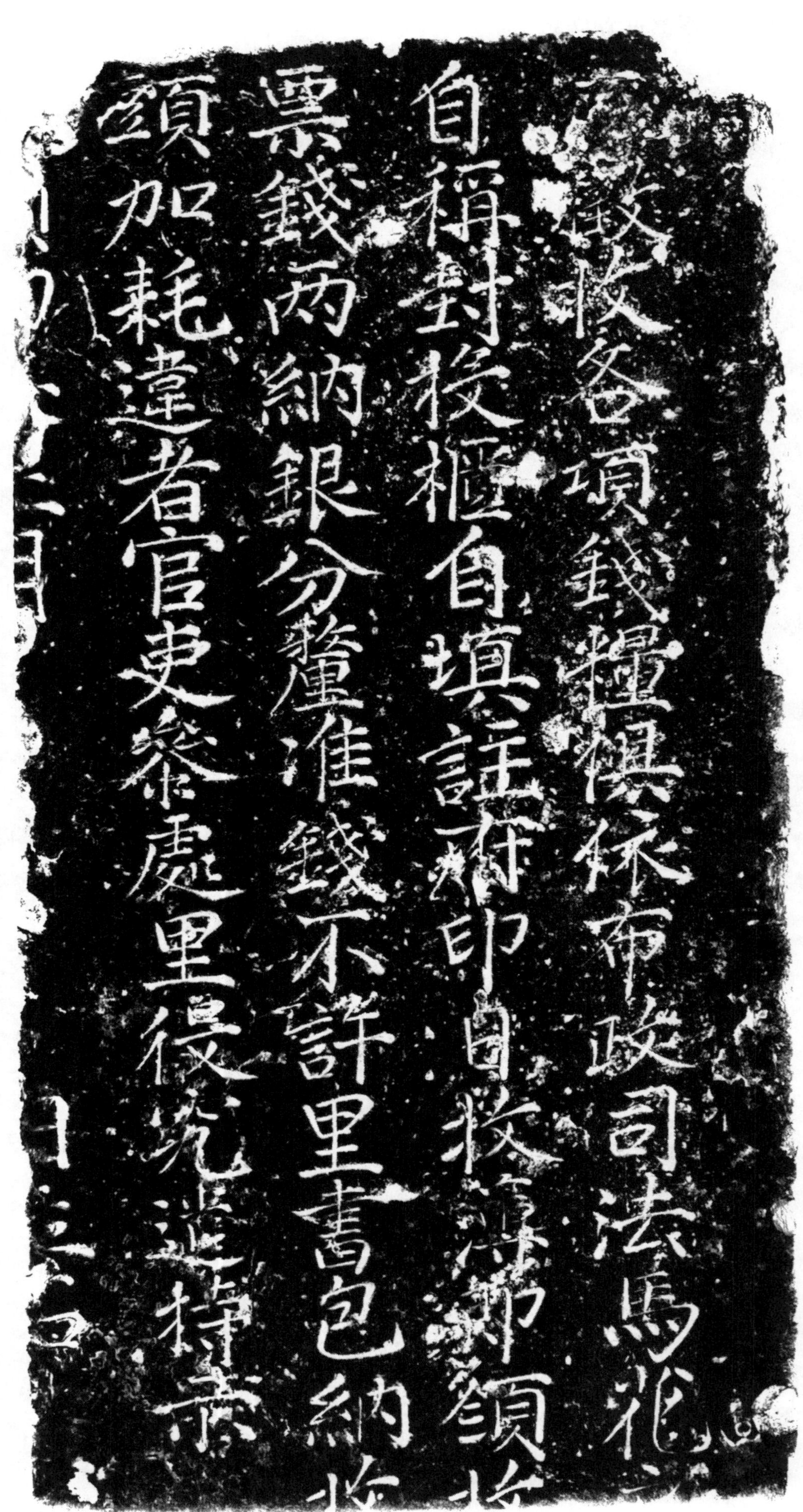

【〇七五】　老城區祖師廟告示碑

年代：清代

尺寸：高 114 釐米，寬 58 釐米

立石地點：老城區祖師廟

應徵收各項錢糧，俱依布政司法馬花□□□……自稱，封投櫃，自填註府印，自收簿，即領收……票錢兩納銀分釐準錢，不許里書包納收……須加耗，違者官吏參處，里役究遣。特示。

大明国河南府洛陽縣保康家庄芓里各村居住不同施地立碑記

粤自関王塚在洛陽城南十里漢末迄今千有余載風雨敞壞廟宇罔存玆因府縣遵守

頌文首率善人陸應選管理脩造功德主趙可大張九韶李舟王祿湘與贊理衆鄉人等仰念

関王老爺忠肝義膽力扶漢室明貫日月威震雷霆於此各發虔心施捨地基雖多寡不同共成盛事庶神有所依人有所瞻

刻于石永俾後世洒為記云

衆鄉人等各施廟院地基姓名開列于後

計開

府學生員李上林施地五畝　縣學生[illegible]懋登施地五畝　府學生員呂訓施地一畝八分　于坤　于乾施地壹畝

邑角樹住人

姚大祿施地四畝八分上蓋後殿　[illegible]施地壹畝叁五分　徐永祿施地貳畝伍[illegible]　張国紀施地壹畝柒[illegible]

于油施地壹畝　于詔施地壹畝　于自東施地叁畝上蓋大殿　于平施地壹畝叁分八厘乙　于自益施地壹畝叁

于自益施迎張長見地壹畝伍分使用窰廠　于肖施地壹畝玖分　于性施地壹畝壹分　于花施地[illegible]分捌乙

車家村住人

趙恕施地叁畝叁分　車未成施地貳畝　[illegible]紀志施地叁畝壹分五厘　[illegible]守仁施地叁畝壹分五厘

亂左住　縣史楊寅施地叁畝五分　鉄鍋巷杜天祥施地貳畝　丈地人于守福　築地人閆得林

萬曆二十四年秋閏八月吉日府庠生于邦祚書　石工刘[illegible]

【〇七六】 關林廟施地碑记

年代：明萬曆二十年

尺寸：高 137 釐米，寬 48.5 釐米

立石地點：洛陽關林

大明國河南府洛陽縣係康家莊等里各村居住不同施地立碑記

粵自關王塚在洛陽城南十里，漢末迄今千有餘載，風雨敝壞，廟宇罔存。兹因府縣遵守明文，首舉善人陸應選管理修造，功德主趙可大、張九韶、季舟、王禄相與贊理。衆鄉人等仰念關王老爺忠肝義膽，力扶漢室，明貫日月，威震雷霆，於此各發虔心，施捨地基，雖多少不同，共成盛事，庶神有所依，人有所瞻，銘刻于石，永傳後世，迺爲記云。

衆鄉人等各施廟院地基姓名開列于後：

計開：府學生員李上林施地一十五畝，縣學生員權懋登施地五畝，府學生員邵訓施地一畝八分，于坤、于乾施地壹畝。

皂角樹住人：姚大禄施地四畝八分，上蓋後殿；潘涅施地壹畝五分，余用禄施地貳畝五分，張國紀施地壹畝叁分，于油施地壹畝，于詔施地壹畝，于自東施地叁畝，上蓋大殿；于寧施地壹畝叁分陸厘，于自益施地壹畝叁分，于自益施外户張長兒地陸畝伍分，窑廠使用；于省施地壹畝玖分，于性施地壹畝壹分，于花施地陸分八厘。

車家村住人：趙恕施地叁畝叁分，車永成施地貳畝，張繼志施地叁畝壹分五厘，張守仁施地叁畝壹分五厘。

亂莊住人：縣吏楊寅施地叁畝五分。鐵鍋巷：杜天祥施地貳畝。

丈地人：于守福。算地人：閆得引。

石工：劉舉。

庠生于邦祚書。

萬曆二十四年秋閏八月吉日。

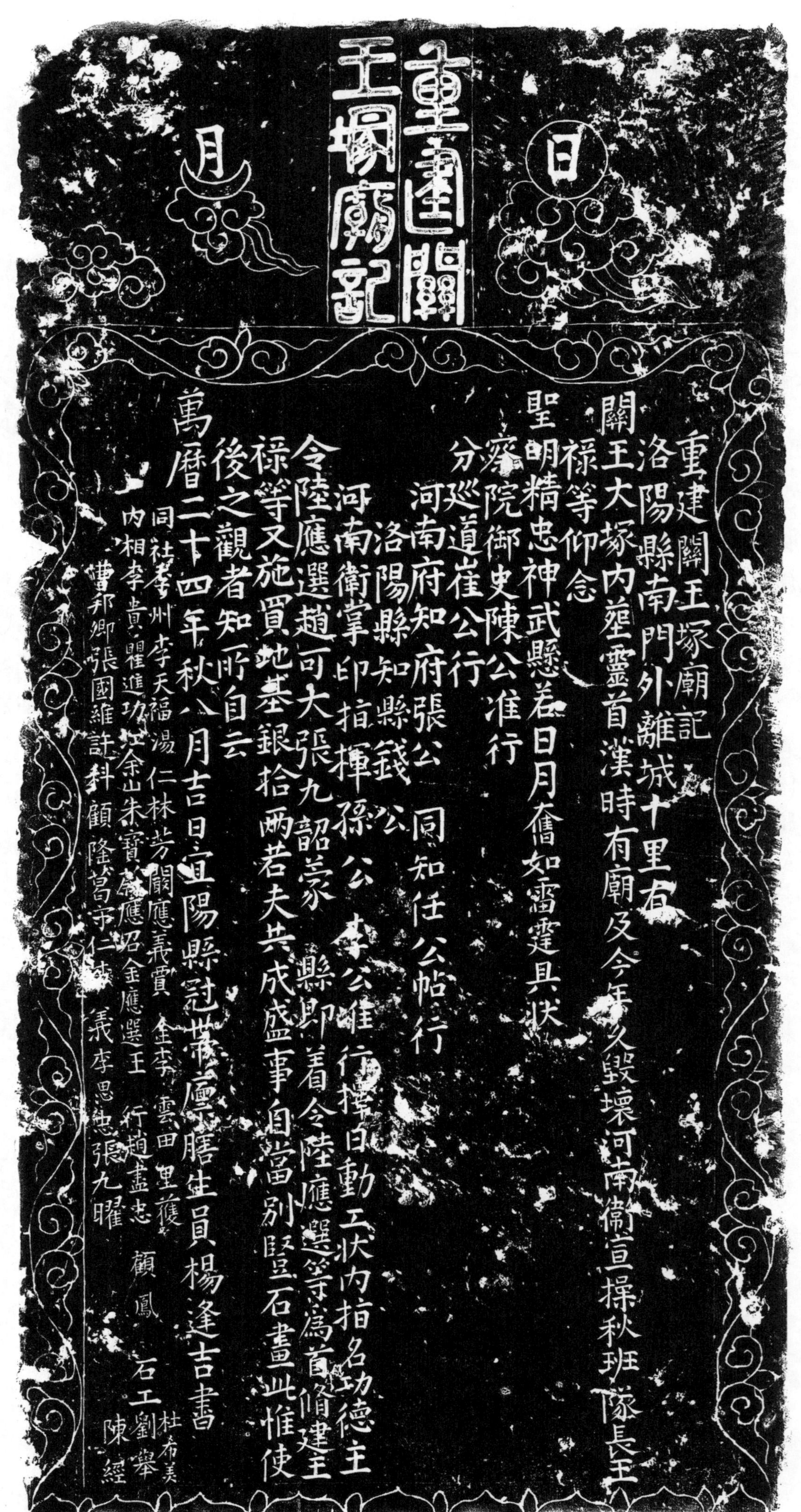

重建關王塚廟記

日　月

重建關王塚廟記

洛陽縣南門外離城十里有

關王大塚內葬靈首漢時有廟及今年久毀壞河南衛宣操秋班隊長王

祿等仰念

聖明精忠神武懸若日月奮如雷霆具狀

察院御史陳公准行

分巡道崔公行

河南府知府張公　同知任公帖行

洛陽縣知縣錢公

河南衛掌印指揮孫公　李公准行據白動工狀內指名功德主

令陸應選趙可大張九韶蒙　縣即着令陸應選等爲首脩建王

祿等又施買地基銀拾兩若夫共成盛事自當別竪石畫此惟使

後之觀者知所自云

萬曆二十四年秋八月吉日宜陽縣冠帶儒膳生員楊逢吉書

同社李州　李天福　湯仁林　芳　關應義　賈全　李雲　田里　獲　杜希美

內相李貴　瞿進功　江　余山　朱寶　秦應召　金應選　王行　趙盡忠　顧鳳　石工劉舉

曹邦鄉　張國維　許科　顧隆　葛守仁　義　李思忠　張九曜　陳經

【〇七七】　重建關王塚廟記

年代：明萬曆二十四年

尺寸：高 134 釐米，寬 66 釐米

立石地點：洛陽關林

重建關王塚廟記

〔碑首〕：重建關王塚廟記　　日月

洛陽縣南門外離城十里有關王大塚，内葬靈首，漢時有廟，及今年久毁壞。河南衛宣操秋班隊長王禄等，仰念聖明精忠神武，懸若日月，奮如雷霆，具狀察院御史陳公準行，分巡道崔公行、河南府知府張公、同知任公帖行，洛陽縣知縣錢公、河南衛掌印指揮孫公、李公準行，擇日動工，狀内指名功德主令陸應選、趙可大、張九韶，蒙縣即着令陸應選等爲首修建。王禄等又施買地基銀拾兩，若夫共成盛事，自當別豎石畫，此惟使後之觀者知所自云。

同社：李州、李天福、湯仁、林芳、闞應義、賈全、李雲、田里、獲内相、李貴、瞿進功、江余山、朱寶、蔚應召、金應選、王行、趙盡忠、顧鳳、曹邦卿、張國維、許科、顧隆、葛守仁、李以、李思忠、張九曜。

石工：杜希美、劉舉、陳經。

宜陽縣冠帶廪膳生員楊逢吉書。

萬曆二十四年秋八月吉日。

義社施茶造鈴敘

夫施茶者是為首善乃結緣之法也普濟途人之渴廣會来世之分世之所行善者不出於[illegible]

施棺塚地施藥施茶水者濟人功速真為首善者也其餘修蓋寺廟施捨貲財搭橋補路其功遠也[illegible]

不在貧富多少以出心是為善也已上善者世人不可不行今云上古、一漢末三分生於川地

王靈丞於中原城南五里堡至今千載有餘威灵感應　當今重封義烈真君勅修金井未得完[illegible]

煙蕩蕩人緣浩大廣進香火迺五九十三所會之期近村且遠進香人役俱被暑渴亦無人施捨茶

社友忽見於二十二年六月初二日速齊一社施捨茶水檀自熬煙火陸架

老爺乘馬到塚夜看春秋三日是為初年引誘施捨茶水之意往前施茶不拘年数今又造大殿風鈴四

筒响銅貳拾捌斤透鐵鼻鈎十九斤飄銅牌四面刻石共工價銀肆兩捌錢今與刻石以為後記

計開在城東華門六社社首醫官楊廷檀　楊河　何田　褚福榮　陳州　王加棟　張崇仁　韓得力　聶世[illegible]

總　管杜朝花　呂庫　王守印　張尚賓　陳加禎　何柱　張進忠　石友德　胡進[illegible]

管事四人王通　謝守高　徐來正　孫紹美　唐加福　孟進　程友　彭士奇　李[illegible]

萬曆二十四年秋八月既望之吉周士學　王遇金　宋三保　吴堯禎　李登科　梁守安　陳一澤　張子鑑　金[illegible]

【〇七八】　義社施茶造鈴敘

年代：明萬曆二十四年

尺寸：高 135 釐米，寬 48.5 釐米

立石地點：洛陽關林

義社施茶造鈴敘

夫施茶者，是爲首善，乃結緣之法也，普濟途人之渴，廣會來世之分。世之所行善者，不出於施飯、施水、施棺塚地、施藥，施茶水者，濟人功速，真爲首善者也。其餘修蓋寺廟、施捨資財、搭橋補路，其功遠也。行善不在貧富多少，以出心是爲善也已。上善者，世人不可不行。今云上古，漢末三分，坐於川地，王靈葬於中原城南五里堡，至今千載有餘，威靈感應，當今重封義烈真君，勑修金井。未得完迄，香煙藹藹，人緣浩大，廣進香火，迺五、九、十三所會之期，近村且遠進香人役，俱被暑渴，亦無人施捨茶水。社友忽見於二十二年六月初二日，速齊一社，施捨茶水，檀自整煙火陸架，老爺乘馬到塚，夜看《春秋》，三日是爲初年，引誘施捨茶水之意，往前施茶，不拘年數。今又造大殿風鈴四個，響銅貳拾捌斤，透鐵鼻釣十九斤，飄銅牌四面，刻石，共銀肆兩捌錢。今與刻石，以爲後記。

計開：在城東華門一社社首：醫官楊廷檀。總管：杜朝花。管事四人：王通、周士亨、楊河、吕庫。謝守高、王遇寶、何田、王守印、徐養正、宋保、褚福來、張尚賓、孫紹美、吴堯禎、陳州、陳加禎、唐加福、李登科、王加棟、何柱、孟進、梁守安、張彦仁、張進忠、翟友、陳一澤、韓得力、石友德、彭士奇、張子鑑、聶世魁、胡進科、李天德。仝立。

萬曆二十四年秋八月既望之吉。

【〇七九】 河南府洛陽縣助戲完滿記

年代：明萬曆二十四年

尺寸：高 137 釐米，寬 48 釐米

立石地點：洛陽關林

河南府洛陽縣助戲一會三年完滿，刻石爲記。善人里甲姓名開列于左：

社首：郭守鐸，東侯二里三甲曹家屯住。管事：朱英登，彭婆二里二甲前衙村住。管事：趙可仕，延秋二里十甲趙家營住。郭守魁，東侯二里三甲曹家屯住；郭守科，東侯二里三甲曹家屯住。禮部儒官聶鉉，東侯三里二甲聶家灣住；肖自學，彭婆一里六甲後衙住；張善，彭婆二里五甲彭婆鎮住；劉自澄，谷水一里五甲七里河住；申志，姬磨二里十甲申甲圪塔住；霍廷訓，東侯二里六甲霍家屯住；喬永年，平落三里六甲鐵獅子街住；白芝，東侯二里九甲五郎廟住；黄自修，嵩縣新店二里五甲馬家莊住；許尚會，新安縣住；聶登瀛，東侯三里二甲聶家灣住；王愛民、馬定國，汝州人；蘇氏、蘇氏，偏橋四里四甲住；李氏，陡溝住。

陝州七里一里後硤石村社首：袁珮、袁詔、袁豸、袁大福、袁錦、袁大川、袁守業、袁讓、袁子節、袁子志、袁子玘、袁大山、袁守宅、袁士興、袁士剋、袁自真、袁管、侯進才、曹孟夏、陳自清共施錢二千二百文。

偃師縣四莊三里社首：占門黄氏等九人、占門焦氏、占門蘇氏、占守忠、占門唐氏、占門郭氏、趙門范氏、占門張氏、占門魯氏。

河南汝州東和鄉吴家莊保人氏，見在紙坊街南□送油村居住，衆社人等白銀三兩六分。

社首：解孔教。管事人：王染、王科、王□、師進禄、王守陽、王佃、翟世彦、王好、郭天明、王思孝、王青、閆克己、閆克孝。

一社管事人：谷時秀、張孟夏、王從□、王思忠、翟梓、閆一豸、王道行、閆□念、王守忠、李從庫、王汝貴。

大明國河南汝州魯山縣桃花店迤南崗窑居住，姬武、張弓、張從信、李友、姬□、李昌春、□重海、李同放、袁周南、劉守志、張其、張從仁、張從儀、李毛臣、王清、姚周、李廷良、吴尚禮、王子京、李廷縣、黨方良、王加賓、李士節、李應名、張岳、高進言、高武、張承芳、張安、姬周、張代、魯全共施銀六兩正。

萬曆二十四年九月十三日立。

【〇八〇】　關聖陵節府諸公構亭留鹿記

年代：明萬曆二十九年

尺寸：高 240 釐米，寬 93 釐米

立石地點：洛陽關林

關聖陵節府諸公構亭留鹿記

〔碑首〕：關聖陵節府諸公構亭留鹿記

洛陽城南十五里許，漢壽亭侯關聖陵在焉，歷晉唐宋元數百祀于兹，而耿耿忠義貫日月而威華夷，嵩邙若增而重，河洛若鍾而清，萬代瞻仰不衰。往塋域僅十餘畝，邇諸守郡公往來伊闕，登眺龍門，見聖葬處隱隱巃巃，英靈浩氣，時時鬱勃，輒躍然曰：士君子名成一節，没且不朽，矧其燃已灰之燼，扶既衰之祚，忠義如武安者乎？充拓故址，廣袤八十畝，涓吉倡議，土人競趨，四方丕應，一時土木若神運鬼輸，百堵咸興，群工畢集。宫庭之侐，枚枚實實；皋應之建，伉伉將將。美哉佳域！所爲妥聖人之靈者，不既備哉。會讞府諸公下車謁陵，睹廟貌維新，進獻肩摩，復躍然曰：海内祀聖廟者夥矣，而此之靈爽顯赫，則真精所鍾也。捐俸構亭于應門外，爲進禱焚誦者駐憩焉。猶念玄帝有神龜志口也，大士有鸚鵡誌言也，聖遂失鹿而還故主，即鹿亦所樂適也，故出所豢二鹿圄之。亦念二鹿洛産也，不欲其與行裝俱南，踵時公留犢遺意，其清操雅致，真足以追古哲而風來禩乎！且公之理郡也，平易近民，寬恕爲政，士飲其醇，吏畏其威，竟以善病解組去，蕭蕭圖書，而臺司留檄旁午，士庶攀轅載道，數日不獲出郡門，故見公所馴之鹿於聖域者如見公，然則亦甘棠峴碑之寄也。昔鄭弘守臨淮行春，兩鹿夾轂，主簿鄭國拜賀曰：三公之輜餙鹿，明府其爲宰相乎？已果符若操券。今公之鹿，寧非鄭公鹿哉！乃修士尤思公而不可得，謂芝舊撫公，而公佐吾郡，誼重通家，不可無言紀其事，況芝世居天中盟下，去聖陵僅五十里而遙，正直忠烈之氣，時欽欽焉，其又安敢辭？竊謂此鹿之豢也，益以彰聖之靈而見公之心。蓋惟聖之靈，庇國安民，俾麟鳳常遊，龜馬常獻。斯鹿也，固靈臺之伏也，惟聖之靈，禍惡福善，俾作德者休，作遂者殃。斯鹿也，固食萍之鳴也，惟聖之靈，昭昭洋洋，默贊化育，俾昆蟲鳥獸咸若斯鹿也，固深山之遊也，乃公揭聖逐鹿，大義發聖，獲鹿孤忠直潛，通于千百載之上，則實公之所爲獨見，而二鹿之放，義嚴一介，又口之不愧鬼神，彰信兆民者也。固知公之勳澤，將龍門争高，伊闕并闊，迺聖在天之靈，亦與山靈河伯共鑒不爽。公雖去而指鹿者誰耶！因命善行冠帶修士陸應選勒之石，以誌不朽。

公諱純臣，别號五泉，直隸松江華亭人。

賜進士第中憲大夫巡撫應天等府地方都察院右僉都御史前大理寺少卿巡按漕河蘇松順天京營廣西道監察御史侍經筵孟津陳惟芝頓首拜撰。

萬曆辛丑歲春正月吉旦。

【〇八一】　關林碑刻（碑陽）

年代：明萬曆三十年
尺寸：高 216 釐米，寬 72 釐米
立石地點：洛陽關林

漢室孤忠
河南等處承宣布政使司清軍布政使易登瀛立。
萬曆三十年歲次壬寅孟冬之吉。

分守河南道□吏　左天祥澠池縣人
梁世元祥符縣人
分巡河南道書吏　張文英封丘縣人
李良才汝州人
魏國賓祥符縣人
孫應文祥符縣人
李鵲衛輝府人
李崖汝寧府人
唐鎮睢州人
侯登庸祥符縣人
袁應龍祥符縣人

【〇八二】　關林碑刻（碑陰）

年代：明萬曆三十年

尺寸：高 216 釐米，寬 72 釐米

立石地點：洛陽關林

分守河南道書吏左天祥，澠池縣人；梁世元，祥符縣人；分巡河南道書吏張文英，封丘縣人；李良才，汝州人；魏國賓，祥符縣人；孫應文，祥符縣人；李鵠，衛輝府人；李□産，汝寧府人；唐鑌，睢州人；侯登庸，祥符縣人；袁應龍，祥符縣人。

萬曆三十二年甲辰歲秋九月之吉
漢壽亭
河南府知府陳大道　同知陳大期　通判王冬章
通判李時茂　推官周一史　仝立

【〇八三】“漢壽亭”碑

年代：明萬曆三十二年
尺寸：高 156 釐米，寬 77 釐米
立石地點：洛陽關林

漢壽亭
河南府知府陳大道、同知陳大期、通判李時茂、通判王久章、推官周一史仝立。
萬曆三十二年甲辰歲秋九月之吉。

漢壽亭侯關聖帝廟石碑記

洛陽古城迤東十里許相傳有漢壽亭侯關公之塚在焉洛陽蓋古都地其地皆名臣陵墓
纍纍棊布星列不暇辨識而獨識侯于不泯者侯可知矣獨恨荊榛蒼莽蒙茸交布荒廢不治貢
塔張公乃募衆而葺廟于前志不忘也後廟又復頹新之蔑殘森整棟宇輪奐翻新英風斯煥
赫矣于是薦紳居民扶老攜幼肩摩轂擊祈禱而謁者相望于道而歎人方某亦與焉追玉鍾禮樂迎
周旋亭睇丹墀奪目且殿寢有規廊廡有序巍哉宏敞足壯侯之威靈第于月臺甬道更闌石欄
不亦完美乎歸而謀諸衆士得若干人各捐資壹金方某獨之袖領復捐百金而鳩工庀石不日落
成較前之具瞻益鉅麗矣殘後未幾而某效其子痛父之奔走勤劬于是後欲立石以垂不朽因為
是述其事丐余言以紀之余時從侍長治三年也余曰侯之忠貞昭乎史冊侯塚之由詳其郡誌者
矣侯余言但侯鍾天地之英毓山嶽之精故漢迄今幾千百禩禴祀而不竭累顯靈應至我明益着
焉是以都城州縣以逮村落市廛無不翔侯者而剎彰彰之塚乎蓋忠義發乎誠誠斯感感斯
永矣余復詢之復何言哉我祖宗謚尊號曰武王武帝余猶侯侯者亦追本也是役也又亦于
述之猶憶侯垂坂于政事既還中遂隨所言爰勒為記俾後之觀是者毋隳前功云耳方諱應宿別
號斗垣係余族兄其他捐資者各鐫名于碑右
賜進士出身知山西長治縣事洛人有度撰
四十七年孟秋月吉旦立

【○八四】　漢壽亭侯關聖塚廟石欄記

年代：明萬曆四十七年

尺寸：高156釐米，寬67釐米

立石地點：洛陽關林

漢壽亭侯關聖塚廟石欄記

洛陽古城迤南十里許，相傳有漢壽亭侯關公之塚在焉。洛陽蓋古建都地，其先哲、后、名臣陵墓壘壘，棋布星列，不暇辨識，而獨識侯于不眠者，侯可知矣。獨恨荆榛薈莽，蒙蔓交匝，蕪廢不治。貴璫張公乃芟夷而葺廟于□，前誌不忘也。胡公復鼎新之，而棸獲森整，楝宇輪奐，廟貌英風，斯烜赫矣。於是薦紳居民，扶老挈幼，肩摩轂擊，祈禱叩謁者相望于道，而歙人方某亦與焉。迨至踵禮畢，迺周視旁睇，丹堊奪目，且殿寢有規，廊廡有序，嵬峨宏敞，足壯侯之威靈。第于月臺、甬道，更圍石欄，不亦完美乎！歸而謀諸衆士，得若干人，人各捐資壹金，方爲之領袖，復捐百金有奇，鳩工庀石，不日落成，較前之具瞻益鉅麗矣。竣役未幾而某故，其子痛父之奔走勤劬，於是役欲立石，以垂不朽，因而走逑其事，丐余言以紀之。余時筮仕長治三年也，余曰：侯之忠貞昭乎史冊，侯塚之由詳具郡誌，奚俟余言？但侯鍾天地之英，毓山嶽之精，故漢迄今幾千百禩，鬱而不竭，累顯靈應，至我明踰著焉。是以都城州縣，以逮村落市，靡無不祀侯者，而矧彰彰之塚乎，蓋忠義發于誠，誠斯感，感斯永矣，余復何言哉！余復何言哉！歷朝崇謚尊號，或王或帝，余猶侯，侯者，示追本也。是役也，父作子述，亦稱厥美。故於政事冗還中，遂隨所言，爰勒石爲記，俾後之觀者，毋隳前功云爾。方諱應宿，别號斗垣，係余族兄。其他捐資者，各鐫名于柱石。

賜進士出身知山西長治縣事方有度撰。

萬曆四十七年孟秋月吉旦立。

【〇八五】　助修大殿碑記

年代：明萬曆四十八年

尺寸：高 103 釐米，寬 113 釐米

立石地點：洛陽關林

河南府澠池縣各地方居住，言念千秋街住人孫運見本府城南創建漢壽關王塚，工程浩大，誠心收化周圍大小村店善人資財，多寡不同，助修大殿，今以工完，福賜各門。今將善人名姓刻碑，祈保各家人口平安，六畜長旺，五穀豐登，諸般遂意，萬代不朽。謹告。

助化善人：孫得運、李兆裕、李光前、李光美、李光遠、李光華、汪治乾、張三畏、郭三省、郭宗淵、郭守印、郭孔□、郭三福、郭一攀、李光耀、趙天禎、郭守愛、石應登、方廷儒、平易、平治、平流、平倫、李光選、趙景才、高自銀、李之義、李大友、汪沼京、董金、谷應科、郭位、秦仲銀、秦仲得、李廷穩、吴進忠、王廷柱、李竹、安邦魁、郭光堯、張進孝、郭門汪氏、關守銀、李遷、曹通、李登、郭守銀、郭守山、郭守思。

張家溝居住，社首：張領、張梗、張秋、張廷儒、張克穩、張夏、張詩、張香、張主信、張問治、張主宰、張主立、張主貴、張廷起、張主爲、張幹、張從立、張從林、張從□、張從德、董時增、張堯臣、張繼元、張希順。

又一社：張策、張現、張應聘、張仲禮、張自成、張應祥、張自生、張主敬、張生愛、張房、張克性、張克己、張克禮、張靠山、張主根、王貴、張光前、張星、張希禹、張主仁、張自喜、張自銀、郭從章、張問政、張主定、張□、張煌。

河南府各州縣不同俱在永寧縣馮東保一里長水新街居住，社首：牛津、掠首吕相、郭應春、趙來科、王自庸、亢遷、蔣勤、李九功、毛加成、馬進山、王君夏、黨世富、王九思、陳橋、王君捎、黨世榮、羅儒十、彭加有、段珍、楊世禄、王汝成、楊一□、王勤，衆社人等三次會銀拾兩，承認牌坊大柱一根，祈保各家平安。碑記。

伊陽縣七間房生員李用和約衆人會錢一千文，供關王塚廟上修造大門。生員表士奇、林國棟、繩九卿、表士秀、表士佳、表士敖、表士偉、張志魁、安自秀。

萬曆四十八年四月十五日修子孫殿善人于後：周南功德主李樹基、李朝衣、張九明、劉門苟氏、鈕門高氏、張門高氏、張門田氏、趙進道、趙進南、孫具尚、任思艾、湯廷臣、車大通、閆加祥、張門王氏、趙可訓、趙國湖、楊三重、邢節、于自益、張予祥、胡祺、劉金保、羅宗明、湯□、連芥、麻德貴、孟化龍、李天西、王余、關天性、李自□、梁門宋氏、袁□全、□大如、李浩孚、張善□、楊如官、錢如、湯養德、袁本忠、李同春、李朝寇、李宜春、小浣、王介、楊□恩、楊壽言、王化、郭守才、楊漢惠、郭守忠、和守澤、宋加瑞、□永通、李春茂、趙汝勵、尚汝信、王化民、侯中、王思齊、宋詔、焦□□、王堯卿、張三周、王論、段問行、段□節、梁自有、張□□、張思仁、張次南、孫九思、孫天禄、高尚文、徐起奉、徐青云、張□□、馬守印、徐而六、李望秦、王□太、賈忍傑、張有乾、王尚知、鄭一林……

謁
關帝君墓祠
雒陽城外漢侯林檜
老松風帶漢陰三
國未酬一統志中原不
死萬年心忠墳落日
疑殘照正氣橫虛儼
暮岑繫馬祠前不忍
去啼鴉今古幾長
吟
乙丑嘉平之吉
魯山縣知縣東莞後學范廷弼
薰沐敬題

【〇八六】　謁關帝君墓祠

年代：明天啟五年

尺寸：高 44 釐米，寬 65 釐米

立石地點：洛陽關林

謁關帝君墓祠

洛陽城外漢侯林，檜老松虬帶漢陰。三鼎未酬一統志，中原不死萬年心。忠墳落日凝殘照，正氣横虚低暮岑。繫馬祠前不忍去，唏嘘千古幾長吟。

魯山縣知縣東魯後學范廷弼熏沐敬題。

天啟乙丑嘉平之吉。

大明崇禎陸年正月吉旦新安汪丙中題
方允中書
道官談德安鐵筆朝大召刻

【〇八七】 關林牌坊對聯

年代：明崇禎六年

尺寸：高 202 釐米，單幅寬 38 釐米

立石地點：洛陽關林

蓋世英雄皈聖域，終天讎恨繞神丘。

新安汪丙中題，方允中書。

道官談德安鐵筆，朝大召刻。

大明崇禎陸年正月吉旦。

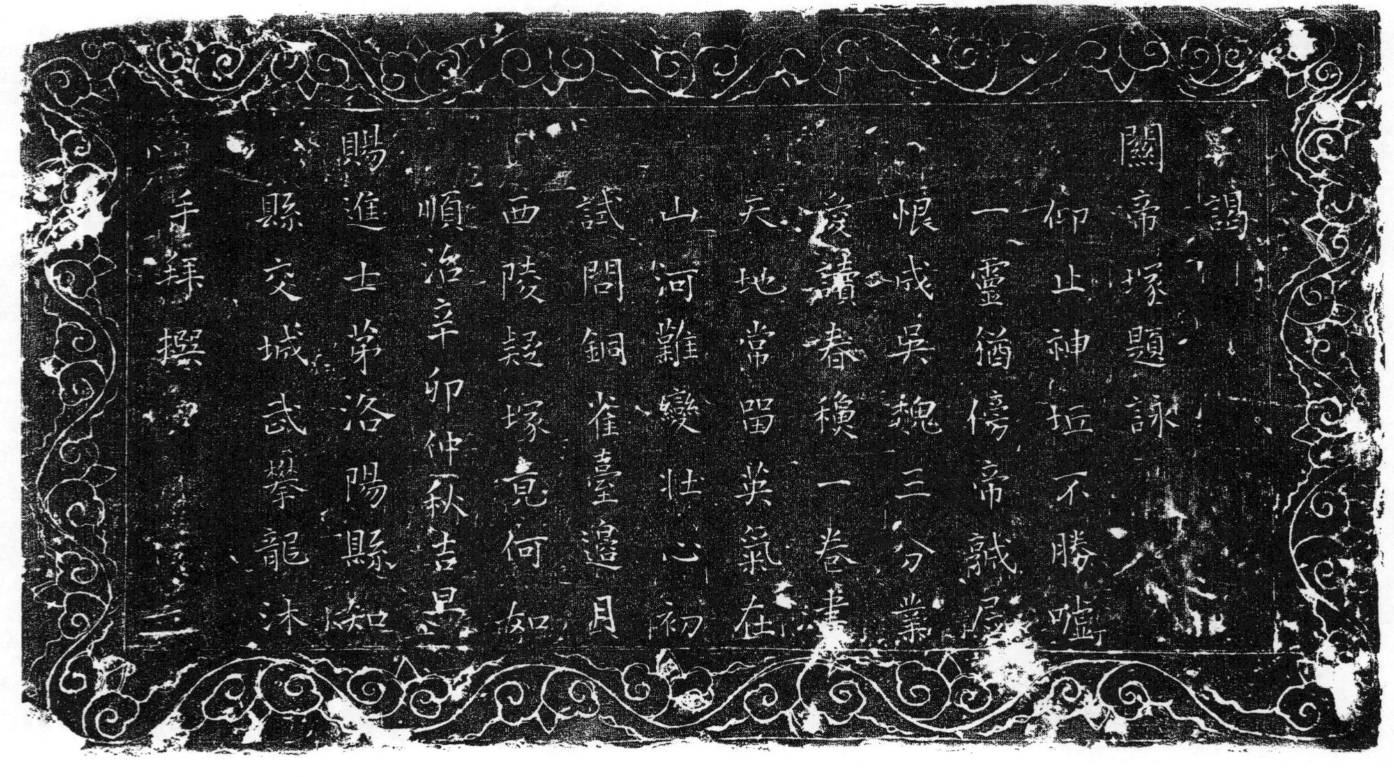

謁
關帝塚題詠
仰止神坵不勝噓
一靈猶傍帝鄉居
恨成吳魏三分業
愛讀春秋一卷書
天地常留英氣在
山河難變壯心初
試問銅雀臺邊月
西陵疑塚竟何如
順治辛卯仲秋吉旦
賜進士第洛陽縣知
縣交城武攀龍沐
[illegible]手拜撰

【〇八八】　謁關帝塚題詠

年代：清順治八年

尺寸：高 38 釐米，寬 67 釐米

立石地點：洛陽關林

謁關帝塚題咏

仰止神丘不勝噓，一靈猶傍帝城居。恨成吴魏三分業，愛讀《春秋》一卷書。天地常留英氣在，山河難變壯心初。試問銅雀臺邊月，西陵疑塚竟何如。

賜進士第洛陽縣知縣交城武攀龍沐手拜撰。

順治辛卯仲秋吉旦。

【〇八九】　重修大殿水梘引

年代：清順治十七年
尺寸：高 75 釐米，寬 114 釐米
立石地點：洛陽關林

重修大殿水梘引

余素奉帝像于署中，昕夕誠敬，不敢少懈。玆來防是邦，躬謁陵寢，浩氣獨存，直見神武與天地永久，忠義并日月同光，因思：帝蓋存亡，効法孔子者也。孔子當王迹熄而作《春秋》，帝當王迹熄而閱《春秋》，千古大學術，千古大經濟，故一爲天下萬世作之師，一爲天下萬世作之君，道統與運統恃之，以無敝耳。若夫平吴削魏，尊周之青也，討亂誅邪，攘楚之意也，任理不任數，行經不行權，知我罪我也。孔子而後，得《春秋》之傳者，帝其一人，然則孔子聖人也，帝亦聖人也。後世未聞以忠義神武頌孔子，而顧以忠義神武頌帝者，是猶爲舉其一節而未悉其大全耶！語曰：以管窺天，以蠡測海。誠不誣云。噫！帝至今日位號隆矣，祭祀時矣。享此寧無懼心，懼孔子之教蓁蕪也，懼《春秋》之義泯闕也。在昔取上將三頭而不懼，扶炎漢之鼎而不懼，靡之艱難險阻而不懼，而謂其以孔子懼者？懼之，殆又聖而進于不可知之者歟？余客歲臈月，祖餞道臺劉公，復叩帝陵，道人李常仙以大殿梘壞爲慮，亟議工費修飾，不若用鐵鑄就，庶可久遠。余忻然首倡，幸有同志隨緣樂助，共襄乃事，更徵人之誠敬當有篤於余者。

關中楊鳴鳳盥手敬識。

時順治十七年歲次庚子仲夏月之吉。

重修
帝像侍者記
先儒有言入廟知敬非必其含形神尚無感發歟如在之誠
而已誠以睹容止而殷瞻俾有不敢忽而洛邑郊南
關夫子塚大殿塑有
聖像緣年久屋漏其左傍侍者為雨濡所損余遊歷之際目擊
傾圮因倡率屬官各捐己資鳩工重塑始事於康熙四年五
月十七日竣成於是歲九月初二日雖於飾彩繪金碧黝堊
不足增崇
聖德而仕宦行商道經
帝墓者望
廟貌而拜禮益生敬畏之思已是為記
欽命掛印提督河南全省地方軍務右都督許天寵薰沐拜撰
提標中軍參將兼管中營事江義
提標左營遊擊周于仁
提標右營遊擊張泰
提標戎旗都司何晃
河南府城守營署都督僉事徐茂
提標中營中軍守備酈邦傑
提標左營中軍守備馮九林
提標右營中軍守備陳應選
城守營中軍都司僉書管守備事王化
皇清康熙四年菊月吉日立石

【〇九〇】　重修帝傍侍者記

年代：清康熙四年

尺寸：高 102 釐米，寬 138 釐米

立石地點：洛陽關林

重修帝傍侍者記

先儒有言：入廟知敬，非必其舍形神，尚寂滅口，厥如在之誠而已，誠以睹容止而殷瞻仰，有不敢忽爾。洛邑郊南關夫子塚大殿塑有聖像，緣年久屋漏，其左傍侍者爲雨滴所損。余遊歷之際，目擊傾圮，因倡率屬官各捐己資，鳩工重塑。始事於康熙四年五月十七日，竣成於是歲九月初二日。雖粉飾彩繕，金碧黝堊，不足增崇聖德，而仕宦行商道經帝墓者，望廟貌而拜禮，益生敬畏之思已。是爲記。

提標中軍參將兼管中營事江義，提標左營遊擊周于仁，提標右營遊擊張泰，提標戎旗都司何見，河南府城守營署都督僉事徐茂，提標中營中軍守備隨邦榮，提標左營中軍守備馮九林，提標右營中軍守備陳應燕，城守營中軍都司僉書管守備事王化。

欽命掛印提督河南全省地方軍務右都督許天寵熏沐拜撰。

皇清康熙四年菊月吉日立石。

【〇九一】 關林牌坊對聯

年代：清康熙五年
尺寸：高 268 釐米，單幅寬 38 釐米
立石地點：洛陽關林

邙北當年鬱聖陵首回伊闕魂回漢闕，洛南此處埋忠骨地在天中心在人中。
禮垣都諫□命典試雲南閩中粘木盛重刊。
康熙丙午仲夏。

身騎箕尾於今配帝答孫忠
洛陽令秀水吳源起拜題

志在春秋自昔尊王伸大義
康熙甲寅仲夏

【〇九二】　關林牌坊對聯

年代：清康熙十三年
尺寸：高 183 釐米，單幅寬 35 釐米
立石地點：洛陽關林

志在《春秋》自昔尊王伸大義，身騎箕尾於今配帝答孤忠。
洛陽令秀水吴源起拜題。
康熙中寅仲夏。

重修關帝塚正殿大梁記

帝塚在洛水之南，為邑中禦災捍患之一大都會
也。盖其廟貌壯麗，畫棟朱欄，凌空煥起，凡四方
之步者、騎者、車而載者，莫不入廟告虔，嘆其輝
煌。而大梁傾圮，似或因覺焉。惟我
邑侯作老父母，顧茲梁也，不禁惻然動念，曰：凡殿
宇崑峙，凡從增彩，莫不於此梁基之，何易諸用
是自捐俸銀，採木告成，其誠心為善，抑何至耶。
住持道人趙仁明等因潮其功德，謀之於余，欲
勒貞珉以垂不朽。余曰：善哉！昔程鼻伯以補修
圮橋延壽資福進祿，是奢而葛氏利人，說云
善不在大，即如途中一磚一石為之除去，即
是一功。夫除磚石為功至易，且獲善功，況於建
竪大梁
神前，依依功力，且有此者乎？受福無疆，此其券也。
是為記。

洛邑生家治晚生董正謹沐手拜書

[illegible]音
[illegible]戊辰五冬上浣之吉

住持道人 周仁秀 許清書 趙清吉 吳渦奉

石工劉應學

【〇九三】 重修關帝塚正殿大梁記

年代：清康熙二十七年

尺寸：高 57 釐米，寬 102 釐米

立石地點：洛陽關林

重修關帝塚正殿大梁記

帝塚在洛水之南，爲邑中禦災捍患之一大都會也。蓋其廟貌壯麗，晝棟朱欄，凌空焕起，凡四方之步者、騎者、車而載者，莫不入廟告虔，嘆其輝煌。而大梁傾圮，則咸罔覺焉。惟我邑侯佟老父母顧兹梁也，不禁惻然動念，曰：凡殿宇嵬崎，幾筵增彩，莫不於此，梁基之何易諸。用是自捐俸薪，採木告成，其誠心爲善，抑何至耶。住持道人趙仁翔等因溯其功德，謀之於余，欲勒貞珉，以垂不朽。余曰：善哉！昔程彝伯以補修圮橋延壽資福，獲報甚奢。而葛氏利人説亦云：善不在大小。即如途中一磚一石爲之除去，即是一功。夫除磚石，爲功至易，且獲善功，况於建豎大梁，神有憑依，功力且百此者乎？受福無疆，此其券也。是爲記。

住持道兒：周仁秀、許清書、趙清吉、焦清奉。

石工：劉應學。

洛邑年家治晚生董正謹沐手拜書。

時龍飛康熙戊辰孟冬上浣之吉。

【〇九四】　關帝塚墓門對聯

年代：清康熙四十六年
尺寸：高 160 釐米，單幅寬 27 釐米
立石地點：洛陽關林

神遊上苑乘仙鶴，骨在天中隱睡龍。
蠡吾弟子吴徽薰沐敬獻。
康熙丁亥夏五穀旦。

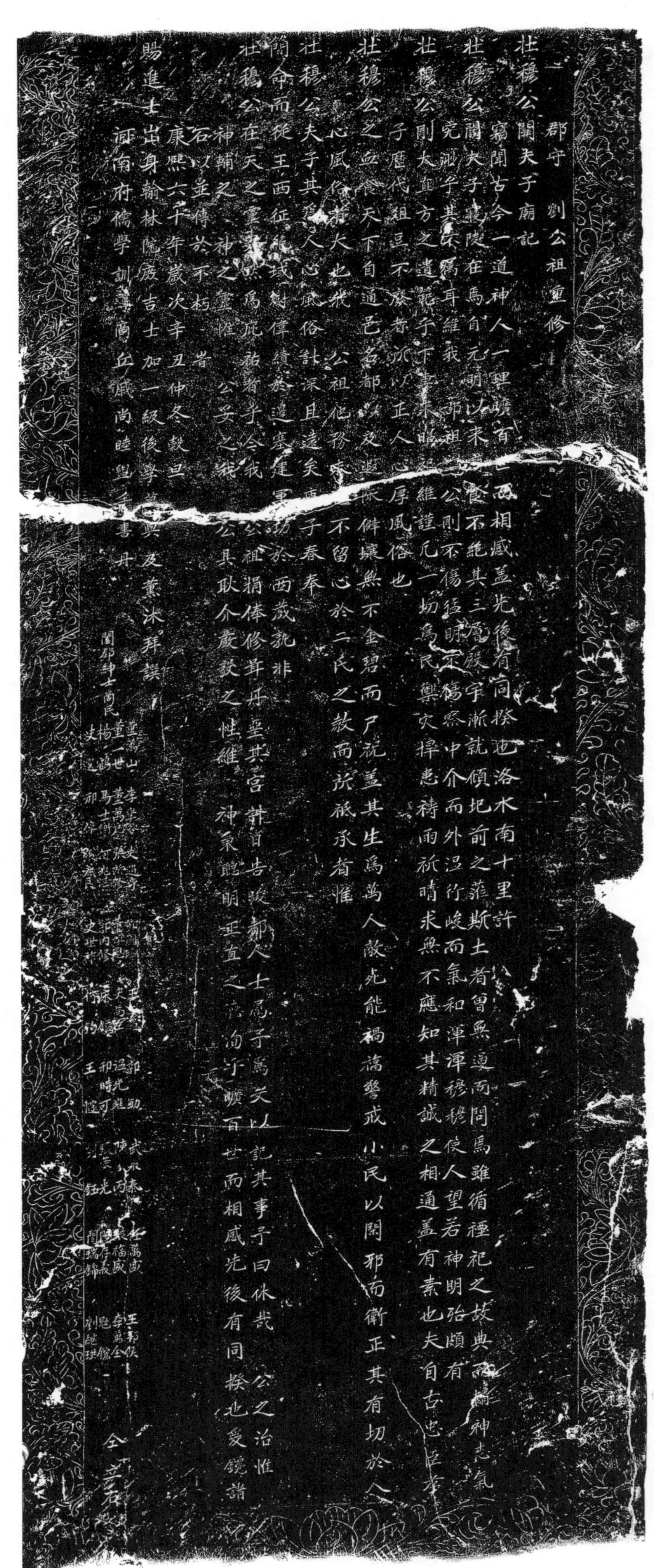

郡守劉公祖重修

壯穆公關夫子廟記

竊聞古今一道，神人一理，曠百世而相感，蓋先後有同揆也。洛水南十里許，

壯穆公關夫子寢陵在焉。自元明以來，血食不絶。其三楹殿宇，漸就傾圮，前之蒞斯土者，曾無過而問焉，雖循禋祀之故典，而□神志氣□

究祀，予其□焉耳。維我郡祖公，則不傷徑睹，不傷察，中介而外温，行峻而氣和，渾渾穆穆，使人望若神明，殆頗有

壯穆公剛大直方之遺範。予下車未□，維謹凡一切爲民禦災捍患，禱雨祈晴，求無不應，知其精誠之相通，蓋有素也。夫自古忠臣孝

子，歷代俎豆不祧者，所以正人心、厚風俗也。

壯穆公之血食天下，自通邑名都，以及遐陬僻壤，無不金碧而尸祝，蓋其生爲萬人敵，死能禍福警戒小民，以閑邪而衛正，其有功於人

心風俗者大也。我公祖他務□，不留心於二氏之教，而於祇承有懽

壯穆公夫子，其爲人心風俗計，深且遠矣。□子春奉

簡命而從王西征，絶域樹偉績於邊塞，建軍功於西藏，孰非

壯穆公在天之靈默爲庇祐者？予今我公祖捐俸修葺，丹堊其宮，□首告竣，郡人士屬予爲文以記其事。予曰：休哉！公之治，惟

神輔之；神之靈，惟公妥之。我公具耿介嚴毅之性，維神秉聰明正直之德，尚可曠百世而相感，先後有同揆也。爰鏡諸

石，以垂傳於不朽者。

康熙六十年歲次辛丑仲冬穀旦

賜進士出身翰林院庶吉士加一級後學□與及薰沐拜撰

河南府儒學訓導商丘戚尚睦盥手書丹

闔郡紳士商民 [illegible]

郭勳 溫光雄 和時可 王[illegible]

武承泰 陳□ □光鈺

杜萬歲 裴福成 □存義 閻瑞錦

王郭保 李萬全 鄧鑑 劉純琪

仝立石

【〇九五】　重修關夫子廟記

年代：清康熙六十年
尺寸：高 190 釐米，寬 70 釐米
立石地點：洛陽關林

郡守劉公祖重修壯穆公關夫子廟記

竊聞古今一道，神人一理，曠百世而相感，蓋先後有同揆也。洛水南十里許，壯穆公關夫子寢陵在焉。自元明以來，廟食不絶，其三層殿宇漸就傾圮，前之蒞斯土者，曾無過而問焉。雖循禋祀之故典，而精神志氣究渺乎其不屬耳。維我郡祖劉公，剛不傷猛，明不傷察，中介而外温，行峻而氣和，渾渾穆穆，使人望若神明，殆頗有壯穆公剛大直方之遺範乎。下車來昭祀維謹，凡一切爲民禦災捍患，禱雨祈晴，求無不應，知其精誠之相通，蓋有素也。夫自古忠臣孝子，歷代俎豆不廢者，所以正人心、厚風俗也。壯穆公之血食天下，自通邑名都以及遐陬僻壤，無不金碧而尸祝，蓋其生爲萬人敵，死能禍福警戒小民，以閑邪而衛正，其有切於人心、風俗者大也。我公祖他務，未嘗不留心於二氏之教，而所祗承者，惟壯穆公夫子，其爲人心、風俗計深且遠矣。庚子春，奉簡命而從王西征絶域，樹偉績於邊塞，建軍功於西藏，孰非壯穆公在天之靈，□默爲庇祐者乎？今我公祖捐俸修葺，丹堊其宫，計日告竣，都人士屬予爲文，以記其事，予曰：休哉！公之治惟神輔之，神之靈惟公妥之，我公具耿介嚴毅之性，維神秉聰明正直之德，洵乎曠百世而相感，先後有同揆也。爰鑱諸石，以并傳於不朽。

闔郡紳士商民：董萬山、董一世、楊鶴、史選、李學裕、董萬户、馬士衡、邢倬、史遇奇、張所修、何兆湛、張若良、鄧國璋、董值思、郭内修、史世祚、王三遇、史禹臣、宋鎰、何鈞、郭敏、温光雍、邢時可、王邃、武永泰、陳丙、張榮光、劉鈺、任萬盛、張福盛、閆存義、閆瑞錦、王邦侯、李萬全、寇鉉、劉繼珙仝立石。

賜進士出身翰林院庶吉士加一級後學莫與及熏沐拜撰，河南府儒學訓導商丘戚尚睦盥手書丹。

時康熙六十年歲次辛丑仲冬穀旦。

【〇九六】　關帝塚重建廊廡碑記

年代：清康熙年

尺寸：碑身高 290 釐米，寬 110 釐米

立石地點：洛陽關林

關帝塚重建廊廡碑記

〔碑首〕：諭祭文碑

我皇上御極之三年夏杪，值靖逆侯張大將軍因公過洛師，次於郊外，我侯獨謁帝陵，遂憩焉，視其宫殿與其繚垣、廊廡之基雖存，而顯功之跡莫覲見，憫然者久之，迺召羽士而詢以故，羽士逡巡不敢以修舉廢墜之務，重煩天子之股肱心臂也。侯爲温語諭曰：禮，捍大災、禦大患則祀之，帝之神與日星河嶽并著而載之，秩宗典之，有司瞻依仰止，凡王侯將相學士大夫，尸而祝之，偏綏甸要荒，雖田父野老，匹夫匹婦，無不知辦香告虔，降心戢志者，豈非以其顯績赫然，塞天地而冠古今者乎？若之，何弗修舉也。爰爲鳩工庀材，計東西兩廊共四十間，所費約數百金，現出資若干兩，餘者着羽士王本貴、沈道月詣甘肅取之。凡此一出一入，一錙一銖，皆督工善人司訪等掌之，羽士輩不得毫有干涉。肇始於康熙九年，落成於十年之後，所以竣工遲緩者，中歷大師南征，歇馬洛陽，諸務未便，是以耽延歲時耳。今則廊廡嵬峨，自門而欄、而坊、而階、而楹、而墁，或垔之、或丹之、或采之、或繡之，莫不各極金碧莊嚴，錦綺鐫鏤，滿壁顯功，躍然動蕩，俯仰視之，人人辟易也。而後可以妥關帝在天之靈，而後可以壯伊闕之瞻，仰垂不朽之大觀。是役也，皆我侯獨力自爲之，愚等間捐微資，視侯無量功德不過滄海之一粟。而侯乃不欲敘其功德，任諸羽士之自記也。衆因乞余以言，余觀於侯，奉九重之眷命，亶萬里之皇威，入則陛戟周廬，壯七萃八屯之衛；出則雕戈錫質，耑五侯九伯之征。敦詩説禮，素與春秋之志有合，乃能挈輿圖以尊百世，受秬鬯以垂萬年，顯猷翼翼，斯與帝之戰勝攻取塞天地，而冠古今者，所同揆焉。是可記也，遂敬書其事，勒諸豐碑，用貽來許云。

靖逆侯靖逆將軍前提督甘肅内標都司解施官張治國，欽命提督甘肅等處地方總兵官太子太保左都督張勇，提督河南全省軍務總兵官許天寵，提督雲南等處地方總兵官桑格，駐鎮河南府總兵官林順，河南副總府林勛，左營林元燦，中營朱沖，右營李勝；陝西紅水等處地方遊擊潘瑞，甘肅鎮彝參將利正芳，甘肅提標戎旗内司石中玉，參將王宜、周緒、沈義；彝陵鎮遊擊馬之迅，貴州都司石映宿，一部院右營遊擊姚弘信，湖廣提標副將牛仲雲，鑲黄旗都統巴哈，正藍旗參領董世懋，長沙府總兵僉事蔡明，提督陝西中軍參將黄九疇，鄖陽提標左都督陳華，内司領旗柳新甲，陞湖廣竹山營遊擊、湖廣布政使張彦珩，湖廣按察使閻廷謨，廣東布政使郭一鶚，貴州布政使潘超先，廣西按察使李月桂，巡視茶馬御史梁熙，陝西洮岷道高翼辰，山東提學道王鑨，河東都轉鹽法道張應徵，廣西督糧道彭士聖，分守河南道翁長庸，典試雲南吏部文選司宋文運，長沙府知府吕夾鐘，河南府知府朱明魁，糧捕通判陳逵，理刑推官趙九齡，汝州知州金先聲，邛州知州蕭恒，潞陽縣知縣盧應召，河南府知府吕朝佐，糧捕通判任進孝，洛陽縣知縣傅維杞，郟縣知縣盛彦，寶豐縣知縣胡仲珣，伊陽縣知縣王宗朱，内鄉縣知縣馬萬里，汲縣知縣陳虞胤，汝州糧廳陳國禎，長武縣知縣郡人常齡，河南府經歷潘文秀，照磨趙一焜，大使羅士晟，潞陽縣丞薛士璋，典史俞

弘宦、楊鎮，督工：生員李紹箕、劉育梁、許尚恩、姬良佐，舉人董昌言，貢士董健行、董正，庠生重爾素、常衍祚，督工：善人鄭其魁、齊邦奇、楊生根。

住持道人：劉尚元、李常仙、于正順、趙仁翔、周仁秀、趙清吉、許清書……仝立。

木匠：蕭口、李春旺、李春月。泥水：趙喜孟……

賜進士第初授内翰林國史院庶吉士歷任吏科給事中典試浙江户科左右給事中禮科都給事中加一級陪侍經筵太僕寺少卿協理兵部督捕堂上事務太常寺正卿通政司左右通政宗人府府丞都察院協理院事左副都御史代記南海加一級郡人董篤行盥手撰文。

時龍飛康熙辛酉孟秋吉旦。

碑額

洛陽拱緑陵
大岳侑公神天下徧公形天中留公骨瘞土成高陵我懷三季時悽諫黃
圖焚三年化碧血七竅剖丹心精忠逮南宋纍纍並王墳公陵一抔土峙
儔終古今公與四陵並我將五嶽名吁嗟乎天王古東周春秋奉聲靈武
公明大義衹邪即漢亨鼎分扶漢室尊周有傳經伏公陵下拜炎光弥上
青形神如可遣我公陟降遲君不見魏冢七十二疑塚荒土欲平育人耕
賜進士出身翰林院檢討知河南府事石屏張[illegible]題
門人[illegible]書
雍正五年十月吉旦

【〇九七】 關壯繆陵

年代：清雍正五年

尺寸：高 158 釐米，寬 59.5 釐米

立石地點：洛陽關林

關壯繆陵

天上存公神，天下徧公形。天中留公骨，覆土成高陵。我懷三季時，復諫黄圖焚。三年化碧血，七竅剖丹心。精忠逮南宋，纍纍岳王墳。公陵一抔土，崢嶸終古今。公與四陵并，我將五嶽名。吁嗟乎！天王古東周，春秋奉聲靈。我公明大義，此邦即漢京。鼎分扶漢室，尊周有傳經。伏公陵下拜，炎光彌上青。形神如可遘，我公陟降庭。君不見魏家七十二疑塚，荒土欲平有人耕。

賜進士出身翰林院檢討知河南府事石屏張漢題，門人董登融書。

雍正五年十月吉旦。

林碑重刻記

惟

帝浩氣塞天地大節炳日星明禋掌於秩宗廟貌遍

乎寰宇而林墓爲棲神之地萬代瞻仰焉自

漢建安二十四年以王禮葬洛陽城[illegible]隆塚豐

碑紅垣翠栢累代以来邑人守視惟謹

國朝順治九年

敕封忠義神武關聖大帝康熙五年邑紳董副憲篤行

等於塚前構亭立碑刊勒封號並將當年事實

歷代褒封詳載碑陰康熙五十八年

加恩後裔世襲五經博士承祀林墓雍正三年追封三

代公爵五年

賜春秋二祭外五月十三日加祭一次並用太牢迨我

皇上御極之十五年巡幸中州遣官致祭

御製祭文匾聯二十一年

錫龍袍王帶銅圭各一二十五年易壯繆謚曰神勇

兹三十三年三月初三日奉

上諭加封

忠義神武靈佑關聖大帝其官建祠宇秩在祀典者

並依新號敬謹設立

神牌以申崇奉欽此伏思祠宇

神牌遵易新號林碑亦應更立緣無隙地謹即舊碑

而新之其碑陰所載悉如故俾洛中士民與四

方賓旅之往来者瞻拜之下咸知

聖天子崇德報功一時之封號實千秋之

曠典云謹識 告

乾隆三十三年歲次戊子荷月中浣穀旦

河南府知府加三級隨帶紀錄五次李士适

河南府通判孫祖堯

洛陽縣知縣張晧

署洛陽縣知縣張映台

邑庠生邢文彪敬書

【〇九八】　林碑重刻記

年代：清乾隆三十三年

尺寸：高 57 釐米，寬 102 釐米

立石地點：洛陽關林

林碑重刻記

惟帝浩氣塞天地，大節炳日星。明禋掌於秩宗，廟貌遍乎寰宇。而林墓爲棲神之地，萬代尤瞻仰焉。自漢建安二十四年以王禮葬洛陽城南，隆塚豐碑，紅垣翠柏，累代以來，邑人守視唯謹。國朝順治九年，勑封忠義神武關聖大帝。康熙五年，邑紳董副憲、篤行等於塚前構亭立碑，刊勒封號，并將當年事實、歷代徽封詳載碑陰。康熙五十八年，加恩後裔，世襲五經博士，承祀林墓。雍正三年，追封三代公爵。五年，賜春秋二祭外，五月十三日加祭一次，并用太牢。迨我皇上御極之十五年，巡幸中州，遣官致祭，御製祭文、匾聯。二十一年，錫龍袍玉帶銅圭各一。二十五年，易壯繆謚曰"神勇"。兹三十三年三月初三日，奉上諭加封忠義神武靈佑關聖大帝，其官建祠宇，秩在祀典者，并依新號敬，謹設立神牌，以申崇奉，欽此。伏思祠宇神牌遵易新號，林碑亦應更立。緣無隙地，謹即舊碑面新之，其碑陰所載悉如故。俾洛中士民與四方賓旅之往來者，瞻拜之下，咸知聖天子崇德報功，一時之封號，實千秋之曠典云，謹識。

河南府知府加三級隨帶紀録五次李士適，河南府通判孫祖堯，洛陽縣知縣張時，署洛陽縣知縣張映台，邑廩生邢文彪敬書。

時乾隆三十三年歲次戊子荷月中浣穀旦。

花開三月想桃園
乾隆四十八年仲夏月
偃師縣知縣錢玉琳敬書勒石

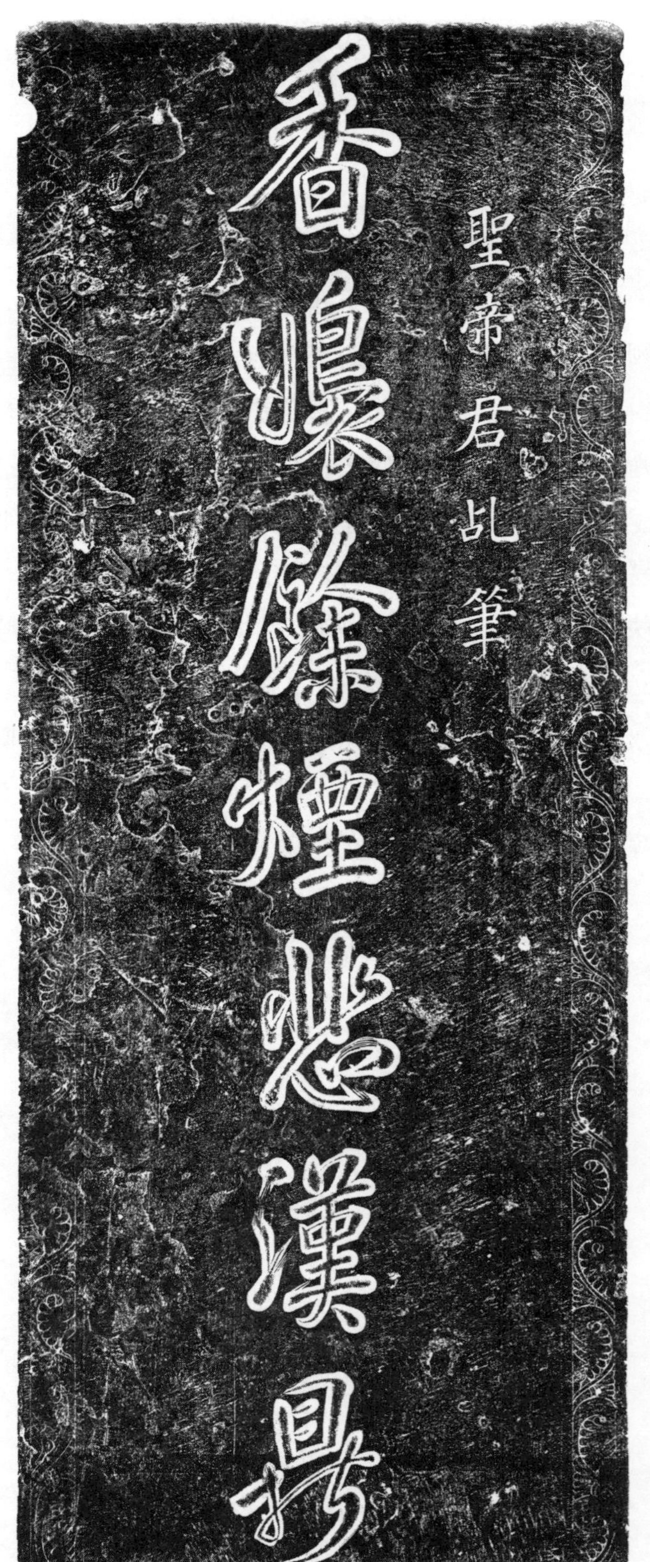
聖帝君乩筆
香嬝條煙想漢昜

【〇九九】 關林廟碑刻

年代：清乾隆四十八年

尺寸：高 198 釐米，單幅寬 74 釐米

立石地點：洛陽關林

聖帝君乩筆

香裊餘煙悲漢鼎，花開三月想桃園。

偃師縣知縣錢玉林敬書勒石。

乾隆四十八年仲夏月。

關陵重修碑記

昌黎韓子之言曰自天子至郡邑守長通得祀而徧天下者唯社稷與孔子然句龍與棄於社稷爲佐享又不屋而壇與孔子異

帝之聖神文武久爲益著廟祀遍天下享祀用王者禮與先師相埒則其陵墓所在靈爽式憑宜何如鄭重也

帝之生平以及功業載在史冊卓卓炳千古其以王禮葬於洛陽城南也在漢獻帝之建安二十四年又玉泉與萬里橋亦皆有

帝塚前明神宗時朝使過洛感夢於郵亭展拜時隱躍見

帝旋請敕封其事具詳前碣

國朝定鼎後靈異顯著敕號益崇前總鎮柯公於塚前舊廟加以修葺中丞閻公復爲增殿宇蒇禮器因勒石以敘創建之始末益百

餘年於茲矣余奉

命撫全豫整理庶務載更寒暑因函飭吏修舉廢墜適河南張守来見詢知

帝陵廟舍年久傾圮與同官此土者共捐俸興修一新其舊又增建大門牌坊戲樓旗桿甬道以肅觀瞻且妥神靈工始於乾隆五十

六年四月五閲月而工竣司事者復請余文以爲志余維洛邑居天下之中爲兩漢都會陵寢在焉然寶衣玉盌劫歷兵燹而茲陵

巋然無恙廟貌日新禮無乎崇德報功之隆而敬生於天理人心之至此宜與孔林並垂不朽矣嗚呼非天下之至誠其孰能與此

哉緣述修建之由並紀歲月其同官姓氏另勒諸石以告夫後之守土者

乾隆五十六年歲次辛亥季秋之月兵部侍郎兼都察院右副都御史巡撫河南等處地方兼提督銜節制全省軍務並駐防滿洲

官兵兼理河道加三級紀錄三次穆和藺撰文　河南府知府張松孫書丹　承修官洛陽縣丞陳元熙勒石

【一〇〇】　關陵重修碑記（碑陽）

年代：清乾隆五十六年
尺寸：高 215 釐米，寬 67.5 釐米
立石地點：洛陽關林

關陵重修碑記

昌黎韓子之言曰：自天子至郡邑守長，通得祀而遍天下者，惟社稷與孔子，然句龍與棄於社稷爲佐享，又不屋而壇，與孔子異。若帝之聖神文武，久而益著，廟貌遍天下，享祀用王者，事幾與先師相埒，則其陵墓所在，靈爽式憑，宜何如鄭重也！帝之生平以及功業載在史冊，卓卓炳千古，其以王禮葬於洛陽城南也。在漢獻帝建安二十四年，又玉泉與萬里橋，亦皆有帝塚。前明神宗時，朝使過洛，感夢於郵亭，展拜時隱躍見帝，旋請勅封，其事具詳前碣。國朝定鼎後，靈異顯著，徽號益崇。前總鎮柯公於塚前舊廟加以修葺，中丞閻公復爲增殿宇、藏禮器，因勒石以敘創建之始末，蓋百餘年於茲矣。余奉命撫全豫，整理庶務，載更寒暑，因面飭僚吏，修舉廢墜。適河南張守來見，詢知帝陵廟舍年久傾圮，與同官此土者共捐俸興修一新，其舊又增建大門、牌坊、戲樓、旗杆、甬道，以肅觀瞻，以妥神靈。工始於乾隆五十六年四月，閱月而工成，司事者復請余文以爲誌。余維洛邑居天下之中，爲周漢都會，陵寢在焉，然寶衣玉盌，劫歷兵燹，而茲陵巋然無恙，廟貌日新，禮兼乎崇德報功之隆而敬生，於天理人心之至此，宜與孔林并垂不朽矣。嗚呼！非天下之至誠，其孰能與此哉！緣述修建之由，并紀歲月，其同官姓氏另勒珉石，以告夫後之守土者。

兵部侍郎兼都察院右副都御史巡撫河南等處地方兼提督銜節制全省軍務并駐防滿營官兵兼理河道加三級紀録三次穆和蘭撰文，河南府知府張松孫書丹，承修官洛陽縣丞陳元熙勒石。

乾隆五十六年歲次辛亥季秋之月。

七眞老祖宗派
丘祖長春眞人棲霞縣人號龍門派
志一無上道
崇教演全眞
一陽來復
合教永圓明
冲和德正本
仁義禮智信
劉祖朗然眞人萊州府人號隨山派
王祖玉陽眞人文登縣人號崳山派
思道明仁德
崇眞性復常
清靜無為道
志成有姓名
景高和禮義
慈信守忠良
通州加地仙
譚祖長生眞人洛陽縣人號南無派
孫祖清靜眞人寧海縣人號清靜派
道本宗眞禮
玄微至妙仙
全眞通玄理
大道得無為
立志雲霄上
功成必有名
知者有功夫
自元來正志
中靜得禮

【一〇一】　關陵重修碑記（碑陰）

年代：清乾隆五十六年

尺寸：高 215 釐米，寬 67.5 釐米

立石地點：洛陽關林

重修拜殿助施口糧善人開列於後：

開封府女善人王門王氏施銀二兩。

洛陽縣：二郎廟李君孟等一石五斗。萬家圪塔李應夏等一石。南劉村戴鈺等一石。槐樹頭村董人望等、大屯曹秉洪、王仁等一石五斗。亂莊村楊洪教等一石。□霞宮張應壬等三斗。茹家凹茹□進等五斗。姜莊□李保合等一石二斗。焦家寨李時太等四斗。石人村保長曹□守四斗。潘家村潘可仰等一石。劉富村王廷棟等一石。皂角樹村劉□□等一石。花園寨王□□、信士邢家屯李文忠等、小李家村□君右等、矬李□含如燈、李家屯李生表等、信士李景白、信士李如松、小作村七斗。朱家□七斗。李家寨七斗。城角村丁紹堯等二石。雷家村陳守祥等七斗。鐵匠村周從芳等七斗。吴家村賈作文等三斗。魏□凹閆□□、張村吴玉等五斗。曹家屯生員李□□、古城村李尚賢等五斗。王家圪塔李□等六斗。郜家莊馬良棟等一石。諸葛村□□□等七斗。護駕窑劉□業等七斗。帝駕莊牛□□等一石二斗。棘□莊王□等六斗。白□鎮總保梁曰棟……。嵩縣……。高唐州李敬一錢五分。洛陽縣高家村高□龍。洛陽縣黑文燦一錢。東昌府王允一錢。真定府吴之茂一錢。東昌府張養蒙一錢。滑縣吴春芳三錢。潞安府韓章一錢。威縣吴希孟一錢。登封社首、范門王氏一錢。嵩縣乾河村張義之等一石一斗。嵩縣吴窑頭村郭顯吾等六斗。洛陽鈔孟鳳施銀貳兩。溝口頭社首明道、楊顯臨等麥一石八斗。

七真老祖宗派：

丘祖長春真人，棲遐縣籟，號龍門派：道德通□靜，無常守□□，一陽來復本，合教永圓明。

劉祖然真人，萊州府人，號隨山派：思道明仁德，崇真性復常，景高和禮義，慈信守忠良。

譚祖長生真人，洛陽縣人，號南無派：道本崇真禮，玄微至妙仙，立志雲霄上，功成必有名。

馬祖丹陽真人，寧海縣人，號俞山派：自元來正志，沖壽成仙丹，中靜得禮善，□然見朝天。

□□□古真人，文登縣人，號華山派：志一無上道，崇教演全真，沖和德正本，仁義禮智信。

王祖玉陽真人，文等縣人，號嵛山派：清靜無爲道，志成有姓名，金玉功制巧，通州加地仙。

孫祖清靜真人，寧海縣人，號清靜派：全真通玄理，大道得無爲，性合灰尸解，知者百功夫。

重修關陵廟碑記

昔孔子作春秋而天經地義萬古昭垂後世聖賢能以孔子之心爲心者三代下惟蜀漢關聖大帝一人而已夫春秋非聖人不能作亦非聖人不能讀也

帝援天人之際造仁義之極持心若冰壺朗鏡處事則白日青天豪傑聞之向風奸邪遇之心死是帝即一春秋也即一孔子也浩然之氣充塞兩間宜乎聲

靈於鑠歷古至今特與宣聖並崇哉洛城南十五里有帝塚今羣稱之曰陵蓋以侯之威赫顯奕廣佑生民靈跡遂見今

天子崇位號重祀典以帝王之禮事之宜也乾隆五十四年秋松孫來守是邦敬謁陵廟稔前此之守土者自康熙至今相繼捐修規制益擴然猶未極崇宏之[illegible]

也今年夏初中丞穆公率屬勸捐重修殿宇而松孫適俸滿入

覲對越良久奏對間及甲午歲山左用兵之事見帝擁赤幟坐城上衆遂驚亂獲捷奏甫畢仰窺

聖上戚然動容諭臣松孫曰維神護佑我本朝英靈無處不到實爲可感可敬松孫隨奏洛陽關塚廟基輪廣現今撫臣率屬重議捐修復奉

旨古此守土者之責當勉爲之松孫既返東都即告陳大吏勸衆捐輸刻期蕆事凡八越月而告成廟門外添建坊表豎立旛杆而廟中前後各殿更易以琉璃

瓦垣墻平城塗茨丹艧煥乎一新凡向所闕有者修飾之所未有者增置之東都古蹟之最於此乎稱大備焉方興工時承修之洛陽丞陳元熙言四月[illegible]

九日夜半廟中聞鸞鈴之聲自外入往復者再其近居之人以爲乾隆十五年[illegible]

聖駕巡幸之前一歲靈蹟亦如之是帝之神雖無地而在而精爽所憑來尤在此耶不學惟是五月十三日偃師令以帝誕辰將舉祀事卜於牛[illegible]

帝嘗欲以下邑者易之忽顛仆自訴其罪以死此尤近事之驗也九月十三日功既成余松孫敬率僚屬詣陵祭拜禮成且告之曰神者依人而行帝福佑[illegible]

入人深而感應速是以天下之大雖顓愚婦孺尊親共戴故乃嘆在天靈爽愈以赫也許州城內舊有爲曹操送餞帝故址今其廟中懸余祖松[illegible]

所作偶句云亦知吾故主尚存吾從今日過遼天涯且休道漢鐘千駟曾許汝立功乃去耳倘他年制[illegible]岐路又肯忘尊酒綈袍真道出當年辭曹心[illegible]

秋之旨而神明其用能以攝服權奸者有如此是以帝平生學問未嘗假語言文字且以一身行事見之有可與宣尼同揆者所謂先聖後聖者非耶

松孫守此二年凡有關於士習民風之政皆次第舉之惟斯廟之重修功役繁重賴長吏之督率而有以集其成更喜適逢奏對恭奉

皇上詔諭及之是以遠近聞風商民各出己資奔合輻湊誠有不勞而定之勢焉松孫於此敢不奉行

聖訓之詳率循長吏之教以自策勵於無窮也是爲記

龍飛乾隆五十六年歲在重光大淵獻之無射月中澣朝議大夫河南府知府候補侯陞加三級紀錄十三次長洲張松孫敬撰并書洛陽縣丞陳元熙[illegible]

【一〇二】 重修關陵廟碑記

年代：清乾隆五十六年

尺寸：高242釐米，寬96釐米

立石地點：洛陽關林

重修關陵廟碑記

昔孔子作《春秋》而天經地義，萬古昭垂。後世賢能以孔子之心爲心者，三代下，惟蜀漢關聖大帝一人而已。夫《春秋》非聖人不能作，亦非聖人不能讀也。帝挺天人之資，造仁義之極，持心若冰壺朗鏡，處事則白日青天，豪傑聞之向風，奸邪遇之心死。是帝即一《春秋》也，即一孔子也，浩然之氣，充塞兩間，宜乎聲靈於鑠，歷古至今，特與宣聖并崇哉。洛城南十五里有帝塚，今群稱之曰陵，蓋以侯之威赫顯奕，廣佑生民，靈迹迭見。今天子崇位，號重祀典，以帝王之禮事之，宜也。乾隆五十四年秋，松孫來守是邦，敬謁陵廟，稽前此之守土者，自康熙至今，相繼捐修，規制益擴，然猶未極崇宏之□也。今年夏初，中丞穆公率屬勸捐重修殿宇，而松孫適俸滿入覲，對越良久。奏對間及甲午歲山左用兵之事，見帝擁赤幟坐城上，衆遂驚竄，獲捷奏甫畢，仰窺聖上戚然動容，諭臣松孫曰：維神護佑我本朝，英靈無處不到，實爲可感可敬。松孫隨奏：洛陽關塚廟基輪廣，現今撫臣率屬重議捐修，復奉恩旨，此守土者之責，當勉爲之。松孫既返東都，即告陳大吏，勸衆捐輸，刻期蕆事，凡八越月而告成，廟門外添建坊表，設立旛杆，而廟中前後各殿更易以琉璃碧瓦，垣墻平堿，塗茨丹雘，焕乎一新。凡向所固有者修飾之，所未有者增置之，東都古迹之最於此乎稱大備焉。方興工時，承修之洛陽丞陳元熙言：四月二十九日夜半，廟中群聞鸞鈴之聲，自外入往復者再。其近居土人以爲乾隆十五年，聖駕巡幸之前一歲，靈迹亦如之。是帝之神，雖無地勿在，而精爽所憑，不尤在此耶？不寧惟是五月十三日，偃師令以帝誕辰，將舉祀事，卜祭牛既吉省牲□，市儈欲以下色者易之。忽顛僕自訴其罪以死，此尤近事之驗也。九月十三日功既成，余敬率官僚詣陵祭拜，禮成，且告之曰：神者依人而行，帝祐佑君，入人深而感應速，是以天下之大，雖顓愚婦孺，尊親共戴，夫乃嘆在天靈爽，愈以赫也。許州城西八里橋，爲曹瞞追餞帝故址，今其廟中懸余祖松南先生所作偶句云：亦知吾故主尚存乎從今日遍逐天涯，且休道萬鍾千駟曾許汝立功乃去耳。倘他年相逢歧路，又肯忘尊酒綈袍，真道出當年辭曹心迹。本□秋之旨，而神明其用，能以折服權奸者有如此？是以帝平生學問，未嘗假語言文字，直以一身行事見之，有可與宣尼同揆者，所謂先聖後聖者非耶。松孫守此二年，凡有關於士習民風之政，皆次第興舉之，惟斯廟之重修，功役繁重，賴長吏之督率，而有以集其成。更喜適逢奏對，恭奉皇上詔諭，及之是以遠近聞風商民，各出己資，奔合輻湊，誠有不勞而定之勢焉。松孫於此敢不奉行聖訓之詳，率循長吏之教，以自策勵於無窮也。是爲記。

朝議大夫河南府知府俸滿侯陞加三級紀録十三次長洲張松孫敬撰并書，洛陽縣丞陳元熙勒（石）。

龍飛乾隆五十六年歲在重光大淵之無射月中澣。

【一〇三】 捐修關陵銜名

年代：清乾隆五十六年

尺寸：高 55 釐米，寬 104 釐米

立石地點：洛陽關林

捐修關陵銜名

欽命□部侍郎兼監察御史……處地方提督□務……穆加蘭，河南等處承宣布政使司布政使加三級紀録十六次鄭源琦，調任甘肅承宣布政使司布政使隨帶軍功加二級紀録十次景安，河南等處提刑按察使司按察使統轄全省驛傳事務加三級吴璥，河南通省糧儲鹽法道加五級劉文徽，河南開歸陳許兼理河務備道加五級蘇爾芳阿，河南分巡河北兵備道加五級陳文緯，河南分巡河陜汝道加五級劉同敬，河南分巡南汝光道加五級陳鍾琛，開封府知府加三級武光慎，歸德府知府加三級彭翼家蒙，陳州府知府加三級陳於禮，彰德府知府加三級孫步雲，署衛輝府知府加三級葉大奇，懷慶府知府加三級杜琮，河南府知府俸滿候陞加五級張松孫，前署河南府知府加三級李舟，南陽府知府加三級完颜岱，汝寧府知府加三級彭如幹，許州直隸州知州剛柱，光州直隸州知州汪□，署陜州直隸州知州沈肯松，汝州直隸州知州汪彝象，洛陽縣知縣龔錫鳴，署洛陽縣知縣陶應遇，偃師縣知縣湯毓倬，鞏縣知縣朱元炳，孟津縣知縣楊名葉，宜陽縣知縣徐學勤，登封縣知縣陸繼萼，永寧縣知縣張楷，署永寧縣知縣張丕緒，新安縣知縣楊懷斗，署澠池縣知縣吴有容，澠池縣知縣盧蔭惠，嵩縣知縣鄭炳。

乾隆五十六年歲次辛亥九月望日仝捐俸重修。

【一〇四】　洛陽縣正南路第三鄉紳士牌民感德碑記

年代：清嘉慶三年

尺寸：高 142 釐米，寬 61.5 釐米

立石地點：洛陽關林

洛陽縣正南路第三鄉紳士牌民感德碑記

〔碑首〕：永感

素差有偏繁之重，仁恩施軫恤之優，咸沐關帝靈爽，永昭邑侯德庥。敬録批諭，銘刻悠久。

嘉慶貳年八月十四日，甲長：張廷臣、監生董春雷、監生張士信、生員王運口、生員張銘，保正：陳月德，地方：王興廣、王焕、張金星稟蒙本縣正堂李大老爺批：現辦差務業已派定，着照數遵辦，嗣後軍需大差姑準優免。

嘉慶三年正月二十二日，兵書劉富保因軍草具稟蒙批：據稟已悉，嗣後遵批優免。

嘉慶三年五月二十五日，兵書省大陞因軍需草項請示蒙批：此次草價飭繳歸款，嗣後一體優免，毋違。

嘉慶三年吉月吉日士民公鐫。

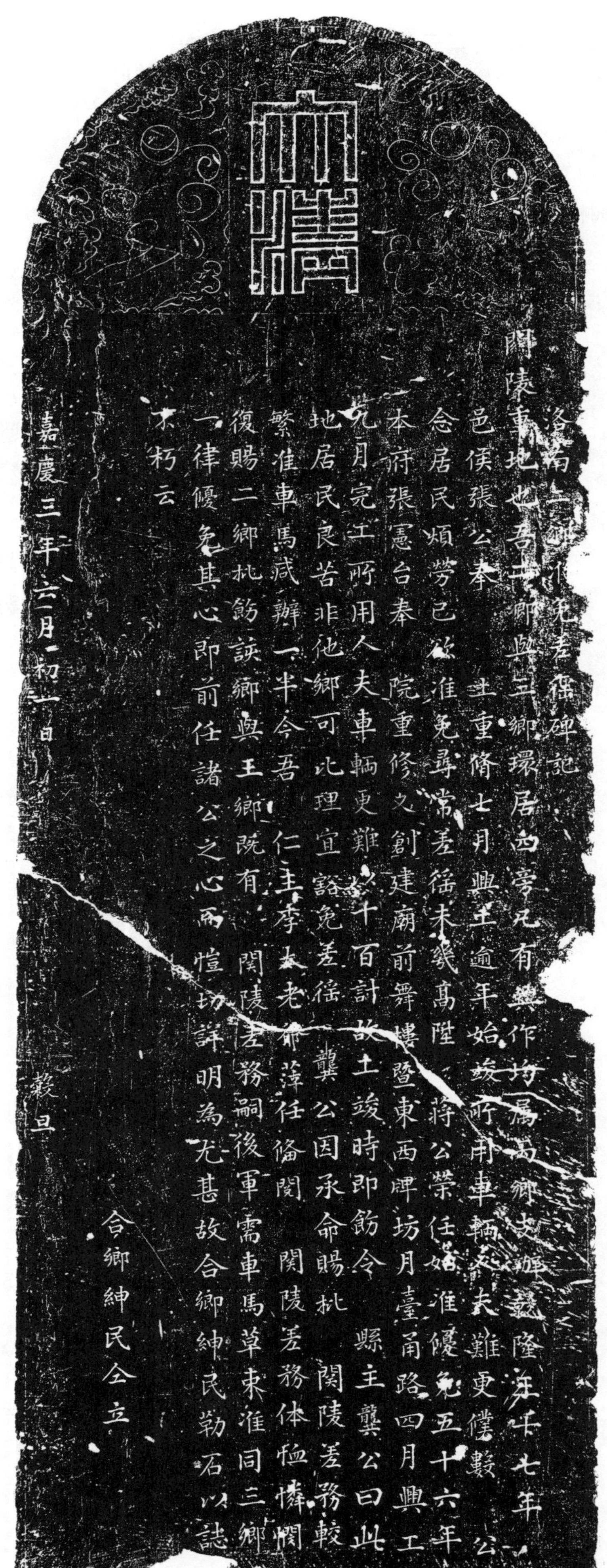

【一〇五】　洛南二鄉準免差徭碑記

年代：清嘉慶三年

尺寸：高 172 釐米，寬 60 釐米

立石地點：洛陽關林

洛南二鄉準免差徭碑記

〔碑首〕：大清

關陵重地也，吾二鄉與三鄉環居四旁，凡有興作，均屬兩鄉支辦。乾隆三十七年，邑侯張公奉上重修，七月興工，踰年始竣，所用車輛人夫難更僕數，公念居民煩勞，已欲準免尋常差徭。未幾，高陞蔣公榮任，始準優免。五十六年，本府張憲臺奉院重修，又創建廟前舞樓暨東西牌坊、月臺、甬路。四月興工，九月完工，所用人夫車輛更難以千百計，故工竣時，即飭令縣主龔公曰：此地居民良苦，非他鄉可比，理宜豁免差徭。龔公因承命，賜批：關陵差務較繁，準車馬減辦一半。今吾仁主李大老爺莅任，備閱關陵差務，體恤憐憫，復賜二鄉批飭：該鄉與三鄉既有關陵差務，嗣後軍需車馬草束，準同三鄉一律優免。其心即前任諸公之心，而愷切詳明爲尤甚，故合鄉紳民勒石，以誌不朽云。

合鄉紳民仝立。

嘉慶三年六月初一日穀旦。

禮部咨祠祭司案呈嘉慶十九年正月初五日內閣抄

出奉

上諭上年逆匪突入禁門時恍惚之中仰見

關帝神像畏懾奔竄立就殲擒本日又據那彥成奏[illegible]

滑城克復之時賊匪于黑夜拚命突圍官兵施放鎗箭

未能真切忽城旁廟宇自行起火照同白晝官兵兩路

夾擊始將賊匪截回悉数殄除事定後乃知城旁廟宇

供有

關帝神像廟雖焚燬神像巋然獨存毫無損動等語此

次逆匪滋事屢荷

關帝靈爽翊衛實深寅感着該衙門于原定封號敬擬

加封二字進呈候朕酌定通頒直省用答神庥其滑縣

廟宇俟重修落成之日該撫再行奏請御書匾額敬謹

懸掛欽此當經本部移會內閣撰擬封號去後嗣茲准

內閣片稱所有

關帝封號于本月十二日具奏奉

硃筆圈出仁勇欽此到部恭查原定

關帝封號係

忠義神武靈佑關聖大帝今奉

旨加封仁勇二字所有

關帝神牌應敬謹書寫

忠義神武靈佑仁勇關聖大帝字樣相應移咨河東河

道總督轉飭所屬一體遵照可也

嘉慶十九年閏二月初三日

【一〇六】　加封關聖大帝碑記

年代：清嘉慶十九年

尺寸：高 57 釐米，寬 106 釐米

立石地點：洛陽關林

禮部咨祠祭司案呈，嘉慶十九年正月初五日，内閣抄出，奉上諭，上年逆匪突入禁門，時恍惚之中，仰見關帝神像，畏懼奔竄，立就殲擒。本日又據那彦成奏，當滑城克復之時，賊匪於黑夜拼命突圍，官兵施放鎗箭，未能真切，忽城旁廟宇自行起火，照同白晝，官兵兩路夾擊，始將賊匪截回，悉數殄除。事定後，乃知城旁廟宇供有關帝神像，廟雖焚毁，神像巋然獨存，毫無損動等語。此次逆匪滋事，屢荷關帝靈異，翊衛實深。寅感着該衙門于原定封號，敬擬"加封"二字進呈，候朕酌定，通頒直省，用答神庥。其滑縣廟宇俟重修落成之日，該撫再行奏請御書匾額，敬謹懸掛，欽此。當經本部移會内閣，撰擬封號，去後嗣兹準内閣片稱，所有關帝封號于本月十二日具奏，奉硃筆圈出"仁勇"，欽此。到本部恭查，原定關帝封號係"忠義神武靈佑關聖大帝"，今奉旨加封"仁勇"二字，所有關帝神牌應敬謹書寫"忠義神武靈佑仁勇關聖大帝"字樣，相應移咨，河東河道總督轉飭，所屬一體，遵照可也。

嘉慶十九年閏二月初三日。

計開

嘉慶二十五年五月二十日

河南府太守加道銜

張大老爺名立勳諭生至署

親交廣俸寶銀壹仟兩整

命生等董事重修

御碑八卦亭一座如後有餘銀兩

可尺可寸生承

命隨辦物料動工修理

御碑八卦亭一座

聖陵週圍墻垣

聖母殿一座

二殿一座

三殿一座

張夫子殿一座

五虎殿一座東西二配殿二

座後節院墻門窓一切重

新於十一月仲冬完工

大殿後枯栢一株伐作大梁

用補種栢樹四株

董事 貢生宋[illegible] 監生李[illegible] 衛千李[illegible] 貢生韓萬邦 [illegible]炳

監生王玉田書

二三兩鄉助車夫 住持 王加科 劉合祥 立石

【一〇七】　重修御碑八卦亭記

年代：清嘉慶二十五年

尺寸：高 67 釐米，寬 115 釐米

立石地點：洛陽關林

計開：嘉慶二十五年五月二十日，河南府太守加道銜張大老爺名立勳，諭生至署，親交廉俸寶銀壹仟兩整，命生等董事重修御碑八卦亭一座，如後有餘銀兩，可尺可寸。生承命隨辦物料，動工修理御碑八卦亭一座、聖陵周圍墻垣、聖母殿一座、二殿一座、三殿一座、張夫子殿一座、五虎殿一座、東西二配殿二座，後節院墻、門窗一切重新，於十一月仲冬完工。大殿後枯柏一株伐作大梁用，補種柏樹四株。

董事：貢生宋之儒、監生李大禄、衛千李德寧、貢生韓萬邦、吏員方炳。

二三兩鄉助車夫。

住持：王甲科、劉合祥立石。

監生主玉田書。

辛□夏五月
姚大中丞閱伍至郡因案赴嵩道過
關林肅□叩謁恭瞻
神位
墓前碑亭書有
勅封忠義神武靈佑關聖大帝字樣因思嘉慶十九年正月初五日
内閣抄出奏
仁宗睿皇帝
諭旨上年逆匪突入禁門時恍惚之中仰見
關帝神像畏懾奔竄立就殲擒本日又據那彦成奏當滑城克復
之時賊匪於黑夜拚命突圍官兵施放鎗箭未能真切城旁廟
宇自行起火照同白晝官兵兩路夾擊始將賊匪截回悉數殄
除事定後乃知城旁廟宇供有
關帝神像廟雖焚燬神像巋然獨存毫無損動等語此次逆匪滋
事屢荷
關帝靈爽翊衛實深寅感着該衙門於原定封號敬擬加封二字
進呈候朕酌定通須直省用答神庥當經禮部移會内閣撰擬
封號於本月十二日具奏奉
硃筆圈出仁勇欽此今奉
旨加封仁勇二字所有
關帝神牌應敬謹書寫
忠義神武靈佑仁勇關聖大帝字樣相應移咨一體遵照等因今
洛陽縣
關林
神蹟昭垂地方官歲修祀典何漫不經心尚未欽遵辦理疎慢之
至因札飭司即速專員會同地方官敬將
廟内神牌
墓碑各封號蠲吉祭祀妥為增添務須誠敬將事毋稍率忽再恭
閱
墓碑之旁另有乾隆三十三年碑記一通因是年
加封新號其官建祠宇己欽遵
諭旨敬依新號設立
神牌惟緣
墓前更無隙地立碑爰就舊碑而新之其碑陰所載悉如故斯時
記載甚明此次
加封新號除前殿
神牌自應敬依新號另行設立外至於
墓前碑記自應循照乾隆三十三年之式敬謹辦理等因當即會
同委員遵照
札示蠲吉祭祀妥為增添其前殿
神牌敬依新號設立
墓前碑記即循照乾隆三十三年之式敬謹辦理惟思
關帝之靈在天壤如水之在地中無不昭著其護
國佑民之實蹟節荷
綸音
疊加封號三十三年之碑記已詳及之無可再贅也今因
加封新號已越七年未能遵辦官斯土者詎能辭疎慢之咎耶
大憲因公蒞止心誠目擊亦若
靈氣所感乎俾飭行妥辦用申
國家崇奉令典
神於以安而
大憲敬
神之心亦可安矣謹記
洛陽縣知縣前翰林院庶吉士劉穀萬敬立
道光元年九月吉旦

【一〇八】 加封關聖大帝碑記

年代：清道光元年
尺寸：高 71 釐米，寬 146 釐米
立石地點：洛陽關林

辛巳夏五月，姚大中丞閱伍至郡，因案赴嵩道，過關林，肅□叩謁，恭瞻神位。墓前碑亭書有"勅封忠義神武靈佑關聖大帝"字樣，因思：嘉慶十九年正月初五日，仁寧睿皇帝諭旨，上年逆匪突入禁門，時恍惚之中，仰見關帝神像，畏懼奔竄，立就殲擒。本日又據那彦成奏，當滑城克復之時，賊匪於黑夜拼命突圍，官兵施放鎗箭，未能真切，城旁廟宇自行起火，照同白晝，官兵兩路夾擊，始將賊匪截回，悉數殄除。事定後，乃知城旁廟宇供有關帝神像，廟雖焚毁，神像巋然獨存，毫無損動等語。此次逆匪滋事，屢荷關帝靈異，翊衛實深。寅感着該衙門於原定封號，敬擬"加封"二字進呈，候朕酌定，通頒直省，用答神庥。當經禮部移會内閣，撰擬封號，於本月十二日具奏，奉硃筆圈出"仁勇"，欽此。今奉旨加封"仁勇"二字，所有關帝神牌應敬謹書寫"忠義神武靈佑仁勇關聖大帝"字樣，相應移咨，一體遵照等。因今洛陽縣關林神迹昭垂，地方官歲修祀典，何漫不經心，尚未欽遵辦理，疎慢之至，因札司即速專員會同地方官，敬將廟内神牌、墓碑各封號蠲吉祭祀，妥爲增添，務須誠敬將事，毋少率忽。再恭閱墓碑之旁，另有乾隆三十三年碑記一通，因是年加封新號，其官建祠宇已欽遵諭旨，敬依新號設立神牌。惟緣墓前更無隙地立碑，爰就舊碑而新之，其碑陰所載悉如故，斯時記載甚明，此次加封新號除前殿神牌自應敬依新號另行設立外，至於墓前碑記自應循照乾隆三十三年之式，敬謹辦理等。因當即會同委員遵照札示，蠲吉祭祀，妥爲增添，其前殿神牌敬依新號設立，墓前碑記即循照乾隆三十三年之式，敬謹辦理。惟思關帝之靈在天壤，如水之在地中，無不昭著，其護國佑民之實迹，節荷綸音，疊加封號，三十三年之碑記已詳及之，無可再贅也。今因加封新號，已越七年，未能遵辦，官斯土者，詎能辭疎慢之咎耶！大憲因公莅止，心誠目擊，亦若靈氣所感孚，俾飭行妥辦，用申國家崇奉令典，神於以安，而大憲敬神之心亦可安矣。謹記。

洛陽縣知縣前翰林院庶吉士劉穀萬敬立。

道光元年九月吉旦。

【一〇九】 撫部院批藩憲扎行條規并序

年代：清道光七年

尺寸：高 210 釐米，寬 61.5 釐米

立石地點：洛陽關林

蓋聞召伯之澤，留及甘棠；郇伯之膏，溥同陰雨。便于民者興之，不便于民者除之。向來各處催完錢漕，設有保總，總催莊頭、里長，該頭名自名不同，實則一也。歷年舉報，户不願充，屢報屢推，變遷無常。其中花費錢文儘多，不便于民，亦兼不濟於公。自府憲存大老蒞任以來，軫念民艱，久有興利除害之心，幸於道光四年間，蒙藩憲楊大人詳請，撫部院程大人批，將總催名目通飭，所屬一體革除。又蒙藩憲遵批，扎行各府。經生員司鳳岐，監生賈崙，武生黄桂一、楊長庚等稟請，適符府思愛民之至意，即如詳文行知洛陽縣，嗚主將洛邑滚頭之害一體革除，遵扎文條規，差役催完公項，保地引照花户。近年來，民無滚頭賠累之擾，均皆踴□急公，争先輸將，國課早完。官司有父母之恩，閭閻勤子弟之職，與古召伯、郇伯之惠并流百代。合郡紳民無不感德，但恐時久弊生，胥徒别開科條，致□□□憲之良法美意，爰將撫部院批藩憲扎行條規詳開勒石，永垂不朽。

計開扎文批示：

該本司核看，得陽武縣監生蘇瓚、宋斌控請革除保總一案，緣陽邑三十二地方，每地方設立保總一名，經管錢漕等項，征冊花户，置買田產，收除過户，係保總經管，花户酌給紙筆之資，向無賠累，亦無花銷使費。嘉慶二十四年八月，武陟馬營垻黄河漫口，陽邑合境被淹，合籠之後，地變瘠薄，值價甚賤，各保總每有告退，飭令另報接充。蘇瓚等所居東黑石地，與祥符封丘界址相連，多有寄莊滑户，向於征漕之時，除移會祥符封丘縣代催外，保總仍引同糧差往催。蘇瓚等恐報充保總受累，遂將保總應需紙張筆墨錢文，指爲書役，分規使費，赴前憲衙門控告。蒙批飭府查明擬議等，因經前司飭府行縣查訊，獲悉前情，詰以既控書役分規，必有交付得受之人，令其逐一指供，不必顧忌。據蘇瓚等僉稱委因，同準是以將紙筆之費控作書役分規，本無憑據，故無被告姓名可指。復提户書、班役研訊，但各堅供，向無得受保總分規使費情事，再肆究詰，矢口不移。似無遁情。飭查，蘇瓚、宋斌等□擾之由焉。因報充保總催完，寄莊漕糧受累起見，今寄莊漕糧俱照例移請代催，保總無須協辦。其所控書役分規使費，訊因圖凖，混指實在，并無需索得受之人，故未列被告姓名，亦不敢始終誣執。既據具結請，轉銷案等情，由府轉詳到司，當經查府詳，所議未協，隨經批飭另議詳辦。兹據該府詳議，前來本司，查保總名目係與里書無異，在安分者視爲畏途，好事者視爲利藪，法立弊生，誠爲難免。該縣舊設保總，應即革除，以杜弊端，嗣後該縣民間置買□產，收除過户，以及攢錢漕征冊，應改歸户書承辦，無許勒索滋弊。至應征錢漕各花户，莠良不一，未必盡知急公向上，踴躍輸將，必須按户查催，方免延久。花户家多四鄉散處，平日差役在城承辦，别須公事，不能遍識，鄉間糧户若今徑催，設刁滑之徒，以歉作完肆，其朦混差役，既不相識，即不能知其真僞，及至往返查明，已遲時日，恐催糧難期。妥速查該縣各鄉向設保地，稽查地方以及協差勾攝公事，與花户近在一方，平日熟悉，應請嗣後該縣催征錢漕，飭差妥役，協同保地查催，以免派累。是否允協理合，詳請憲臺鑒核批示。道光四年

正月二十九日，自司發二月初一日到府，河南府知悉，本年正月蒙撫部院批，本司呈核議陽武縣監生于廷梅等控書役索分規等情一案，詳由蒙批，本部院夙聞所屬錢漕，俱設有總催名目，擇民間家道殷實者充之差役，藉以魚肉，往往以總催一役，傾家蕩産，民甚不便，河北三府尤甚。前於該司議詳，陽武縣監生蘇瓏等控案，經批飭如詳，通飭所屬一體革除。仍令各州縣將向來是否有此名目，現在如何遵辦緣由，據實稟覆，倘將來訪聞，仍有私設累民，或被告發定行，撤參决不寬貸。在案茲查，該司核議，監生于廷梅等控案，情事相因，仰節查照前詳批示，通飭一體遵辦。餘照詳行檄等，因蒙批查此案，前奉院批，本司議詳，陽武縣蘇瓏等控請□□□□一案，奉批通飭查報等，因當經抄看飭查在案，兹奉批前因除行懷慶府遵照外，合再札行，札到該府，立即通飭所屬，一體遵辦，并查明所屬各州縣錢漕有無設立總催催收名目，□飭一體革除，仍將何辦理之處，據實稟□，以憑查核。倘此次通飭之後，仍有私設累民，一經查出，或被告發除，將該牧令參辦外，該府亦大干未便。勿違，切切！此扎。

道光七年孟冬之吉洛陽縣紳民仝立。

得学保總分規使費情事再肆究詰
書役分規使費訊因圖准混指實在
府詳議前來本司查保總名目係與
錢漕征冊應改歸户書承辦無許勒
能遍識鄉間粮户若令逕催設刁滑
撫公事與花户近在一方平日熟悉
到府河南府知悉本年正月三十日
者充之差役藉以魚肉往〻以總催
名目現在如何遵辦緣由據實稟覆

原大局部

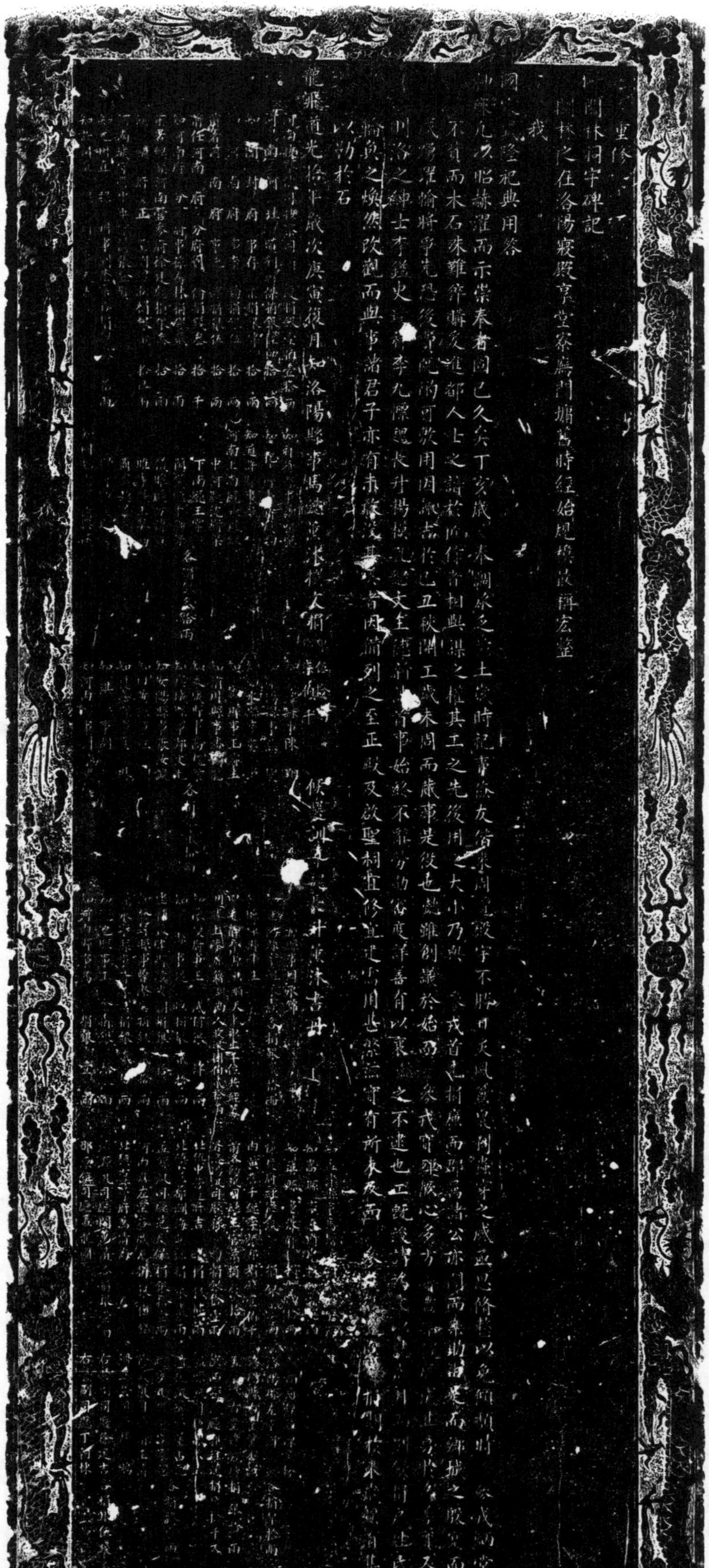

【一一〇】 重修關林祠宇碑記

年代：清道光十年

尺寸：高 209 釐米，寬 73 釐米

立石地點：洛陽關林

關林之在洛陽，寢殿享堂，寮廡門墉，舊時經始，規模最稱宏整。我國家式隆祀典，用答神庥，凡以昭赫濯而示崇奉者，固已久矣。丁亥歲，懿調承乏兹土，歲時祀事，僚友偕來，周覽殿宇，不勝日炙風熏、鼠剥蟲穿之感，亟思修整，以免傾頽。時參戎炳堂徐公亦同有是心，顧念爲費不資，而木石殊難猝購，爰進都人士之諳於匠作者，相與謀之，權其工之先後，用之大小，乃與參戎首先捐廉，而郡屬諸公亦聞而樂助，由是而鄉城之殷實，而過洛之好義，而外郡之聞風，咸踴躍輸將，争先恐後，費既酌可敷用，因諏吉於己丑秋開工，歲末周而蕆事。是役也，懿雖創議於始，而參戎實殫厥心，多方籌劃，樂觀厥成，其勇於爲善，實又有不可及者。若夫鳩工庀材，則洛之紳士李鎰、史逢祥、李九標、魏長昇、楊模、孔繼文、王德新諸首事，始終不辭勞勩，審度詳善，有以襄懿之不逮也。工既竣，請爲文以誌歲月。而别録捐户姓氏於碑之陰，以彰其義。懿既幸輪奐之焕然改觀，而與事諸君子亦有未敢没其美者，因備列之至。正殿及啟聖祠宜修宜建，需用甚繁，兹實有所未及，而參戎復□□□捐，期於來歲，□有集事，當次第識之，而先爲書此，以勒於石。

知洛陽縣事馬懿捐銀伍拾兩、錢柒佰千。河南按察使司按察司薛慶捐銀壹佰壹拾兩。河南河北道劉彰傑捐銀伍拾兩。知開封府事存業捐銀肆拾兩。知河南府事李鈞捐銀伍拾兩。前署河南府事施諒捐銀伍拾兩。前任河南府分府六倫捐銀叁拾兩。知河南府分府事孫喬林捐銀貳拾兩。前署總鎮河南營參府徐廷彪捐銀叁拾兩。候補府正堂劉禮松捐銀拾伍兩。河南城守營中軍守備張登賢、知光州直隸州事劉蔭棠、知許州直隸州事蕭元吉各捐銀叁拾兩。知祥符縣事鄒鳴鶴、杞縣事□慶均、知通許縣事李□、河南上南廳張鳳級、中河廳沈樹棨、下南廳王掌絲、蘭儀廳于卿保、儀睢廳方傳穀、睢寧廳王葵功、商賓廳羅□□、歸河廳陸延禧、知固始縣事謝興□各捐銀叁拾兩。知滎澤縣事陳翔、知滎陽縣事焦□、知泗水縣事婁□、知密縣事王睿生、知洧川縣事潘鶴龍、知永城縣事高槐業、知虞城縣事郝文光、知安陽縣事張汝誠、知内黄縣事汪湖、知獲嘉縣事夏琳、知淇縣縣事胡□、知河内縣事劉厚澤各捐銀貳拾兩。知濟源縣事問承錦、知陽縣事鮑承燾、知臨□縣事王鑑各捐銀拾兩。四毛神亭源籍順天人，以上千位共經募。川滕上秦原籍湖南人收銀捌佰貳拾兩。知懷慶府事王栻捐銀肆兩。知鞏縣事魏晅捐銀貳拾兩。坐補益津縣淩安瀾捐銀拾兩。知登封縣事曾際虞捐銀貳拾兩。署永寧縣事許賡謨捐銀貳拾兩。知澠池縣事王金捐銀拾兩。知河内縣事高□捐銀壹兩。知孟津縣事馬增□捐銀□□兩。知嵩縣事秦時□捐銀貳拾兩。知孟縣事張師□捐銀貳拾兩。懷慶府經歷錢□捐銀壹兩。内黄縣千總李振邦捐銀壹佰兩。前洛陽汛司廳王官景捐銀拾兩。署洛陽汛司廳孫煦捐銀拾壹兩。北鎮中營遊府吉□捐銀肆兩。北鎮右營都閫海進禄捐銀貳兩。孟縣汛司廳范天保捐銀拾壹兩 ……

知洛陽縣事馬懿熏沐撰文，候選訓導魏長昇熏沐書丹。

龍飛道光拾年歲次庚寅復月。

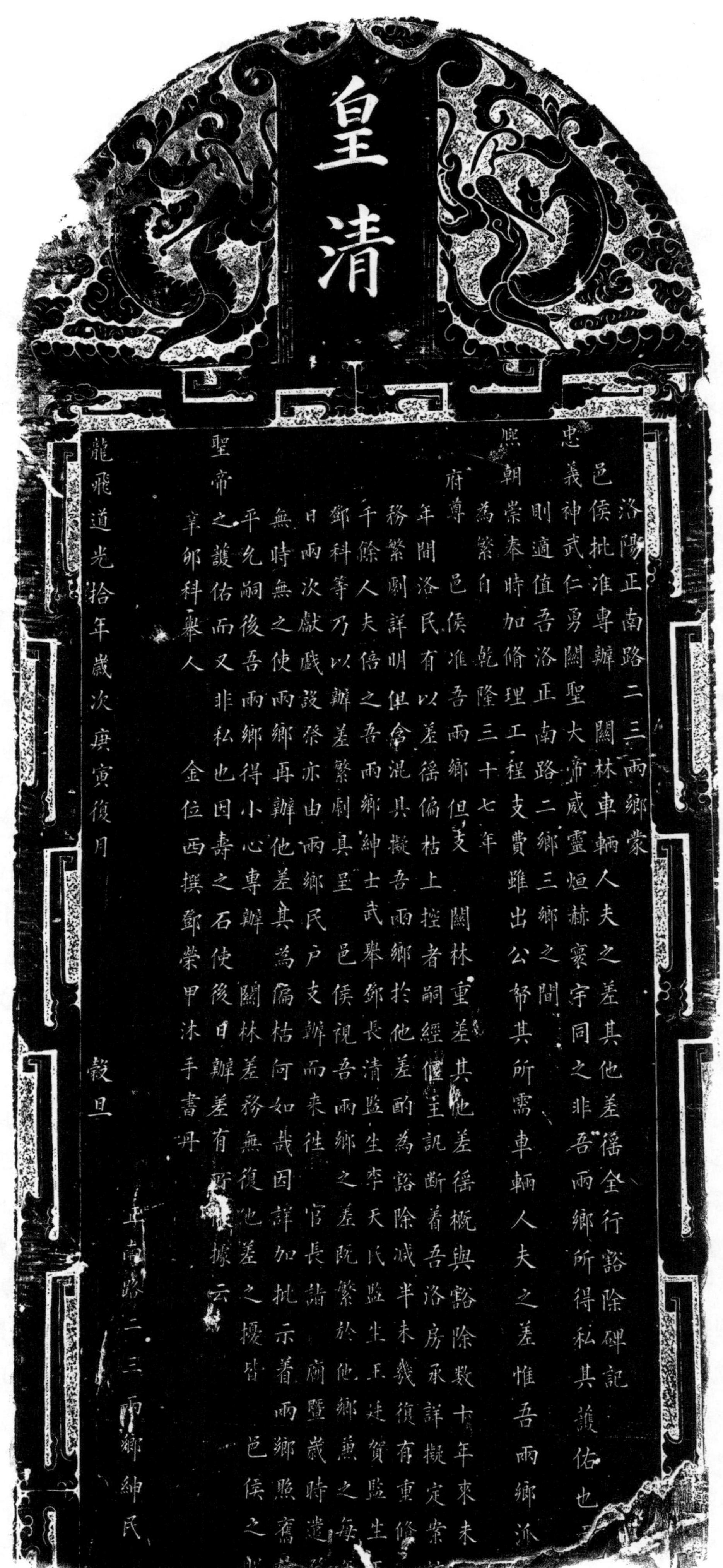
皇清

洛陽正南路二三兩鄉蒙
邑侯批准專辦闗林車輛人夫之差其他差徭全行豁除碑記
忠義神武仁勇闗聖大帝威靈烜赫寰宇同之非吾兩鄉所得私其護佑也
則適值吾洛正南路二鄉三鄉之間
熙朝崇奉時加脩理工程支費雖出公帑其所需車輛人夫之差惟吾兩鄉派
為繁自乾隆三十七年
府尊邑侯准吾兩鄉但支闗林重差其他差徭概與豁除數十年來未
年間洛民有以差徭偏枯上控者嗣經[illegible]主訊斷着吾洛房承詳擬定案
務繁劇詳明俱侖混具擬吾兩鄉於他差酌為豁除減半未幾復有重脩
千餘人夫倍之吾兩鄉紳士武舉鄧長清監生李天民監生王廷賀監生
鄧科等乃以辦差繁劇具呈邑侯視吾兩鄉之差既繁於他鄉兼之每
日兩次獻戲設祭亦由兩鄉民户支辦而来往官長詣廟暨歲時遣
無時無之使兩鄉再辦他差其為偏枯何如哉因詳加批示着兩鄉照舊
平允嗣後吾兩鄉得小心專辦闗林差務無復他差之擾皆邑侯之
聖帝之護佑而又非私也因壽之石使後日辦差有所依據云
辛卯科舉人金位西撰 鄧榮甲沐手書丹
龍飛道光拾年歲次庚寅復月 穀旦 正南路二三兩鄉紳民

【一一一】 差役豁免碑記

年代：清道光十年

尺寸：高 155 釐米，寬 70 釐米

立石地點：洛陽關林

洛陽正南路二三兩鄉蒙邑侯批准專辦關林車輛人夫之差其他差徭全行豁除碑記

〔碑首〕：皇清

忠義神武仁勇關聖大帝，威靈烜赫，寰宇同之，非吾兩鄉所得私其護佑也。而……則適值吾洛正南路二鄉、三鄉之間，熙朝崇奉，時加修理，工程支費雖出公帑，其所需車輛、人夫之差，惟吾兩鄉派……爲繁。自乾隆三十七年，府尊邑侯準吾兩鄉但支關林重差，其他差徭概與豁除。數十年來，未……年間，洛民有以差徭偏枯上控者，嗣經偃主訊斷，着吾洛房承詳，擬定案……務繁劇詳明，但含混具擬吾兩鄉於他差酌爲豁除減半。未幾，復有重修，……千餘，人夫倍之。吾兩鄉紳士武舉鄧長清、監生李天民、監生王廷貴、監生王……鄧科等，乃以辦差繁劇具呈，邑侯視吾兩鄉之差既繁於他鄉，兼之每……日兩次獻戲設祭，亦由兩鄉民户支辦，而來往官長詣廟暨歲時遣發……無時無之，使兩鄉再辦他差，其爲偏枯何如哉。因詳加批示，着兩鄉照舊……平允，嗣後吾兩鄉得小心專辦關林差務，無復他差之擾，皆邑侯之貺……聖帝之護佑，而又非私也。因壽之石，使後日辦差有所依據云。

正南路二三兩鄉紳民（仝立）。

辛卯科舉人金位西撰，鄧榮甲沐手書丹。

龍飛道光拾年歲次庚寅復月穀旦。

巃嵸千

關聖大帝之靈昭昭也人有肅心

神其佑之情未由陳物以達之

脈古以來大都如是矣洛邑

東南鄉毛家村毛存仁始貿

易時然自詩祝生意茂盛於

關陵豎杆有志焉未之逮也今擇

良工揀選旗杆豎於廟前非

敢藉此以邀福祉聊以表寸

心云爾是為記

洛邑庠生郭楚喬拜撰

洛邑後學毛恒升拜書

龍飛道光二十三年□月穀旦

【一一二】　毛存仁捐立關林廟旗杆碑記

年代：清道光二十二年

尺寸：高 40 釐米，寬 54 釐米

立石地點：洛陽關林

巍巍乎，關聖大帝之靈昭昭也。人有肅心，神其佑之，情未由陳，物以達之，振古以來，大都如是矣。洛邑東南鄉毛家村毛存仁，始貿易時，默自禱祝生意茂盛，於關陵豎杆，有志焉未之逮也。今擇良工，揀選旗杆，豎于廟前，非敢藉此以邀福祉，聊以表寸心云爾。是爲記。

洛邑庠生郭懋簡拜撰，洛邑後學毛恒升拜書。

龍飛道光二十二年二月穀旦。

大清道光廿三年春

明倫斯為聖三綱立則萬世可師
洛陽伊南康莊弟子趙新敬撰并書

【一一三】 關林牌坊對聯

年代：清道光二十三年
尺寸：高 242 釐米，單幅寬 37 釐米
立石地點：洛陽關林

扶漢先正名一統尊而兩雄何有，明倫斯爲聖三綱立則萬世可師。
洛陽尹南康莊弟子趙新敬撰并書。
裴村鐵筆，田萬青刻。
大清道光廿三年春。

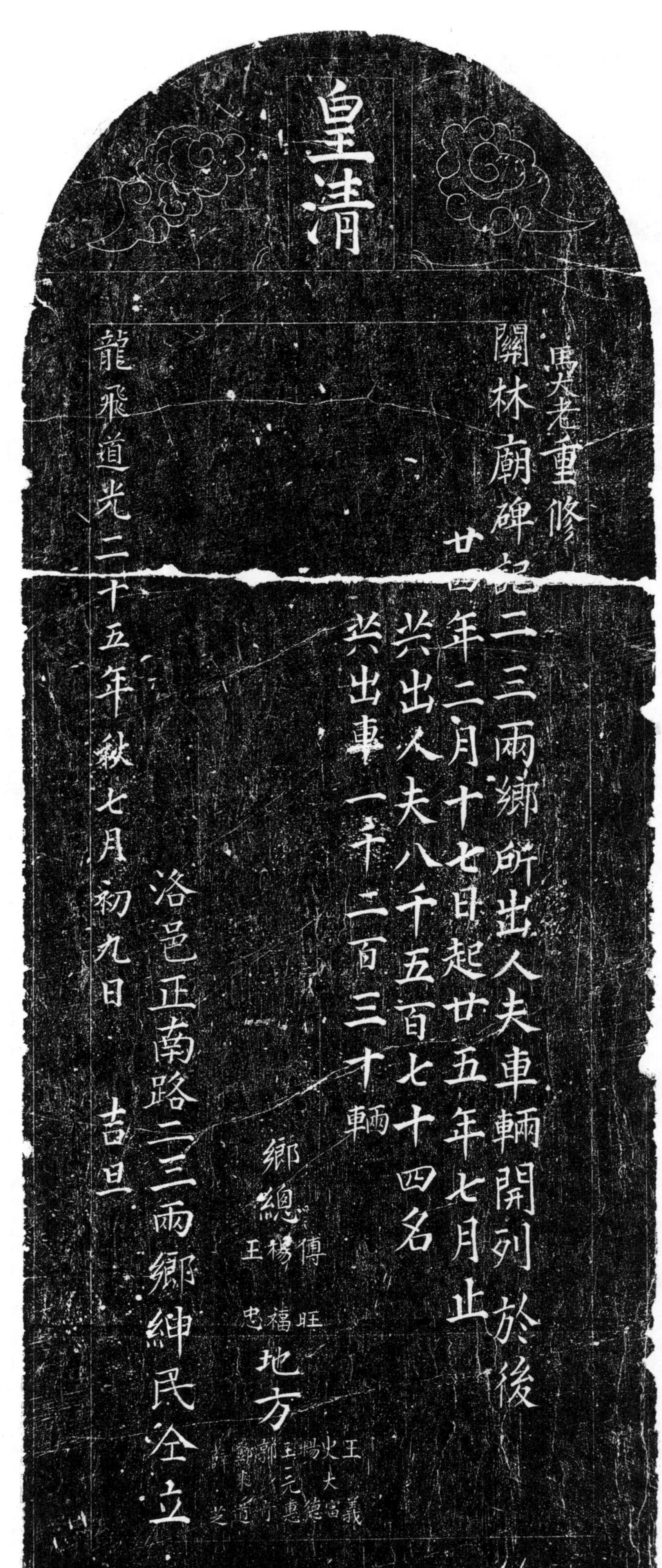

皇清

馬大老重修

關林廟碑記二三兩鄉所出人夫車輛開列於後

廿四年二月十七日起廿五年七月止

共出人夫八千五百七十四名

共出車一千二百三十輛

鄉總　傅旺　楊福　王忠

地方　王義　火大富　楊德　王元惠　郭亨　鄭東道　許芝

洛邑正南路二三兩鄉紳民仝立

龍飛道光二十五年秋七月初九日　吉旦

【一一四】　馬大老重修關林廟碑記

年代：清道光二十五年
尺寸：高 167 釐米，寬 65.5 釐米
立石地點：洛陽關林

馬大老重修關林廟碑記
〔碑首〕：皇清
二三鄉所出人夫車輛開列於後：
廿四年二月十七日起，廿五年七月止，共出人夫八千五百七十四名，共出車一千二百三十輛。
鄉總：傅旺、楊福、王忠。地方：王義、史大富、楊德、王元惠、郭奇、鄧來道、薛芝。
洛邑正南路二三兩鄉紳民仝立。
龍飛道光二十五年秋七月初九日吉旦。

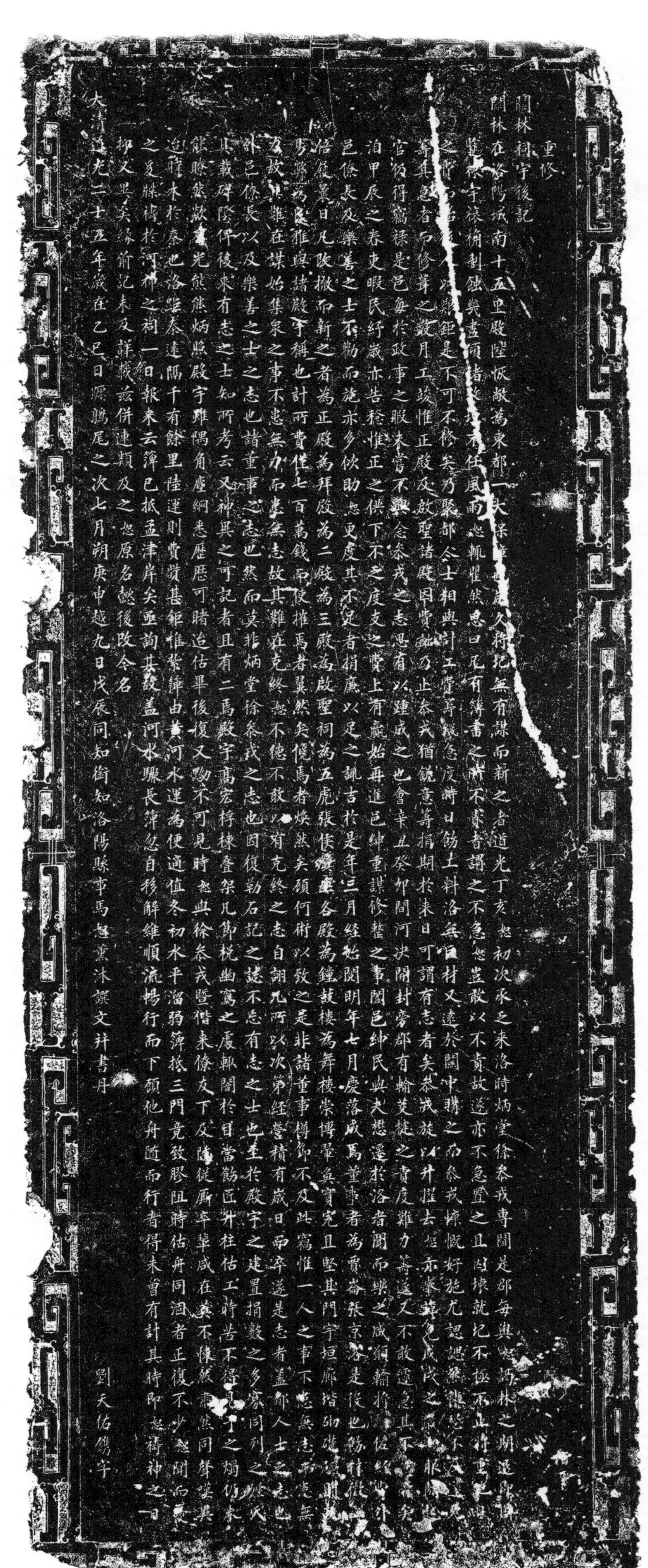

重修

關林祠宇後記

關林在洛陽城南十五里殿陛恢敞為東都一大保障也歲久將圮無有謀而新之者道光丁亥恕初次承乏來洛時炳堂徐參戎專閫是郡每與恕謁林之期退□□覽祠宇榱桷剝蝕幾盡頃諸□亦不任風雨恕輒瞿然思曰凡有籌畫之所不容者謂之不急恕豈敢以不責故遂亦不急置之且以壞就圮不極不止將重□之費□□以難鉅是不可不修矣乃聚郡人士相與計工費籌緩急度時日鳩工料洛無巨材又遠於閩中購之而參戎慷慨好施尤認□□□□□□籌其急者而修葺之數月工竣惟正殿及啟聖諸殿因費絀乃止參戎猶銳意籌捐期於來日可謂有志者矣參戎旋以升擢去恕亦奉諱免咸戊之□□服□□官仍得竊祿是邑每於政事之暇未嘗不與念參戎之志思有以踵成之也會辛丑癸卯閒河決開封旁郡有輸芟楗之責度難力籌遂又不敢遽急且不□□矣洎甲辰之春吏暇民紓歲亦告稔惟正之供下不乏度支之費上有贏始再進邑紳重謀修整之事闔邑紳民與夫懋遷於洛者聞而樂之咸願輸將佐□□外邑僚長及樂善之士不勸而施亦多佽助恕更虞其不足者捐廉以足之諏吉於是年三月經始閱明年七月慶落成焉董事者為賈崙張京洛是役也飭材徵□□倍蓰曩日凡改撤而新之者為正殿為拜殿為二殿為三殿為啟聖祠為五虎張侯□□各殿為鐘鼓樓為舞樓崇博輩奐實完且堅其門宇垣廊堦砌礎□□□易弊為良推與諸殿□稱也計所費僅七百萬錢而使推焉者翼然矣僾焉者煥然矣頗何術以致之是非諸董事樽節不及此竊惟一人之事不患無志而患無力故其難在謀始集眾之事不患無力而患無志故其難在克終恕不德不敢以有克終之志自詡凡所以次第經營積有歲日而卒遂是志者蓋郡人士之志也外邑僚長以及樂善之士之志也諸董事之志也然而莫非炳堂徐參戎之志也因復勒石記之誌不忘有志之士也至於殿宇之建置捐數之多寡同列之姓氏具載碑陰俾後來有志之士知所考云又神異之可記者且有二焉殿宇高宏桴棟疊架凡節梲幽窩之處輒閣於目當飭匠升柱估工時苦不得見□之燭仍未能瞭然歘□光熊熊炳照殿宇雖隅角塵網悉歷歷可睹迨估畢後復又黝不可見時恕與徐參戎暨僚友下及隨從廝卒華咸在焉不慄然肅然同聲嘆異迨購木於秦也洛距秦遠隔千有餘里陸運則費貲甚鉅惟藉簰由黃河水運為便適值冬初水平溜弱簰抵三門竟致膠阻時估舟同泗者正復不少恕聞而憂之爰牒禱於河神之祠一日報來云簰已抵孟津岸矣亟詢其故蓋河水驟長簰忽自移解維順流暢行而下頗他舟隨而行者得未曾有計其時即恕禱神之一日抑又異矣緣前記未及詳載茲併連類及之恕原名懿後改今名

大清道光二十五年歲在乙巳日躔鶉尾之次七月朔庚申越九日戊辰同知銜知洛陽縣事馬恕薰沐撰文并書丹　劉天佑鐫字

【一一五】　重修關林祠宇後記（碑陽）

年代：清道光二十五年
尺寸：高 184 釐米，寬 69 釐米
立石地點：洛陽關林

重修關林祠宇後記

關林在洛陽城南十五里，殿陛恢敞，爲東都一大保障也。歲久將圮，無有謀而新之者。道光丁亥，恕初次承乏來洛，時炳堂徐參戎專閫是郡，每與恕謁林之期，退即周覽棟宇，榱桷剥蝕，幾盡傾諸敗垣，不任風雨。恕輒瞿然思曰：凡有簿書之所不責者，謂之不急。恕豈敢以不責故，遂亦不急置之，且因壞就圮，不極不止，將重也。□之費而貽後人以艱鉅，是不可不修矣。乃聚都人士相與計工費、籌緩急、度時日、飭工料，洛無巨材，又遠於關中購之。而參戎慷慨好施，尤諰諰然，□恐不及，遂見籌其急者而修葺之。數月工竣，惟正殿及啟聖諸殿因費詘乃止。參戎猶鋭意籌捐，期於來日，可謂有志者矣。參戎旋以昇擢去，恕亦奉諱免。戊戌之歲，恕服闋起官，仍竊禄是邑，每於政事之暇，未嘗不興念參戎之志，思有以踵成之也。會辛丑癸卯間，河決開封，旁郡有輸茭楗之責，度難力籌，遂又不敢遽急，其不□□矣。洎甲辰之春，吏暇民紓，歲亦告稔，惟正之供下不乏度支之費，上有羸始。再進邑紳重謀修整之事，闔邑紳民與夫懋遷於洛者，聞而樂之，咸願輸將，□佐經費外，邑僚長及樂善之士，不勸而施，亦多佽助。恕更度其不足者，捐廉以足之。諏吉於是年三月經始，閱明年七月慶落成焉。董事者爲賈崙、張京洛。是役也，飭財徵一，倍屣曩日，凡改轍而新之者，爲正殿、爲拜殿、爲二殿、爲三殿、爲啟聖祠、爲五虎張侯□□各殿、爲鐘鼓樓、爲舞樓，崇博翬奂，實完且堅。其門宇垣廊堦砌礎□，門□易弊爲良雅，與諸殿宇稱也。計所費僅七百萬錢，而使摧焉者翼然矣，傀焉者焕然矣。顧何術以致是非？諸董事樽節不及此，竊惟一人之事，不患無志而患無力，故其難在謀始；集衆之事，不患無力而患無志，故其難在克終。恕不德，不敢以有克終之志自詡，凡所以次第經營，積有歲日，而卒遂是志者，蓋都人士之志也，外邑僚長以及樂善之士之志也，諸董事之志也，然而莫非炳堂徐參戎之志也，因復勒石記之，誌不忘有志之士也。至於殿宇之建置，捐數之多寡，同列之姓氏，具載碑陰，俾後來有志之士，知所考云，又神異之可記者，且有二焉。殿宇高宏，桴棟疊架，凡節棁幽窵之處，輒闇於目。當飭匠昇柱佑工時，苦不得見予之燭，仍未能瞭然，欻□光熊熊炳照殿宇，雖偶角塵綱悉，歷歷可睹，迨估畢後，復又黝不可見。時恕與徐參戎暨偕來僚友，下及隨從厮卒輩咸在，莫不悚然肅然，同聲嘆異。迨購木於秦也，洛距秦遠隔千有餘里，陸運則費資甚鉅，惟紮簰由黄河水運爲便，適值冬初，水平溜弱，簰抵三門，竟致膠阻，時估舟同涸者，正復不少。恕聞而憂之，爰牒禱於河伯之祠。一日報來，云已抵孟津岸矣。亟詢其故，蓋河水驟長，簰忽自移解，維順流暢行而下，顧他舟隨而行者，得未曾有計。其時即恕禱神之日，抑又異矣。緣前紀未及詳載，兹并連類及之。恕原名懿，後改今名。

同知銜知洛陽縣事馬恕熏沐譔文并書丹。

劉天佑鎸字。

大清道光二十五年歲在乙巳日躔鶉尾之次七月朔庚申越九日戊辰。

重修工程
大門五間添裝板補修　官廳大門壹間官廳三間
二門五間補修　新添後厦房貳間四角
大殿柒間拆卸重修換大　落地重修
梁壹根添圍廊簷柱拾　東西四陪殿拾貳間四角
陸根又添錫水槽五間　落地重修
拜殿兩山重修添石闌干　東便門壹大門係新添修
五方石柱子貳根鐵香　東西鼓樓補修
鑪坐石壹方花瓶坐石　舞樓五間椽檁拆卸重修
壹方東西焚香鑪貳間　東西遊廊三十六間補修
二殿五間補修改換四挑　廟内甬道修鋪
角添柱四根柱礎四座　塚墻四圍補修
三殿五間拆卸重修　山門至舞樓甬路新鋪
五虎殿三間拆卸重修築　前後殿宇廊廡俱皆彩畫
東西鏄墻各壹堵　張侯殿三間補修築東西
廣生殿三間椽檁拆卸重　鏄墻各壹堵
修新添院墻壹圍　廟墻週圍補修
共計費用銀叁百肆拾兩　錢柒仟壹百千文

各捐輸姓氏
鞏縣知縣吳[illegible]孫　捐錢拾伍仟捌百零二文
鞏縣當商　共捐錢貳拾千文
偃師縣紳商　共捐錢壹百千文
洛陽閤邑紳民按大糧捐助　共捐錢貳仟肆百陸拾伍千四百七十二文
洛陽當商　共捐錢壹百千文
洛陽布行　共捐銀壹百兩
洛陽邑氏[illegible]西午　共捐錢壹仟千文
洛陽邑氏馮文秀　共捐錢柒百千文
洛陽京貨行　共捐銀肆拾兩
洛陽粟行　共捐銀貳百兩
洛陽郭恒興號　捐錢壹百[illegible]文
洛陽邑氏馬俞　捐錢叁拾千文
共收捐輸銀叁百肆拾兩　錢肆仟伍百叁拾壹千貳百柒拾肆文

石匠　劉天佑

【一一六】　重修關林祠宇後記（碑陰）

年代：清道光二十五年

尺寸：高 184 釐米，寬 69 釐米

立石地點：洛陽關林

重修工程

大門五間，添裝板補修；二門五間，補修；大殿柒間，拆卸重修，換大梁一根，添圍廊、檐柱拾陸根，又添錫水槽五間；拜殿兩山重修，添石欄杆五方，石柱子兩根，鐵香爐坐石壹方，花瓶坐石壹方，東西焚香鑪貳間；二殿五間補修，改換四挑角，添柱四根，柱礎四座；三殿五間，拆卸重修；五虎殿三間，拆卸重修，築東西磚墻各壹堵；廣生殿三間，椽檁拆卸重修，新添院墻壹圍；官廳大門壹間，官廳三間，新添後廈房貳間，四角落地重修；東西四陪殿拾貳間，四角落地重修；東便門壹大間，係新添修；東西鼓樓補修；舞樓五間，椽檁拆卸重修；東西遊廊三十六間，補修；廟內甬道修補；塚院四圍補修；山門至舞樓甬路新鋪；前後殿宇廊廡俱皆彩畫；張侯殿三間補修，築東西磚墻各壹堵；廟墻周圍補修；共計費用銀叁佰肆拾兩，錢柒仟千壹佰千文。

各捐輸姓氏：鞏縣知縣吴茂孫捐錢拾伍仟捌佰零貳文。鞏縣當商謝恒誼、謝恒裕共捐錢貳拾千文。偃師縣紳商共捐錢壹佰仟文。洛陽關邑按大糧捐助，共捐錢貳仟肆佰陸拾伍千四百七十二文。洛陽當商郭元泰、張元發共捐錢壹佰千文。洛陽布行共捐銀壹佰兩。洛陽邑民□丙午捐錢壹仟千文。洛陽邑民馮文秀捐錢柒百千文。洛陽京貨行共捐銀肆拾兩。洛陽票行共捐銀貳佰兩。洛陽郭恒興號捐錢壹佰千文。洛陽邑民馬俞捐錢叁拾千文。共收捐輸銀叁佰肆拾兩，錢肆仟伍佰叁拾壹千貳佰柒拾肆文。

司帳及工匠姓氏：司帳：鄧公印。木匠：□芳、□大和、尚清□。泥匠：劉宗□、柴□、王見。鐵匠：牛范牛、陳交娃、石三印、葉正興。油漆匠：孫自禄、張自發、姜德娃、權貓娃、胡吉文、王印娃、司庚。石匠：劉天佑、張全炳。

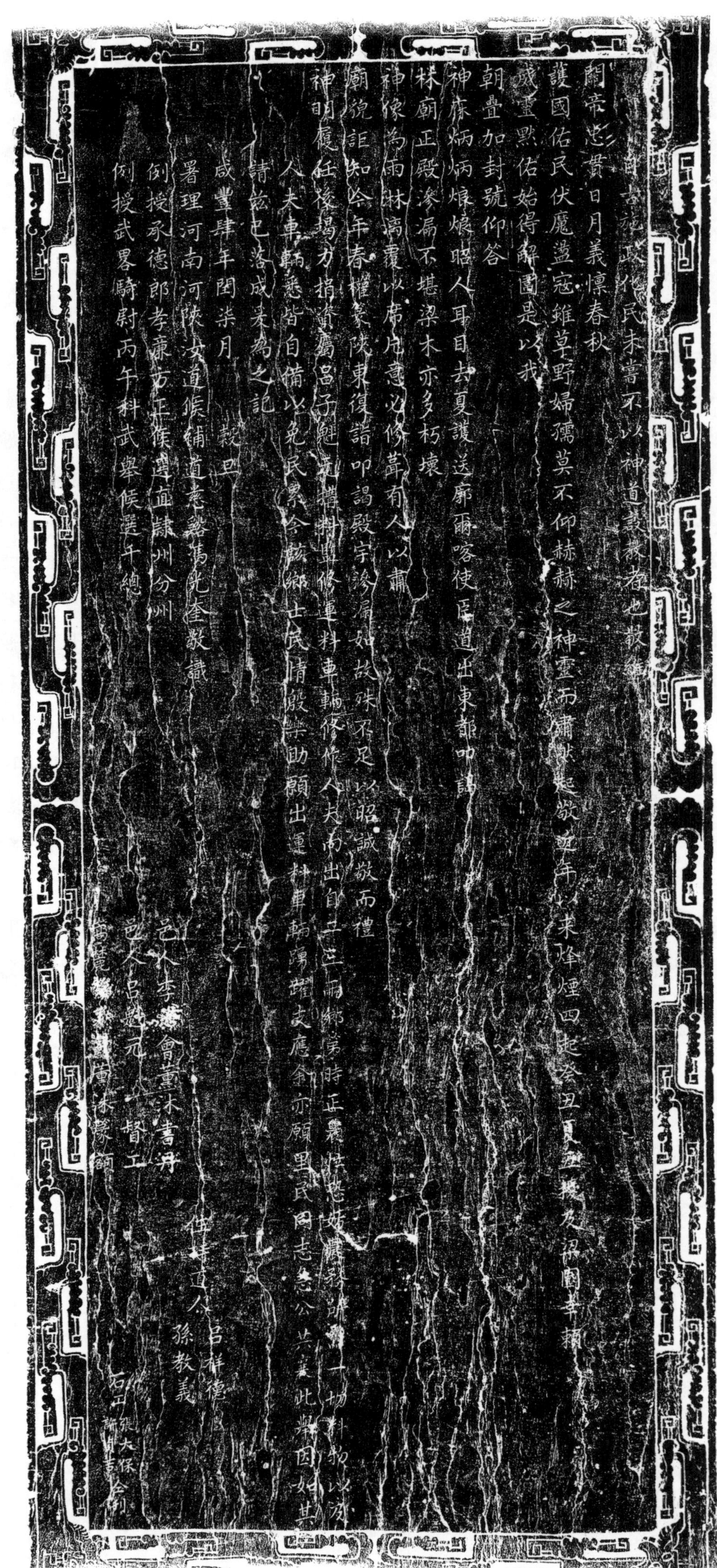

【一一七】　重修關林廟正殿碑記

年代：清咸豐四年

尺寸：高 186 釐米，寬 77.5 釐米

立石地點：洛陽關林

自古施政化民，未嘗不以神道設教者也。敬維關帝忠貫日月，義懍春秋，護國佑民，伏魔蕩寇，雖草野婦孺莫不仰赫赫之神靈，而肅然起敬。近年以來，烽煙四起，癸丑夏五，擾及梁園，幸賴威靈默佑，始得解圍，是以我朝疊加封號，仰答神庥，炳炳烺烺，昭人耳目。去夏護送廓爾喀使臣道出東都，叩謁林廟，正殿滲漏不堪，梁木亦多朽壞，神像爲雨淋漓，覆以席片，意必修葺有人，以肅廟貌。詎知今年春，權篆陝東，復詣叩謁，殿宇滲漏如故，殊不足以昭誠敬而禮神明。履任後，竭力捐資，屬吕子魁元構料監修。運料車輛、修作人夫向出自二三兩鄉，第時正農忙，恐妨農務，所需一切料物以及人夫車輛悉皆自備，以免民累。今該鄉士民情殷樂助，願出運料車輛，踴躍支應，余亦願里民同志急公，共襄此舉。因如其請，兹已落成，爰爲之記。

署理河南河陝汝道候補道慈谿馮光奎敬識，例授承德郎孝廉方正候選直隸州分州邑人李□會熏沐書丹，例授武略騎尉丙午科武舉候選千總邑人吕魁元督工，嵩麓□□□薰沐篆額。

住持道人：吕祥德、孫教義。

石工：張大保、許貞吉仝刻。

咸豐肆年閏七月穀旦。

關聖帝君新降警世文

帝君曰吾大漢良民恭逢明主桃園結義誓除漢氏之奸頑討魏征吳思存炎劉於一線不意三分鼎足壯志未伸而五谷遭圍誤入奸雄之手荊州失守咎實難辭乃蒙兄長宏恩興問罪之師於白下君王義重至失律之敗于猇亭西蜀偏安有懷莫遂言念往事殊深慙愧前過江南見人心風俗日就頹靡而吾憫世之心隱然勃發因奉

【一一八】　關聖帝君新降警世文（一）

年代：清咸豐六年

尺寸：高 178 釐米，寬 37 釐米

立石地點：洛陽關林

關聖帝君新降警世文

帝君曰：吾大漢良民，恭逢明主，桃園結義，誓除漢氏之奸頑；討魏征吴，思存炎劉於一線。不意三分鼎足，壯志未伸，而五谷遭圍，誤入奸雄之手，荆州失守，咎實難辭。乃蒙兄長宏恩，興問罪之師於白下；君王義重，至失律之敗于猇亭。西蜀偏安，有懷莫遂，言念往事，殊深慚愧。前過江南，見人心、風俗日就頹靡，而吾憫世之心，隱然勃發，因奉

玉旨將太微功過格增而行世以化愚頑乃時人見之有議以為非者昨四月十五日赴瑤池
晏遇呂冷諸仙言及此事皆為大息今遇吳生可師周生大掄虔誠祈請因再降筆於此
以昭前意嗚呼人心習尚尚可言哉不忠不孝不仁不義不畏天命不畏大人不畏聖言
出口則以無稽之言為新聞談笑則以閨閫之説為妙語稱富貴則拋姓而諂媚提君子
則呼名而誹謗傲慢無知恃財作孽叩首之頭若金鎗越禮踰分作揖之腰如鉄柱侮長

【一一九】　關聖帝君新降警世文（二）

年代：清咸豐六年

尺寸：高 178 釐米，寬 37 釐米

立石地點：洛陽關林

玉旨，將太微功過格增而行世，以化愚頑。乃時人見之，有議以爲非者。昨四月十五日赴瑶池，晏遇吕冷諸仙，言及此事，皆爲大息。今遇吴生可師、周生大掄，虔誠祈請，因再降筆於此，以昭前意。嗚呼！人心習尚，尚可言哉！不忠不孝，不仁不義，不畏天命，不畏大人，不畏聖言。出口則以無稽之言爲新聞，談天則以閨閫之説爲妙語，稱富貴則拋姓而諂媚，提君子則呼名而誹謗，傲慢無知，恃財作孽。叩首之頭，若金鎗越禮踰分；作揖之腰，如鐵柱侮長

欺尊處豐亨則日就華靡不計家中升斗論人品則多生嫉妬每求賢士瑕疵笑貧趨富
恬不知羞竟無一人挽其氣習人面獸心伊於胡底並不喜指出迷津喪事用鼓吹以人
死而為樂祝壽演雜著忍害禮而不衷奢侈成風何况人貪財乏天良喪盡尚求富貴榮
華有過則多方文飾不喜人規作惡則自謂得計良言轉怒唆鷸蚌之相持就中取利嘱
權要之偏聽假威害民口似懸河滔滔者無非妄誕筆如屋椽澁澁□若有佳文尚曰先

【一二〇】 關聖帝君新降警世文（三）

年代：清咸豐六年
尺寸：高 178 釐米，寬 37 釐米
立石地點：洛陽關林

欺尊。處豐亨則日就華靡，不計家中升斗；論人品則多生嫉妒，每求賢士瑕疵。笑貧趨富，恬不知羞，竟無一人挽其氣習；人面獸心，伊於胡底，并不喜指出迷津。喪事用鼓吹，以人死而爲樂；祝壽演雜著，忍害禮而不衷。奢侈成風，何況人貧財乏；天良喪盡，尚求富貴榮華。有過則多方文飾，不喜人規；作惡則自謂得計，良言轉怒。唆鷸蚌之相持，就中取利；囑權要之偏聽，假威害民。口似懸河滔滔者，無非妄誕；筆如屋椽澀澀者，安有佳文。尚曰先

民是式乃敢訐古論今自誇才學無雙不過眠花宿柳遇正事則抽身退避惟恐鮮血沾
衣交朋友則欺心似箭反藉交情擾害蜜口如飴未見久要之約小怨不釋常懷報復之
私囂囂然以古人自待聽其語無非攻訐陰私岸岸然與昔賢爲徒考其行都是損人利
己棄父母而不顧利欲薰心垂手足而相戕門庭鼎沸嘴同啄木鳥尖生來即鋭心似黄
蜂針毒觸物便傷每年觀吾鬼所奏問田宅問宫事問功名問求財富貴一個問及陰陽

【一二一】 關聖帝君新降警世文（四）

年代：清咸豐六年

尺寸：高 178 釐米，寬 37 釐米

立石地點：洛陽關林

民是式，乃敢評古論今；自誇才學無雙，不過眠花宿柳。遇正事則抽身退避，惟恐鮮血沾衣；交朋友則欺心似箭，反藉交情擾害。蜜口如飴，未見久要之約；小怨不釋，常懷報復之私。囂囂然以古人自待，聽其語無非攻訐陰私；岸岸然與昔賢爲徒，考其行都是損人利己。棄父母而不顧，利欲熏心；垂手足而相戕，門庭鼎沸。嘴同啄木鳥尖，生來即鋭；心似黄蜂針毒，觸物便傷。每年觀吾兒所奏，問田宅，問官事，問功名，問求財富，無一個問及陰陽

果報一月計周倉所稱許掛袍許送對許上油許修廟宇無一個許開勸善經文人心風
俗大概如斯盡其妍媸萬言莫罄夫共罪之波不足以盡其毒縱黃河之水不足以
蕩其凶污我之来意益為此也我今在壇宵小尚敢狂言異議如我去後顢蒙將何日回
頭然我終不忍以禽獸待人故不惜苦口多方諄誡誨語諄諄尚冀諸生之悔悟言辭懇
懇猶望殘燭之復明壯體

【一二二】　關聖帝君新降警世文（五）

年代：清咸豐六年

尺寸：高 178 釐米，寬 37 釐米

立石地點：洛陽關林

果報；一月計周倉所稱，許掛袍，許送對，許上油，許修廟宇，無一個許開勸善經文。人心風俗大概如斯，盡其奸險，萬言莫罄。決洪澤之波，不足以洗盡其澆薄；縱黄河之水，不足以蕩其凶污。我之來意，蓋爲此也。我今在壇，宵小尚敢狂言評議，如我去後，顓蒙將何日回頭，我終不忍以禽獸待人，故不惜苦口，多方誥誡。誨語諄諄，尚冀諸生之悔悟；言辭懇懇，猶望殘燭之復明。上體

玉皇之心下慰

聖主之意殷殷勤勤一字一淚悲悲切切[illegible]

開雲霧見青天言之者慟心讀之者刻[illegible]

弗若禽獸[illegible]石有點頭之日何以人竟無靈[illegible]時何以人[illegible]

盡終有一隙之明天理總全無豈無再生之[illegible]人形自待思恩[illegible]

【一二三】 關聖帝君新降警世文（六）

年代：清咸豐六年

尺寸：高 178 釐米，寬 37 釐米

立石地點：洛陽關林

玉皇之心，下慰聖主之意。殷殷勤勤，一字一淚；悲悲切切，一句一珠。及時回頭，□德□忍，我佛果□，當禄□揆。開雲霧見青天，言之者慟心，讀之者刻骨。倘見其斯言而不悟，真是惡□；聞此語而不□，弗如禽獸。頑石有點頭之日，何以人竟無靈；螣蛇有聽經之時，何以人不□□。良心雖□盡，終有一隙之明；天理總全無，豈無再生之路。改改改，當以人形自待；思思思，□妨晝夜

提撕三十条之言過言功乃時人之苦口良葯数千言之教孝教悌誠百代之規矩準繩
高明固當奉之為楷模愚魯尤當遵之為法守論道理則不言禍福鬼神正人心則必語
灾祥報應凡有遵而行之者一年不懈加功一級五年不懈延壽一紀如有瘟疫流行兵
灾時至作善者必能逢凶化吉若求功名子息福壽康安遵奉者自能如意遂心如有口
是心非妄加誹謗者則天火地火人火為殃鉄鞭金鞭虎鞭並至轉入禽獸孽無盡期事

【一二四】 關聖帝君新降警世文（七）

年代：清咸豐六年

尺寸：高 178 釐米，寬 37 釐米

立石地點：洛陽關林

提撕。三十條之言過言功，乃時人之苦口良藥；數千言之教孝教悌，誠百代之規矩準繩。高明固當奉之爲楷模，愚魯尤當遵之爲法守，論道理則不言禍福鬼神，正人心則必語災祥報應。凡有遵而行之者，一年不懈，加功一級，五年不懈，延壽一紀。如有瘟疫流行，天災時至，作善者必能逢凶化吉；若求功名子息，福壽康安，遵奉者自能如意遂心。如有口是心非，妄加誹謗者，則天火、地火、人火爲殃，鐵鞭、金鞭、虎鞭并至，轉入禽獸，孽無盡期。事

到臨頭悔將何及尔等當作頂天立地之男兒勿為自暴自棄之子是吾之所厚望也

戒之勉之

愚睹斯文久矣服其詞嚴意深較陰隲文覺世經等篇更為警悚有志重刻因循未果昨正月

下旬家慈六十有五偶染重病身侍湯藥默有所祝立愿刻文於石以廣諸世既而病果安

全因不揣愚陋敬謹刻鐫并勸世人虔心持誦悔過遷善神明未有不佑者

西亳李顯基齋沐敬題

咸豐六年歲在丙辰孟夏之月穀旦

【一二五】 關聖帝君新降警世文（八）

年代：清咸豐六年

尺寸：高 178 釐米，寬 37 釐米

立石地點：洛陽關林

到臨頭，悔將何及。爾等當作頂天立地之男兒，勿爲自暴自棄之凶子，是吾之所厚望也。戒之勉之。

愚睹斯文久矣，服其詞嚴意深，較《陰隲文》《覺世經》等篇，更爲警悚。有志重刻，因循未果。昨正月下旬，家慈八十有五，偶染重病，身侍湯藥，默有所祝，立願刻文於石，以廣諸世。既而病果安全，因不揣愚陋，敬謹刻鐫，并勸世人虔心持誦，悔過遷善，神明未有不佑者。

西亳李顯基齋沐敬題。

咸豐六年歲在丙辰孟夏之月穀旦。

三分疆域此抔土
光緒庚辰十月

萬古綱常第一人
知河南府事三韓陸襄鉞敬題并書

【一二六】 關林牌坊對聯

年代：清光緒六年
尺寸：高 195 釐米，單幅寬 32 釐米
立石地點：洛陽關林

三分疆域此抔土，萬古綱常第一人。
知河南府事三輔陸襄鉞敬題并書。
光緒庚辰十月。

永垂不朽
特授河南府正堂加五級卓異加一級紀錄十次張　為
右諭通知
光緒二十三年八月十二日　諭

【一二七】 河南府正堂示諭章程碑

年代：清光緒二十三年

尺寸：高 147 釐米，寬 59 釐米

立石地點：洛陽關林

〔碑首〕：永垂不朽

特授河南府正堂、加五級、卓異加一級、紀録十次張爲示諭：事照得大靖渠渠長、監生楊贊卿呈控霍清源等一案，經本府親提，訊明斷結，除判存案外，另定章程十二條印發該渠長刻石，以垂永遠。所有章程列後：

一　九閘共有行杴六百七十餘張，自光緒二十三年爲始，由渠長查造的名清冊，以後如有買賣地畝，即於冊内分别註明，積至五年，再造冊一次，一存分府衙門，一存渠長，以杜影射遺漏之弊。

一　九閘分期澆水，按十八晝夜爲一輪，周而復始，仍照舊章按杴張多寡計算時刻，不准強霸截挖。

一　充當渠長以五年爲限，充當小甲以三年爲限，期滿更换，以均勞逸，所管杴冊一并移交。

一　非有杴四張，不准保充渠長；非有杴二張，不准保充小甲；非有杴一張，不准冒稱大二，杴户列名具呈。

一　每逢更换渠長、小甲之年，由前渠長將四張杴以上、二張杴以上之杴户，按次開名，呈請分府選諭接充，不准推辭，亦不准争競。

一　渠長、小甲等工食兩季，向章按杴一張收糧食七升五合，應仍照，毋庸增減。

一　每杴一張，常年派錢至多以七百文爲限，如有事需用較多，務須稟明分府批准再派，更不得藉口送官傘匾各項名目浮收累民，違者重究。

一　每工作錢一百二十文，每興工十日，平工一次，歉一工者，出錢一百二十文；餘一工者，得錢一百二十文，不准含混。

一　每年修渠及各項費用，統限十月内收齊，由渠長開列出入四柱清單張貼，俾衆咸知。有不足，次年接算，不准稍有浮冒，呈送分府衙門備查。

一　渠口坐落經過小作、圪塆兩村東北河灘荒地，自光緒二十三年爲始，每年出給小作村公廟壞害錢肆拾伍仟文，出給圪塆村公廟壞害錢叁拾千文，限十月底呈繳分府衙門，飭令毋得短歉。至該兩村如有花户藉口阻攔情事，惟該首事是問。該渠興工人等亦不准任意作踐滋事干咎。

一　渠事或經理不善，被本渠杴户控告，不准攤派訟費。

以上十二條着永遠遵照，違者稟究不貸。

特示右諭通知。

大靖渠渠長楊贊卿及杴户原刻立。

光緒二十三年八月十二日諭。

奉委重修　關林記
光緒二十七年秋
皇太后
皇上鑾輿幸洛詣
關帝陵廟拈香發帑銀千兩
命太守蘇完瓜爾佳氏文公字仲恭重修廟
宇迺於二十八年夏札委德本任其事
德本自維年少懼不勝任顧尊者命弗
敢辭爰請前開封府杞縣訓導陳際熙
監生何其祥李敦華三人者往歲監修
行宮辦理妥善今任是事鳩工庀材一一精
當重修正殿暨各陪殿自舞樓至八角
亭概修葺繪藻薰之裝璜神像添置供
器易冕服帳幔閱半載而蕆事除用
御賜千金外又有
太守所捐廉者也由是神像廟庭燦然
一新鳳眼蠶眉瞻精神之煥發冕旒袞
服絢采色之彰施堂廡則畫棟雕梁並
昭壯麗門垣則髹漆黝堊丕著輝光幕
幄揭華輝映袞衣之日月豆籩成列肅
將祀事於春秋凡茲工程出自
皇恩成於
憲德我同人實事求是用集鉅工繼自
今因時補修俾勿替為守土者與洛人
責焉是為記
大興沈德本勒石
住持□教續

【一二八】 奉委重修關林記

年代：清光緒二十七年

尺寸：高 65 釐米，寬 114 四釐米

立石地點：洛陽關林

奉委重修關林記

皇太后、皇上鑾輿幸洛，詣關帝陵廟拈香，發帑銀千兩，命太守蘇完瓜爾佳氏文公字仲恭重修廟宇。迺於二十八年夏札委德本任其事，德本自維年少，懼不勝任，顧尊者命，弗敢辭，爰請前開封府杞縣訓導陳際熙，監生何其祥、李敷華三人者，往歲監修行宫，辦理妥善，今任是事，鳩工庀材，一一精當，重修正殿暨各陪殿，自舞樓至八角亭，概修葺繪藻，兼之裝塑神像，添置供器，易冕服帳幔。閱半載而蕆事，除用御賜千金外，又有太守所捐廉者也。由是神像廟庭燦然一新，鳳眼蠶眉，瞻精神之焕發；冕旒衮服，絢采色之彰施。堂廡則畫棟雕梁，並昭壯麗；門垣則髹漆黝堊，丕著輝光。幕幄揚華輝映，衮衣之日月，豆籩成列，肅將祀事於春秋。凡兹工程，出自皇恩，成於憲德，我同人實事求是，用集鉅工，繼自今因時補修俾勿替，爲守土者與洛人責焉。是爲記。

大興沈德本勒石。

住持昭教續。

光緒二十七年秋。

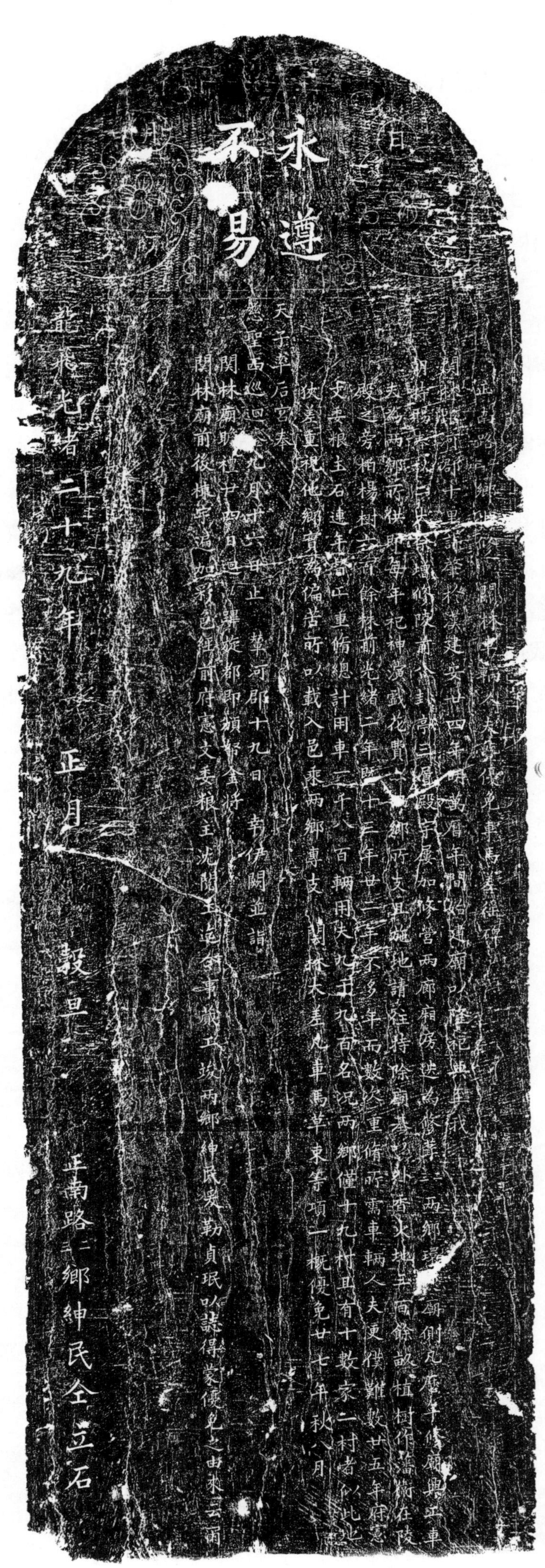
永遵不易

【一二九】 正南路二三鄉□修關林車輛人夫暨優免車馬差徭碑

年代：清光緒二十九年

尺寸：高 193 釐米，寬 61 釐米

立石地點：洛陽關林

正南路二三鄉□修關林車輛人夫暨優免車馬差徭碑

〔碑首〕：永遵不易　日月

關林距河郡十里許，肇於漢建安廿四年，明萬曆年間，始建廟以隆祀典。至我朝特賜春秋二大祭，增修陵前八卦亭三層，殿宇屢加修營，兩廊廂房迭爲修葺，二三兩鄉環□廟側，凡歷年修廟興工，車夫爲兩鄉所供。即每年祀神演戲花費，亦兩鄉所支，且施地、請住持，除廟基以外，香火地三百餘畝，植樹作藩，衛在陵殿之旁，柏楊樹六百餘株。前光緒二年，既十三年、廿二年，不多年而數次重修，所需車輛、人夫，更僕難數。廿五年，府憲文委糧主石連年督工重修，總計用車一千八百輛，用夫九千九百名，況兩鄉僅十九村，且有十數家一村者，似此地狹差重，視他鄉實爲偏苦。所以載入邑乘，兩鄉專支關林大差，凡車馬草束等項一概優免。廿七年秋八月，天子率后宫奉慈聖西巡回鑾，九月十六日止輦河郡，十九日幸伊闕，並詣關林廟瞻禮，廿四日回蹕旋都，即頒帑金將關林廟前後棟宇遍加彩色。經前府憲文委糧主沈閱工，迄今事蕆工竣，兩鄉紳民爰勒貞珉，以誌得蒙優免之由來云爾。

正南路二三鄉紳民仝立石。

龍飛光緒二十九年正月穀旦。

光緒二十九年五月念五日蒙
賞戴花翎三品銜在任即補道河南府正堂加十級隨帶
加三級紀錄二十次文大人手批
一楊崇法在鄉村廟宇爲住持不知和協鄉里屢費口舌已由
府飭洛陽縣更換僧人住持其惟此廟向係道士看守而原
住道士無一安人故由光緒二十八年始更換僧人看
守現林廟經府奉
旨裁撥修理一新且廟有田產博士承祀之以可議誠恐日久又
生事變仰洛陽縣會同代理縣丞沈經歷將以後僧人
住持林廟及其地租等事妥議一經久章程以便遵守本
府行將去郡尤須賴道士書通覲觀致
皇恩神守終成瘵疊也切切此交洛陽縣丞持赴議縣議之
仍繳光緒二十九年四月初八日蒙
代理洛陽縣縣丞沈德本
洛陽縣正堂汪繼祖
會稟遵飭籌議住持林廟僧人永遠遵守定章是否妥協仰
懇鑒核示遵由閱林廟宇向係道人住持近因道人屢
次爭訟不休始令招僧接充該僧人教續既稱忠實誠懇恪
守清規接辦一年人地頗宜該印委等悉心籌擬此院作爲
僧寮南院仍作一
行宮敬謹封鎖廟所有樹木舖墊器具房租地課統歸僧人照
管半作香火日用半作歲修之需不准殘缺擅行當賣且此
廟現經奉
旨領撥內帑修理更非尋常鄉間公共祠宇準不准一切閒雜人
任意出入致或釀飲聚賭作踐該縣應詳加示諭責成僧
人留意看守毋須博士過問爲奉准行仰即查明
林廟所有房地坐落畝數間架及各課租若干係誰耕種一併
飭僧勒石以垂久遠而免流弊仍將查明房地坐落畝數課
租若干開摺申
府以備查考毋延並移委員知照
光緒二十九年五月十五日立

【一三〇】 更换林廟住持僧記

年代：清光緒二十九年

尺寸：高 56 釐米，寬 102 釐米

立石地點：洛陽關林

光緒二十九年二月念五日，蒙賞戴花翎三品銜在任即補道河南府正堂加十級隨帶加三級紀録二十次文大人手批，楊崇法在鄉村廟宇爲住持，不知和协鄉里，屢費口舌，已由府飭洛陽縣更换僧人住持矣。惟此廟向係道士看守，而原住道士無一妥人，故由光緒二十八年始，更换僧人看守，現林廟經府奉旨發帑修理一新，且廟有田産，博士承祀，人以可議，誠恐日久又生事變，仰洛陽縣會同代理縣丞沈經歷，將以後僧人住持林廟及其地租，妥議一經久章程，以便遵守。本府行將去郡，免無賴道士串通覬覦，致皇恩神宇終成廢墜也，切切。此交洛陽縣丞持赴該縣議之，仍繳。光緒二十九年四月初八日，蒙代理洛陽縣丞沈德本、洛陽縣正堂汪繼祖會稟尊飭籌議，住持林廟僧人永遠遵守定章，是否妥協，仰懇鑒核示遵。由關林廟宇向係道人住持，近因道人屢次争訟不休，始令招僧接充，該僧人教續既稱忠誠實愨，恪守清規，接辦一年，人地頗宜。該印委等悉心籌擬，北院作爲僧寮，南院仍作行宫，敬謹封鎖。廟所有樹木、鋪墊、器具、房租、地稞，統歸僧人照管，半作香火日用，半作歲修之需，不准殘缺、擅行當賣。且此廟現經奉旨頒發帑修理，更非尋常。鄉間公共祠宇決不准一切閑雜人任意出入，致或群飲，聚賭作踐。該縣應詳加示諭，責成僧人留意看守，毋須博士過問。爲奉准行，仰即查明林廟所有房地坐落、畝數、間架及各稞租若干，係誰耕種，一併飭僧勒石，以垂久遠，而免流弊。仍將查明房地坐落、畝數、稞租若干，開摺申府，以備查考，毋延，並移委員知照。

光緒二十九年五月十五日立。

奉
勅賜金修
關林頌有序
大清光緒二十有六年庚子秋七月環瀛列國聯軍集京師涖盟
天子率后宫奉

【一三一】　奉勅賜金修關林頌有序（一）

年代：清光緒二十九年
尺寸：高 177 釐米，寬 48 釐米
立石地點：洛陽關林

奉勅賜金修關林頌有序
大清光緒二十有六年庚子秋七月，環瀛列國聯軍集京師涖盟，天子率后宫奉

慈聖西巡太原遂至長安明年辛丑秋八月由秦道豫迴　蹕旋都九
月十六日止　輦河南府十九日　幸伊闕並莅　漢前将軍
漢壽亭侯關公林廟　瞻禮二十四日　鑾輅東行
頒賜
御匾　帑金命知府臣文悌莊嚴象設隆飭廟室将以教忠錫福於

【一三二】　奉勑賜金修關林頌有序（二）

年代：清光緒二十九年

尺寸：高 177 釐米，寬 48 釐米

立石地點：洛陽關林

慈聖西巡太原，遂至長安。明年辛丑秋八月，由秦道豫迴，蹕旋都，九月十六日止輦河南府，十九日幸伊闕，並莅漢前將軍漢壽亭侯關公林廟瞻禮，二十四日鑾輅東行，頒賜御匾、帑金，命知府臣文悌，莊嚴象設，隆飭廟室，將以教忠錫福於

臣民也臣文悌祇承督屬府經歷臣沈德本縣訓導臣陳際熙
匀庀将作又明年癸卯春三月二十五日刻文樂石昭示來者
頌詞曰
於戲東漢黃巾搆亂黨錮遺患維此雒陽玉闕金閶胡然戰場
賊操挾主移都潁許當塗啟宇二孫二袁一邱之貉攘竊其間

【一三三】 奉敕賜金修關林頌有序（三）

年代：清光緒二十九年

尺寸：高 177 釐米，寬 48 釐米

立石地點：洛陽關林

臣民也。臣文悌祇承督屬府經歷臣沈德本、縣訓導臣陳際熙，勼庀將作，又明年癸卯春二月二十五日，刻文樂石，昭示來者，頌詞曰：

於戲東漢，黄巾搆亂，黨錮遺患。維此洛陽，玉闕金闈，胡然戰場。賊操挾主，移都潁許，當塗啟宇。二孫二袁，一邱之貉，攘竊其間。

漢中稱王奮迹樓桑緒纘高光關前将軍勳勷大勳爲王虎臣
襄樊戰水禁降龎死賊操将徙華夏震驚功不必成雖敗猶榮
亥臘公卒子春操歿相距匝月是歲孟冬山陽阼終廢帝爲公
運丁陽九國可篡有有亦難久若夫忠義參天兩地萬禩無墜
銅臺頹壞華林荒穢西陵何在伊川村堡巍然鶴表存公墓道

【一三四】　奉勅賜金修關林頌有序（四）

年代：清光緒二十九年
尺寸：高 177 釐米，寬 48 釐米
立石地點：洛陽關林

漢中稱王，奮迹樓桑，緒纘高光。關前將軍，卽勦大勳，爲王虎臣。襄樊戰水，禁降龐死，賊操將徙。華夏震驚，功不必成，雖敗猶榮。亥臘公卒，子春操殁，相距匝月。是歲孟冬，山陽阼終，廢帝爲公。運丁陽九，國可篡有，有亦難久。若夫忠義，參天兩地，萬禩無墜。銅臺頹壞，華林荒穢，西陵何在？伊川村堡，巍然鶴表，存公墓道。

皇輿巡游　瞻禮松楸　頒帑飭修臣職典郡欽承　懿訓敢不敬慎
事蕆工竣述詞書丹礱石鑴刊感今思古鎔鑄史語勒陷辟廡
以肸　神靈以寓戒懲以頌　中興
大清光緒二十九年癸卯春三月
誥授資政大夫花翎二品銜

【一三五】 奉勑賜金修關林頌有序（五）

年代：清光緒二十九年

尺寸：高 177 釐米，寬 48 釐米

立石地點：洛陽關林

皇輿巡游，瞻禮松楸，頒帑飭修。臣職典郡，欽承懿訓，敢不敬慎。事蕆工竣，述詞書丹，礱石鐫刊。感今思古，鎔鑄史語，勒陷辟廡。以肸神靈，以寓戒懲，以頌中興。

大清光緒二十九年癸卯春三月，誥授資政大夫花翎二品銜。

欽命分巡貴州貴西兵備道三品銜河南河南府知府禮科給事中湖
廣道監察御史户部郎中滿洲文悌撰文
代理河南府洛陽縣縣丞試用府經歷大興沈德本察書
選授開封府杞縣訓導孝廉方正稟生洛陽陳際熙市石
選授歸德府虞城縣訓導癸酉科舉人洛陽陳純熙書丹

李文貞
李[illegible][illegible]刻字

【一三六】　奉勅賜金修關林頌有序（六）

年代：清光緒二十九年

尺寸：高 177 釐米，寬 48 釐米

立石地點：洛陽關林

欽命分巡貴州貴西兵備道三品銜河南河南府知府禮科給事中湖廣道監察御史户部郎中滿洲文悌撰文，代理河南府洛陽縣縣丞試用府經歷大興沈德本察書，選授開封府杞縣訓導孝廉方正廩生洛陽陳際熙市石，選授歸德府虞城縣訓導癸酉科舉人洛陽陳純熙書丹。

李文真、李廣業刻字。

重修
關陵聖廟記
粤稽忠精漢室心貫日月而常昭威鎮天中靈通古今而靡爽郡城南十里餘有
關陵聖廟聲靈赫濯俎豆常新洵一方之保障也辛丑歲
皇太后 皇帝聖駕西巡廻鑾駐蹕河洛登臨伊闕瞻禮
聖廟見垣宇多半墮落即發帑金千両命太守文并憲督工將前後殿宇盡行補葺焕然一新不意脩者未察其毫末葺者未審其幽微僧在廟焚香禮拜舊見
聖帝
正殿背後金剛牆西北角擎天玉柱朽崩摧壞金樑離支如不急為脩理恐致殿宇有患僧詢諸工師據言工程浩大非釀金數百両不能興工僧換僧坐視傾頹心何能安故恭懇
貴官大慕顯紳富商各捐喜舍之心稍出囊金遂襄厥事工竣之後僧不沒諸君功德因泐諸石以誌不朽云
調署河南府正堂劉 捐銀弍拾両
特授河南府水利分府謝 捐銀拾両
調署洛陽縣正堂徐 捐銀弍拾両
管帶豫北營即補遊府謝 捐銀弍拾両
調署洛陽縣正堂胡 捐銀弍拾両
豫北營中哨哨官韓錫麟 捐銀伍両
豫北營中哨合棚共捐銀捌両
住持僧教續 徒常喜 徒孫道堂 勒石
大清光緒三十三年喜月吉日
鐵筆王

【一三七】 重修關陵聖廟記

年代：清光緒三十三年

尺寸：高60釐米，寬153釐米

立石地點：洛陽關林

重修關陵聖廟記

粵稽忠精漢室，心貫日月而常昭；威鎮天中，靈通古今而靡爽。郡城南十里餘，有關陵聖廟，聲靈赫濯，俎豆常新，洵一方之保障也。辛丑歲，皇太后、皇帝聖駕西巡，回輦駐驛河洛，登臨伊闕，瞻禮聖廟，見垣宇多半墮落，即發帑金千兩，命太守文升憲督工，將前後殿宇盡行補葺，焕然一新。不意修者未察其毫末，葺者未審其幽渺，僧在廟焚香禮拜，驀見聖帝正殿背後金剛墻西北角擎天玉柱朽崩摧壞，金梁難支，如不急爲修理，恐致殿宇有患。僧詢諸工師，據言工程浩大，非醵金數百兩，不能興工修换。僧坐視傾頹，心何能安？故恭懇貴官大幕、顯紳富商各抒喜舍之心，稍出囊金，遂襄厥事。工竣之後，僧不没諸君功德，因泐諸石，以垂不朽云。

調河南府正堂劉捐銀貳拾兩。特授河南府水利分府謝捐銀拾兩。調署洛陽縣正堂徐捐銀貳拾兩。管帶豫北營即補遊府謝鄺貳拾兩。調署洛陽縣正堂胡捐銀貳拾兩。豫北營中哨哨官韓錫麒捐銀伍兩。豫北營中哨合棚共捐銀捌兩。

黄建堂捐銀十兩。陳協瑞捐銀七兩。周家村捐銀廿兩。府店鎮捐銀十兩。董家村捐銀五。羅家村捐銀五。省莊村捐銀五。高賜泮、正豐祥捐銀元兩。傅萬三、悦和祥、天成永、瑞興成、晉和裕、登豐洋行、魏焱峰、祥厚宏、晉康成，以上各捐銀元一元。銀李村、廣興隆、韓廷遠、趙正心、義興永、梅芸書、陳朝熙、長生堂、福瑞永、瑞芳棧、義和順、昇太裕、裕和厚、祥慶永、雪苑山房、白芳、祥聚隆、祥聚恒、劉永興、徐崇興、祥興隆、左金錫、左金鋒、郝德際、協泰和、長順坊、于萬順、宋文泰、司馬成禮、韓維綱、李占魁、唐玉麟、馬德良、相金聲，捐銀三錢。永聚成、永茂恒、元吉泰、同合興，以上各捐錢三百文。李同舟、李魁。林興泰、隆豐魁，以上各捐銀二文。延壽堂、豐泰昌、成興隆、永泰長、太和號、萬春堂、裕昇永、張守理、豐元湧，以上各捐錢二百文。毅軍副中哨兵丁捐銀貳兩。王蘭亭施石一塊。常葉全捐銀貳兩五。和興正捐銀貳。外委李占魁捐銀貳兩。即補守府董治國捐銀貳。蔡克敬捐銀貳。莊耀常捐銀乙兩五文。協同瑞捐銀乙兩五。申儒林、趙百峰、森馨棧捐銀元兩。怡和祥、大豐祥、祥發成、德榮祥、無名氏、豐記棧、晉益昌、德聚西、韓高遠、張永貴，以上各捐錢二千文。太吉豐、同太源、德義長、徐建常、張鳳年，以上各捐錢一千文。長發祥、王書蘭，以上各捐銀五錢。林慶永，以上各捐銀元一元。李竹齋、徐錫山、豐元通、全興齋、同太興、森茂永、永慶隆……各捐錢五百文。

住持僧：教續。徒侄：常喜、常樂。孫：護林、護堂、護身勒石。

鐵筆：李森成、王蘭亭。

大清光緒三十三年喜月吉日。

【一三八】 關夫子墓瞻拜有記

年代：清代

尺寸：高 44 釐米，寬 96 釐米

立石地點：洛陽關林

關夫子墓瞻拜有記

昔年謁孔陵，海岱萃其靈。今拜關公墓，乍見洛水清。龍門吞勝秀，伊闕衛佳城。年年春水緑，歲歲樹青青。乾坤有正氣，長瞻文武英。河岳昭明德，千秋配薦馨。

三韓周有德。

【一三九】　張應徽瞻拜關林題記

年代：清代

尺寸：高 40 釐米，寬 120 釐米

立石地點：洛陽關林

壽亭陵寢神宮閟，碧殿高懸伊闕間。憶昔忠誠扶漢室，至今玉面葬青山。風鳴洛水龍長出，月隱寒松鶴自還。誦德詞並碑碣在，雲鱗薹鮮緑書斑。北邙山下日陰陰，聖帝宮祠翠柏森。紫殿曉開香結霧，瓊臺晝靜日流金。孤忠激烈思劉主，百戰馳驅報國心。千古英魂歸漢闕，高陵寂寞伴鳴禽。

庚戌夏日，量移河東，自滇經此，縱觀憑吊，殊觸鄙懷，漫賦數言，以紀名勝。雖兔園芻蕘，不堪垂久，聊以抒情，寄志已耳。

清淵普濬張應徽熏沐拜撰並書。

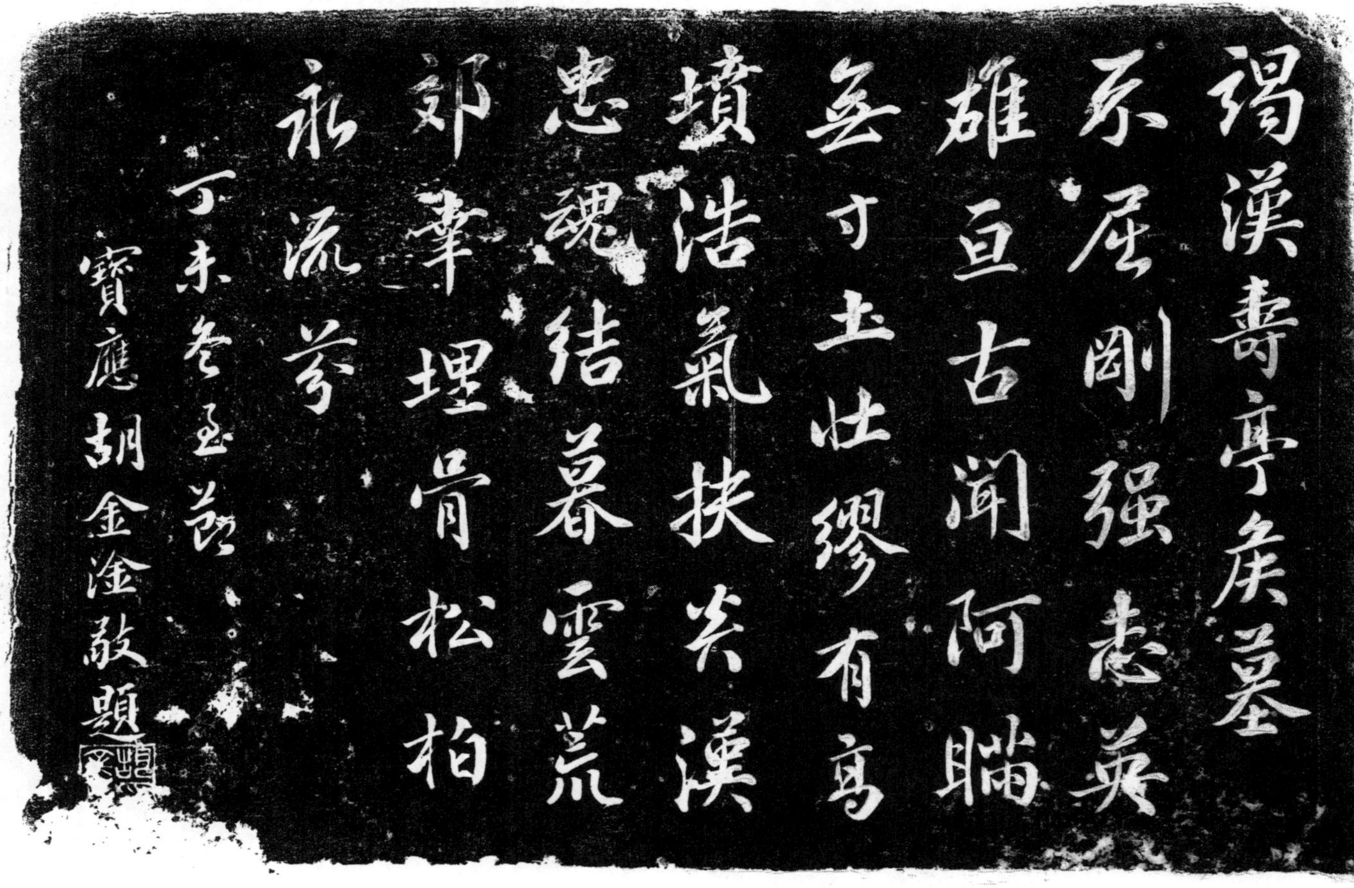

謁漢壽亭侯墓

不屈剛强志，英雄亘古聞。阿瞞無寸土，壯繆有高墳。浩氣扶炎漢，忠魂結暮雲。荒郊幸埋骨，松柏永流芬。

丁未冬至題

寶應胡金淦敬題

【一四〇】 謁漢壽亭侯墓

年代：清代

尺寸：高 37 釐米，寬 57 釐米

立石地點：洛陽關林

謁漢壽亭侯墓

不屈剛强志，英雄亘古聞。阿瞞無寸土，壯繆有高墳。浩氣扶興漢，忠魂結暮雲。荒郊幸埋骨，松柏永流芬。

丁未冬至節寶應胡金淦敬題。

聲威並著破奸膽
奉軍第三混成旅三團三營營長孫鴻裕

中華民國八年首夏
忠義雙垂安社稷

【一四一】　洛阳关林楹联

年代：民國八年
尺寸：高 128 釐米，寬 33 釐米
立石地點：洛陽關林

忠義雙垂安社稷，
聲威並著破奸瞞。
奉軍第二混成旅三團三營營長孫鴻裕。
中華民國八年首夏。

英雄有幾稱夫子
民國九年五月

忠義惟公號帝君
奉軍第一師四團一營營長賓聯芳董沐敬書

【一四二】 洛阳关林楹联

年代：民國九年

尺寸：高 175 釐米，寬 34 釐米

立石地點：洛陽關林

英雄有幾稱夫子？

忠義惟公號帝君。

奉軍第一師四團一營營長竇聯芳薰沐敬書。

民國九年五月。

重修洛陽關塚碑銘

吉安劉峙拜撰

世傳關壯繆事多異，要其忠義之氣，誠有以[illegible]入乎人[illegible]塚在

城南五里，與今不合。或以漢魏故都為解，蓋弗可[illegible]

民之于公，及其既殁，而祭藏之禮有加焉，則信[illegible]

即公之風概可想已。予傷塚之弗葺，既[illegible]生倡[illegible]集[illegible]

而新之，因銘其碑曰：

嵩山之陽，洛水之東，坎乎其中，鬱乎其封，新是幽宮。

中華民國二十五年十二月穀旦立

【一四三】　重修洛陽關塚碑銘

年代：民國二十五年

尺寸：高 302 釐米，寬 100 釐米

立石地點：洛阳关林

重修洛陽關塚碑銘

吉安劉峙拜撰。

世傳關壯繆事多異，要其忠義之氣，誠有以深入乎人人。舊紀塚在城南五里，與今不合，或以漢魏故都爲解，蓋弗可考矣。嗚呼！君子觀曹氏之於公及其既歿，而祭藏之禮有加焉。則信乎天，則之終莫可泯，即公之風概可想已。予傷塚之弗葺，既與張漢卿先生倡議，集資培而新之，因銘其碑曰：

嵩山之陽，洛水之東，坎乎其中，鬱乎其封，新是幽宮。

中華民國二十五年十二月穀旦立。

關帝聖像重新衣冠記
關壯繆係廟食徧天下關林爲
公埋骨處尤爲世所尊仰比年陵墓祠宇
疊有興脩獨
聖像衣冠年久腐朽衆議易以新者一時

【一四四】　關帝聖像重新衣冠記（一）

年代：民國二十九年

尺寸：高 174 釐米，寬 48 釐米

立石地點：洛陽關林

關帝聖像重新衣冠記

關壯繆侯廟，食徧天下，關林爲公埋骨處，尤爲世所尊仰。比年，陵墓祠宇疊有興修，獨聖像衣冠年久腐朽，衆議易以新者，一時

善男信女爭先醵資不遠數千里聘巧匠
羅美材精工製造閱朞年而前後各壁袤
寬煇煌矣竊謂
關公之尊榮原不以是為重輕而人之敬
關公則無所不用其誠於此見吾國人重

【一四五】　關帝聖像重新衣冠記（二）

年代：民國二十九年
尺寸：高 174 釐米，寬 48 釐米
立石地點：洛陽關林

善男信女争先醵資，不遠數千里聘巧匠、羅美材，精工製造，閱期年而前後各殿衮冕輝煌矣。竊謂關公之尊榮，原不以是爲重輕，而人之敬關公，則無所不用其誠，於此見吾國人重

豪俠尊忠義殆成爲第弍天性矣世有慕
關公而興起者吾敢正告之曰學
關公無他殺敵除奸盡忠衛國而已矣國
人勉乎哉
中華民國弍十九年仲冬　穀旦

【一四六】 關帝聖像重新衣冠記（三）

年代：民國二十九年
尺寸：高 174 釐米，寬 48 釐米
立石地點：洛陽關林

豪俠、尊忠義，殆成爲第貳天性矣。世有慕關公而興起者，吾敢正告之曰：學關公無他，殺敵除奸、盡忠衛國而已矣。國人勉乎哉！

中華民國貳十九年仲冬穀旦。

中央執行委員

軍事委員會戰區軍風紀第弍巡察團主任委員　石敬亭書

國民政府監察院監察委員

軍事委員會戰區軍風紀第弍巡察團委員　王平政撰

河南

捐款芳名列后

能百里捐一百元　馬友三捐六十元　李梭山　趙宗普　王之卿　麻绳武　解耀亭　劉秀英　大興盐號

李家屯闔姓合族　李村鎮闔帝社　右上九位各捐五十元　王荣甫捐四十元　趙介甫捐三十五元　西崗

村延福宫捐三十一元五角　孫乾齋　申子玉　白緝光　以上三位各捐三十元　四合公捐二十三元　荼

存孝街壽三　李生润　梁鴻濤　辛福山　方若矩　劉仲華　仁裕號　滙豐公司　以上九位各捐廿元

董新鄉捐十五元　孫有慶　李宗信　李宗唐　李宗常　李峻山　李子建　李子符　李光甫　李新政

【一四七】 關帝聖像重新衣冠記（四）

年代：民國二十九年

尺寸：高 174 釐米，寬 48 釐米

立石地點：洛陽關林

中央執行委員軍事委員會戰區軍風紀第貳巡察團主任委員石敬亭書。

國民政府監察院監察委員軍事委員會戰區軍風紀第貳巡察團委員王平政撰。

捐款芳名列後：

河南熊百里捐一百元。馬友三捐六十元。李移山、趙宗普、王之卿、麻繩武、解耀亭、劉秀英、大興鹽號、李家屯關姓全族、李村鎮關帝社，以上九位各捐五十元。王榮甫捐四十元。趙介甫捐三十五元。西崗村延福宮捐三十一元五角。孫乾齋、申子玉、白緝光，以上三位各捐三十元。四合公捐二十三元。蔡存孝、衛壽三、李生潤、梁鴻濤、辛福山、方若矩、劉仲華、仁裕號、滙豐公司，以上九位各捐廿元。董文卿捐十五元。孫有慶、李宗信、李宗唐、李宗常、李峻山、李子建、李子符、李光甫、李新政。

馮瑞卿 鄧文治 盧誠毅 張仙塢 李瑞熙 楊鶴軒 梁延昭 葉自清 劉錫箴 郭蘭堂 張一[illegible]
喬聲甫 藏菁圃 邢月亭 周漢章 梁同周 徐岳敬 龔善卿 李錫三 宋文卿 王云宇 張子和
王星三 王勤五 趙梧軒 賈敬亭 張其文 尹純齋 王秀卿 協通貨棧 興泰鹽號 豫大鹽號 濟
民齋 義合慶 中興恒 三義成 全興號 原化堂 德泰元 通泰號 以上四十九位各捐十元 仇玉
潤捐八元 梁克寬 洛陽南關關帝社 各捐六元 楊葆安 劉公信 申香齋 武廣仁 鄧蔭東 金紡
培 王法爵 王法堂 王法森 董淑瀾 白鳳英 王雅琴 等五十位各捐五元 鄭剛捐三元 郭向前
楊玉春等七位各捐二元 白希齋 王繼芬等十四位各捐一元
上海中孚號捐五十元 義豐號 楊學記 各捐三十元 日新昶捐二十五元 田古文 辭尚康 洮鎔貴 俞
禮坤 楊蘭生 劉仙洲 王星五 日新增 祥泰厚 義和源 裕隆號 裕和隆 豐餘號 成興隆 慶
孚號 順興久 大孚號 日新盛 承豐號 永德號 德豐祥 大陸號 日新號 同豐公司 孫成商行

【一四八】 關帝聖像重新衣冠記（五）

年代：民國二十九年

尺寸：高 174 釐米，寬 48 釐米

立石地點：洛陽關林

馮瑞卿、鄧文治、盧誠毅、張仙塢、李瑞熙、楊鶴軒、梁延昭、葉自清、劉錫箴、郭蘭堂、張一如、喬馨甫、臧菁圃、邢月亭、周漢章、梁同周、徐世敬、龔善卿、李錫三、宋文卿、王之宇、張子和、王星三、王勤五、趙梧軒、賈敬亭、張其文、尹純齋、王秀卿、協通貨棧、興泰鹽號、豫大鹽號、濟民齋、義合慶、中興恒、三義成、全興號、原化堂、德泰元、通泰號，以上四十九位各捐十元。仇玉潤捐八元。梁克寬、洛陽南關關帝社各捐六元。楊葆安、劉公信、申香齋、武廣仁、鄧蔭東、金幼培、王法爵、王法堂、王法森、董淑嫻、白鳳英、王雅琴等五十位各捐五元。鄭剛捐三元。郭向前、楊玉春等七位各捐二元。白芾齋、王繼芬等十四位各捐一元。

上海：中孚號捐五十元。義豐號、楊學記各捐三十元。日新昶捐二十五元。田占文、解尚廉、姚鎔貴、俞禮坤、楊蘭生、劉仙洲、王星五、日新增、祥泰厚、義和源、裕隆號、裕和隆、豐餘號、成興隆、慶孚號、順興久、大孚號、日新盛、承豐號、永德號、德豐祥、大陸號、日新號、同豐公司、豫成商行。

以上二十五位各捐二十元　裕豐盛捐十五元　解嵩峰　王子棟　李景瀛　許光盈　白璧如　白光義
震陞長　王子藩　沈壽峙　張祥岑　施卜濟　周像尊　姚孔氏　俊發德　信記號　新勝號　厚豐號
裕康祥　永泰號　裕豐廠　慶和號　立大號　以上二十二位各捐十元　李恆昇　馬玉潤　孫國珍　苗
孝先　李榮甫　陳景塘　錦英三　興盛祥　大昌祥　信記皂廠　英綸號　華豐裕　泰昌號　等五十一
位各捐五元　慶記　恆昌號　各捐四元　張渠周　張尚興　新盛恆　茂興永　各捐三元　古志遠　何
明軒　李建平　王義安　同祥號　等十四位各捐二元　趙莊學等四位各捐一元

募捐人

孫有慶　李移山　武廣仁　馬友三　李生润
解嵩峰　王三卿　董文卿　白光義　王法森　等三十七人謹誌
住持　周理興　卒徒　桑宗祿　王宗壽　立石
石匠李克順

【一四九】　關帝聖像重新衣冠記（六）

年代：民國二十九年

尺寸：高174釐米，寬48釐米

立石地點：洛陽關林

以上二十五位各捐二十元。裕豐盛捐十五元。解嵩峰、王子棟、李景洲、許克盈、白璧如、白光義、震陞長、王子藩、沈壽峙、張祥岑、施卜濟、周像尊、姚孔氏、俊發德、信記號、新新號、厚豐號、裕康祥、永泰號、裕豐廠、慶和號、立大號，以上二十二位各捐十元。李恒昇、馬玉潤、孫國珍、苗孝先、李榮甫、陳景塘、韓英三、興盛祥、大昌祥、信記皂廠、英綸號、華豐裕、泰昌號等五十一位各捐五元。慶記、恒昌號，各捐四元。張果周、張同興、新盛恒、茂興永各捐三元。石志遠、何明軒、李建平、王義安、同祥號等十四位各捐二元。趙莊學等四位各捐一元。

募捐人孫有慶、李移山、武廣仁、馬友三、李生潤、解嵩峰、王之卿、董文卿、白光義、王法森等三十七人謹誌。

住持周理興率徒桑宗禄、王宗壽立石。

石匠：李克順。

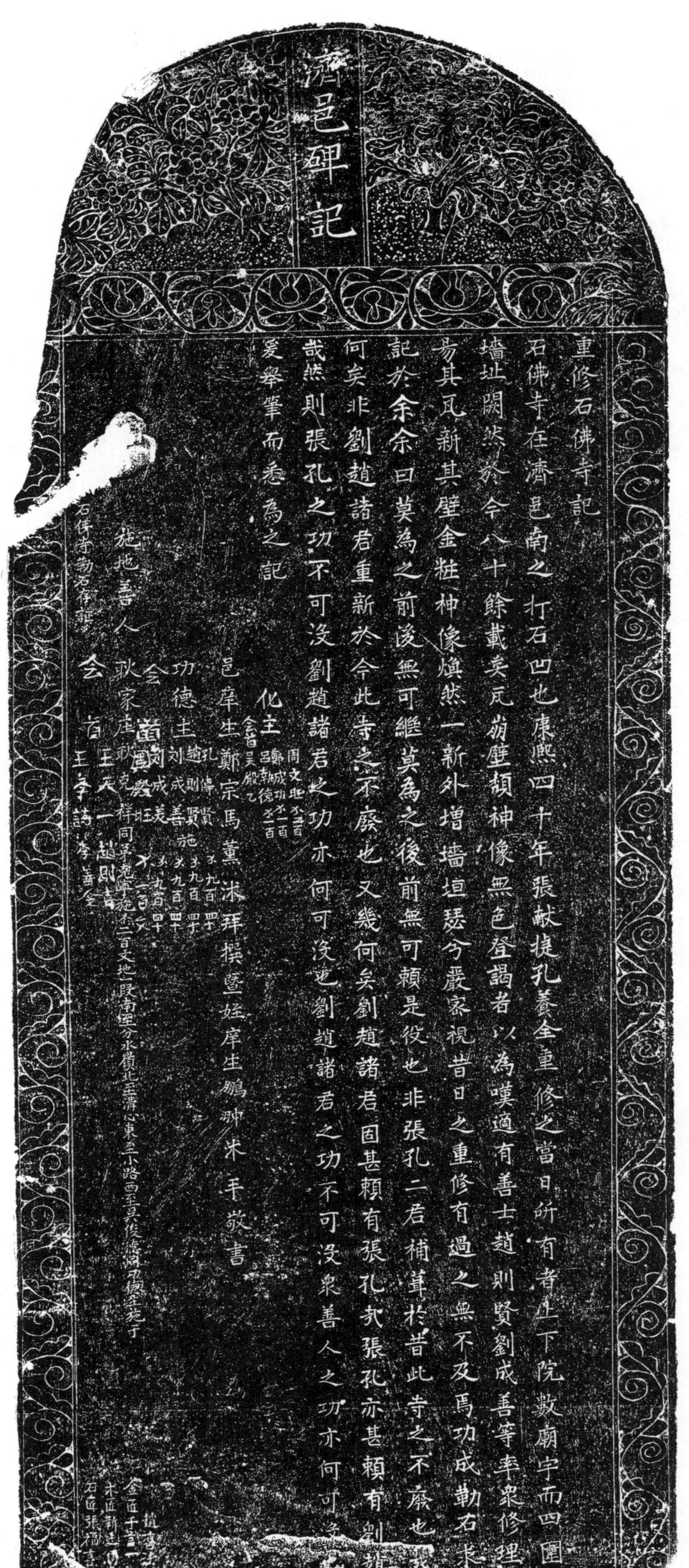

【一五〇】　重修石佛寺記

年代：清乾隆四十八年

尺寸：高 164 釐米，寬 61 釐米

立石地點：吉利區萬佛寺

重修石佛寺記

〔碑首〕：濟邑碑記

石佛寺在濟邑南之打石凹也。康熙四十年，張獻捷、孔養全重修之，當日所有者，上下院數廟宇，而四圍墻址闕然。於今八十餘載矣，瓦崩壁頽，神像無色，登謁者以爲嘆。適有善士趙則賢、劉成善等率衆修理，易其瓦，新其壁，金粧神像，焕然一新。外增墻垣，瑟兮嚴密，視昔日之重修，有過之無不及焉。功成勒石，求記於余，余曰：莫爲之前，後無可繼；莫爲之後，前無可賴。是役也，非張孔二君補葺於昔，此寺之不廢也，幾何矣；非劉趙諸君重新於今，此寺之不廢也，又幾何矣。劉趙諸君固甚賴有張孔哉，張孔亦甚賴有劉趙哉。然則張孔之功不可没，劉趙諸君之功亦何可没也；劉趙諸君之功不可没，而衆善人之功亦何可没也。爰舉筆而悉爲之記。

功德主：孔傳賢施錢九百四十。趙則賢施錢九百四十。劉成善施錢九百四十。劉成美施錢九百四十。周殿旺施錢一百文。

化主：周文旺錢二百。鄭成功錢一百。吕執德錢一八。會首：吴殿乙。

施地善人耿家莊耿克祥同弟克寧，施錢二百文，地一段，南至分水嶺，北至溝心，東至小路，西至吴俊德，同功德主施于石佛寺，勒石存證。

邑庠生鄭宗馬薰沐拜撰，暨姪庠生鵬翀沐手敬書。

萬善同歸

重脩佛堂碑記

粤稽佛堂創建有自來矣奈世遠年湮墻宇受風雨之飄颻神像罹日月之暴露傾圮已極拜祝者無以壯觀瞻焉老幼目擊心傷素以修葺為事然此心常存而其事未就也至同治十一年正月間衆志皆興計畝均派以為鳩工庀材之資未幾三月而堂宇告竣六月而神像更新雖人力之所為寔神人之默佑者也而敢以不文辭哉爰書蕪詞以志不朽云尔

溝北頭村 劉廣濟撰文

陳元興捐錢三百文　韩有哲錢二百五十文　錢志興錢三百五十文　錢知貴錢三百文　任順来錢二百文

刘廷礼捐錢二千六百文　法元来錢七百文　刘李存錢二百四十文　李西元錢七百文　鄧应運錢三百五十文

廷文錢二千二百文　元富錢五百六十文　李枚錢七百文　錢知順錢六百卅文　法生心錢二百文

張元儒捐錢六百文　趙萬興錢二千文　传舜錢三百文　生秀錢五百文　孫百寿錢六百文　生芝

張元法捐錢一千四百文　萬成錢二仟文　传奇錢四百廿文　廷祥錢五百文　耿应元錢八百文　錢足興

張元應捐錢四千七百文　彦生金錢一千六百文　法法氏錢四百廿文　李治錢二百八十文　大法錢七百文　閆同氏錢一百文

首事人 劉学明捐錢五千四百文　传伍錢一千五百四十文　法東錢三百文　李忠錢一百四十文　大云錢二百文　法传化錢一百四十文

劉生和捐錢三千文　元升錢二千九百文　景先錢三百五十文　順興錢一百文　法传德錢四百五十文

趙萬清捐錢一千六百文　士成錢七百文　元玉錢三百文　任順成錢一千四百文　传名錢二百文

传富錢八百四十文　生敖錢二百五十文　鄧应富錢一千四百文　传世錢二百文

耿存仁錢一千四百文

泥水匠 李太玉　生茂錢三百文

木匠 李太和　閆清明錢二百文

元年

張存戎暨男元應樹柏樹一株

金匠 王文彬

石匠 李怀玉

皆大清同治十二年三月 吉日 仝立

【一五一】　重修佛堂碑記

年代：清同治十二年
尺寸：高 146 釐米，寬 55 釐米
立石地點：吉利區馬莊村

重修佛堂碑記

〔碑首〕：萬善同歸

粵稽佛堂創建有自來矣，奈世遠年湮，墻宇受風雨之飄摇，神像罹日月之暴露，傾圮已極，拜祝者無以壯觀瞻焉。老幼目擊心傷，素以修葺爲事，然此心常存，而其事未成也。至同治十一年正月間，衆志皆興，計畝均派，以爲鳩工庇材之資。未幾，三月而堂宇告竣，六月而神像更新，雖人力之所爲，寔神人之默佑者也，而敢以不文辭哉！爰書蕪詞，以志不朽云爾。

首事人張元儒捐錢六百文。張元法捐錢一千四百文。張元應捐錢四千七百文。劉學明捐錢五錢四百文。劉生和捐錢三千文。趙萬清捐錢一千六百文。

陳元興捐錢三百文。劉廷禮捐錢二千六百文。劉廷義捐錢二千二百文。趙萬興捐錢二千文。趙萬成捐錢二千文。張生金捐錢一千六百文。張傳伍捐錢一千五百四十文。張元昇捐錢一千九百文。張士成捐錢七百文。張傳富捐錢八百四十文。耿存仁捐錢一千四百文。韓有哲錢二百五十文。張元來錢七百文。張元富錢五百六十文。張傳舜錢三百文。張傳奇錢四百二十文。張張氏錢四百二十文。張東錢三百文。張景先錢三百五十文。張元玉錢三百文。張生敖錢二百五十文。錢志興錢三百五十文。劉學存錢八百四十文。劉學儀錢七百文。劉生秀錢五百文。劉廷祥錢五百文。劉學治錢二百八十文。劉學忠錢一百四十文。劉順興錢一百文。任順成錢一千四百文。鄧應富錢一千四百文。錢知貴錢三百文。李占元錢七百文。錢如順錢六百卅文。孫百壽錢六百文。耿應元錢八百文。耿大法錢七百文。耿大云錢二百文。張傳德錢四百五十文。張傳名錢二百文。張傳世錢二百文。張生茂錢二百文。閆清明錢二百文。任順來錢二百文。鄧應運錢三百五十文。張生心錢二百文。張生芝、錢足興、閆周氏，以上錢一百文。張傳儀錢一八四十文。

張存戍暨男元應柏樹一株。

泥水匠：李太玉。木匠：李太和。金匠：王文彬。石匠：李懷玉。

溝北頭村劉廣濟撰文。

時大清同治十二年三月吉日仝立。

重修碑記

【一五二】 重修岱宗天齊老爺古廟小引碑記

年代：清康熙二十五年

尺寸：高 183 釐米，寬 67 釐米

立石地點：吉利區里村

重修岱宗天齊老爺古廟小引碑記

〔碑首〕：重修碑記

焚毁之與輯補矛盾不相符，世之蚩蚩蟜蟜者，非酷信則概抑然信難，酷信亦抑難概信，抑凡權輿乎？丹艧陁□，與紹庭乎？傾圮頹廢，要視其功足裨國計，德可庇民生而已。迄祀典之所不載，則江南奏毁，廣東過禁，□□敗俗之淫，祀存者，不啻什一千伯，而梁公昌黎經略胥廬，其居者必不容廬岱宗之居矣。管子言古皇云亭梁甫之禪，首封者泰山。洎協帝登庸歲二日東巡，狩先至岱宗，於是興典禮而崇廟貌，遍郡邑而建方嶽，於古河陽治西北里許東仁和，卜基築宇，創建行宫，是虞帝治明，岱宗治幽。天下後世之忠臣義士，孝子悌弟，虞帝治其明；天下後世之不忠不義、不孝不悌，岱宗治其幽。矧岱宗職死生之籍，掺彰癉之權臣，忠而廉者，陟士義而正者，取子弟而順者，昇弟友而恭者敘外，此則貪而殛，淫而罰，逆而誅，高而降，世道人心□焉，風俗名教係焉，而殿臺楹廊可聽其黯淡頹摧乎？嗣兹屢經兵燹，沿革鼎新，代代釐舉。惟皇元至元二十四年，梓里會首張慶等憫規模狹陋，遂大爲恢拓，較茅茨土階逕庭懸矣。乃今三四百年，雨淋風摧，視從前燦爍倍覺無色。今上即位之十七年，里人會首關次昭、孫化彪等奮身捐資，鳩工庀事，患工料浩繁，資給不敷，丐請持鉢沿募，男解珮，女脱釧，富蠲金，貧傭身，勷盛事，贊隆業，樹鞏固之棟宇，繪威尊之儀容，而□之居妥焉，而神之靈侑焉。由是畀福者嶽，歆嶽者善，則以妥神居者，神因以妥其居者，妥持鉢者之居，即以妥持鉢於衆檀越者之居，以侑神靈者，神因以侑其靈者，侑持鉢者之靈，即以侑持鉢於衆檀越者之靈，將見神以人靈，人亦以神靈，乃人靈而神愈靈矣。故諸惑世誣民之宫觀寺廟必痛屏，而天齊岱宗丹楹之刻桷必麗壯。蓮教禪宗不端不軌之禁令宜凜，而善男信女宏施廣布之功德，可淺鮮哉？恐天下後世藉焚毁淫寺之説，而乏輯補古廟之義，不得不别類而分觀之，以詔天下後世之無褻瀆神祇者，□□勸令，以垂不朽云。

會首：關次昭、孫化彪、劉伯寅、郭邦禮、張孟官、關九高。

木匠：趙四海。泥水匠：孟守全。鐵匠：孫化爲。畫匠：張奇智。石匠：張揚。住持：武太或。陰陽生：范應坤。

邑庠增廣生員郭弘初敬撰，　後學生于祚敬書。

大清康熙歲在丙寅季夏之吉。

【一五三】　泰山廟前山門重修碑記

年代：清雍正五年

尺寸：高 153 釐米，寬 62 釐米

立石地點：吉利區里村

泰山廟前山門重修碑記

〔碑首〕：重修碑記

嘗考五嶽之中，泰山爲最，五嶽之神，亦泰山爲尊。凡祈福禳禍，求吉去凶，必建殿宇崇厥祀焉。故敝鎮迤西二里強，有泰山神廟，坐落里仁村南，後倚太山，綿亘晉川；前面黄河，脈通秦塞；左連澆花井濱，遺跡猶存；右接普照寺貌，舊規未改。地隆形盛，誠一偉觀。惜也，廟前山門歷年久遠，風雨傷殘，頹敗弗堪，不惟無以棲神像，亦無以壯觀瞻，往來山人，誰不動破敗之一嘆。幸有本村善人如龍姚君、興隆孫君、秉忠關君、桂張君、奇忠程君等目擊心傷，協力募化，重加修焉。於木植盡爲改换，於規模略加廓大，廣殿前之舊臺，建門外之新壁。起工於皇清雍正四年九月上澣，告竣於雍正五年又三月中浣，數月間而廟貌焕然，神像燦然。諸公之有功於神也匪淺，吾知神必錫福於諸公也不少。《書》曰：作善降之百祥。《易》曰：積善之家，必有餘慶。豈欺我哉！敢搆俚言，勒諸貞珉，以爲勸善之一助云。

功德主：姚如龍：銀一兩一錢。孫興隆：銀一兩。關秉忠：銀一兩五錢。張桂：銀三錢。程奇忠：銀四錢。

風鑑先生：歲貢生劉毓深。陰陽先生：范永禎。木匠：劉子勛。泥水匠：何懋修。畫匠：宋宗漢。住持僧人：善英。油匠：張允璋、何世法。石匠：于自貴仝立。

邑庠生郭大中撰書並篆額。

大清雍正五年歲次丁未暮春穀旦。

學教授裴致遠撰　相臺呂志
宗寔爲四嶽之宗長也謂其萬物
公上等之牲禮所以明尊卑之等
望而秩次祭其方嶽山川柴望畢
憲稽諸祀典而致祭焉抑嘗觀□
泰山周回三千里鬼神之府也□
肅也故言及之凡有天下者必爲
無所施誠敬之心無所達故通都
村張慶等緣值壬辰兵翊後俱幸
者□靈乎岱宗之神神乃部司潤
念神且不安人其安乎欲創建行宮
者輸財資者施力務者敬効其能
神宮壯嚴廟貌巖整三門挾殿締構
之勢險踞三城之郡雄泉甘而土
濛有感則必通神之享兮□饗斯□
帝居而日隆保
保以呼嵩曲是張慶等恐沒其實無以
年六月丁未五日甲□西仁和段春

【一五四】　重修泰山廟碑記

年代：清代

尺寸：高 47 釐米，寬 61 釐米

立石地點：吉利區里村

相臺吕志……宗，實爲四嶽之宗長也，謂其萬物……公上等之牲禮，所以明尊卑之等……望而秩次祭，其方嶽山川，柴望畢……憲，稽諸祀典而致祭焉。抑嘗觀博……泰山周回三千里，鬼神之府也，白……肅也，故言及之，凡有天下者，必爲……禮無所施，誠敬之心無所達，故通都……仁村張慶等緣值壬辰兵劫後，俱幸……靈者□靈于岱宗之神，神乃部司潤澤……念，神且不安，人其安乎？欲創建行宫，衆……者輸財，貧者施力，斧□者敬効其能，……神宫壯麗，廟貌嚴整，三門挾殿，締構崇……之勢，險腋三城之郡雄，泉甘而土沃，……濛有感則必通神之享兮，聘鑾斯格……帝君而日隆保……保以呼嵩。由是，張慶等恐没其實，無以……。

……学教授袁致遠撰。

……年六月丁未五日甲子西仁和長春。

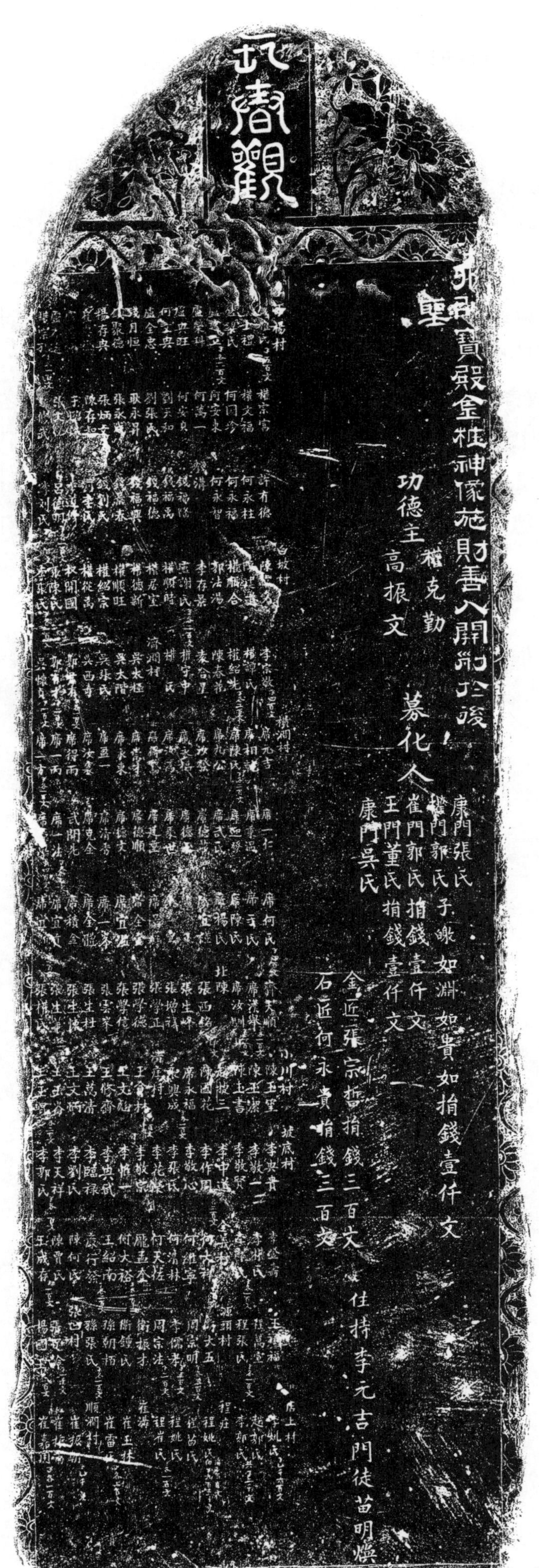

【一五五】 長春觀金粧神像碑記（碑陽）

年代：清道光九年

尺寸：高187釐米，寬62釐米

立石地點：吉利區吉利村

卯日寶殿金粧神像施財善人開列於後

〔碑首〕：長春觀

功德主：權克勤、高振文。

募化人：康門張氏、權門郭氏子皦如、淵如、貴如捐錢壹仟文。崔門郭氏：捐錢壹仟文。王門董氏：捐錢壹仟文。康門吳氏。

西楊村：盧權氏錢五百文。盧士禮、盧梁氏、盧建立錢各二百文。盧榮科、盧興旺、何文興、錢月恒、錢聚德、楊存興、崔興□、盧道□、盧水遠、權宗孔錢各一百文。權宗富、權文福、何國珍、何安東、何萬一、何安貞、劉天和、劉張氏、耿永昇、張永成、張炳文。陳存知、于臨秀、張文化、許有德、何永柱、何永福、何永智，錢溝：錢福隆、錢福禹、錢福德、錢福興、錢景春、錢劉氏、何李氏、李道修、吕德明錢各一百文。白坡村：陳建名、陳建道、權順合、郭法湯、李存景、盧謝氏錢各二百文。權順時、權居室、權德新、權順旺、權紹宗、權從禹、權開國、張陳氏、李張氏錢各一百文。李宗敬錢四百文。權譚氏、權紹先錢各二百文。陳春花、袁合星、權守中、權氏、濟澗村：吳太極、吳太階、吳張氏、吳西奇、郭君有各一百。郭有才錢二百。吳懷貞錢一百文。横澗溝：席元吉、席相乾、席陳氏各二百文。席九公、席如發、席永福、席汝爲、席得鵝、席崇才、席永東、席盈一、席汝襄、席得雨、席一丙、席一方錢各一百文。席一仁、席秉温、席迎發、席武氏、席德茂、席德玉、席乘世、席廷重、席德順、席德文。席清秀、席克全、武開先、席一法錢各一百文。席德學錢四百文。席何氏錢四百文。席于氏、席陳氏、席楊氏、席宜謹、□□□、□□□、席景謹、席全□、席宜滿、席一峰、席全體、席積金、席宜貢、席宜新錢各一百文。齊天順、席漢舉錢各一百文。席汝馴錢二百文。北陳：張西銘、張生峰、張增禄、張學正、張學德、張學信、張雲峰、張生杜、張生懷、張生華、張權氏錢各一百文。小川村陳玉璽、陳玉潔、陳玉書、趙捷三、陳國花、席永福錢各一百文。張興成、清莊村王會林錢四百文。王文彪、王修齊、王萬清、王文炳、王玉崙、王玉崑錢各二十文。坡底村李興貴、李敬一、李敬賢、李中道、李作周、李敬心、李張氏、李花榮、李敬宗、李惟一、李興武、李臨禄、李劉氏、李天祥、李郭氏錢各一百文。李登壽、李權氏錢各一百文。李□氏，全義村：何大祥、何維寧、何清林、何天佐、龐孟奎、何大裕錢各一百文。王紹南、廉行發錢各二百文。陳何氏、陳賈氏、王成存錢各一百文。王廷福、程萬宣、程張氏錢各一百文……

金匠張宗哲捐錢三百文。石匠何永貴：捐錢三百文。

住持：李元吉。門徒：苗明焕。

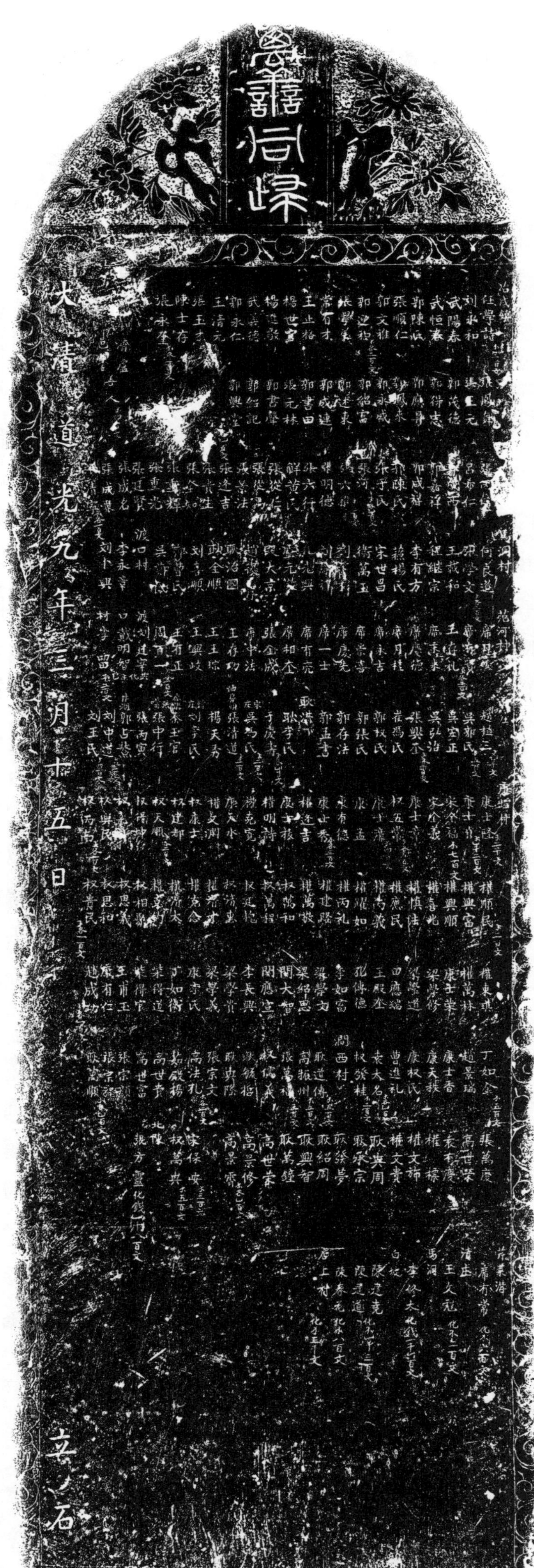

【一五六】 長春觀金粧神像碑記（碑陰）

年代：清道光九年

尺寸：高 187 釐米，寬 62 釐米

立石地點：吉利區吉利村

〔碑首〕：萬善同歸

冶戍村任學詩：錢三百文。劉永和、武陽春、武恒春、郭陳氏、張順仁、郭文雅錢各二百文。郭迎和、張學義、常有才、王止格、楊世官、楊進敬、武義德、郭永仁、王清元、張玉才、陳士存、張永奎錢各一百文。濟邑盧善人、李善人錢四百文。張鳳舞、張王元、郭茂德、郭得志、郭應昇、郭鳳來、郭永盛、郭紹富、郭述東、郭成連、郭書田、張元林、郭書聲、郭紹記、郭興堂各錢一百文。張丙信、吕希仁、郭成西、郭嘉祥、郭成祥、郭陳氏、孟張河、張六雅錢三百文。張明哲、張六行、解黄氏、張從仁、張從禹、張景法、張逢吉、張貴生、張全知、張重輝、張重光、張廷賢、張成名、張成聚、張清寧錢各一百文。馬洞村：何良道、張學文錢各二百文。王載和、程繼宗、李有方、蘇楊氏、宋世昌、衛萬玉、劉書才、劉得祥、孔光興、盧元敬、段大京、趙復序、耿治國、耿全順、劉喜順、鄭曹氏、吴鄭氏，渡口村：李永章、劉卜興，范河村：席月□、席有實錢各二百文。王存禮、席永來、席慶德、席月桂、席永吉、席崇喜、席慶先、席一士、席有亮、席相奎、張金成、席中法、王存功、王玉琮、王興岐、王有政、周百一各錢一八文。渡口村：劉建宰、戴月智、李留共花去七千二百文。□莊：趙植三錢四千文。吴郭氏五百文。吴宏正、吴弘治、張興奎錢各二百文。崔馮氏、郭權氏、郭張氏、郭存法、郭孟書，耿溝：耿李氏、于慶壽錢各四百文。宋莊：吴馮氏錢二百文。油房頭張清道錢二百文。楊天秀，韓莊劉李氏，原溝秦玉官，張嘴張中行、張丙寅，井潤郭占鰲、劉中道錢各二百文。劉王氏錢四百文。康窑村康士隆錢二千文。康士貞錢一千二百文。宋全福錢七百文。宋全義、康士章、權五常錢各五百文。康士廉錢四百文。康孟、康有德、康士秀錢各三百文。權逢吉、康士拔、權明詩、權克寬、康天水、權文淵、權康士、權建都、權天順錢各二百文。權得坤、權嘉坤、權興民、權丙南錢各一百文。權順民錢二百文。權興富、權興順、權喜兆、權慎法、權應民、權丙義、權躍如、權丙禮、權建隆、權萬敬、權萬和、權萬程、全廷槐、權清惠、權清才、權克念、權清太、權克鈞、權相聚、權思義、權思和、權貴民錢各一百文。權東琪、權萬林、康士榮、梁學修、梁學道、田應瑞、王殿魁、孔傳德、李如富、梁學文、梁紹思、關大智、關應宣、李長興、梁學貴、梁學義、康李氏、丁如衡、柴得道、柴得官、王甫玉、康有仁、趙成功錢各一百文。丁如金、趙景瑞、康士香、康天秩、康權氏、曹金禮、袁太名錢各一百文。權發桂錢二百文。潤西村耿道傳錢五百文。高振洲錢五百文。張萬福錢五百文。權儒義、耿敏哲、耿興隆、張宗文、高法孔錢各二百文……

大清道光九年三月十五日立石。

重修興國禪寺住持無塵記

盧景芳 朱貴 張四 梁二 曹貴 何深 王安 劉伯川 偃師縣石匠[illegible] 劉福銘 劉金 劉濃

曹璥 [illegible] 王交 曹剛 楊名 史忠 李禮

切以梵刹洛陽之東南少室之西北偏橋之中除古跡之聖境久自荒[illegible]歲月凋踈予乃於正統十一年十一

月有五飛錫遊禮偶然到此睹見殿宇[illegible]基址全虧自心慘悽興悲營具既為佛子當報佛恩祈十方之檀信開

自己之胸襟不免發心重新建立[illegible]堂[illegible]舍[illegible]伽藍三門方丈聖容具圓晨鐘暮鼓領衆焚修祝延

聖壽者矣

張瑾 [illegible] 婁原 楊順 張[illegible] 劉覺 劉長 時忠 周呼郎 羅木 孫木 史二

景泰元年八月初二日立 史忠 王[illegible]

楊仲和 陳海 陳榮 張榮 賈玉 陸聚 卜木 王剛 楊普從 劉普 曹[illegible] 陳順

【一五七】 重修興國禪寺住持無際記

年代：明景泰元年

尺寸：高 161 釐米，寬 22 釐米

立石地點：伊濱區李村鎮石罷村

重修興國禪寺住持無際記

切以梵刹，洛陽之東南少室之西北、偏憍之中際，古跡之聖境，久自荒廩，歲月凋疏。予乃於正統十一年十一月有五，飛錫遊禮，偶然到此，瞻視殿宇，基址全虧，自心慘悽，興悲營具，既爲佛子，當報佛恩，作十方之檀信，開自己之胸襟。不免發心重新建立僧堂、廚舍、祖師伽藍，三門方丈，聖容具周，晨鐘暮鼓，領衆焚修，就延聖壽者矣。

曹景芳、曹瓛、朱貴、朱通、張四、王友、梁二、曹剛、曹貴、楊允、何深、史忠、王安、王禮、劉伯川、張瑾、史忠、魏口、王方、魏得才、姜原、王寬、楊順、楊仲和、張榮、陳海、劉寬、陳榮、劉長、張榮、時忠、賈王、周呼郎、陸聚、羅木、卜升、孫升、王剛、史二、楊普從、劉普口、陳順。

偃師縣石匠善人劉福銘、劉全、劉清。

景泰元年八月初二日立。

【一五八】 興國無際後敘宗派記

年代：明代

尺寸：高 161 釐米，寬 31 釐米

立石地點：伊濱區李村鎮石罷村

〔碑首〕：皇帝萬歲　太子千秋　風調雨順　國泰民安　佛日增輝　法輪常轉

監寺太方……

從證司維、祖道興龍、廣重妙普、季祖續宗、祖本湛然、廣明會福、演教德悟、雪文修記、妙圓覺性、永然福慶、洪勝□昌、會正惟方　真吉妙圓　道了通玄、龍興海藏、順達西方、祖寬古岩、祖閑古松、祖山無瑕、祖成無比、祖賢無盡、祖袖月眉、祖藝和風、祖季贏定、祖安太空、祖釗其風、祖金古升、祖智王安、祖敏無爲、祖敏潔空、祖貴無方、祖信寶堂。

信官張禍質、信官楊普闌、信官李普亮、信官楊普能、信官張普林、信官鄧普真、信官陸普錦。

劉普原、張普聰、張普智、聶普通、沈普祥、□仲賢、劉敬、□福、隨寬、孫信、谷英、高英、高亨、高□、高原、馬恭敬、馬恭讓、陳剛、魏禄、温原、孫子忠、任禮。

孫讓、武琳、武敬、李普園、張義、張弼、張美、張旺、黄貴、秦三、金榮、曹正。

曹琦、李讓、方夆、吴俊、石貴、華辰、張敬、吉成、□敬、王文、鞏敬、楊巷。

張園、隨義、鄭喜、聶整、武茂、張言、司名、趙斌、聶旺、吕傑、魏斌、左貴。

丁四、陽敬、吕崗、劉亨、柴文直、徐敬、于海、郜三、楊寬、張缸、高守道、高守信、高守中、高學、付榮、齊昇、王清、劉四、秦□、梁□、吕田、梁文秀、黄安。

倪俊、鄭剛、胡四、陳瓛、杜興、賈真、郭二、□升、聶秀、孫祐、張六、馬榮、馬二、曹祥、吴彦、張二、聶四、柴青、柴亮、石端、王四、賈英、李武、王整、劉允、陳木、劉義、鄭倉、周志、郭整、周通。

師公圓古心和尚、首座忠議、天隆長老、覺順指南、曉議庵祖玫天。

萬善同歸

【一五九】　重修觀音堂記

年代：清道光三年

尺寸：高 170 釐米，寬 66 釐米

立石地點：伊濱區李村鎮李東村

重修觀音堂記

〔碑首〕：萬善同歸

天地之大德曰生，而慈航普渡、錫胤弓韣者，大士也。大士之香火，綿綿不亦宜乎？李村鎮東街首，有大士堂一所，歷年既久，風雨剥蝕，衆善信顧而惻然，曰："是所恃以永佑□邑，□其頹敗耶？"於是，募化捐貲，鳩工庀材，殿宇、門墻俱復重新，□不足以極鳥華翬飛之盛，而神有所棲，人有所禮矣。功竣，胡法……代爲作偈曰："牟珠舍利，破一切苦。慈航所之，魔民安堵。雷轟電劫，泥輪雕虎。慧炬炯然，常保孫子。"

郡庠生閼爔撰文并書丹。

首事：苗萬福捐錢四千、化錢三千。孫會子法成捐錢一千五百、化錢八千五百。高如林捐錢一千、化錢七千。石漢書捐錢□□、化錢五千五百。楊□捐錢一千、化錢二千七百。石進如捐錢一千、化錢千八。高如松捐錢□□、化錢七千。宋殿捐錢弍千五百文。吉榮軒捐錢一千、化錢弍千五百文。高萬祥捐錢三千、化錢七千五百文。化主：石漢書、監生張升、杜鵬翔一千。付一德、付懷德、監生杜正卯、杜暉、石文選、監生王漢書、任琮、監生趙百重各五百。李村鎮：布行公施錢七千。宋思禮捐錢五百。……

塑匠蘇教魁五百文。鐵筆：李世泰。

龍飛道光三年十一月穀旦。

【一六〇】　重修觀音堂碑誌

年代：清乾隆十三年

尺寸：高 119 釐米，寬 60 釐米

立石地點：伊濱區諸葛鎮西山張村

重修觀音堂碑誌

〔碑首〕：皇清

嘗謂：天下事莫爲之前，雖美而不彰，莫爲之後，雖盛而不傳，由來久矣。如胡林村古有觀音堂，不知創自何時，但歷年久，風雨飄摇，廟宇憔悴，岌岌乎前人創建之功，幾消滅而失之矣。竊思觀世音菩薩威鎮南海，普渡四方，古今誰不沐其恩，一旦形隳廟壞，寔令人目擊心傷焉。幸有張君諱心哲字文公者，率領王重、張田、張樹、張澤緣村募化，各捐財物，始得廟宇重隆，神象更新，前人之創建遂賴以不墜焉。自今觀之，前後濟美，創繼同功，而良法善意未有過於此者也。謹誌。

首領人張心哲銀伍兩柒錢。張樹銀壹兩伍錢伍分。化主王重銀壹兩捌錢伍分。張田銀壹兩伍錢伍分。張澤銀貳兩陸錢伍分。信士張振京銀三兩玖錢。張振都銀三兩陸錢伍分。張振堯銀三兩捌錢。張振台銀貳兩三錢伍分。張恭銀貳兩壹錢伍分。張仟銀壹兩肆錢。張奇銀壹兩貳錢貳分。張忠銀貳兩貳錢。翟文銀三錢。張月銀陸錢伍分。史九士銀壹兩。張振位銀伍錢。張智銀貳錢伍分。梁有智銀貳錢。張良銀壹錢。張楝銀貳錢伍分。程八銀壹錢。張亮銀壹兩柒分。張振道銀壹兩叁錢伍分。鈔應時伍錢壹分。楊廷有銀壹兩貳錢貳分。王得志銀貳錢。張信銀貳錢。楊廷選銀叁錢。張祥、張瑞銀肆錢伍分。楊廷臣銀伍分。張振如銀肆錢。朱存孝銀貳錢伍分。劉世公銀壹錢伍分。張林銀貳錢伍分。張振順銀肆錢伍分。張全銀叁錢。張振洛銀伍錢伍分。張錫銀壹錢伍分。王玠銀壹錢陸分。張振舉銀貳錢伍分。王得云銀壹錢伍分。王加言銀壹錢伍分。董希成銀貳錢貳分。槐樹莊蔡門張氏銀壹錢。裴村賈門張氏錢壹錢。

孟縣桑魯村泥水匠趙起行、趙起重銀貳錢。常吉良銀壹錢伍分。龔一隆銀一錢。

道人趙來隨書丹。

畫匠：徐珩。石匠：李先。

乾隆拾叁年拾月吉日谷旦穀立。

洪恩寺重修大佛殿六祖殿碑記

余覽漢史明帝遣佛入中土始知有如來牟尼給孤諸佛祖由是釋教遍中國矣維是午多[illegible]山色層巒疊翠佛光萬

孚真神州之勝概也迤東溫谷故墟有兜率宮殿東接醴泉西瞻錦屏南望三塗北臨伊水伽藍居左六祖居右并[illegible]

侍座韋馱挺立規模宏敞當額巍峩洋洋乎洵稱雒南一帶巨觀但歷年久遠風雨衝突殿宇不復如故頻遭[illegible]蔽倉[illegible]

須宜更新者一人目擊也傷者久之莫其功果浩大難以遂舉忽有常公賈君[illegible]肱荷任引真禪師[illegible]樂從或捐[illegible]

已二十餘年矣今春嗣主選暴而來繼父志引真荼毗[illegible]成師

輝煥通觀瞻者咸嘖嘖稱[illegible]起此功誠不在創始乎禪

王輯瑞撰文書丹

【一六一】　洪恩寺重修大佛殿六祖殿碑記（碑陽）

年代：清雍正五年

尺寸：高 167 釐米，寬 50 釐米

立石地點：伊濱區諸葛鎮司馬村

洪恩寺重修大佛殿六祖殿碑記

余覽《漢史》，明帝時佛入中土，始知有如來牟尼給孤諸佛祖，由是釋教徧中國矣。洛邑午□伊闕山色，層巒疊翠，佛光萬千，真中州之勝概也。迤東温公故墟有兜率宫殿，東接玉泉，西瞻錦屏，南望三塗，北臨伊水，伽藍居左，六祖居右，前天王侍座，韋馱挺立，規模宏敞，廟貌巍峨，洋洋乎洵稱雒南一帶巨觀。但歷年久遠，風雨衝突，殿宇不復如故；煙塵蒙蔽，金粧須宜更新。裏人目擊心傷者久之，憚其功果浩大，難以遽舉。忽有常公賈君慨然荷任，引真禪師忻然樂從，或捐金，或庀……工竣，已二十餘年矣。今者善主遐昇而□繼父志，引真荼毗而化成師……騰輝，遠邇觀瞻者，鹹嘖嘖稱頌。繼起之功，誠不在創始下信乎？禪……

王輯瑞撰文書丹。

大佛殿功德主 常煌 子曾祚 景祚 緝祚 [illegible]祚 隆祚 文光

賈錫 子以節 以旌 以恭

六祖殿功德主 常大松 子千祚 常漢祚 子吉壯 吉周 吉第

常統祚 子吉慶 吉全

管事 常連 子明 孫安祚

金粧大殿神像王[illegible]光 子克君

住持道權 徒慶文 孫同城 同智

木作馬番祚 張奢公 刻渠 賈時王 孟爺公

泥作刘熑 朱末伸 刘懿式

鉄作楊[illegible]芳 楊[illegible]滿

石作刘應奎 刘[illegible]試 刘孟壯

畫匠張瑜 許可成 [illegible]殿邦 李有功

油漆常吉輔 李[illegible]元

本寺舊有香焚火地叁拾畝共伍段

住持道權用價買到常吉士平地一段東西畛拾伍畝東西路南許長安北賈[illegible]

用價買到常伸平地貳段 一段南北畛東[illegible]支祚西路南路北許允武叁畝 一段東西畛東西路南道瑞北董元文柒畝

徒慶文用價買到刘懿式平地壹段五畝五分東西畛東西路南許允福北許允福

用價買到許允武平地壹段四畝東西畛東西路南常吉順北[illegible]

用價買到常吉壽平地壹段二畝二分五厘東西路南賈主北常吉祥

大清雍正五年四月初八日同立

【一六二】　洪恩寺重修大佛殿六祖殿碑記（碑陰）

年代：清雍正五年

尺寸：高 167 釐米，寬 50 釐米

立石地點：伊濱區諸葛鎮司馬村

大佛殿功德主：常煌子：曾祚、景祚、綿祚、永祚、隆祚、文光。賈錫子：以節、以旌、以斧。六祖殿功德主：常大松子千祚，常漢祚子吉壯、吉周、吉第，常統祚子吉慶、吉全。管事常連子：明祚、甯祚、安祚。金粧大殿神像王三光子克君。住持道權，徒慶文，孫同城、同智。木作：馬蕃祚、張含公、劉渠、賈時正、孟齋公。泥作：劉煒、朱文伸。鐵作：楊芳、楊蘭、劉懿式。石作：劉應學、劉應試、劉應壯。畫匠：張瑜、許可成、曹殿邦、李有功。油漆：常吉輔、朱長元各三錢。

本寺舊有香焚火地三十畝，共伍叚。住持道權用價買到常吉士平地壹叚，東西畛，十五畝。東、西路，南許長安，北賈主。用價買到常伸平地貳叚，壹叚南北畛，東常文祚，西路，南路，北許允武，三畝。壹叚東西畛，東、西路，南趙端，北董元文，柒畝。徒慶文用價買到劉懿式平地壹叚五畝五分，東西畛，東、西路，南許允福，北許允福。用價買到許允武平地壹叚四畝，東西畛，東、西路，南常吉順，北翟暉。用價買到常吉壽平地壹叚二畝二分五厘，東、西路，南賈主，北常吉祥。

大清雍正五年四月初八日同立。

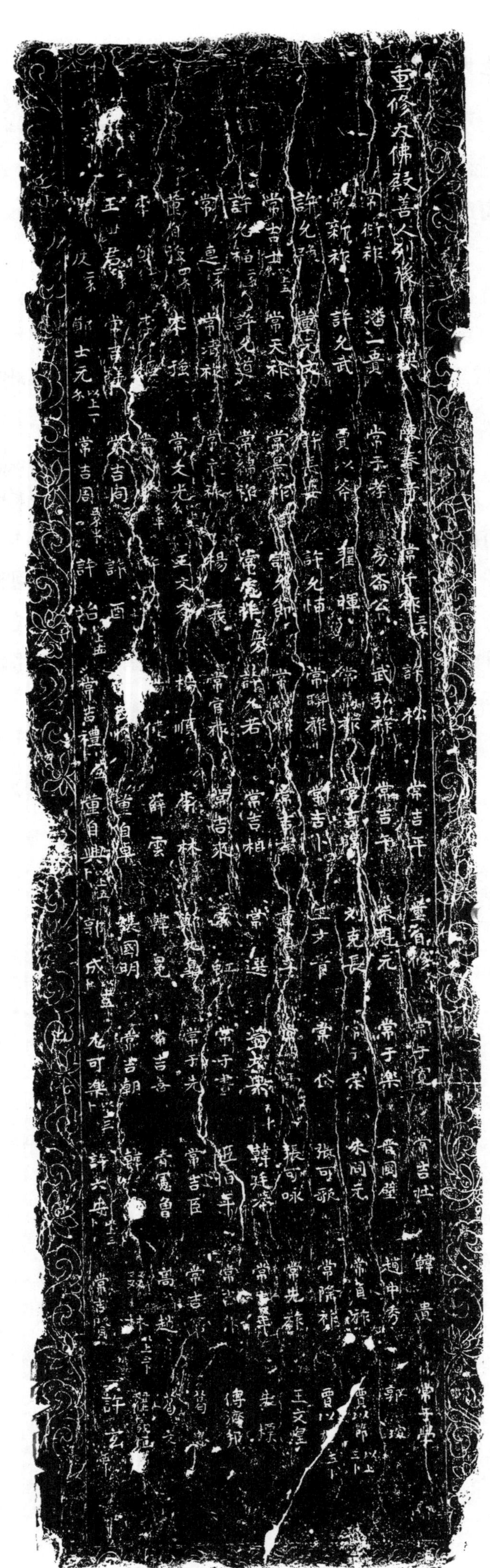

【一六三】　洪恩寺重修大佛殿六祖殿碑記（三）

年代：清雍正五年
尺寸：高 167 釐米，寬 50 釐米
立石地點：伊濱區諸葛鎮司馬村

重修大佛殿善人列後：

常衍祚、常新祚、許允豫、常起士，以上五錢。許允福二錢。常連二錢。董自強四錢。李節二錢。王世君二錢。常度二錢。馬鍈、潘一貴、許允武、董元文、常天祚、許允道、常清祚、尤強、李樞、常吉祥、鄭士元，以上一錢。陳春奇、常于孝、賈以斧、許長安、常景祚、常綿祚、常永祚、常文光，以上一錢。常橋：錢半。常吉同一錢。常吉周三錢半。常千祚三錢。房齋公、翟暉、許允柏、許允節、常寬祚，以上五分。楊義、王文學、許允執、許酉、許坮，以上五分。許松、武弘祚、常萬祚、常聯祚、常繼祚、許允若、常官祚、楊順、楊健、常□順、常吉禮，以上五分。常吉平、常吉午、常吉臨、常吉卜、常吉業、常吉相、常吉來、李林、薛雲、董自卓、董自興，以上五分。董自修、朱魁元、劉克長、王文貴、董自立、常選、常虹、鄭允臬、韓冕、張國明、郭成，以上五分。常于寬、常于樂、常于榮、常岱、常壽，以上五分。董大棵五十。常于書、常于先、常吉善、常吉朝、尤可樂，以上五分。常吉壯、晉國璧、朱同元、張可歌、張可詠、韓廷舉、姬柏年、常吉臣、青憲魯、韓□□、許六安，以上三分。韓貴、趙中秀、常貞祚、常隆祚、常先祚、常吉年、常吉升、常吉第、高趙、叕林以上三分。常吉賢、常于學、郭瑄、賈以節，以上三分。賈以旋五分。王文煌、朱標、傅濟邦、葛忠、葛文、翟義恒、許玄，以上五分。

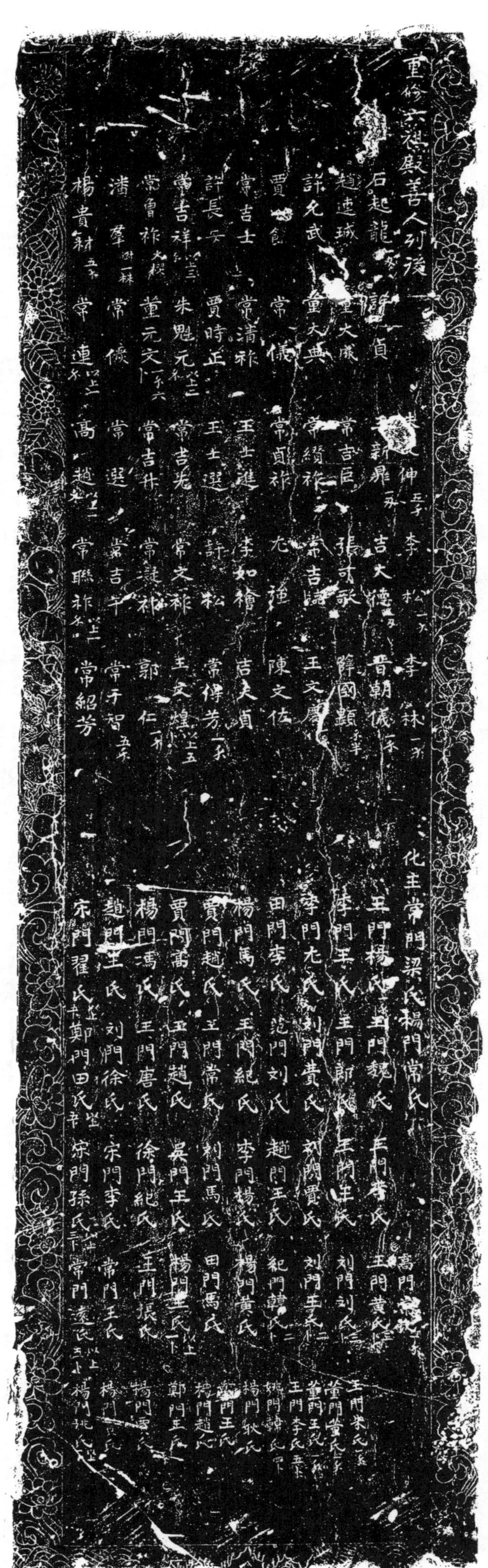

【一六四】 洪恩寺重修大佛殿六祖殿碑記（四）

年代：清雍正五年

尺寸：高167釐米，寬50釐米

立石地點：伊濱區諸葛鎮司馬村

重修六祖殿善人列後：

石起龍一兩。趙連珹、許允武、賈口節、常起士、許長安、常吉祥，以上三錢。常魯祚：大樑。潘群：樹一株。楊貴材五錢。許貞、童大成、童大典、常儀、常清祚、賈時正、朱魁元，以上二錢。董元文：一錢六分。常儼、常連，以上一錢。朱文伸五錢。王新鼎一兩。常吉臣、常纘祚、常貞祚、王士進、王士選、常吉先、常吉升、常選、高趙，以上一錢。李松一錢。吉大德一兩。張可歌、常吉臨、尤強、李如檜、許松、常文祚、常凝祚、常吉午、常聯祚，以上一錢。李林一錢。晉朝儀一錢。薛國顯錢半。王文慶一錢。陳文佐、吉大貞、常傳芳一錢。王文煌，以上五分。郭仁一錢。常于智五錢。常紹芳。化主：常門梁氏、王門楊氏一錢。李門王氏、李門尤氏、田門李氏、楊門馬氏、賈門趙氏、賈門高氏、楊門馮氏、趙門王氏、宋門翟氏，以上五分。楊門常氏、王門魏氏、王門郎氏、劉門費氏、范門劉氏、王門紀氏、王門常氏、王門趙氏、王門唐氏、劉門徐氏、鄭門田氏，以上五分。王門李氏、王門王氏、劉門賈氏、趙門王氏、李門楊氏、劉門馬氏、吴門王氏、徐門紀氏、宋門李氏、宋門孫氏，以上三分。高門常氏一錢。王門黄氏三分。劉門劉氏三分。劉門王氏二分。紀門韓氏二分。楊門黄氏、田門馬氏、楊門王氏，以上一分。王門張氏、常門王氏、常門遠氏，以上五分。王門朱氏一錢。董門董氏一錢。董門王氏一錢。王門李氏五分。姚門韓氏四分。楊門耿氏、韓門王氏、楊門趙氏、鄭門王氏、楊門賈氏、楊門賈氏、楊門姚氏，以上一分。

【一六五】 洪恩寺施捨善地碑

年代：清乾隆二十五年

尺寸：高 83 釐米，寬 53 釐米

立石地點：伊濱區諸葛鎮司馬村

洪恩寺施捨善地碑

〔碑首〕：百代流芳　　日月

蓋聞□□言：積善之家，必有餘慶。《詩》有云：無功非受禄。……之，至今□□極要，以施捨□□□□□，時有西白塔村……火之資，□陳君□生□□□地一段十畝，同子文相商議……有十餘年矣。竊思……誠爲古今所罕覯也。□任土出貢，香火賴以不墜……本寺見殿宇墜損，目睹甚惻，然以爲此時少敗後，必有……焉。此夫善不積者，不足以□名，□不極者，不足以垂後。……勒貞珉，聊旌善人，以誌不朽。按：施捨地□□郭家莊……

募化善人開列於後：……

乾隆二十五年十月穀旦洪恩寺住持同立。

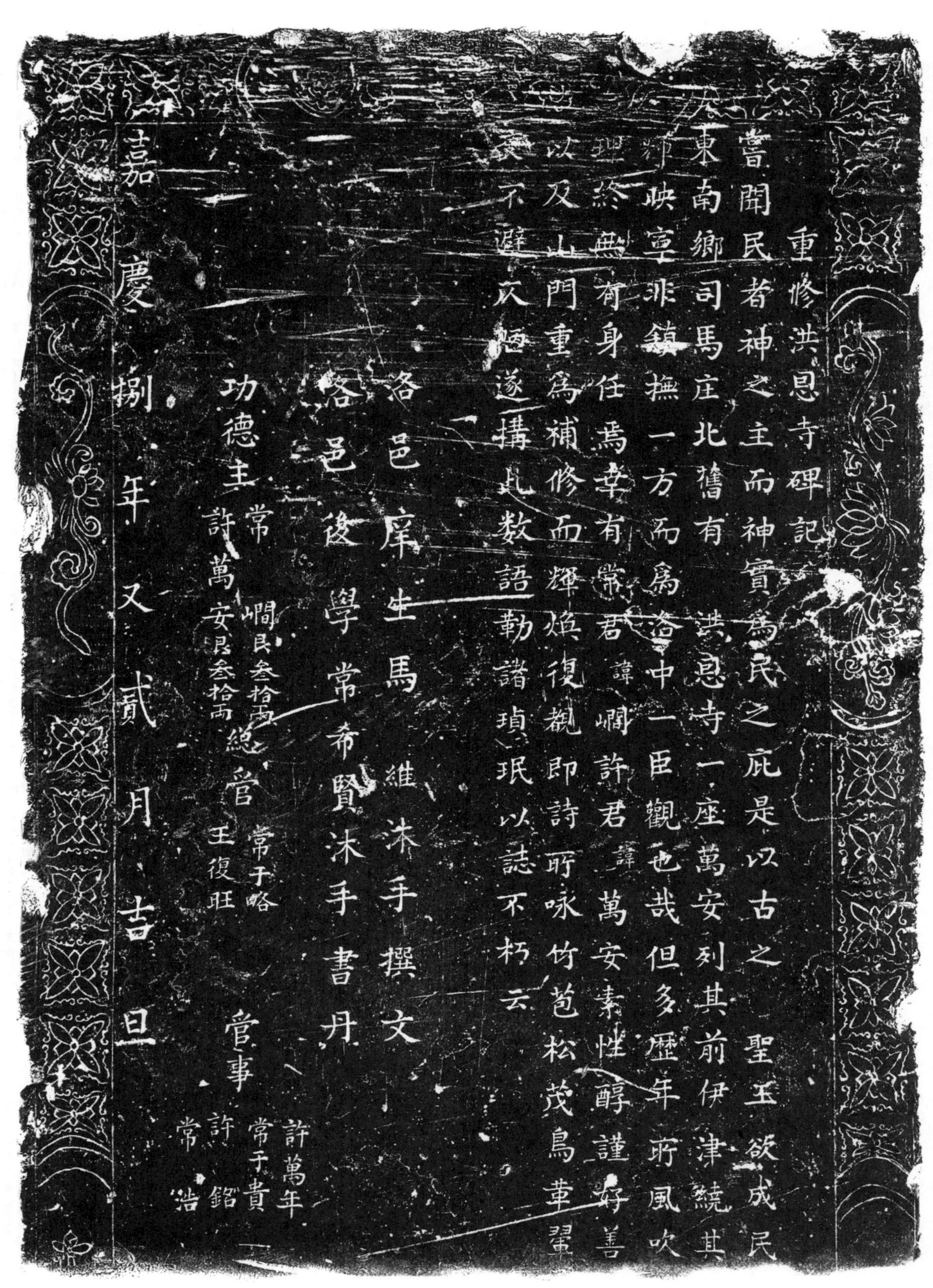

重修洪恩寺碑記

嘗聞民者神之主而神實爲民之庇是以古之　聖王欲成民

東南鄉司馬庄北舊有洪恩寺一座萬安列其前伊津繞其

[illegible]映寧非鎮撫一方而爲洛中一巨觀也哉但多歷年所風吹

[illegible]理終無有身任焉幸有常君諱嵋許君諱萬安素性醇謹好善

以及山門重爲補修而輝煥復觀即詩所咏竹苞松茂鳥革翬

[illegible]不避[illegible]陋遂搆此数語勒諸貞珉以誌不朽云

洛邑庠生馬　維沐手撰文

洛邑後學常希賢沐手書丹

功德主常　嵋民叁拾两　許萬安民叁拾两　總管　常于略　王復旺　管事　許萬年　常于貴　許　鉻　常　浩

嘉慶捌年又貳月吉旦

【一六六】 重修洪恩寺碑記（碑陽）

年代：清嘉慶八年

尺寸：高 96 釐米，寬 66 釐米

立石地點：伊濱區諸葛鎮司馬村

重修洪恩寺碑記

嘗聞民者神之主，而神實爲民之庇，是以古之聖王欲成民……東南鄉司馬莊北舊有洪恩寺一座，萬安列其前，伊津繞其……輝映，寧非鎮撫一方，而爲洛中一巨觀也哉。但多歷年，所風吹……理，終無有身任焉。幸有常君諱澗、許君諱萬安，素性醇謹，好善……以及山門重爲補修，而輝焕復睹。即《詩》所詠：竹苞松茂，鳥革翬……不避仄陋，遂構此數語，勒諸貞珉，以誌不朽云。

洛邑庠生馬維沐手撰文，洛邑後學常希賢沐手書丹。

功德主：常澗銀叁拾兩。許萬安銀叁拾兩。

總管：常于略、王復旺。管事：許萬年、常于貴、許銘、常浩。

嘉慶捌年又貳月吉旦。

【一六七】　重修洪恩寺碑記（碑陰）

年代：清嘉慶八年

尺寸：高 96 釐米，寬 66 釐米

立石地點：伊濱區諸葛鎮司馬村

布施開列於後：

郭萬安、王千貴，以上各五兩。許萬年、常浩、許萬邦，以上各四兩。常□祖三兩五錢。常成、王復旺、韓正道、常山柱，以上各三兩。常若河、常紀、常于富、常侗、常于泰、許秀、曹榮祖、常正君、常正全，以上各二兩。許玉朝一兩一錢五分。許富生，以上各一兩五錢。許廣全一兩二錢。常正仁一兩三錢。王復性一兩二錢。張振沂一兩。常和、許□□、常于□、常人荷、許三臺、董□聚、劉□士、常□略、常正□、林大德、常臣、常鐘、許榮先、常石浩、常石典、常振隆，以上各一兩。董銘八錢二分。常于理、常忠，以上各八分。李□義、許萬亨六錢。董振甲、許秀瑞、許萬良、許萬成、韓宗孔、常正貴、李順、許鈺、陳希孔、許持賢、許萬里、許萬官、許萬方、許萬□、任位西，以上各八錢。 常天德、常新、常振先、常若涌、常正喜、常富、魏守正，以上各四錢。 許萬孝、許萬章，以上各四錢。賈相、常若合、常若五、白露、楊□華、許萬錦、許若尹、韓宗文、常岦、常正經、常法、常寅、趙德全、許聖隆、許萬爵、許萬春五錢。常獲，以上各三錢。許振魁、常若富、常□□、許萬正、常行、常聚、董百乙、常鼇，以上各二錢。常欽、常天成、朱存朝、董百富、董百松、董義、許廣成、許萬超、許萬洛、許淳、許若程、許萬福、韓棟柱、韓正人、陳萬全、常界、常正心、郭宗舜、常□、郭天才、常正名、郭思理、常文、張翱、張翔、常學、常見，以上各二錢。常若湖一兩五分。常正有、董百福、常山羊、王道、常朝陽、常若朝、許萬方、許耀先、李□舜、朱存義，以上各五錢。常恒五錢八分。常天祥、朱章、張萬乙，以上各四錢。許萬學七錢。常振、常珍、許聚財、許振寶、常天眷、董百爵、常正江、史全敬，以上各三錢。常若旺三錢五分。常若秀四錢六分。常少萬四錢。常若淳二錢三分。孔富、常本、常希孔五錢。朱復隆、常于順、常于文、常嵲、常希舜、常福、常于全、常融、李慎修，以上各二錢。董百喜二錢一分。常希周、賈大才、朱存財、向洛書三錢，以上各一錢。常若泉二錢。許廣業三錢。朱璽一錢。常鏡三錢。王章二錢。常希堯二錢。常自新一兩。董學孔一錢。常有二錢。常苞一錢。常希文三錢……

皇清

重修殿宇並金裝神像碑記

為文以記誌美也昔者有美則筆之於書鐫之於石垂不朽也如茲了空古洞有
菩薩堂居乎中韋馱祠衛其前而火帝瘟神殿處左右之創建以來廢興不知
凡幾然至嘉慶貳拾壹年住持僧元梅約會衆人重為修整則廟貌文一新矣但其
中聖像未寫粉壁則暗淡也金神則無色也住持僧今是以猶有遺憾也越明年丁
丑之秋欲成金裝之功乃舉檀樾之主有劉君自貞與伯得者以為己任於是募化
四方各捐貲財重新洗畫適用告竣而向之暗淡者煥然矣無色者貴然矣遺憾者
釋然矣自中堂而陪殿而山門無不丹青耀彩而藻火騰輝焉猗歟盛哉今觀了空
洞中光若有瑞靄祥烟之縈繞者夫豈非好德之士與樂善之人為之也哉余遊其
所情深愛慕因誌其美以垂不朽云

後學楊甲第撰文並書　　住持元梅徒祖旺

嘉慶貳拾貳年歲次丁丑拾壹月吉日　石作劉永桂劉□做　仝立

【一六八】 重修殿宇並金裝神像碑記（碑陽）

年代：清嘉慶二十二年

尺寸：高 150 釐米，寬 62 釐米

立石地點：伊濱區諸葛鎮楊堂村

重修殿宇並金裝神像碑記

〔碑首〕：皇清

爲文撰記，誌美也。古者有美，則筆之於書、鐫之於石，垂不朽也。如兹了空古洞有菩薩堂居乎中，韋馱祠衛其前，而火帝、瘟神殿寔左右之。創建以來，廢興不知凡幾。然至嘉慶貳拾壹年，住持僧元梅約會衆人，重爲修整，則廟貌又一新矣。但其中聖像未寫，粉壁則暗淡也，金神則無色也，住持僧人是以猶有遺憾也。越明年丁丑之秋，欲成金裝之功，乃舉檀樾之主。有劉君自貞與自得者以爲己任，於是募化四方，各捐貲財，重新洗劃，逾月告竣，而向之暗淡者焕然矣，無色者賁然矣，遺憾者釋然矣。自中堂而陪殿而山門，無不丹青耀彩，而藻火騰輝焉，猗歟盛哉！今觀了空洞中，恍若有瑞靄祥煙之縈繞者，夫豈非好德之士、樂善之人爲之也哉？余遊其所，情深愛慕，因誌其美，以垂不朽云。

後學楊甲第撰文并書。

住持：元梅。徒祖旺。石作：劉永桂、劉俲仝立。

嘉慶貳拾貳年歲次丁丑拾壹月吉日。

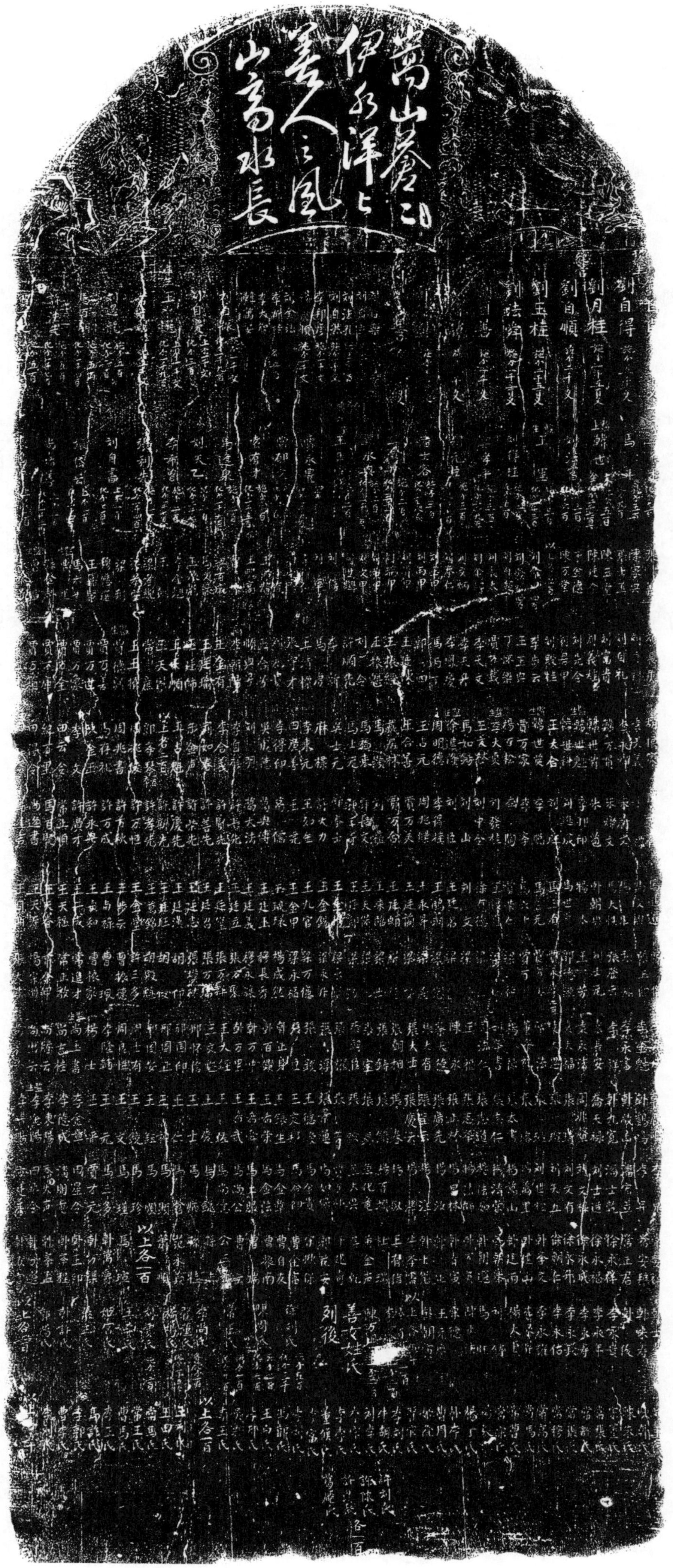
嵩山蒼〻
伊水洋〻
善人之風
山高水長

【一六九】　重修殿宇並金裝神像碑記（碑陰）

年代：清嘉慶二十二年

尺寸：高 150 釐米，寬 62 釐米

立石地點：伊濱區諸葛鎮楊堂村

〔碑首〕：嵩山蒼蒼，伊水洋洋；善人之風，山高水長

功德主：劉自貞施錢五千文。劉自得施錢五千文。總管劉月桂施錢一千五百文。劉自順施錢二千文。劉玉桂施錢二千五百文。劉法舜施錢一千三百文。劉自善施錢一千文。□□鋭施錢一千文。□□□施錢□□文。□□秀施錢□□文。劉自樂施錢一千五百。劉自立施錢一千文。劉法孔一千□百。劉自然施錢一千文。李邦彦施錢一千文。楊順施錢一千文。劉金法、李新桂、李大智、韓萬安各五百。劉自振施錢一千文、化錢一千九百。劉自愛上錢一千文、化錢三百。庠生王選上錢一千文、化錢一千九百。常若乾施錢一千文。劉遇龍施錢五百、化錢二百。馬百朋施錢五百、化錢一千四百。許法先施錢五百、化錢一千七百。賈万九施錢五百、化錢一千八百。王得桂施錢五百、化錢九百。馬門施錢五百、化錢九百。監生韓世文施錢五百。監生韓世全施錢二千七百六。劉法富施錢三百、化錢六百。監生王壐施錢三百、化錢一千三百。劉得桂施錢三百、化錢五百。梁孝平施錢三百、化錢二千九百。胡元臣施錢三百、化錢一千七百。潘士容施錢三百、化錢一千八百。王金聲施錢二百、化錢三千一百。王永興施錢二百、化錢二千三百。鵬升子王玉堂施錢二百、化錢二千。賈永豐施錢三百、化錢一千九百。常郁文施錢二百、化錢八百。袁有才施錢二百、化錢一千五百。馬逢泉施錢二百、化錢一千六百。劉天乙施錢二百、化錢二千七百。李希曾施錢二百、化錢一千七百。張利先施錢一百、化錢一千四百。劉自書上錢一百、化錢七百。張岱雲上錢一百、化錢一千四百。尚嘉善上錢一百、化錢一千二百。張鵬沖上錢一百、化錢一千三百。張義、陳家興、張士玉、陳玉堂、陳廷全、于金德、萬堂，以上各五百。劉命田四百。劉發福四百。劉自超、劉長太、劉金印、劉文炳、劉拳仁、劉玉田、劉丙甲、劉貴甲、劉瑞甲、劉黄甲、劉文甲、劉世魁、劉喜、劉卓、李得仁、劉保衡、王□鰲、王鵬高、曹中、梁百成、馬文禄、王振彪、李金魁、王劍、梁孝純、梁孝安、梁彩、穆應選、王嘉聚、馬六十、監生曹壐、孫登科、監生曹暄、永泰號、劉長庚、劉自新、劉自禮、劉富貴、劉義桂、劉先令、劉君甲、劉殿桂、李步雲、王玉興、丁懷樂、賈萬載、李天文、李天升、李鳳慶、馮丙丁、郭四、王廷陳、王振經、王振魁、劉令、許順先、李新、馬虔、王清標、張守才、劉元貴、玉合號、順興號、李新陽、王金有、王廷瑜、王廷師、王天順、王天寧、常庶、王玉振、監生常德新、賈萬善、賈萬世、賈萬象、賈萬全、賈萬庫、賈萬箱、賈萬貫、胡振家、袁大義、李永祥、韓萬貫、監生韓世魁、賈萬家……

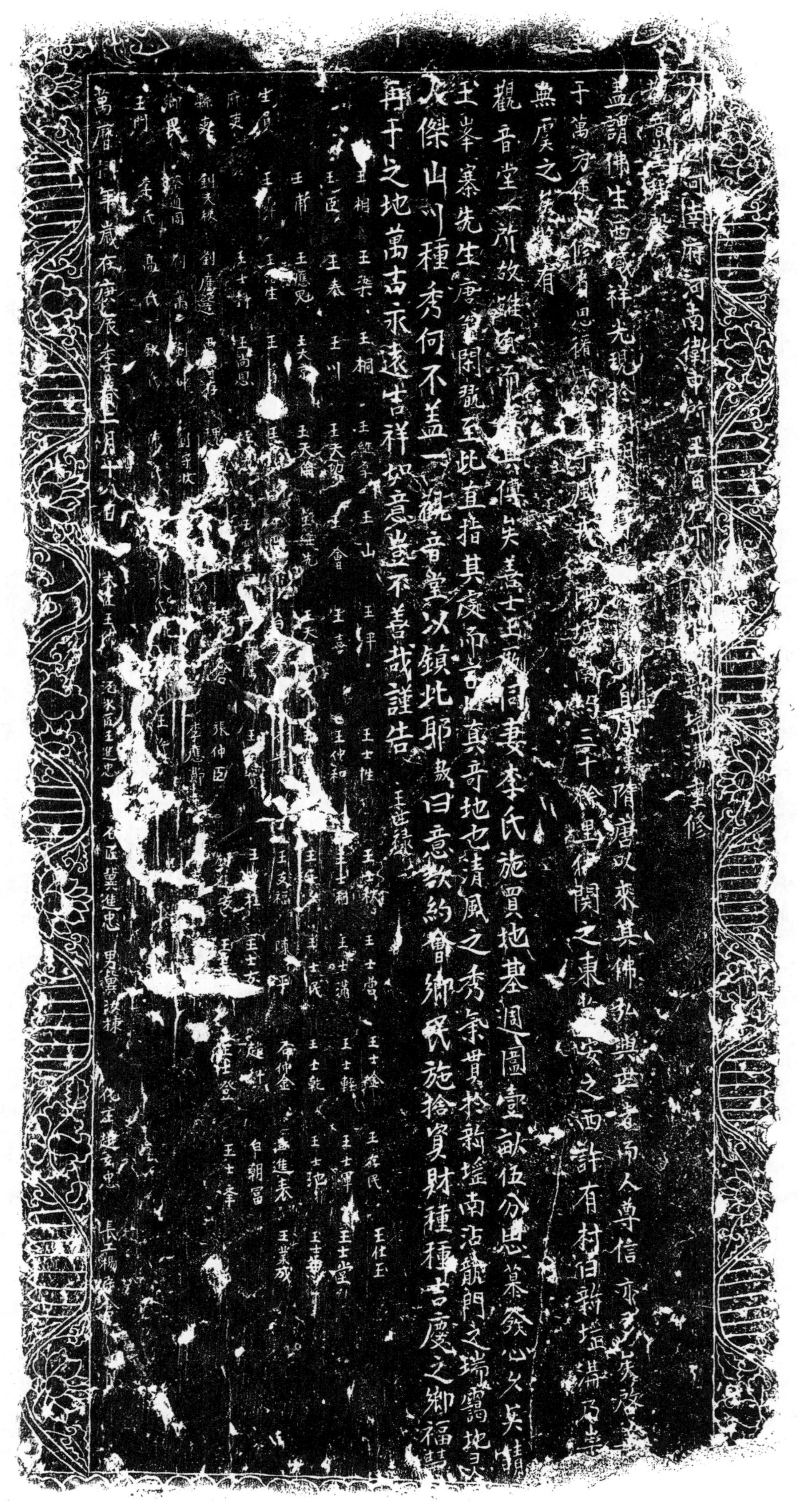

【一七〇】　重修觀音堂拜殿碑

年代：明萬曆八年

尺寸：高 117 釐米，寬 57 釐米

立石地點：伊濱區諸葛鎮楊溝村

大明國河南府河南衛中所王百户下舍餘地□新窰溝重修觀音堂拜殿

蓋謂佛生西域，祥光現於周朝，金身夢於漢帝。自周漢隋唐以來，其佛弘興世者，而人尊信亦多矣。啟善於萬方，使人修者思循，感慕時風。我洛陽城南約三十餘里，伊闕之東、萬安之西許，有村曰新窰溝，乃崇□無虞之矣，舊有觀音堂一所，故雖有而無其傳矣。善士王敖同妻李氏施買地基，周圍壹畝伍分，思慕發心久矣，請王峰寨先生唐翁閑玩至此，直指其處而言曰：真奇地也，清風之秀氣，貫於新窰，南沾龍門之瑞靄，地靈人傑，山川鍾秀，何不蓋一觀音堂，以鎮此耶？敖曰：意欲約會鄉民，施捨資財，種種吉慶之鄉，福慧再於之地，萬古永遠，吉祥如意，豈不善哉？謹告。

王相、王臣、王甫、生員王舜、縣吏劉天秩、鄉民蔡通周、王門李氏、王染、王奉、王應魁、王洛生、王士棟、劉應選、劉萬、高氏、王桐、王川、王大京、王豸、王尚恩、賈守存、劉坤、欽氏、王繼厚、王天功、王天倫、王家、程男、魏□、劉守狀、陳氏、王山、王會、王繼先、王□太、……王平、王喜、王天□、白□、王業隆、□守倉、張氏、王士性、王仲和、王仲有、石貴、王左實、張仲臣、李應節、王氏、王世禄、王士秋、王士利、王士久、王支福、王□柱、劉進安、□志善、王士營、王士滿、王士民、陳平、王士友、王士金、王士輕、王士乾、石仲金、趙科、王士登、王存民、王士軍、王士池、潘進表、白朝富、王士學、王士玉、王士堂、王士兼、王業成。

木匠：王儒。泥水匠：王進忠。石匠：冀進忠，男冀汝棟。化主：趙玄忠。長工：楊守倉。

萬曆捌年歲在庚辰季春二月十八日。

【一七一】 重修千佛寺大殿及天王殿碑記

年代：清康熙四十五年

尺寸：高 138 釐米，寬 63 釐米

立石地點：伊濱區龐村鎮草店村

重修千佛寺大殿及天王殿碑記

〔碑首〕：大清　日月

天中東南，地號小店，有古刹千佛寺者，相傳水漩石像至此，里人奇而□之，因□造焉。嵩山拱照於前，伊水□□，相□日久，非復舊境，令人嗟吁濁勝道哉。故前人既創於始，吾修復□□□□□訪人以爲善□□以佛祖之聖□供祀焉。夫祀屬大典，閭里賴神以福庇，而神之所棲必□貌□煌，以壯□□□殿宇□□聖像……共相議曰：廟貌如斯，吾鄉之愧也。遂將寺內香火地四畝共□，六載□力耕耘，□□□□頗有□□。乃於康熙四十二年二月初一日，興工重修，無奈貲財不足，不得已，募化四方，……億萬人之福澤云。

東龐村梁以桂施銀九兩。曹家村王世爵施銀三錢。二教塔王之秀施銀二錢。生員趙若愚施銀二錢。□□□施蕎麥一十□。生員趙之德施銀二錢。生員陳光先施銀一錢。黃魁儒施銀三錢。……

寺內所費錢糧刻列於後：千佛殿費用：木植、磚瓦、脊獸、石灰、鐵器、匠人工價、□作人□□等項，共銀肆拾□□貳錢。天王殿費用：木植、磚瓦、脊獸、石灰、鐵器、匠人工價□□□□□捌兩玖錢貳分。

時康熙肆拾伍年柒月式拾壹日閤村人仝立。

【一七二】　重修碑記

年代：清道光七年

尺寸：高 128 釐米，寬 57 釐米

立石地點：伊濱區龐村鎮草店村

重修碑記

〔碑首〕：大清

村之東有水漩寺焉，相閱幾百年矣。水漩□□前□□□□石可……修補之事，不有不詳爲著。明嘉慶元年重□□□四刹寺後……有零。一段□畝四分，坐落寺後；一段二畝一分四四釐八毫五絲，坐落……□□年之間，□大□□及山門，重爲葺補，更刻……中□□共知，故□□□，以志不朽。

……熏沐□書。

……

龍飛道光柒年三月貳拾玖吉旦立。

重修二郎廟記
從來事有創於前者即有繼於後者
之前則盛蹟無自而立莫為之後則盛蹟
自而久是重修與創建其功始相等也洛陽
伊水南西李村舊有
三郎廟一座其地左右二水會聚於茲
極盛之地想亦神所臨幸之處也不知創自
何代百年以來父老傳聞靈感不爽有禱必
應駒一方之保障哉但歲月久遠廟貌頹然
漫漶不鮮神將不堪棲止矣呂君韶音惻然
動念慨然重修議衆舉事以廣其貲鳩工庀
材以視其成無修前人無廢後觀而門窗榱
桷益尾級輒煥然聿新不數日而殿宇其翼
已然也神像其煌煌然也工既訖功遂書其
所以而誌之是為記
弟子李光裕書
康熙三十八年四月吉旦

【一七三】 重修二郎廟記

年代：清康熙三十八年

尺寸：高 54 釐米，寬 76 釐米

立石地點：伊濱區李村鎮西李村

重修二郎廟記

從來事有創於前者，即有繼於後者。蓋莫爲之前，則盛蹟無自而立；莫爲之後，則盛蹟無自而久。是重修與創建，其功殆相等也。洛陽伊水南西李村舊有二郎廟一座，其地左右二水會聚於兹，蓋風水極盛之地，想亦神所臨幸之處也。不知創自何代，百年以來，父老傳聞靈感不爽，有禱必應，洵一方保障哉。但歲月久遠，廟貌頹然，漫漶不鮮，神將不堪棲止矣。吕君韶音惻然動念，慨然重修，議衆舉事，以廣其貲，鳩工庀材，以視其成，無侈前人，無廢後觀。而門窗、楝桷蓋瓦級磚，焕然聿新，不數日，而殿宇其翼匕然也，神像其煌煌然也。工既訖功，遂書其所以而誌之，是爲記。

弟子李光裕書。

功德主：吕韶音率子應宫，孫金成、金玉施銀三兩，飯十三日。

化主宋希淮銀一兩、石一車、飯一日、工十三。化主吕元音銀五錢、工十七。趙秉柏銀一兩五、石一車、飯一日、工一。趙秉敬銀一兩五、飯一日、工二。陳有功銀五錢、石一車、工四。吕正音銀五錢、石四車、工三。吕成音銀五錢、石三車、飯一日。宋起雲銀五百文、工十一。宋維欽銀五錢、飯一日、工二。趙尚義銀二錢、石一車、工三。范英銀二錢、工一。宋維翰錢一百文。張錫祉錢一百文、工八。張承祉錢一百文。張有祉錢一百文。張隆祉錢一百文。張眷祉錢一百文、工一。范允祚錢一百文、工二。范明祚一百文。王德才錢一百文、工三。宋希廉錢一百文、工二。周維忠錢三百。宋維恭錢一百文、工七。范玉錢一百文、工三。趙永祥錢一百文。劉學易錢一百文。

木匠馬□良錢一百文。石匠鄭之英錢一百文。

康熙三十八年四月吉旦。

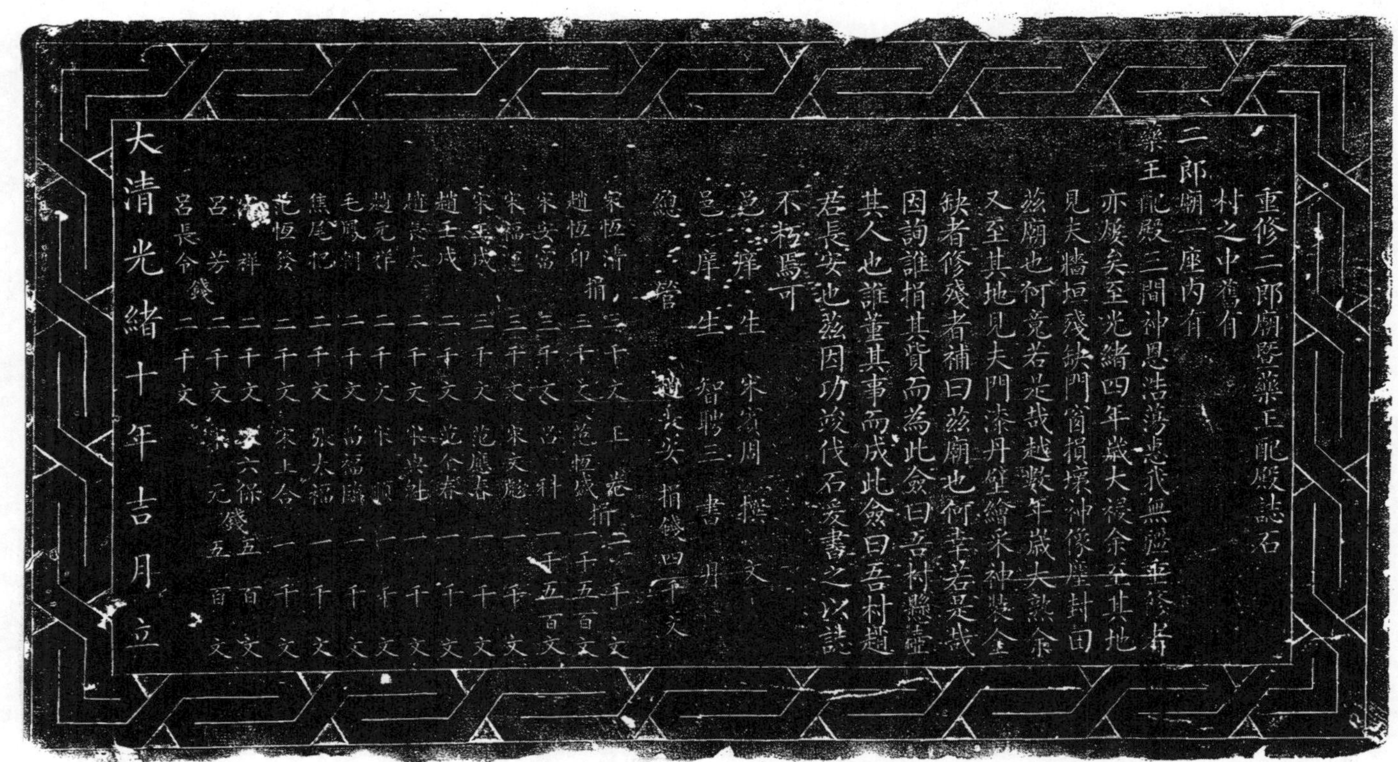

重修二郎廟暨藥王祀殿誌石

村之中舊有

二郎廟一座內有

藥王祀殿三間神恩浩蕩悲哉無極乖修者

亦廢矣至光緒四年歲大祲余至其地

見夫牆垣殘缺門窗損壞神像塵封曰

茲廟也何竟若是哉越數年歲大熟余

又至其地見夫門漆丹壁繪采神裝金

缺者修殘者補曰茲廟也何幸若是哉

因詢誰捐其貲而為此僉曰吾村懸壺

其人也誰董其事而成此僉曰吾村趙

君長安也茲因功竣伐石爰書之以誌

不朽焉可

邑庠生宋賓周撰文

邑庠生智聘三書丹

總管趙長安捐錢四千文

宋恒清捐三千文　趙恒印捐三千文　宋安富三千文　宋福運三千文　宋玉成三千文　趙玉戌二千文　趙長太二千文　趙元祥二千文　毛鳳翔二千文　焦尾杞二千文　范恒發二千文　蘇□祥二千文　呂芳二千文　呂長令錢二千文

□上卷捐三千文　范恒成捐一千五百文　呂科一千五百文　宋文魁一千文　范應春一千文　范全春一千文　張興娃一千文　張順一千文　苗福臨一千文　張太福一千文　宋上合一千文　蘇六保錢五百文　張元五百文

大清光緒十年吉月立

【一七四】 重修二郎廟暨藥王配殿誌石

年代：清光緒十年

尺寸：高 46 釐米，寬 82.5 釐米

立石地點：伊濱區李村鎮西李村

重修二郎廟暨藥王配殿誌石

村之中舊有二郎廟一座，内有藥王配殿三間，神恩浩蕩，惠我無疆。重修者亦屢矣。至光緒四年，歲大祲，余至其地，見夫墻垣殘缺，門窗損壞，神像塵封。曰：兹廟也，何竟若是哉？越數年，歲大熟，余又至其地，見夫門漆丹，壁繪采，神裝金，缺者修，殘者補。曰：兹廟也，何幸若是哉？因詢誰捐其貲而爲此？僉曰：吾村懸壺其人也。誰董其事而成此？僉曰：吾村趙君長安也。兹因功竣，伐石爰書之，以誌不朽焉可。

邑庠生宋賓周撰文，邑庠生智聘三書丹。

總管趙長安捐錢四千文。宋恒清捐錢三千文。趙恒印捐錢三千文。宋安富捐錢三千文。宋福運捐錢三千文。宋玉成捐錢三千文。趙壬戌捐錢二千文。趙長太捐錢二千文。趙元祥捐錢二千文。毛鳳朝捐錢二千文。焦尾把捐錢二千文。範恒發捐錢二千文。吕祥捐錢二千文。吕芳捐錢二千文。吕長令捐錢二千文。王卷捐錢二千文。範恒盛捐錢一千五百文。吕科捐錢一千五百文。宋文彪捐錢一千文。範應春捐錢一千文。範金春捐錢一千文。宋典魁捐錢一千文。宋順捐錢一千文。苗福臨捐錢一千文。張太福捐錢一千文。宋上合捐錢一千文。宋六保捐錢五百文。宋元捐錢五百文。

大清光緒十年吉月立。

【一七五】 創修火神藥王瘟神廟宇碑

年代：清乾隆元年

尺寸：高 156 釐米，寬 58 釐米

立石地點：伊濱區李村鎮石罷村

〔碑首〕：皇清

創修火神、藥王、瘟神廟宇三□，自古三才是參，上天曰神，下地曰衹，中厶曰巫。凡有益於天下、國家，護□乎民生者，靡不尊崇而奉祀云也。矧火神老爺，其有益於天下者，豈淺鮮哉？聞之易稱既濟代二老，以宜用至之。水火爲六府之始資春秋著以火異之變。此詩乃載詩火之章，如諸燧人天下利之，後世賴專火之爲德大矣哉！於藥王體天地好生之德，始自伏羲，下傳十代，壽世壽國、醫龍醫虎，後世視爲□神者，寧有涯涘也哉。若瘟神者，利天下亦不小矣，雖癘疾之災，關乎四時之氣運。然而去天下之疫疾，□人物之生全，其所以轉禍爲福，而瘯蠡之不生者，惟神之力焉。觀此，則護國佑民惟神是向，積功累德，聿人之爲。今有東十八里鎮，孔君毓俊、毓基、姬君均、纘謨、文齋、朱君膺佐、甄君拔良、拔傑、僧隆奇，同心共力，欲建廟宇。奈功果浩大，弱力難求，於是募化四方，貴官長者、善男信女同發善心，共求善事。于之大功告成，勒碑以垂不朽。

洛陽縣後學馬雲繡義文沐手敬撰，同學朱膺佐良臣沐手敬書。

住持僧：隆奇。徒行：王能。徒孫：深祥。

功德主生員孔毓俊妻黄氏捐銀一兩三分。功德主生員孔毓基妻李氏捐銀七兩。化主姬均銀五錢。姬纘謨銀一兩。姬文齋銀五錢。甄拔良銀一兩五錢。甄拔傑銀三錢。朱膺祚銀二錢。荆門宋氏、徐門劉氏、時門張氏銀二錢。韓門曹氏銀二錢……

龍飛乾隆元年正月十六日吉旦。

【一七六】　李村鎮東街創建奎光閣記

年代：清乾隆三十二年

尺寸：高 154 釐米，寬 62 釐米

立石地點：伊濱區李村鎮李東村

李村鎮東街創建奎光閣記

〔碑首〕：萬善同歸

李村，洛城東南鉅鎮也。仰接玉泉，俯憑伊洛，左襟關塞，右矚嵩高。地之靈宜，莫有過於此者。奚鎮之前後左右，自國……來，選南宫登賢書，以及樹幟儒林，聲高黌序者，不可屈指。豈人傑固由於地靈耶？然初未聞有所謂奎光閣也，鎮之東……奎光閣蓋創於乾隆二十五年正月二十五日，取觀音大士香火地課租三十餘金，並募化善信以成者。夫斗奎之爲……昭昭矣，顧人文興於□□，後文星應於上，如五星聚奎賓儀。雖決於數十年以前，要必其機已動、其氣已應，天象不……今構之閣而立之像，徒使後生小子戲玩習熟，舉爲恒言四文，因昌奎星而已，亦何益哉？雖然天下之踴躍於浮屠，竭力……祀者，吾不知其何心也。兹獨加意于文星閣，士民捐貲，婦子樂輸，鳩工庀材，不日告成。向非詩書禮樂之浸淫，弦誦鼓……唱和，浹於寤寐，而洽於性情，何克臻此。夫氣運之隆，關乎人才，而人才之盛，由於教化。藐兹一方，而父戒其子、兄教其……不以斯文爲向慕，則人才之日新月異，寧易量乎？吾見由斯以往，奇才碩士接踵而起，安知不有俊拔奇偉，上干星象……儀所歎者於以徵玉泉、伊洛、關塞、嵩高之鍾毓非常也哉？乃銘曰：

於赫維何，硃髮靛面。黄金在握，彩筆高燦。是謂奎宿，□□如串。端拱維何，冠裳間雅。皓首童颜，卓立侍者。是謂帝君，爰及聾啞。祀享維何，文教是主。主文斯祀，偌教鄒魯。鄒魯紹然，□義連連。大道緊遠，形象派衍。

孟津縣副貢生閻四箴撰文，河南府廩膳生孫放紹書丹。

化主：孫璽銀二兩二錢。楊永芳銀一兩。高拱宸銀二兩五錢。高有源銀二兩。潘來慶銀一兩。化主宋國琦銀四兩五錢。化主增生孫大烈銀二兩二錢。孫基銀一兩九錢。吉永福銀一兩。吉永寧銀一兩。槐三元銀拾兩。朝邑楊成典銀三兩。河津周漢文銀一兩五錢。監生毛士祥銀一兩。聞喜永盛號銀九錢。孫欣銀七錢。三益號銀五錢。長治杜盛之銀五錢。潞城王重銀五錢。長子侯國順銀五錢。福建邱大川銀五錢。陳文銀五錢。高平常塊銀五錢。蔣元□銀五錢。靈寶史榮銀五錢。靈石牛步青銀五錢。武才文銀五錢。監生武同文銀五錢。監生井星焕銀五錢。州同郭彩文銀五錢。監生杜甲如銀五錢。李有温銀五錢。張士林銀五錢。吉□儒銀五錢。朝邑告體聰銀三錢。大成號銀三錢。楊志銀二錢。趙繼成銀三錢。李文林銀三錢。喬三友銀二錢五分。宋國樸二錢五分。曲沃劉元根銀二錢。介休景榮世銀二錢。宋學信銀二錢。潞城王有振銀二錢。楊柏銀二錢。河内喬隆峰銀二錢。孟縣張天相銀二錢。安邑李希純銀二錢。靈石太和號銀二錢。孫陸銀一錢五分。孫承思一錢三分。鄭天錫銀一錢二分。高平孫烈銀一錢。合盛號銀一錢。

時乾隆三十二年歲次丁亥桂月吉日。

【一七七】 創修三星殿碑記

年代：清雍正八年

尺寸：高 156 釐米，寬 63 釐米

立石地點：伊濱區李村鎮李東村

創修三星殿碑記

〔碑首〕：爲善最樂

太極之真，二五之精，氤氳變化而萬物生。未生之前，理爲之宰，純粹以精，性無不同。……賤壽天定之生，初非人可轉移。然山靈川瀆，各有專司，豈厚實顯□，長年期□□□無其……壽。三星之明，著于天上，人間昭昭也。雖受正者無希冀之心，而惠吉廷……建祠崇祀，不爲過焉。洛邑伊南一隅，□安物阜，吉星拱照久矣。里人無欲捐貲……事，鳩工庀材，董不□勞，不半載而落成。從此，諸福之美可致之□□鄉□奉□祭，可……

吏部揀選知縣癸卯正科舉人牛己撰文并書。

……

雍正八年七月二十三日。

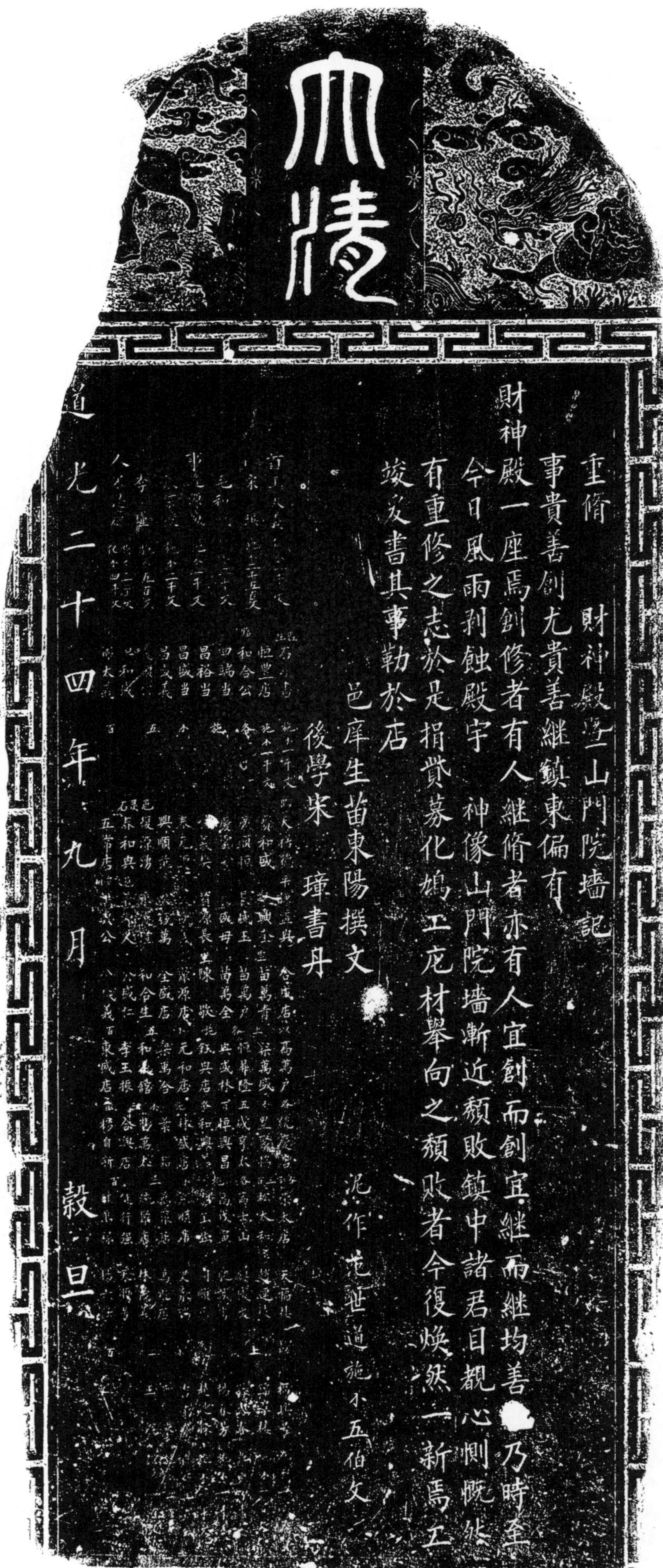
大清
重脩　財神殿並山門院墻記
事貴善創尤貴善繼鎮東偏有
財神殿一座焉創修者有人繼脩者亦有人宜創而創宜繼而繼均善乃時至
今日風雨剥蝕殿宇　神像山門院墻漸近頹敗鎮中諸君目覩心惻慨然
有重修之志於是捐貲募化鳩工庀材舉向之頹敗者今復煥然一新焉工
竣爰書其事勒於石
邑庠生苗東陽撰文
後學宋　璋書丹
泥作　范世道施小五伯文
道光二十四年九月　穀旦

【一七八】　重修財神殿暨山門院墻記

年代：清道光二十四年

尺寸：高 158 釐米，寬 57 釐米

立石地點：伊濱區李村鎮李東村

重修財神殿暨山門院墻記

〔碑首〕：大清

事貴善創，尤貴善繼。鎮東偏有財神殿一座焉，創修者有人，繼修者亦有人。宜創而創，宜繼而繼，均善□。乃時至今日，風雨剥蝕，殿宇、神像、山門、院墻漸近頽敗。鎮中諸君目睹心惻，慨然有重修之志。於是，捐貲募化，鳩工庀材，舉向之頽敗者，今復焕然一新焉。工竣，爰書其事勒於石。

邑庠生苗東陽撰文，後學宋璋書丹。

首事人王天義施錢一千文。監生宋琪施錢二千五百文。毛和盛施錢二千文。逢源盛施錢二千文。張紫綬施錢二千文。李瑾施錢五百文。宋思廉施錢三千文、化錢四千文。監生石漢書施錢一千文。恒農店施錢一千文。臨邑和合公、四端當、昌裕當、昌盛當、昌盛義、義順公、恒和盛、錦太義各施錢五百。臨邑天祐德、寶和盛、廣順恒、慶雲號、公義興、泰元源、興順範、復源湧、靈石春和典、五常店、平邑謙益興、白興奎、長盛玉、長盛母、□源長、□□義、□□萬、盛德隆　義興公、合成店、監生苗萬青、苗萬户、苗萬全、陳敬、聚源店、全盛店、和合生、公盛仁、公盛義，以上各施錢五百。高萬户、梁萬盛、恒昇隆、興盛林、鈺興店各錢五百。元和店、梁禹合、和義館、李玉振、東盛店各施錢三百。統慶店、豐聚協各錢三百。咸亨太、恒興昌、和興店、林盛店、葉晶、馮萬太、合興店、楊自新各錢二百。榮太店、松太店、高士山、高戊寅、祥順店、萬聚店、統聚店、健行強、邢萬禄、天福樓、趙連枝、興盛文。盹誠店、同順店、史聚瑞、萬魁店、林茂義、天順號、楊六任，以上各二百。福興號、錦翠樓、孫□春、楊春芳、趙建懷、吉□芳、郭米、王□……

泥作范世道施錢五佰文。

道光二十四年九月穀旦。

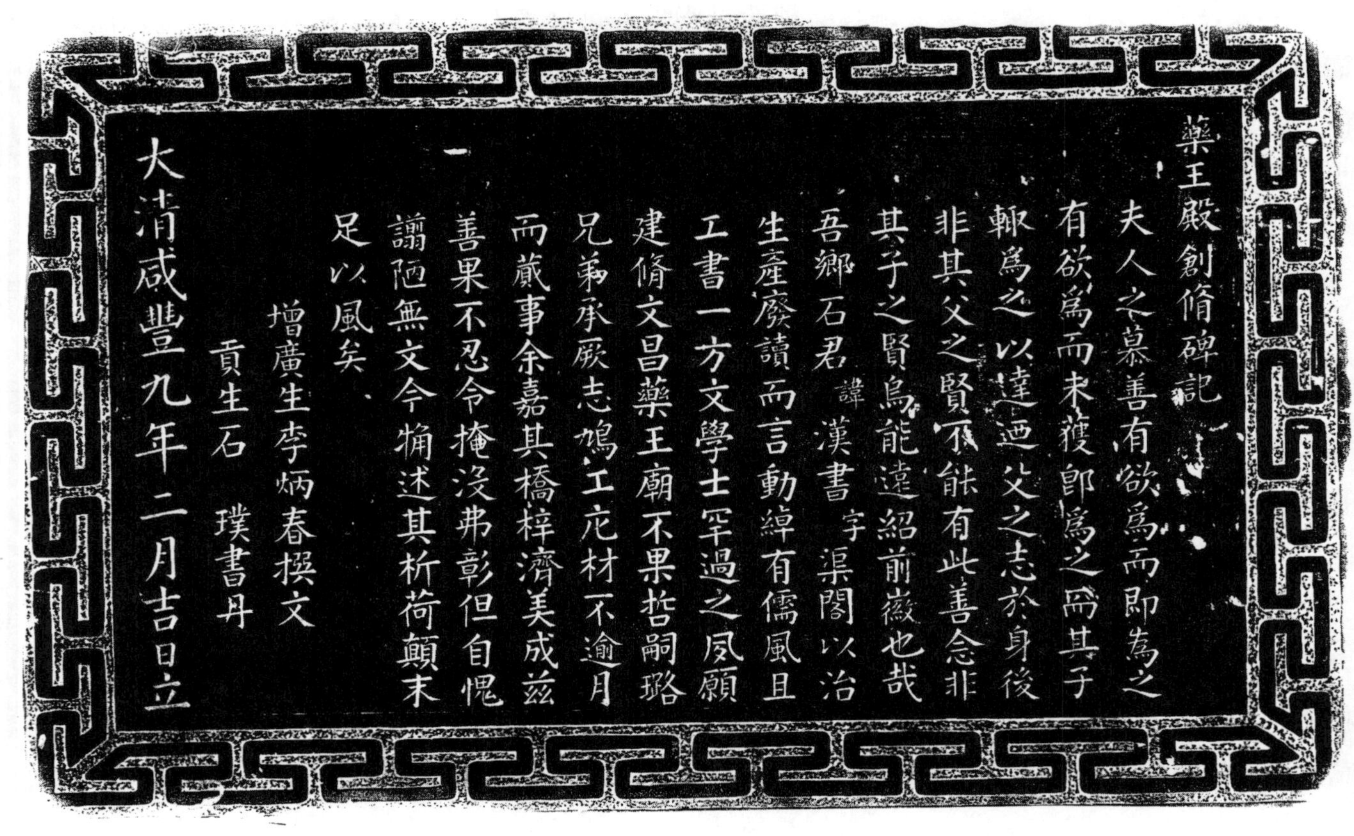

藥王殿創脩碑記

夫人之慕善有欲爲而即爲之有欲爲而未獲即爲之而其子輒爲之以達迺父之志於身後非其父之賢不能有此善念非其子之賢焉能遠紹前徽也哉吾鄉石君諱 漢書字 渠閣以治生產廢讀而言動綽有儒風且工書一方文學士罕過之夙願建脩文昌藥王廟不果哲嗣璐兄弟承厥志鳩工庀材不逾月而蕆事余嘉其橋梓濟美成兹善果不忍令掩没弗彰但自愧譾陋無文今掮述其析荷顛末足以風矣

增廣生李炳春撰文

貢生石　璞書丹

大清咸豐九年二月吉日立

【一七九】　藥王殿創脩碑記

年代：清咸豐九年

尺寸：高 47 釐米，寬 74 釐米

立石地點：伊濱區李村鎮李東村

藥王殿創脩碑記

夫人之慕善，有欲爲而即爲之，有欲爲而未獲即爲之，而其子輒爲之，以達迺父之志於身後，非其父之賢，不能有此善念；非其子之賢，烏能遠紹前徽也哉？吾鄉石君諱漢書字渠閣，以治生産廢讀而言，動綽有儒風，且工書一方，文學士罕過之，夙願建修文昌、藥王廟不果。哲、嗣、璐兄弟承厥志，鳩工庀材，不逾月而蕆事。余嘉其橋梓濟美，成兹善果，不忍令掩没弗彰，但自愧謭陋無文，今犆述其析荷顛末，足以風矣。

增廣生李炳春撰文，貢生石璞書丹。

大清咸豐九年二月吉日立。

重修玉泉聖母殿併山門將軍殿金粧聖像碑記
從來創建無人則盛蹟無自而立，重修無人則盛蹟與自者□，是人之福利固賴神以陰庇，而神之靈異亦借人以永存，則重修之與創建，其功殆相
寺也。寓安山白龍灣有玉泉聖母殿，其左則□□□□□則□□始殿下諸村凡祈穀禱雨祛病求嗣，靡不響應。溯其創始，則
修於西漢□□年間，其後迭經修葺，碑記遠於今，□□□□，聖殿傾淡，目擊心惻者不乏其人，而發處捐貲者不獲一焉。有武家屯武君諱瑞者、油□趙
村南君諱經濟者、南寨村郭君諱□岡者、龐村朱君諱朝□者、毛家村毛君諱國璘者，平日秉心純良，制行篤厚，所修諸廟舍寺宇□□□□人樂
□施□□無□□之弗食，不忍見人之饑，與神之不血食也，寧忍□息；不忍見人之失所，依與神之棲其風雨也。覩茲廢弛，毅然興懷，遂相與□□□太沐□棟
選良工為匠，□而治之，墓而堵之，所□金璫以金飾之，不兩月間而廟貌翼翼然也，金粧煌煌然也，美哉輪焉，美哉奐焉，又鳥鳥然也。雖募化衆紳共□□舉
而擁與畫始從鳩領，諸君之劬勞多焉。噫，竹橋渡蟻猶能登第，而況□□乎；□塑佛祠獲厚報，而況修廟宇乎？則諸君之擁厚實享吉慶，尚□□厥報
子孫將來必有昌大其家聲者，斯固理之必然者也。借曰神道□□□報難必，則幾見有植蘭得蘭，□□□□樹松柏而得□□者哉？余故為文以
祀之，一以堅諸君為善之心，使不倦於將來；一以諷挽衆人，效法諸君為善之行，使共趨於善果。然一簣之土，積足蓋泰山之高；一杯之水，流足成江海。
夫安在天下□□□升斗之不想紀載哉？並勒貞珉，同誌不朽云。
者
大清康熙八年歲在己酉孟春吉旦
欽命□□等處兵備分巡關西道陝西按察司僉事石岳撰文
河南府儒學生員魏□尊書丹
洛陽縣儒學生員郭維垣篆額
功德主武□　朱朝仙　男文魁　蓋匠孫孟春　住持僧海祥　□慶
郭維藩　男衍昌　泥水匠□□　心宗　□輝
武瑞　男□元　木匠吳進嘉　□金　□宗印
郭□瑞　男之俊　□閣自成　吉日全立
毛國□　□鍾麟　石匠胡國泰

【一八〇】 重修玉泉聖母殿併山門將軍殿金粧聖像碑記

年代：清康熙八年

尺寸：高 155 釐米，寬 60 釐米

立石地點：伊濱區李村鎮葦園村

重修玉泉聖母殿併山門將軍殿金粧聖像碑記

從來創建無久，則盛跡無自而立；重修無人，則盛跡無自而人。是以人之福利，固賴神以蔭庇，而神之靈爽，亦借人以永存。則重修之，與創建其功殆相等也。萬安山白龍潭有玉泉聖母殿，其左則癬瘡奶奶，右則子孫奶奶，殿下諸村凡祈穀禱雨、詸病求嗣，靡不響應。溯其創始，則勑修於西漢□□年間，其後相繼重修，各有銘碑。迄於今，棟折垣頹，聖像慘澹，目擊心惻者不乏其人，而發虔捐貲，百不獲一焉。有武家屯武君諱瑞者、油趙村郭君諱維藩者、南寨村郭君諱瑞圖者、龐村朱君諱朝仙者、毛家村毛君諱國琇者，平日秉心純良，制行篤厚，所修葺諸廟舍、寺宇、橋樑、道路，活人樂施，輸貲無算。寧己弗食，不忍見人之饑與神之不血食也；寧己弗息，不忍見人之失所依與神之棲其風雨也。睹兹廢弛，毅然興懷，遂相與棘大木爲棟，選良工爲匠，豎而檻之，築而堵之，丹青金碧，以金飾之。不兩月間，而廟貌翌翌然，也金粧煌煌然也，美哉輪美哉奐，又鼎鼎然也。雖募化衆緣，共襄斯舉，而振興聿始，提挈綱領，諸君之功居多焉。噫！竹橋渡蟻，猶能登第，而況禮神乎？笞笠覆佛，猶獲厚報，而況修廟乎？則諸君之擁厚，實享吉康，尚未殫厥報，而□若孫將來必有昌大其家聲者，斯固理之必然者也。借曰：神道茫茫果報難，必則幾見，有植蘭得蕕，養芝得菌，樹松柏而得樗櫟者哉。余故爲文以記之，一以堅諸君爲善之心，使不倦於將來；一以誘掖衆人，效法諸君爲善之行，使共證於善果。然一簣之土，亦足益泰山之高；一杯之水，亦足成江海之大。安在尺木、寸材、斗米、升菽之不堪紀哉！並勒貞珉，同誌不朽云。

欽差整飭平鳳等處兵備分巡關西道陝西按察司僉事石岳撰文，河南府儒學生員魏尊書丹，洛陽縣儒學生員郭維垣篆額。

功德主：朱朝仙男文魁、郭維藩男衍昌、武瑞男抗元、郭瑞圖男之俊、毛國琇男鐘麟。

畫匠：張孟春。泥水匠：栗□。木匠：吴進善、閻自成。石匠：朝國泰。

住持僧：海祥、寂慶、心宗、介釋、廣金、宗印吉日仝立。

時大清康熙八年歲在己酉孟春吉旦。

【一八一】　重修萬安山白龍潭白龍王廟碑記

年代：清康熙二十九年

尺寸：高 164 釐米，寬 65 釐米

立石地點：伊濱區李村鎮葦園村

重修萬安山白龍潭白龍王廟碑記

中原挺特英偉之氣，結爲嵩山一支，西坡分爲萬安山，山之陰，威潤澤之氣又聚而爲湫潭，主此潭者，實惟白龍尊神，缾罍罐勺可以雨天下。緣是詫此潭之靈異，遠與近無異口也。其崔巍高聳，臨於潭上者，非白龍王廟也耶！溯廟所由，昉勅建於洪武六年，復修於洪熙元年，重修於嘉靖四十五年。迄今，風雨剥蝕，將至傾頽。舊詩云：破祠低拱行饑鼠，廢址枯楊立怪鴉。言之惻惻動人，但附近居者各田爾田，宅爾宅，僉畏山高路崎，木石磚瓦轉運倍難，謀及功德主，輒拂首走卸，惟恐不速。有郭君諱維藩、孫君諱學孟者，登其巔，睹其圮，不禁毅然自任，曰：億萬衆所托庇者此廟也，豈其聽其廢壞於荒煙荒草間，功德主吾二人盍勉任焉。賴釋子宗印同心戮力，相爲募化，四方君子，有財者願輸其財，有力者樂效其力，築之登登，削屢馮馮，廟貌新整，神像輝煌，厥功告成焉。雖曰衆善所爲，而首事創先，不憚勞瘁，不惜貲財者，厥惟二公之力爲賴云。祭法曰：先王之制祀，曲也能興大利，則祀之龍之爲靈，昭昭也。噓！氣成雲作甘霖，以利天下，豈曰小補云爾哉！並勒於石，以誌不朽。

欽賜翰林院庶吉士袁拱頓首撰文，洛陽縣儒學生員郭元昌盥手書丹並篆。

洛陽縣正堂修學翰施銀三兩。杜懷赤施柏樹六株廟前栽。

功德主：郭維藩同男府學生員壽昌施銀七兩。功德主生員孫學孟男府學生員時敏貢監時恭施銀四兩一錢。信士郭維翰男府學增廣生員世昌施銀二兩一錢。信士生員范可式男生員安仁施銀二兩。

住持僧：宗印。徒：道玉、道寬、道祥、道雲。孫：慶會、慶琇。木匠：吴國楨。泥水匠：董瑾。石匠：闞自本仝立。

時康熙二十九年歲次庚午季夏吉旦。

【一八二】 重修萬安山白龍潭九龍聖母殿碑記

年代：清道光三年

尺寸：高 36 釐米，寬 52 釐米

立石地點：伊濱區李村鎮葦園村

重修萬安山白龍潭九龍聖母殿碑記

僧隨栽栢樹兩株

白草坡：許大新、許大邦、許可榮、許大宗、許可繼、監生許可讓、許可瞻、許可願、監生李可明、許賢、許福明，以上各四百。許可復、許大合、許九成、許從典、許可述、楊法、許從雲各三百。許從業、許可柱、許成功、許從度、許法仁、許可速、許九職、許可節、許從彪、許從法、許可挹、許大慶、李克仁、許可仕、許可表、許大立、和有禮、史永壽、李福安　許可陶、許從義，以上各二百。姚大丙、朱有爵、許從昇、許篤、許可景、許大福、許從書、李發、許福甯、許九苞、許成山、劉法福、許可安、陶天昇、張明、李朋昇、許大有、許成己、許大禄、許大魁、許大户、許從貴，以上各一百。化主段士榮錢二百。段士賓、鳳其法、段大文、段希瑤、陳敬、楊生壽、段長安、張有恒各一百。張永興錢一千四百。

玉泉寺住持僧：清府。徒：净修、净緣仝立。

大清道光三年歲次癸未仲夏谷旦。

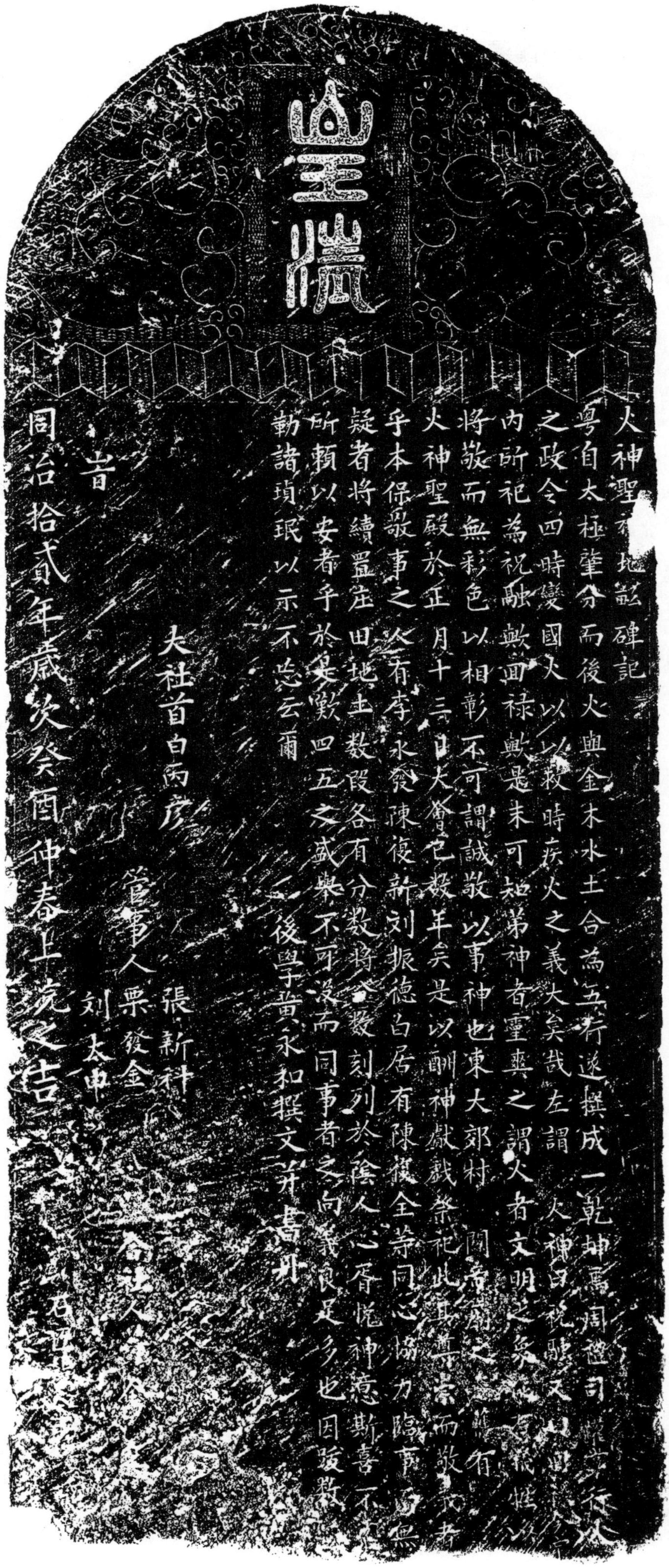

皇清

火神聖祠地誌碑記

粤自太極肇分而後火與金木水土合為五行遂撰成一乾坤焉周證司□□□

之政令四時變國火以以救時疾火之義大矣哉左謂火神曰祝融又□□□□

内所祀為祝融歟回祿歟是未可知第神者靈爽之謂火者文明之象□□□□

將敬而無彩色以相彰不可謂誠敬以事神也東大郊村閻帝廟之□有

火神聖殿於正月十三日大會已數年矣是以酬神獻戲祭祀此□□崇而敬者

乎本保敬事之人有李永發陳復新劉振德白居有陳復全等同心協力臨事無

疑者將續置庄田地土數段各有分數將□數刻列於陰人心胥悅神意斯喜一不

所賴以安者乎於是□敷四五之盛舉不可沒而同事者之向義良足多也因援數

勒諸堉珉以示不忘云爾　後學黄永和撰文并書丹

大社首白丙彦

管事人　張新科　栗發金　劉太申

合社人

旨

同治拾貳年歲次癸酉仲春上浣之吉

【一八三】　火神聖□地畝碑記（碑陽）

年代：清同治十二年

尺寸：高 139 釐米，寬 55 釐米

立石地點：伊濱區佃莊鎮東大郊村

火神聖□地畝碑記

〔碑首〕：皇清

粵自太極肇分，而後火與金木水土合爲五行，遂撰成一乾坤焉。《周禮》司權掌行火之政，令四時變國火，以以救時疾，火之義大矣哉。《左》謂火神曰祝融，又曰回禄。今宇内所祀，爲祝融歟？回禄歟？是未可知。第神者靈爽之，謂人者文明之，象□有犧牲以將敬，而無彩色以相彰，不可謂誠敬以事神也。東大郊村關帝廟之□，舊有火神聖殿，於正月十三日大會，已數年矣，是以酬神獻戲祭祀，此其尊崇而敬義者乎？本保敬事之人，有李永發、陳復新、劉振德、白居有、陳復全等，同心協力，臨事而無疑者，將續置莊田地土數段，各有分數，將分數刻列於陰。人心胥悦，神意斯喜，不□所賴以安者乎？於是歎四五之盛舉不可没，而同事者之向義良足多也。因跋數□，勒諸貞珉，以示不忘云爾。

後學黄永和撰文并書丹。

大社首：白丙彦。管事人：張新科、栗發金、劉太申、合社人仝立。

石匠：□□□。

時同治拾貳年歲次癸酉仲春上浣之吉。

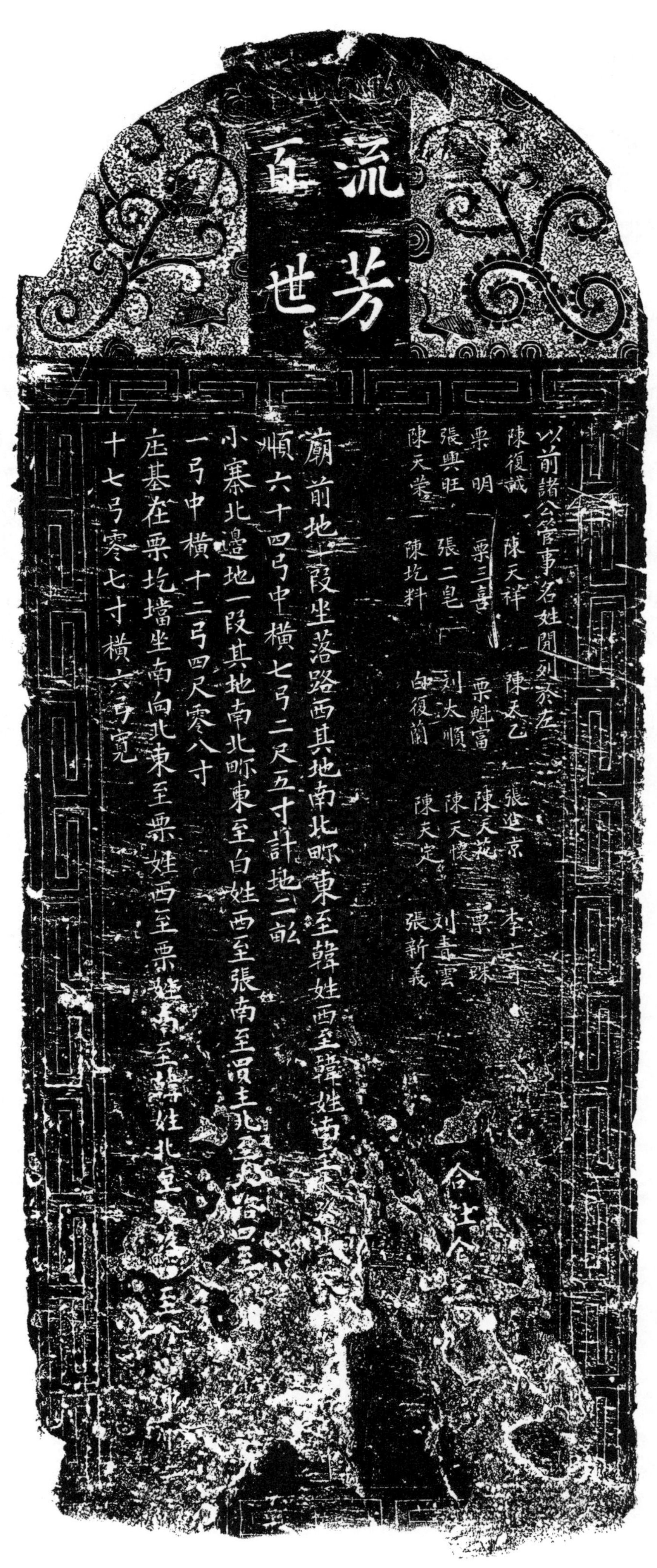
流芳百世

以前諸公管事名姓開列於左
陳復誠　陳天祥　陳天乙　張進京　李□
栗明　栗三喜　栗魁富　陳天苑　栗珠
張興旺　張二皂　刘太順　陳天懷　刘青雲
陳天榮　陳圪料　白復蘭　陳天定　張新義

廟前地一段坐落路西其地南北畛東至韓姓西至韓姓南至[illegible]
順六十四弓中橫七弓二尺五寸計地二畝
小寨北邊地一段其地南北畛東至白姓西至張姓南至賈圭北至[illegible]
一弓中橫十二弓四尺零八寸
庄基在栗圪墻坐南向北東至栗姓西至栗姓南至韓姓北至[illegible]至
十七弓零七寸橫六弓寬

合社仝[illegible]

【一八四】 火神聖□地畝碑記（碑陰）

年代：清同治十二年

尺寸：高 139 釐米，寬 55 釐米

立石地點：伊濱區佃莊鎮東大郊村

〔碑首〕：流芳百世

以前諸公管事名姓開列於左：陳復誠、栗明、張興旺、陳天榮、陳天祥、栗三喜、張二皂、陳圪料、陳天乙、栗魁富、劉太順、白復蘭、張進京、陳天花、陳天懷、陳天定、李六奇、栗珠劉青雲、張新義。合社仝立。

廟前地一段，坐落路西，其地南北畛。東至韓姓，西至韓姓，南至大路，北至大路，四至分明，中順六十四弓，中橫七弓二尺五寸，計地二畝。小寨北邊地一段，其地南北畛。東至白姓，西至張姓，南至買主，北至大路。四至分明，……一弓，中橫十二弓四尺零八寸。莊基在栗圪壋，坐南向北。東至栗姓，西至栗姓，南至韓姓，北至大路。四至分明，中順十七弓零七寸，橫六弓寬……

【一八五】 關帝廟地畝錢糧以及重修舞樓刻石序

年代：清雍正九年

尺寸：高 130 釐米，寬 51 釐米

立石地點：伊濱區佃莊鎮東大郊村

關帝廟地畝錢糧以及重修舞樓刻石序

〔碑首〕：皇清

聞之：祀神之典，禦災捍患，□祀之爲。夫關帝聖賢，英威靈氣，千古不磨，真禦災捍患之尤者也。昔年卜地於兹，嵩邙拱向，伊洛襟帶，建廟祀神，由來久矣。自明季萬曆年間已經重修，至我朝定鼎以來，性祖諱守國又重修焉。傳至性父邑庠諱起蕊，踵前人之意，無不旦暮慮廟内事，但善事未遂，年逾古稀，忽而即世，是我父在天之靈未□遂焉。予該成父之志而無由。忽有本村地畝出而求售，予因與管事諸人商議，將賣榆樹積聚錢糧及本村施捨，因置田産一區，香火之資，不有備哉！更慮廟前舞樓，風雨頹壞，不爲之修，將以何者爲悦神之具？將以何者爲將敬之所乎？因挹鳩工重修補葺，飾以丹雘，繪以黝堊，不日而告成焉。事神有資，悦神有具，爾時予心安矣。而予祖予父之心，不亦稍安於地下乎？今當事告竣，因爲之刻勒於石，以昭成功，以垂不朽云爾。

立石人韓春賢、韓成性、韓知性置地重修舞樓刻記。

買地一畝五分，其地南北畛。東至栗健行，西至董篆，南至劉守業，北至栗健行，四至分明，價銀六兩六錢整。廟内銀五兩一錢，知性施銀一兩五錢。二宗買地二畝一分，其地南北畛。東至陳治道，西至李存業，南至小路，北至小路，四至分明。長八十八步，南横五步二尺，北横六步，價銀十二兩三錢五分。廟内銀九兩零五分。韓□一施銀三錢。侯文禮、吕澤誨、董奇章三人施銀二兩。韓養純施銀三錢。韓養賢施銀伍錢。陳龍施銀一錢。周六□施銀一錢。

妝修使銀八錢，粉畫使銀一兩六錢五分。

木匠：周學詩。畫匠：李玉珍。石匠：劉起鳳、林懷見。住持：宋陽鍾。徒劉來章。仝立。

雍正玖年七月二十七日吉時。

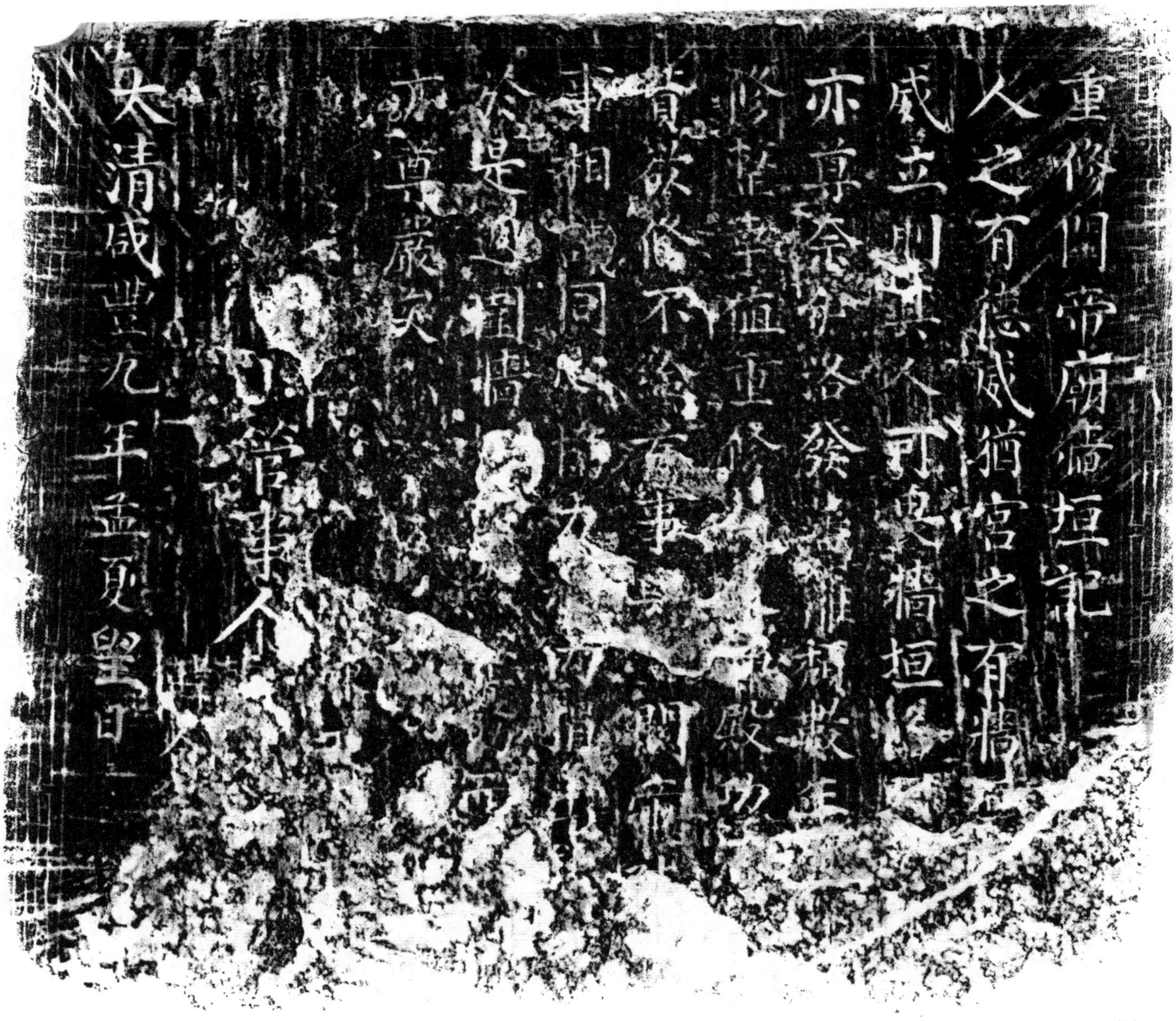
重修關帝廟牆垣記
大清咸豐九年孟夏望日

【一八六】 重修關帝廟墻垣記

年代：清咸豐九年

尺寸：高 32 釐米，寬 36 釐米

立石地點：伊濱區佃莊鎮東大郊村

重修關帝廟墻垣記

人之有德威，猶宫之有墻垣。□□威立，則其人可畏。墻垣□□□□亦尊。奈伊洛發藩籬頹，數年□□費，欲修不給，百事□□。關帝□□事相議，同心協力，□内捐出□□。於是，周圍墻垣□□□□□，而□□亦尊嚴矣。

管事人：陳□□、□□□、韓□□、韓會□。

大清咸豐九年孟夏望日。

武當八宮建醮萬安山建醮碑記

萬安山古跡蕩魔觀積善建醮庄畫殿像碑記

大明國河南河南府洛陽縣偏橋保五里人氏見在西宋村各分四散居住奉

神朝山進香各宫修醮復迴本山建醮庄畫殿像完滿監碑衆信社首孫天渠

伏以洋洋在上徽綿綿化育之仁洞洞于中降浩浩滂洪之福敬茲三薰而懇禱特伸

一悃以利恩謹露微衷僧希聪格伏念天渠等於先年近歲以来為保各家平安朝

武當進香八次八宫清醮各有分位次復萬安山蕩魔觀建醮三次庄畫

玄帝神柱同施銀四百五十兩圓滿建醮三十六分監碑一通證果植福伏願

金殿巍峩惟寸誠而感格玉陛縹緲存一念以僭通鈞叩

高穹俯伸册悃衆信誠心謹言

社首孫天渠李敎孫廷相孫壽孫廷孫南香沙溝王紀柴洪京孫騰現孫科孫天夏

孫大貢孫鄧孫禹清孫應元康良臣孫池孫江孫仲才孫范

本山功德主尚漢孫壽孫仲銀胡廷才馬應秋

本山住持杜守權孟先澤　刘中琴陳中諫崔中林

賜進士資政大夫兩京户部尚書前都察院佐院右副都御史洛陽東穀孫應奎撰

旹萬曆二年歲次甲戌夏孟月十六日吉旦　石匠張洪

【一八七】 萬安山古跡蕩魔觀積善建醮莊畫殿像碑記

年代：明萬曆二年

尺寸：高 105 釐米，寬 49 釐米

立石地點：伊濱區寇店鎮萬安山祖师廟

萬安山古跡蕩魔觀積善建醮莊畫殿像碑記

〔碑首〕：武當八宫建醮萬安山建醮碑記

大明國河南河南府洛陽縣偏橋保五里人氏，見在西朱村各分四散居住，奉神朝山進香，各宫修醮，復回本山建醮莊畫殿像完滿豎碑，衆信社首孫天渠伏以洋洋在上，徼綿綿化育之仁；洞洞於中，降浩浩滂洪之福。敬兹三薰而懇禱，特伸一悃以利恩。謹露微衷，偕希昭格。伏念天渠等於先年近歲以來，爲保各家平安，朝武當進香八次，八宫清醮，各有分位，次復萬安山蕩魔觀建醮三次，莊畫玄帝神柱，同施銀四兩五錢，圓滿建醮三十六分，豎碑一通，證果植福。伏頤金殿巍峨，惟寸誠而感格；玉陛縹緲，存一念以偕通□。叩高穹俯伸冊悃，衆信誠心謹言。

賜進士資政大夫兩京户部尚書前都察院佐院右副都御史洛陽東穀孫應奎撰。

社首：孫天渠、李敖、孫廷相、孫壽、孫遷、孫南香。沙溝：王紀、柴洪京、孫騰現、孫科、孫天夏、孫大貢、孫節、孫禹清、孫應元、康良臣、孫池、孫江、孫仲才、孫範。

本山功德主：尚漢、孫壽、孫仲銀、胡廷才、馬應秋。本山住持：杜守權、孟先澤、劉中琴、陳中諫、崔中林。石匠：張洪。

時萬曆二年歲次甲戌夏孟月十六日吉旦。

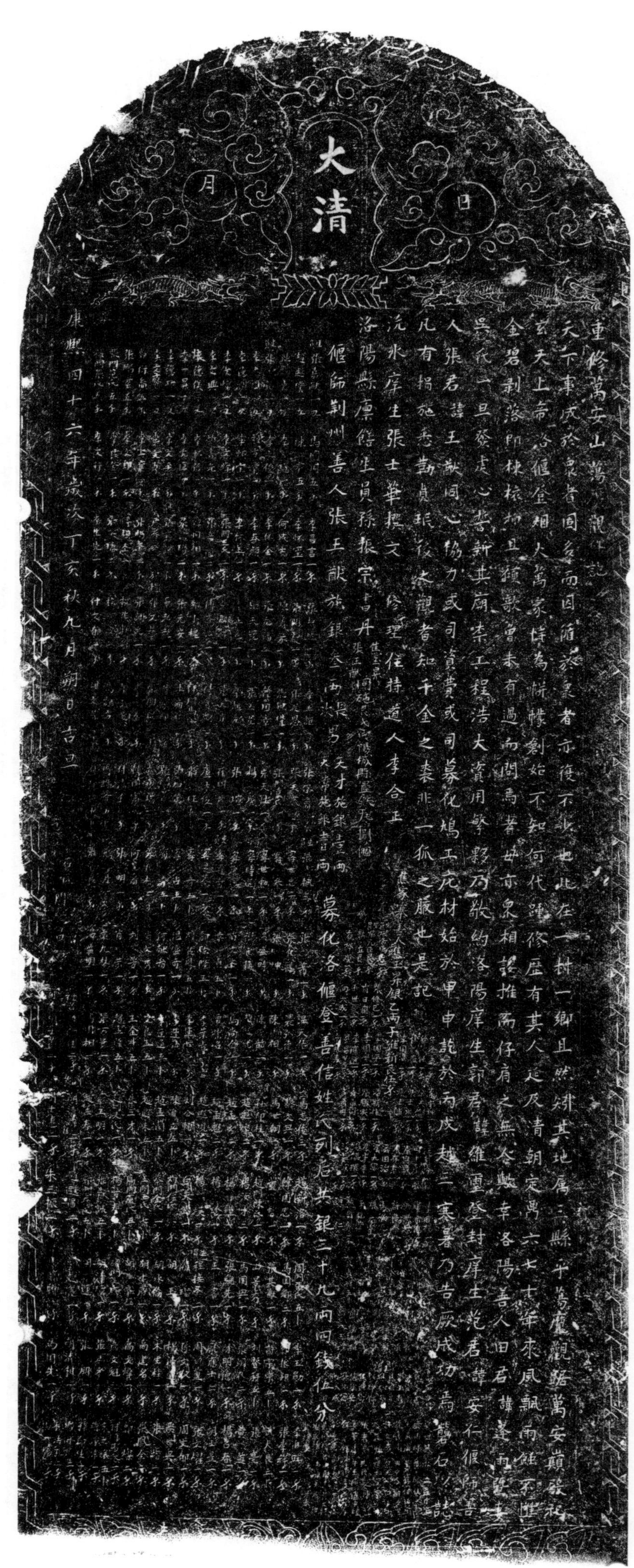

【一八八】　重修萬安山蕩魔觀碑記

年代：清康熙四十六年
尺寸：高 180 釐米，寬 69 釐米
立石地點：伊濱區寇店鎮萬安山

重修萬安山蕩魔觀碑記

〔碑首〕：大清　日月

天下事成於衆者固多，而因循於衆者亦復不少也。此在一村一鄉且然，矧其地屬三縣乎？蕩魔觀踞萬安巔，殿祀玄天上帝，洛偃登煙火萬家，恃爲帡幪，創始不知何代，踵修歷有其人。延及清朝定鼎，六七十年來，風飄雨蝕，不惟金碧剥落，即棟榱抑且傾欹，曾未有過而問焉者，毋亦衆相諉推，而仔肩之無人歟！幸洛陽善人田君諱逢雨暨妻吴氏一旦發虔心，誓新其廟。奈工程浩大，資用繁夥，乃敬約洛陽庠生郭君諱維璽、登封庠生范君諱安仁、偃師善人張君諱王猷，同心協力，或司資費，或司募化，鳩工庀材，始於甲申，訖於丙戌，越三寒暑乃告厥成功焉。磐石以誌，凡有捐施，悉勒貞珉，後之觀者，知千金之裘非一狐之腋也。是記。

沅水庠生張士華撰文，洛陽縣廩饍生員孫振宗書丹。

修理住持道人李合正。偃師荆州善人張王猷施銀三兩，長男天才施銀壹兩，次男天常施銀壹兩。

募化洛偃登善信姓氏列後，共銀三十九兩四錢伍文。

焦玉昇、張王猷同施銀貳兩。焦家寨善人焦玉昇銀乙兩，子維新銀伍錢。陽城縣置鐵瓦捌個。生員張嘉猷一兩。趙遐璞一兩。陳吏一兩。吏員張洛一兩。李木圖一兩。李德潤一兩。李文燦一兩。李文興一兩。張德儀一兩。李一昇一兩。李德功一兩。李文賢一兩。郭衍圖五錢。張鵬鶱五錢。張門范氏五錢。孫門張氏五錢。馬國用五錢。陳寧五錢。李璲一錢。李之俊一錢。劉方業一錢。李懷寶一錢。李文烽一錢。楊青光一錢。李懷信一錢。李文臣一錢。李文平一錢。李文秀一錢。李上襄一錢。李文印一錢。李其金一錢。李文行一錢。李昌吉一錢。李懷璽一錢。何成士一錢。李懷金一錢。李春颜一錢。李懷玉一錢。張門王氏二錢。張嘉聞二錢。韓國相二錢。張瓚二錢。張嘉謨二錢。尹齊松二錢。張鵬學二錢。傅横聖二錢。張璠二錢。李生先一錢。張起然一錢。張明月一錢。陳蘭芳一錢。張元福一錢。張天重一錢。陸正色一錢。張朋祥一錢。傅齊民一錢。郭小槐一錢。張元安一錢。景起龍一錢。監生張文藝一錢。張調元一錢。程生壯一錢。程文一錢。付文郁一錢。李正誼一錢。張我思一錢。張獻瑾一錢。韓國璋一錢。張大星一錢。張起元一錢。張大貴一錢。付良弼一錢……

石匠姚晨會、閻登昌。

康熙四十六年歲次丁亥秋九月朔日吉旦。

【一八九】　重修聖父母殿碑記

年代：清康熙五十六年

尺寸：高 120 釐米，寬 55 釐米

立石地點：伊濱區李村鎮葦園村

重修聖父母殿碑記

嘗謂：莫爲之前，雖美弗彰；莫爲之後，雖盛弗傳。予每於耕讀之暇，登其山曰萬安，游其觀曰蕩魔。見夫歷求功德，皆祖必身任其責，因不敢滅先人之志，敬納四方善信，數年勤勞重修，大殿輝煌，建立西配，焕然又麗。聖公聖母殿宇損壞，不堪神棲，忽有吾族善人范君諱文禎、弘任者叔侄，慨然以重修爲念，募化各處朝頂錢糧，不數月而厥功告成，粧塑如新，庶神有所倚，而人有所仰。美傳盛事，千秋名揚，玆當刻石以誌不朽。

功德主生員范安仁沐手敬書，化主范文禎□記任。

社首：萬達秀、萬應節、萬應憂、萬國安、萬可言、萬可云、萬可祥、萬國平、萬國珍、萬國奇、牛盡忠、晉崇文、陳正、魏可學、萬應賓、萬應林、萬可如、萬學謨、萬應錫、范文禎、范弘任、范文林、張廷秀、李邦行、馮三奇、張應升、張□恩，以上社首、副首共施銀一萬□錢。

社首張進文，副首：李永明、張東奇、范文元、范文魁、張天福、邱文隆、張進福、常希孟、范甫、范璋、李宗榮、范珞、李宗福、申得財、李□、孫禄、張鑣，以上共施銀四兩。社首張玉聲、范弘道、苗俊惠共施銀七錢五分。社首潘世隆、趙三介、孫連俞共施錢七百文。社首李門孫氏、訓導李門范氏、范門穆氏、李門□氏、范門陳氏、宋門范氏、李門吕氏、程門李氏、李門范氏、□門胡氏、張門裴氏，以上共施銀二兩一錢。

社首：范文白、魏文中，副首：范君玉、魏文才、李進寶、張吉成、萬應昇、范弘訓、范□吉、范六秀、翟文顯、楊□，以上共施銀六兩五錢。管飯：張九思、張彩、范君移。

木匠：范弘道、范其秀、范彦□。石匠：雷□、黄□。主持道人：張教蘊。

皇清康熙五十六年三月初三日洛登二縣信士仝立。

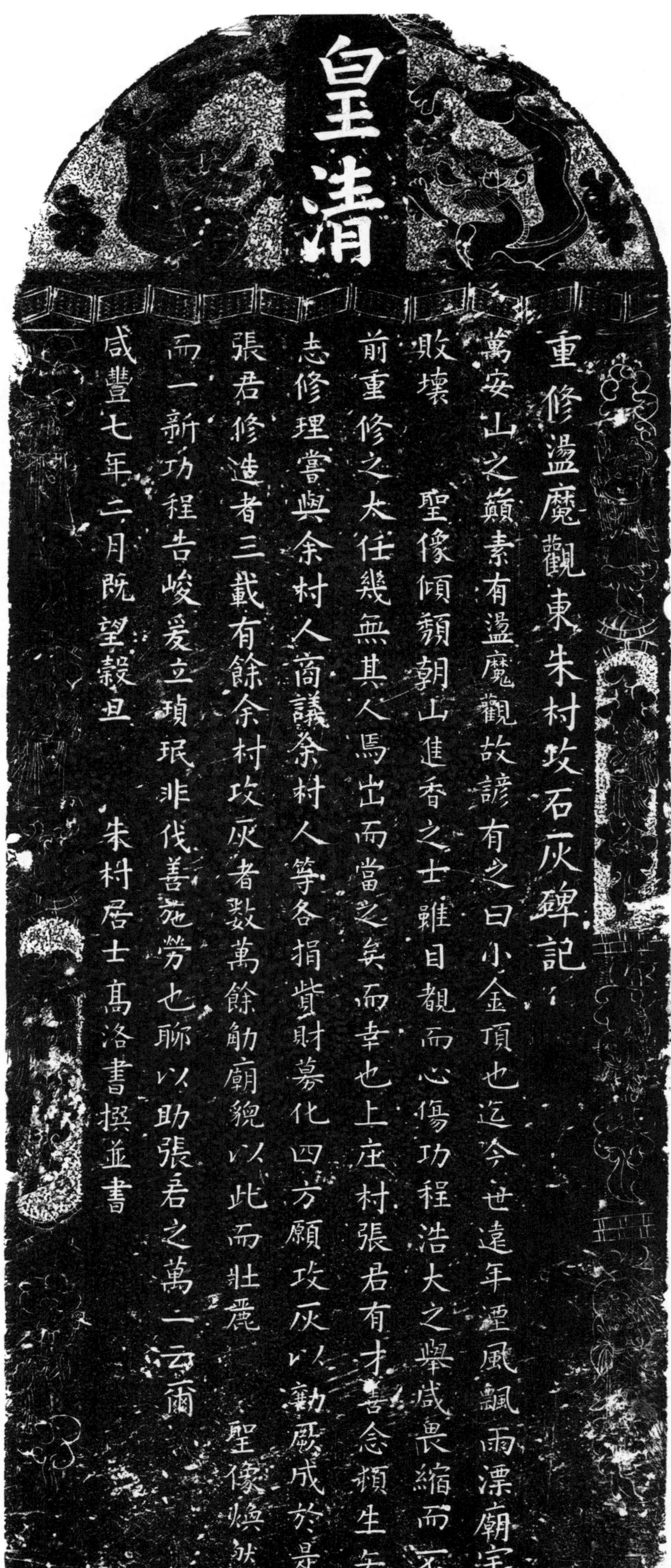

皇清

重修盪魔觀東朱村攻石灰碑記

萬安山之巔素有盪魔觀故諺有之曰小金頂也迄今世遠年湮風飄雨漂廟宇敗壞　聖像傾頹朝山進香之士雖目覩而心傷功程浩大之舉咸畏縮而不前重修之太任幾無其人焉出而當之矣而幸也上庄村張君有才善念頓生矢志修理嘗與余村人商議余村人等各捐貲財募化四方願攻灰以勷厥成於是張君修造者三載有餘余村攻灰者數萬餘觔廟貌以此而壯麗　聖像煥然而一新功程告峻爰立頊珉非伐善施勞也聊以助張君之萬一云爾

咸豐七年二月既望穀旦　朱村居士高洛書撰並書

【一九〇】　重修蕩魔觀東朱村攻（供）石灰碑記

年代：清咸豐七年

尺寸：高143釐米，寬56釐米

立石地點：伊濱區寇店鎮萬安山祖師廟

重修蕩魔觀東朱村攻石灰碑記

〔碑首〕：皇清

萬安山之巔，素有蕩魔觀，故諺有之曰"小金頂也"。迄今世遠年湮，風飄雨漂，廟宇敗壞，聖像傾頽。朝山進香之士，雖目睹而心傷，功程浩大之舉，咸畏縮而不前，重修之大任，幾無其人焉出而當之矣。而幸也，上莊村張君有才，善念頓生，矢志修理，嘗與余村人商議，余村人等各捐貲財，募化四方，願攻灰以勷厥成。於是，張君修造者三載有餘，余村攻灰者數萬餘觔，廟貌以此而壯麗，聖像焕然而一新。功程告竣，爰立貞珉，非伐善施勞也，聊以助張君之萬一云爾。

朱村居士高洛書撰并書。

咸豐七年十一月既望穀旦。

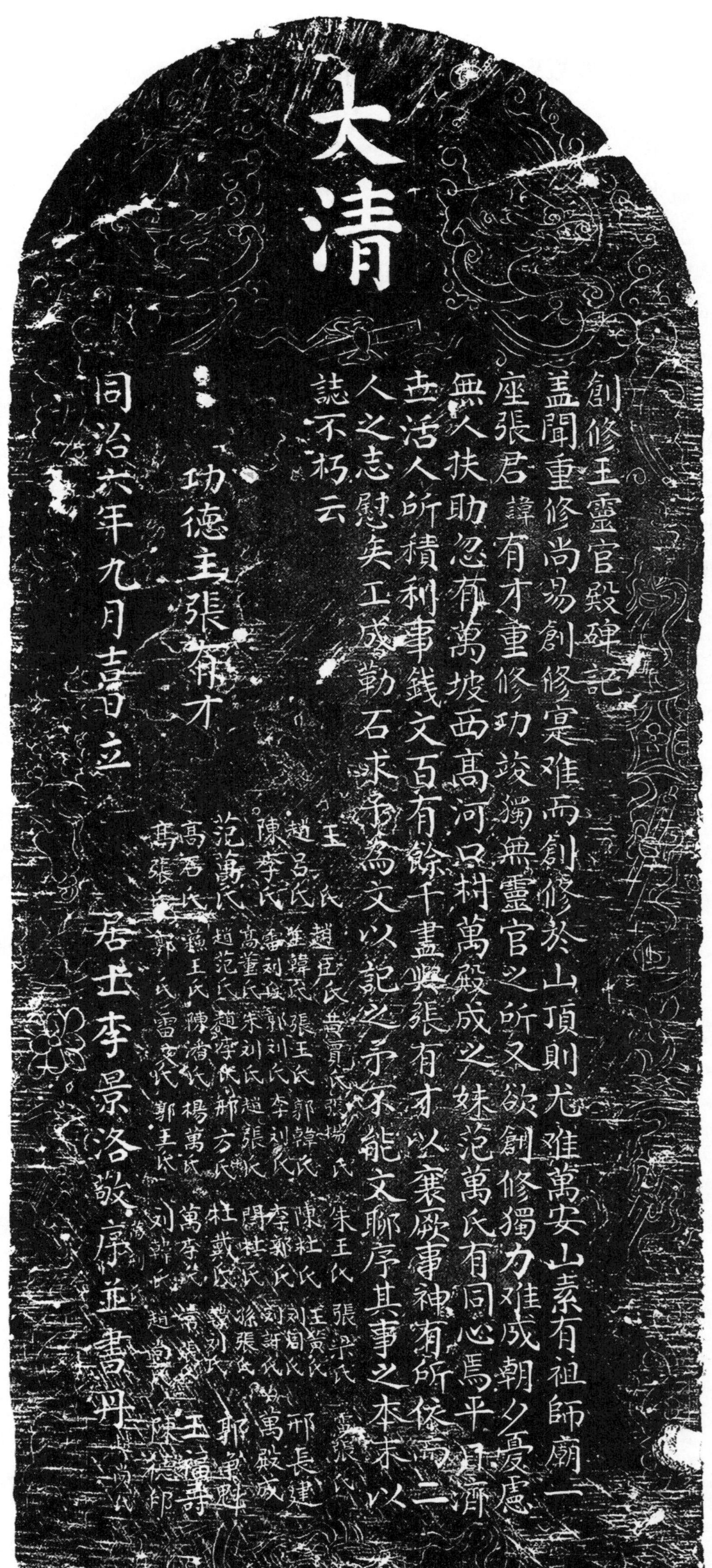

大清

創修王靈官殿碑記

蓋聞重修尚易創修寔難而創修於山頂則尤難萬安山素有祖師廟一座張君諱有才重修功竣獨無靈官之所又欲創修獨力難成朝夕憂慮無人扶助忽有萬坡西高河口村萬殿成之妹范萬氏有同心焉平日濟世活人所積利事錢文百有餘千盡與張有才以襄厥事神有所依而二人之志慰矣工成勒石求予為文以記之予不能文聊序其事之本末以誌不朽云

功德主張有才

居士李景洛敬序並書丹

同治六年九月吉日立

【一九一】 創修王靈官殿碑記

年代：清同治六年

尺寸：高 123 釐米，寬 51 釐米

立石地點：伊濱區寇店鎮萬安山祖師廟

創修王靈官殿碑記

〔碑首〕：大清

蓋聞重修尚易，創修寔難。而創修於山頂，則尤難。萬安山素有祖師廟一座，張君諱有才，重修功竣，獨無靈官之所，又欲創修。獨力難成，朝夕憂慮，無人扶助。忽有萬坡西高河口村萬殿成之妹范萬氏，有同心焉，平日濟世活人，所積利事錢文百有餘千，盡與張有才以襄厥事。神有所依，而二人之志慰矣。工成勒石，求予爲文以記之。予不能文，聊序其事之本末，以誌不朽云。

居士李景洛敬序并書丹。

功德主：張有才、王氏、趙吕氏、陳李氏、範萬氏、高石氏、高張氏、趙臣氏、王韓氏、雷劉氏、高董氏、趙範氏、蘇王氏、郭氏、黄賈氏、張王氏、郭劉氏、朱劉氏、趙李氏、陳潘氏、雷文氏、張楊氏、郭韓氏、李劉氏、趙張氏、邢方氏、楊萬氏、郭王氏、朱王氏、陳杜氏、李郭氏、閆杜氏、杜戴氏、萬李氏、劉韓氏、萬邢氏、張梁氏、王黄氏、劉周氏、劉許氏、孫張氏、韓劉氏、常張氏、趙尚氏、雷張氏、萬殿成、郭争魁、王福壽、陳德邦、趙尚氏。

同治六年九月吉日立。

【一九二】 重修關王廟功德碑

年代：明代

尺寸：高 165 釐米，寬 75 釐米

立石地點：伊濱區諸葛鎮司馬村

〔碑首〕：碑陰

本鎮族□布政司承□□常懷、常恢、常愷、常情、常在、常慎、常道、常清、常龍、常松、常富、常現、常□、承差曹自俊、李□、張□□、□義、常□、常□、常梅、陳守信、常金、常廣、常銀、常穩、任強、季全、許倉、王□、常紀、常太福、常景名、常景夏、常士利、常士謙、常士節、常士益、常士其、常士昇、常士林、常士□、李定、李頂、李顯、□□□、張杲、□奈、方會、任癸元、周仁、柴鸞、李登云、周其、方松、沈朝、曹名、朱珍、朱寶、朱□、朱還、朱道、朱通、李守義、李□、李梅、劉逢、劉世□、孫淇、江榮、曹金、李思仁、李思義、李思明、李思信、劉文通、石金、石玉、李魁、薛中、薛雷、薛玘、薛□、伊府承奉武昇、門副鄭卓、周富、□乾、鄭天禄、李相、李延斐、李濡、李榮、李當、李邦、李志秦、馬仲德、馬仲和、□朝、劉景□、曹艮、曹年、周南、尹中山、李松、李尚賢、江磊、劉永威、劉進千、王九□、□宣、陳天禄、劉天秩、劉相、劉東洋、劉晝、劉大漂、韓雷、萬時興、閆大福、閆大增、蘇鐸、王廷禄、丁大欽、丁紀、閆天禄、丁大增、周滿、李萬、閆進邦、韓濂、王朝相、李儒、劉進滿、劉進平、馬其沛、王關寶、徐仝、李同法、沈尚儒、史印、宋汝科、宋汝第、孟大用、薛龍、薛成、曹萬、石聰、馬林、方同、宋朝、□□□、薛仲良、薛仲得、薛仲賓、薛仲賢、石文昇、薛仲釗、王敖、劉平、劉景忠、□裕、常用、李天福、李隆、蔣□□、劉成、楊同心、馬守淮、宗政、劉天心、宋臣、李厚、李來聘、劉大才、劉大用、周京、朱濤、朱朝公、劉景芳、董儒、李道、李時旺、李士登。

舉人圖川劉登庸，賜進士禮部儀制司主事兼翰林院待詔書川劉奮庸。

關王廟基址四至，計長四十四步，□四十一步。東至司馬□□□□□，西至江磊，南至宜街，北至□艾。

大清碑記

重修關帝廟并金粧神像碑記

聞之人依神神亦依人神依人者香火[illegible]有常人依神者福庇之無方況　亨與

關聖帝君神威遠振歷代崇襃戒

皇上追封三代春秋[illegible]祭祀加隆瞻拜之思何地不然今洛城東南常安村乃司馬溫公獨樂園故址也而

詳繹夫子之廟寔[illegible]在焉安時其[illegible]水繞其北西望龍門東接嵩少六方之風脉[illegible]村之保障其在

斯乎奈歷年久遠風雨漂搖規昔制[illegible]失為滅色居斯地者目擊心傷每欲[illegible]於[illegible]修之無人遂有朱君

[illegible]成子紫山紫袖父子同心更有其孫思元戮力贊襄不數月而盡事告[illegible]觀天勢[illegible]正始終矣擊餙

如英矣棟宇峻絕美輪[illegible]奐之[illegible]頓為改觀雖然聖廟巍然矣聖像尤未煥然也又有[illegible]董君懷菴

慨然以金粧為己任不爭[illegible]化遂出己財由是聖像聿新儼然如在馬神之威佑保[illegible][illegible]一可知也夫

天下事有創之者以開其先必有繼之者以踵其後今耀庭與[illegible]菴相繼而起以[illegible][illegible]功[illegible]功[illegible]當不在創

始者爰勒貞珉以誌不朽亦使後人知為善之最樂也云尓

[illegible]

大清雍正八年十二月二十六日立

洛邑後學庠膳生員劉邦彥撰文書丹

[illegible]仝立

【一九三】 重修關帝廟并金粧神像碑記

年代：清雍正八年

尺寸：高 161 釐米，寬 62 釐米

立石地點：伊濱區諸葛鎮司馬村

重修關帝廟并金粧神像碑記

〔碑首〕：大清碑記

聞之人依神，神亦依人。神依人者，香火之有常；人依神者，福庇之無方。況關聖帝君神威遠振，歷代崇褒。我皇上追封三代，春秋兩祭，享祀加隆，瞻拜之思，何地不然。今洛城東南常安村，乃司馬温公獨樂園故址也，而莊繆夫子之廟寔居其右，萬安峙其南，伊水繞其北。西望龍門，東瞻嵩少，一方之風脈，一村之保障，其在斯乎？奈歷年久遠，風雨飄摇，視昔創建，大爲減色，居斯地者，目擊心傷，每致慨于重修之無人。適有朱君耀庭，子紫貴、紫袍，父子同心，更有其孫魁元，戮力贊襄，不數月而盛事告竣矣。觀大勢嚴正如岐矣，整飭如矢矣。棟宇峻起，美輪美奂，樸略之象，頓爲改觀。雖然聖廟巍然矣，聖像尤未焕然也。又有董君健菴，慨然以金粧爲己任，不事募化，悉出己財，由是聖像聿新，儼然如在焉。神之庇佑，保定孔固，更可知也。天下事，有創之者以開其先，必有繼之者以踵其後。今耀庭與健菴相繼而起，以成厥功，其功德當不在創始下，爰勒貞珉，以誌不朽，亦使後人知爲善之最樂也云爾。

洛邑後學廩善生員劉邦彦撰文書丹。

趙紫璧施銀三錢。山西郭相公施繩十七斤。程相公施繩九斤。李彬始施銀二錢。賈以□施銀二錢、管飯三食、擀石條一車、工六個。常□祚施銀二錢、管飯三食、擀石條一車。常于寔管飯三食、擀石條一車。楊信施銀三錢。姬恒年施銀錢半。常景祚管飯三食。常永祚管飯一食。常吉第施銀十錢、擀磚一車、工三個。常吉周管飯三食、擀磚一車。董自修管飯三食、擀磚一車、工三個。常吉同管飯三食、擀磚一車。常于寬管飯三食、擀石條一車。王文學管飯三食、擀石條一車。王文貴管飯二食。鄭士元管飯一食。高起擀石條、椽三車。晉國璧擀石條、磚三車。常聯祚擀石條一車。常吉年擀石條一車。常吉來擀石條、磚二車。常吉相施銀一錢、工一個。尤強擀椽四車。朱三擀灰一車。董省奂擀石條二車。賈以節擀椽二車。常吉午擀磚一車。常天祚擀磚一車。常吉平擀磚一車。常吉惠擀椽一車。常吉呈擀磚一車。常吉梅施杴二張。常吉香擀椽一車。薛林工八個。常吉壯工六個。朱緯工十二個。朱綸工八個。薛雲工六個。尤可法工五個。葛希聖工四個。賈以旌工二個。李林工二個。常子先工二個。朱繹工二個。常子德工一個。常子樂工一個。劉善良工一個。

功德主、泥作、土工朱耀庭子紫貴、紫袍，孫魁元、宗熹、宗韓、宗程。

金妝神像董健菴侄珠、璋。

重修廟使用銀錢列後：香火地二段，十一畝，朱耀庭分種八年，除納糧，零星使用，餘銀二十一兩八錢；收□香火地積餘陳錢糧□兩四錢三分。

木匠：賈良有、賈良修。石匠：韓學詩。仝立。

大清雍正八年十二月二十六日立。

皇帝萬萬歲

風調雨順國泰民安

【一九四】　重修觀音堂記

年代：明隆慶二年

尺寸：高 162 釐米，寬 65 釐米

立石地點：洛龍區李樓鎮三官廟村

〔碑首〕：皇帝萬萬歲　　風調雨順　　國泰民安

……水南保軍民人等重修觀音堂記

夫□□地稟一氣而變陰陽，化三才而生萬物，且□其等□本來□□□，物欲所敞，染習雖積，生生在世，貧富壽夭，無有要靈。如善惡殊途，由人所行，百年之後，各隨業報。要當知今生衣食之豐歉，皆因前世修積之淺深。向則始分三教，仍立寺觀庵堂内，粧聖像，焚修香火，無非化人爲善，見像作福。如作福者，必要自利，利他損己，益人心，懷惻隱，常行方便，乃興善成功之本也。切以釋道儒流，上古聖賢，各傳經教之科，普接群迷之往，後世相承，典度萬姓之命，超出苦海之鄉。所謂人蒙經悟，聖賴凡修，聖聖相承，流傳在世，萬民仰賴，爲善作福，入聖之靈梯也。今洛邑東南桃園鎮東頭古刹，有觀音堂一座，因□風雨年遠傾頽，無人重修，先有地基二分，時有善人□明施捨地陸厘，于朝宗施捨地肆厘，共地三分，有在城舍人王印會合本鎮善人于朝宗、于敬、王連相、肖滿、崔朝用、肖如松、肖國寶、楊聰、謝文、高得山、于朋、肖進州同衆會合，持發誠心，合會一社，積聚錢米，焕然一新，衆議功勞浩大，錢米不及，又請化主、僧人、原住，敬持短疏，叩謁高賢，普施資財，同結良緣，共成聖事。仁人君子□念者，請題芳字，以釘斯盟。肖士全、肖進益、李氏、李天倫一社人等。

王印、焦氏使錢柒仟肆佰文。于朝宗、劉氏，王廷相、楊氏，肖滿、崔氏，崔朝用、肖氏，于敬、呼氏，于朋、李氏，謝文、吕氏，楊聰、李氏，肖如松、牛氏，高得山、楊氏，肖國寶、李氏，肖進州、高氏，任淮，在城王隆、計氏，潘家寨陳有才、高氏，西石橋盛時清、于氏，于隆，肖堂，楊明，楊林，侯表，肖遷，李蘭，呼澤，肖廷，高恕，肖民，祝節，郭淮，肖宣，于用，王廷會，李邦勳，李世榮，李世陽，李世民，李世登，任敖，肖用，肖昇，崔禮，崔表，高禄，李斗，趙友，李得時，郭東枝，高世京。

鐵匠：康學。粧塑匠：吴天受。石匠：韓朝科。木匠：温遷有。

本鎮李邦憲撰，李汝梅落筆。

隆慶二年八月十五日立。

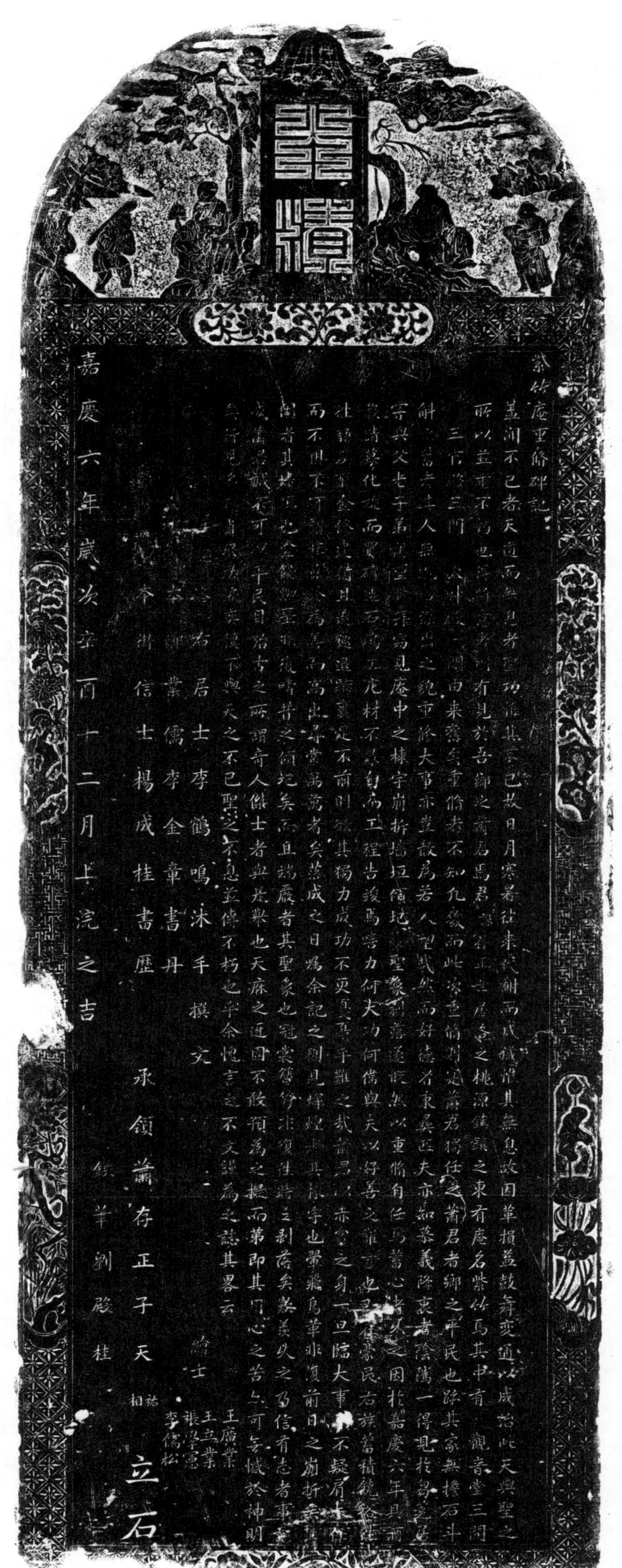
紫竹庵重修碑記
右居士李鶴鳴沐手撰文
本鄉業儒李金章書丹
本街信士楊成桂書歷
鐵筆劉殿柱
嘉慶六年歲次辛酉十二月上浣之吉
立石

【一九五】 紫竹庵重修碑記

年代：清嘉慶六年

尺寸：高 167 釐米，寬 66.5 釐米

立石地點：洛龍區李樓鎮三官廟村

紫竹庵重修碑記

〔碑首〕：皇清

蓋聞不已者天道，而無息者聖功。惟其不已，故日月寒暑往來代謝而成歲；惟其無息，故因革損益鼓舞變通以成治，此天與聖之所以並垂不朽也。得斯意者則有見於吾鄉之蕭君焉。君諱存正，世居洛之桃園鎮，鎮之東有庵，名“紫竹”焉，其中有觀音堂三間、三官殿三間、火神殿一間，由來舊矣，重修者不知凡幾，而此次重修則实蕭君獨任之。蕭君者，鄉之平民也，跡其家無擔石斗斛之蓄，考其人無魁格傑出之貌，重修大事，亦豈敢爲若人望哉。然而好德者秉彝，匹夫亦知慕義；降忠者陰隲，一得見於芻蕘。居嘗與父老子弟朔望瞻拜，竊見庵中之棟宇崩拆，墻垣傾圮，聖像剥落，遂慨然以重修自任焉。蓄心者久之，因於嘉慶六年具酒餚請募化，旋而買磚運石，鳩工庀材，不數旬而工程告竣焉。嘻！力何大，功何偉，與夫好善之難言也。即在豪民右族，蓄積饒裕，往往語□醵金修建，猶且逡巡退縮，裹足不前，則欲其獨力成功，不更戞戞乎難之哉。蕭君以赤貧之身，一旦臨大事乃不疑，肩大任而不惧，不有謂非鮮於爲善而高出尋常萬萬者矣。落成之日，囑余記之，則見輝煌者，其棟宇也，翬飛鳥革，非復前日之崩折矣。鞏固者，其墻垣也，金飭黝堊，非復疇昔之傾圮矣。而且端嚴者，其聖像也，冠裳簪笏，非復往時之剥落矣。歎羨久之，乃信有志者事竟成。蕭君誠不可以平民目，殆古之所謂奇人傑士者與？是舉也，天庥之迓，固不敢預爲之擬而第，即其用心之苦，亦可無憾於神明矣。行見名於貞珉，功流奕禩，不與天之不已、聖之不息并傳不朽也乎？余愧言之不文，謹爲誌其略云。

洛右居士李鶴鳴沐手撰文，本鄉業儒李金章書丹，本街信士楊成桂書歷。

承領：蕭存正，子天祐、天相。鐵筆：劉殿桂。繪士：王廣業、王立業、張學憲、李儒松。立石。

嘉慶六年歲次辛酉十二月上浣之吉。

【一九六】　重修泰昌寺碑記

年代：清道光二十六年

尺寸：高 158 釐米，寬 59.5 釐米

立石地點：洛龍區李樓鎮三官廟村

重修泰昌寺碑記

〔碑首〕：萬善同歸

今夫物皆先小而後大，事每有舊而增新。此村舊有小廟一間，至成□□□，被風干□□□□興本村商議，□□□錢，又請四方化主廣收布施，遂改爲三間寬，中修佛殿三間、捲棚三間、山門裡又修……始，至道光年間，又被風雨損壞，善士蕭永成施錢六十餘千，又請四方多少布施，竭力重修，而神像廟貌煥然一新，……斯在，又損壞矣。呼楊氏堂□□□管事商議，在本村收秋斂夏，又收四方布施，將廟前後重修開光，以後餘錢二十餘千，呼永福□□蕨□，賤賣貴買，未幾五年，本利算有一百千文許，典地二畝二分，又修廊房一間，蓋至是三次重矣。惟呼楊氏克創厥始，惟蕭永成克建厥始，惟呼永福克成厥終，……桃同□□□□室峻嚴，棟宇巍煥，未嘗喟然嘆□，此三人之功也，蓋與石……

候選訓導蕭□□撰，廩膳生員蕭□□書。

大清（道光）二十六年四月十五日。

大清
遷廟重修碑記
桃園村舊有二廟一坐本街正中一坐本街東頭在街中者正為
二郎殿陪為蜀漢 三義殿街東頭者正為 天地水三官殿陪為 觀音及 火神殿由來已久村人歲時賍拜其
中儀兩肅也至道光年來洛水屢漲街西房屋冲塌大半街中廟宇漸亦被水傾圮而街東之廟巋然併峙高敞無
恙村人於是共議將街中神像併磚瓦木石俱遷移街東之廟既捐且募擇吉興工東廟各殿俱為重修併擴廟垣
而大之於 三官殿東建二楹為 二郎殿又於 二郎殿東建三楹為 三義殿殿俱南嚮以昭尊重惟 觀音
殿應街西嚮金裝丹塗燦然一新是二廟之合一人為之亦天為之也工既訖詳撮敘其大畧並捐施姓名花費錢
文兩刻麗牲之石以垂久遠
鄉後學 邑庠生 丁酉舉人 李豐玉撰 李 書
咸豐玖年歲次己未拾月 吉日立

【一九七】　遷廟重修碑記

年代：清咸豐九年

尺寸：高 181 釐米，寬 64 釐米

立石地點：洛龍區李樓鎮三官廟村

遷廟重修碑記

〔碑首〕：大清

桃園村舊有二廟，一坐本街正中，一坐本街東頭。在街中者正爲二郎殿，陪爲蜀漢三義殿。街東頭者正爲天、地、水三官殿，陪爲觀音及火神殿，由來已久，村人歲時瞻拜，其中儀兩肅也。至道光年來，洛水屢漲，街西房屋沖塌大半，街中廟宇漸亦被水傾圮，而街東之廟巋然傑峙，高敞無恙。村人於是共議，將街中神像併磚瓦木石俱遷移街東之廟，既捐且募，擇吉興工，東廟各殿俱爲重修，併擴廟垣而大之，於三官殿東建二楹，爲二郎殿，又於二郎殿東建三楹，爲三義殿，俱南嚮以昭尊重。惟觀音殿應街西嚮，金裝丹塗，燦然一新，是二廟之合一，人爲之，亦天爲之也。工既訖，謹撮敘其大略并捐施姓名、花費錢文兩，刻麗牲之石，以垂永遠。

鄉後學丁酉舉人李豐玉撰，邑庠生蕭璵書。

承領人：許秉乾子金榜、孫天定，施錢十千文、捐錢十五千文。蔚廣會子富興施錢五千文、捐錢十五千文。李自和姪曰璉姪孫五元，施錢二千文、捐錢十五千文。王世秀自銜施錢一千文、捐錢七千文。

執事人李錫錢一千文。李克峻錢兩千文。齊潤錢一千文。李彪錢一千文。李永泰錢二千文。李長貴錢一千一百文。

李迎春施燈一對。從九蔚富道子大慶、蔚富有子合慶、蔚富通子二慶，共錢三十五千文，又錢一千五百文。李崇發自名鵬錢三十二千文，又錢一千九百文。許東新、許東德共錢十一千文，又一千八百文。李世瑞錢九千五百文。何萬方錢六千三百文。何丙炎錢六千六百文。李玉松錢六千九百文。李學書錢六千四百文。徐天爵錢三千七百文。三義和錢三千文。李逢春錢三千三百文。李天建錢二千九百文。何萬里錢四千一百文。蔚富禮錢二千文，又錢三百文。蔚永全錢一千八百文。隆盛號錢一千五百文。李永貴錢一千七百文。李永富錢三千一百文。李全錢兩千文。李天智錢三千六百文。馮占育錢兩千二百文。李安錢兩千五百文。王世方錢一千四百文。何中和錢一千六百文。王豬黑錢一千一百文。王見春錢一千三百文。李祥發錢一千文。李曰瑚錢一千六百文。耿君錢兩千四百文。耿發錢三千文。何雪來錢二千文。褚天禄錢兩千文。李五錢一千一百文。李昇錢一千二百文。李廣春錢三千一百文。郭茂錢兩千二百文。李廣會錢兩千文。李玉禮、蔚興、李富禮錢一千文。李德發錢一千文。周進孝錢一千文。李五成錢九百文。海永晏錢一千一百文。李廣文錢九百文。齊□錫錢五百文。褚大興錢一千四百文。李富娃錢一千七百文。李文智錢五百文。海二□錢五百文。何滿山錢一千三百二十文。李長富錢七百文。李五林錢五百文……

時咸豐玖年歲次己未拾月吉日立。

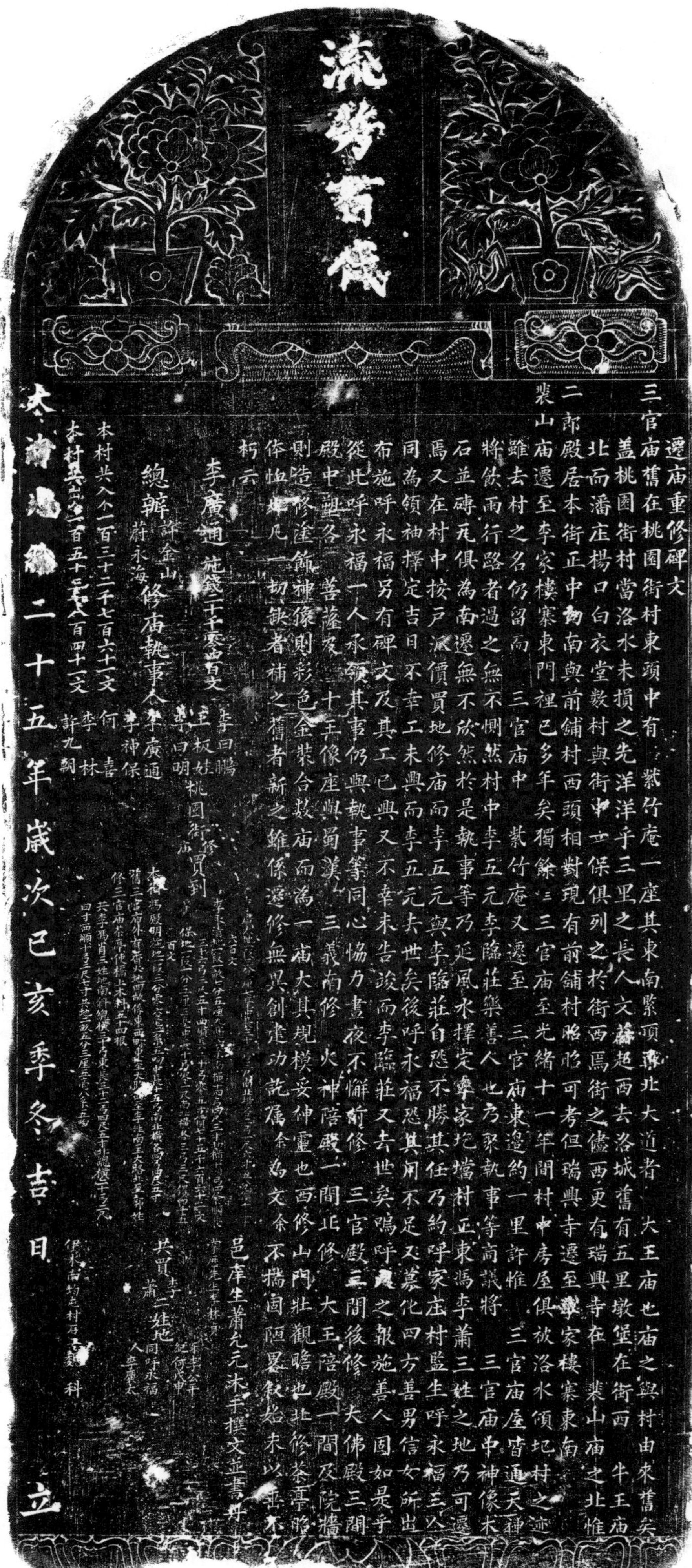

流芳萬代

遷廟重修碑文

三官廟舊在桃園街村東頭中有紫竹庵一座其東南紫頂□北大道者大王廟也廟之與村由來舊矣蓋桃園街村當洛水未損之先洋洋乎三里之長人文蔚起西去洛城舊有五里墩堡在街西牛王廟北而潘庄楊口白衣堂數村與街中一保俱列之於街西焉街之儘西更有瑞興寺在裴山廟之北惟二郎殿居本街正中□南與前鋪村西頭相對現有前鋪村昭昭可考但瑞興寺遷至李家樓寨東南裴山廟遷至李家樓寨東門裡已多年矣獨餘三官廟至光緒十一年間村中房屋俱被洛水傾圮村之迹雖去村之名仍留而三官廟中紫竹庵又遷至三官廟東邊約一里許惟三官廟屋皆通天神將欲雨行路者過之無不惻然村中李五元李臨莊樂善人也乃眾執事等商議將三官廟中神像木石並磚瓦俱為南遷無不欣然於是執事等乃延風水擇定李家圪壋村正東馮李蕭三姓之地乃可遷焉又在村中按戶派價買地修廟而李五元與李臨莊自恐不勝其任乃約呼家庄村監生呼永福三人同為領袖擇定吉日不幸工未興而李五元去世矣後呼永福恐其閒不足又募化四方善男信女所出布施呼永福另有碑文及其工已興又不幸未告竣而李臨莊又去世矣嗚呼□之報施善人固如是乎從此呼永福一人承領其事仍與執事等同心協力晝夜不懈前修三官殿三間後修大佛殿三間殿中塑各菩薩及十王像座與蜀漢三義南修火神陪殿一間北修大王陪殿一間及院牆則造修塗飾神像則彩色金裝合數廟而為一廟大其規模妥神靈也西修山門壯觀瞻也北修茶亭聆俾□□凡一切缺者補之舊者新之雖係遷修無異創建功訖竣余為文余不揣固陋略敘始末以垂不朽云

李廣通施錢二十千零四百文　李曰鵬　王板娃　桃園街修廟買到

總辦　許金山　蔚永海

修廟執事人　李廣通　李神保　何喜　李林　許九翺

本村共入一百三十二千七百六十文

本村共出錢一百五十□千八百四十一文

邑庠生蕭允元沐手撰文並書丹

大清光緒二十五年歲次己亥季冬吉日　立

【一九八】 遷廟重修碑文

年代：清光緒二十五年

尺寸：高 156 釐米，寬 64 釐米

立石地點：洛龍區李樓鎮三官廟村

遷廟重修碑文

〔碑首〕：流芳百代

三官廟舊在桃園街村東頭，中有紫竹庵一座，其東南緊頂正北大道者，大王廟也，廟之與村由來舊矣。蓋桃園街村當洛水未損之先，洋洋乎三里之長，人文蔚超。西去洛城舊有五里墩堡，在街西牛王廟北而潘莊楊口白衣堂，數村與街中一保俱列之於街西焉。街之儘西更有瑞興寺，在裴山廟之北，惟二郎殿居本街正中，向南與前鋪村西頭相對，現有前鋪村昭昭可考，但瑞興寺遷至李家樓寨東南，裴山廟遷至李家樓寨東門里已多年矣，獨餘三官廟。至光緒十一年間，村中房屋俱被洛水傾圮，村之跡雖去，村之名仍留，而三官廟中紫竹庵又遷至三官廟東邊約一里許，惟三官廟屋皆通天，神將飲雨，行路者過之，無不惻然。村中李五元、李臨莊，樂善人也，乃聚執事等商議，將三官廟中神像木石並磚瓦俱爲南遷，無不欣然，於是執事等乃延風水，擇定寧家圪塆村正東、馮李蕭三姓之地，乃可遷焉。又在村中按户派價買地修廟，而李五元與李臨莊自恐不勝其任，乃約呼家莊村監生呼永福三人同爲領袖，擇定吉日，不幸工未興而李五元去世矣。後呼永福恐其用不足，又募化四方善男信女所出布施，呼永福另有碑文。及其工已興，又不幸未告竣，而李臨莊又去世矣。嗚呼！人之報施善人固如是乎？從此，呼永福一人承領其事，仍與執事等同心協力，晝夜不懈，前修三官殿三間，後修大佛殿三間，殿中塑各菩薩及十王像座與蜀漢三義，南修火神陪殿一間，北修大王陪殿一間及院墻，則造修塗飾神像，則彩色金裝，合數廟而爲一廟，大其規模，妥神靈也，西修山門壯觀瞻也，北修茶亭昭體恤也。凡一切缺者補之，舊者新之，雖係遷修，無異創建。功訖，屬余爲文，余不揣固陋，略敘始末，以垂不朽云。

李廣通：施錢二十千零四百文。總辦：許金山、蔚永海。修廟執事人：李曰鵬、王板娃、李曰明、李神保、何喜、李林、許九朝。

本村共入錢一百三十二千七百六十一文，本村共出錢一百五十三千八百四十一文。

桃園街修廟買到：李廣太地一區，三分一厘七毫，中長三十二弓三尺，南北横各二弓一尺六寸五分，價十三千六百文。李永清地一段，一畝七分五厘九毫六絲，南横十四弓四尺三寸，北横十四弓四尺四寸，東順長三十六弓三尺五寸，西順長二十弓零五寸，價七十五千六百六十二文。蕭保地一段，一分五厘三毫，中長十弓零一尺，南北横各三弓三尺，價四千五百文。本街馮殿明施地一段，三分零六毫二絲五忽，中長十五弓，南北横各四弓四尺五寸。舊三官廟外有香火地四畝，係東西畛，東至大路，西至李姓，南至大路，北至郭姓。修三官廟茶亭使橋上木料五十四根。共李馮蕭三姓地南斜總横三十弓四尺五寸，北總横二十弓二尺四寸，西順十弓二尺七寸，共地二畝五分三厘五毫八絲五忽。掌歷先生李林真。

共買李蕭二姓地，牙紀：李公平、何戊申。同人：呼永福、李廣太。

邑庠生蕭允元沐手撰文並書丹。

伊水南均屯村石工：魏科。

大清光緒二十五年歲次己亥季冬吉日立。

【一九九】 遷廟重修布施碑記

年代：清代

尺寸：高 158 釐米，寬 63 釐米

立石地點：洛龍區李樓鎮三官廟村

遷廟重修布施碑記

〔碑首〕：萬善同歸　日月

東大郊：李保會、黄張氏、李張氏、楊耿氏、韓王氏、黄王氏、吕吕氏、趙董氏、李黄氏、李任氏、韓六氏、王李氏、李郝氏、張白氏，西大郊：王李氏、王白氏、王黄氏、李黄氏、牛趙氏、王賈氏、李潘氏、董王氏、李劉氏、任李氏，以上各錢一百文。牛王廟：王齊公、王段氏、王蔚氏、王劉氏、王黄氏、王張氏、潘耿氏、潘劉氏、潘張氏、潘氏、周劉氏、劉張氏、劉李氏。羅灣：任岳氏、任陳氏、任李氏、黄倪氏、羅許氏、李王氏，相公莊：黄李氏、黄杜氏、黄白氏、黄王氏、李吴氏，楊莊：曹文興、倪當氏、倪張氏、郭倪氏、郭周氏、黄耿氏、張潘氏、任鄧氏，前鋪村：喬肖氏、肖金氏、孫趙氏、素呼氏、孫朱氏……

【二〇〇】　桃園鎮觀音庵重修大雄寶殿記（一）

年代：清雍正五年

尺寸：高 64 釐米，寬 92 釐米

存石地點：洛龍區李樓鎮三中家屬院内

桃園鎮觀音庵重修大雄寶殿施財善人姓名開列於後：

功德主王世君銀四兩二錢。肖誠恩銀一兩。趙允禄銀一兩。李敬銀一兩。李瑾銀一兩。生員李樸如銀一兩。王國政銀一兩。王加相銀一兩。張啟雲銀一兩。張順銀一兩。恩貢傅辰如、副榜李乾易、生員高希拱、董九卿、李祖仁，各施銀五錢。王世臣六錢。張顯、張玉昇、徐度、楊名鄉、梁鴻儒、王世秀、王起成、王國士、王加壽、張士英、李鼐、祝芝、王進忠、韋生芳、冀文瑞、冀文顯、冀永壽、冀永德、張文貴、冀永禄、冀文秀、冀文光、李恪、李云騰、劉宗、王璉、潘世福、肖獻表、杜允鄉、亢繼安、盧鼎、李如松、王國治、肖獻增、肖獻福、李士偉、張文秀、張文斗，以上各施錢五錢。張文星、張弘仁、梁進學、梁進禄、張林聲、劉光耀、肖正才、梁進福、王世道、張鎖藴、開惠、王國用、白星如、王國重、白才、馮應宰、徐佐、陳昇、任一松、任一梅、李孝、趙士英、祝伊尹、韋生光、魯邦英、魯邦賢、張永禄、賈進忠、劉世太、蔚可林、任進策、趙錫、郭人林、李贊、李禮式、李直、李世太、李景太、李振水、李世華、魯邦榮、何尚信、何世禄、王三省、鞏文焕、戴學儒、閆經、閆綸、白宗、楊天質、楊自質、白文質、白孔直、白星斗、何毓奇、楊啟太、楊啟福、楊啟録、韓生麟、潘溶、李福、魏進成、馮祥、李友仁、李云龍、王之臣、李好天、劉光明、哇昂弘、王國順、徐文玉，以上各施銀三錢。開祥、史璋、丁昌運、任一杞、魯邦玉、魯邦俊、魯進忠、趙士義、張永顯、冀尚云、冀尚龍、李加昇、劉弘篤、史秀、李國珍、史諫、付定國、戴王聘、張成方、白星微、楊重、杜允相、李乾行、李成龍、蔚文太、肖本禮、肖本信、李國連、何世舉、徐弘印、李謙、肖本質、李熙、李合仁、呼文奇、肖文玉、杜允恭、趙□奇、潘希聖、王良、李成、李瑄、楊宗周、李肅、趙繼恩、白昌，以上各施銀二錢。潘世祚、蔚文通、何青、郭人振、張名聲、何毓瑞、葉宗禹、白星連、李加亮、李榮、呼太、肖獻宰、李乾象、史直、武質、齊士偉、蔚學堯、王葉弘、李國璠、閆弘、白秀、李庸、薛廷嗣、史玉、肖獻禮、李秀、蘇繼周、李懷珍、馮景運、崔天禄、張問明、李應鳳、黄仁、潘思恭、杜元侯、肖文貴、馬進忠、朱梁弼、崔永昇、李國學、王之亮、方守倉、穆弘猷、李陶、李默、王葉隆、郭如星，以上各施銀一錢。王自新、張明宇、侯守義、何文輝、張敬宇、肖可相、肖進德各施銀五分。

大清雍正五年九月吉旦。

龍源鎮觀音菴重修

大雄寶殿施財善人姓名開列於後

功德主王世君良四兩二分 肖[illegible]良一兩 趙允禄良一兩 李敬良一兩 李璉良一兩

生員李村良一兩 王國政 王[illegible]良一兩 王加相良一兩 張寂雲良一兩 張順良一兩

恩貢傅襄如 副榜李乾易 生員[illegible] 布拱 董九卿 李祖仁各施良五分

王世臣良六分 張[illegible] 張玉昇 徐度 楊名卿 梁弘儒 王世秀 王起成

王國士 王加壽 張士英 李爵 祝芝 王進忠 常生芳 冀文瑞

冀文顯 冀永壽 冀永德 張文貴 冀永禄 冀文秀 冀文光 李恪

李云騰 劉宗玉 潘世福 肖獻表 杜允卿 允繼安 盧禹

李如雲 王國治 肖獻增 李士偉 張文秀 張文斗以上各施良五分

張文星 張弘仁 梁進孝 梁進禄 張林声 劉光耀 肖正才 梁進福

王世道 張所蘊 開惠 王國用 白星如 王國重 白才 馬應[illegible]

徐佐陳 張任一 楊在一楠 李孝 趙士英 祝伊尹 常生光

魯和英 郭賢悮 永禄 賈進忠 劉世太 蔚可林 任進榮 趙錫

郭大林 李贊 李允 李直 李世太 李景太 李振 李世華 閆綸

曾利榮 何尚信 何世禄 王三 肖李 李孝 閆經

白宗 楊天貴 楊自貴 白文貴 華文煥 戴李 何毓奇 楊啟太

楊啟福 楊啟禄 韓生麟 潘洛 白孔直 白星丰 馮祥 李友仁

李云龍 王之臣 李好夫 劉光明 李福 魏進成 徐文玉以上各施良三分

开祥 史 王璋 丁昌運 任一杞 王弘 王國順 魯進忠 趙士義

張永昆 冀尚云 趙玉 冀尚龍 郭玉 曾邦俊 史秀 李國珍

史成諫 付定國 戴玉聘 張成方 李加升 劉弘萬 杜允相 李乾行

李成龍 蔚文太 肖本礼 肖本信 白星微 楊重

肖本貴 李熙 李合仁 呼文奇 李國連 何世恭 徐弘印 李謙

王良 李成 李宣 楊宗周 肖文玉 杜允息 趙世奇 潘希聖

潘世祚 蔚文通 何青 郭人振 李肅 趙繼瑞 白昌以上各施良二分

李加亮 李榮 呼太 肖獻宇 張名声 何毓直 葉宗禹 白星連

蔚李亮 王業弘 李國璠 閆弘珍 李乾象 史庸 武貴 齊士偉

肖獻礼 李秀 蘊繼周 李懷貴 白秀 李天禄 薛廷昌 史玉

黄仁 潘思恭 杜允保 肖文陶 馮景運 崔良福 張問明 李應鳳

王之庚 方守倉 穆弘猷 李陶 馮進忠 朱業隆 崔永升 李國李以上各良一分

王自新 張明宇 侯守義 何文輝 蔡敬宗 李默 王業 肖開相 郭如星 肖進德以上各施良五分

大清雍正五年九月仍舊移刻吉旦

【二〇一】　桃園鎮觀音庵重修大雄寶殿記（二）

年代：清雍正五年

尺寸：高 64 釐米，寬 92 釐米

存石地點：洛龍區李樓鎮三中家屬院内

桃園鎮觀音庵重修大雄寶殿施財善人姓名開列於後：

功德主王世君銀四兩二錢。肖誠恩銀一兩。趙允禄銀一兩。李敬銀一兩。李瑾銀一兩。生員李樸如銀一兩。王國政銀一兩。王加相銀一兩。張啟雲銀一兩。張順銀一兩。恩貢傅辰如、副榜李乾易、生員高希拱、董九卿、李祖仁，各施銀五錢。王世臣六錢。張顯、張玉昇、徐度、楊名鄉、梁鴻儒、王世秀、王起成、王國士、王加壽、張士英、李鼐、祝芝、王進忠、韋生芳、冀文瑞、冀文顯、冀永壽、冀永德、張文貴、冀永禄、冀文秀、冀文光、李恪、李云騰、劉宗、王璉、潘世福、肖獻表、杜允鄉、亢繼安、盧鼎、李如松、王國治、肖獻增、肖獻福、李士偉、張文秀、張文斗，以上各施錢五錢。張文星、張弘仁、梁進學、梁進禄、張林聲、劉光耀、肖正才、梁進福、王世道、張鎖藴、開惠、王國用、白星如、王國重、白才、馮應宰、徐佐、陳昇、任一松、任一梅、李孝、趙士英、祝伊尹、韋生光、魯邦英、魯邦賢、張永禄、賈進忠、劉世太、蔚可林、任進策、趙錫、郭人林、李贊、李禮式、李直、李世太、李景太、李振水、李世華、魯邦榮、何尚信、何世禄、王三省、鞏文焕、戴學儒、閆經、閆綸、白宗、楊天質、楊自質、白文質、白孔直、白星斗、何毓奇、楊啟太、楊啟福、楊啟録、韓生麟、潘溶、李福、魏進成、馮祥、李友仁、李云龍、哇昂之臣、李好天、劉光明、哇昂弘、王國順、徐文玉，以上各施銀三錢。開祥、史璋、丁昌運、任一杞、魯邦玉、魯邦俊、魯進忠、趙士義、張永顯、冀尚云、冀尚龍、李加昇、劉弘篤、史秀、李國珍、史諫、付定國、戴王聘、張成方、白星微、楊重、杜允相、李乾行、李成龍、蔚文太、肖本禮、肖本信、李國連、何世舉、徐弘印、李謙、肖本質、李熙、李合仁、呼文奇、肖文玉、杜允恭、趙□奇、潘希聖、王良、李成、李瑄、楊宗周、李肅、趙繼恩、白昌，以上各施銀二錢。潘世祚、蔚文通、何青、郭人振、張名聲、何毓瑞、葉宗禹、白星連、李加亮、李榮、呼太、肖獻宰、李乾象、史直、武質、齊士偉、蔚學堯、王葉弘、李國璠、閆弘、白秀、李庸、薛廷嗣、史玉、肖獻禮、李秀、蘇繼周、李懷珍、馮景運、崔天禄、張問明、李應鳳、黄仁、潘思恭、杜元侯、肖文貴、馬進忠、朱梁弼、崔永昇、李國學、王之亮、方守倉、穆弘猷、李陶、李默、王葉隆、郭如星，以上各施銀一錢。王自新、張明宇、侯守義、何文輝、張敬宇、肖可相、肖進德各施銀五分。

大清雍正五年九月仍舊移刻吉旦。

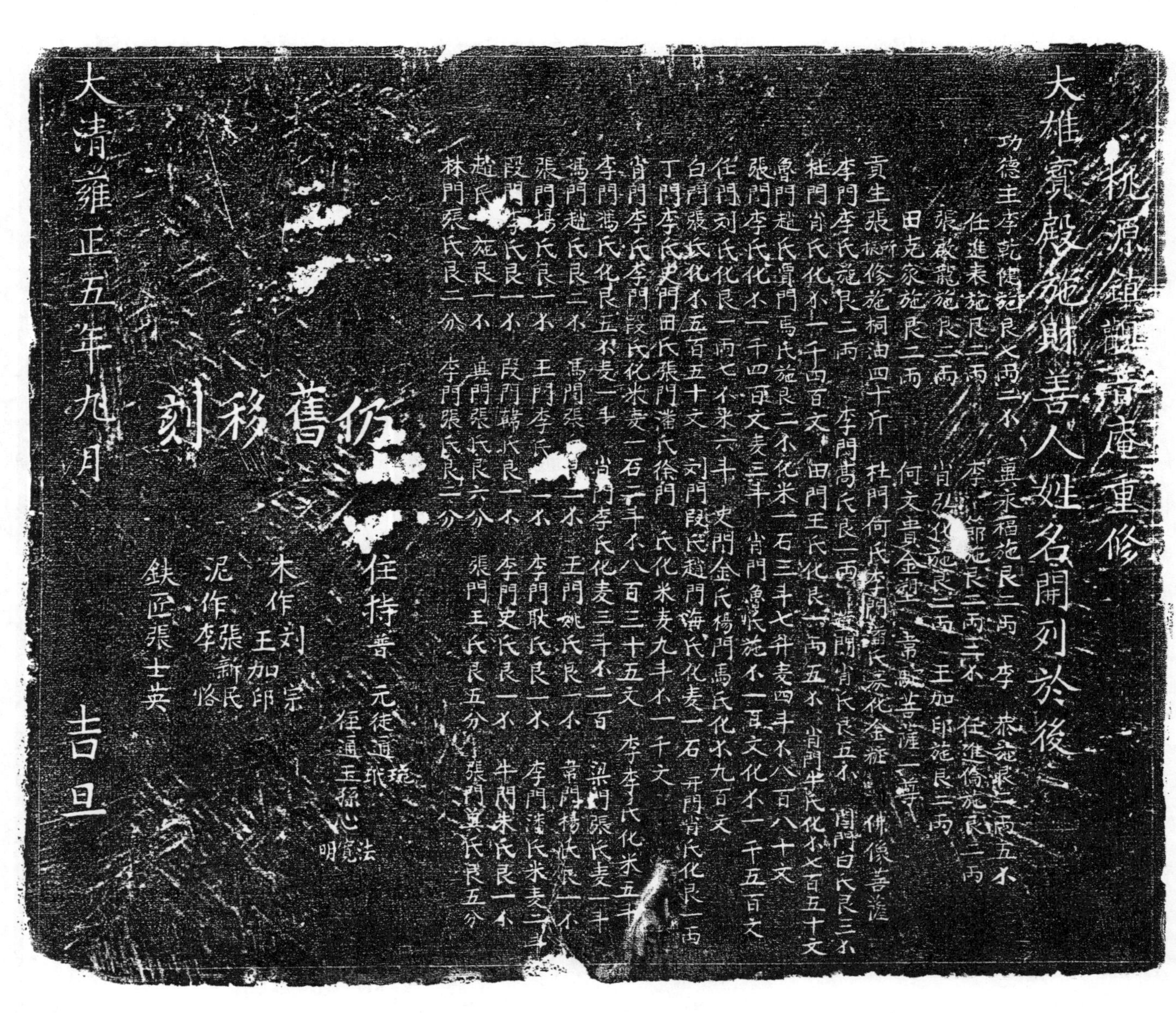

桃源鎮觀音庵重修

大雄寶殿施財善人姓名開列於後

功德主李乾健施良七兩二不　冀永福施良二兩　李恭施良二兩五不

任進表施良二兩　李[illegible]節施良二兩三不　任進倚施良二兩

張啟龍施良二兩　肖弘化施良二五　王加印施良二兩

田克家施良二兩　何文貴金塑　常駐菩薩一尊

貢生張振修施桐油四十斤　杜門何氏李門翟氏裝花金粧　佛像菩薩

李門李氏施良二兩　李門高氏良一兩　閆門肖氏良五不　閆門白氏良三不

杜門肖氏化不一千四百文　田門王氏化良一兩五不　肖門牛氏化不七百五十文

魯門趙氏賈門馬氏施良二不化米一石三斗七升麦四斗不八百八十文

張門李氏化不一千四百文麦三斗　肖門魯張氏施不一百文化不一千五百文

任門刘氏化良一兩七不米六斗　史門金氏楊門馬氏化不九百文

白門張氏化不五百五十文　刘門段氏趙門海氏化麦一石　井門肖氏化良一両

丁門李氏史門田氏張門潘氏徐門氏化米麦九斗不一千文

肖門李氏李門段氏化米麦一石二斗不八百三十五文　李李氏化米五斗

李門馮氏化良五不麦一斗　肖門李氏化麦三斗不二百　梁門張氏麦一斗

馮門趙氏良二不　馮門張氏良一不　王門姚氏良一不　常門楊氏良一不

張門楊氏良一不　王門李氏良一不　李門耿氏良一不　李門潘氏米麦二斗

段門李氏良一不　段門韓氏良一不　李門史氏良一不　牛門朱氏良一不

趙氏施良一不　冀門張氏良六分　張門王氏良五分　張門冀氏良五分

林門張氏良二分　李門張氏良二分

仍舊移刻

住持普元　徒通琥　通玉　徒孫心法　心寬　心明

木作刘宗　王加印

泥作張新民　李修

鉄匠張士英

大清雍正五年九月　吉旦

【二〇二】 桃園鎮觀音庵重修大雄寶殿記（三）

年代：清雍正五年

尺寸：高 64 釐米，寬 92 釐米

存石地點：洛龍區李樓鎮三中家屬院内

桃園鎮觀音庵重修大雄寶殿施財善人姓名開列於後：

功德主：李乾健施銀七兩二錢。暨永福施銀二兩。李恭施銀二兩五錢。任進表施銀二兩。李節施銀二兩三錢。任進倫施銀二兩。張起龍施銀二兩。肖弘化施銀二兩。王加印施銀二兩。田克家施銀二兩。何文貴金塑韋陀菩薩一尊。貢生張所修、張振修施桐油四十斤。杜門何氏、李門張氏募化金粧佛像菩薩。李門李氏施銀二兩。李門高氏施銀一兩五錢。閆門白氏化銀三錢。杜門肖氏化錢一千四百文。田門王氏化銀一兩五錢。肖門牛氏化錢七百五十文。魯門趙氏、賈門馬氏施銀二錢、化米一石三斗七升、麥四斗、錢八百八十文。張門李氏化錢一千四百文、麥三斗。肖門魯氏施錢一百文、化錢一千五百文。任門劉氏化銀一兩七錢、米六斗。史門金氏、楊門馬氏化錢九百文。白門張氏化錢五百五十文。劉門段氏、趙門海氏化麥一石。開門肖氏化銀一兩。丁門李氏、李門段氏化米麥一石二斗、錢八百三十五文。李李氏化米五斗。李門馮氏化銀五錢、麥一斗。肖門李氏化麥三斗、錢二百、梁門張氏麥一斗。馮門趙氏化銀五錢、麥一斗。張門楊氏銀一錢。王門李氏銀一錢。李門耿氏銀一錢。李門潘氏米麥二斗。段門李氏銀一錢。段門韓氏銀一錢。李門史氏銀一錢。牛門朱氏銀一錢。趙氏施銀一錢。冀門張氏銀六分。張門王氏銀五分。張門冀氏銀五分。杜門張氏銀二分。李門張氏銀二分。

仍舊移刻。

住持：普元。徒：通玳、琬。姪通玉。孫：心法、心寬、心明。木作：劉宗、王加印。泥作：張新民、李恪。鐵匠：張士英。

大清雍正五年九月吉旦。

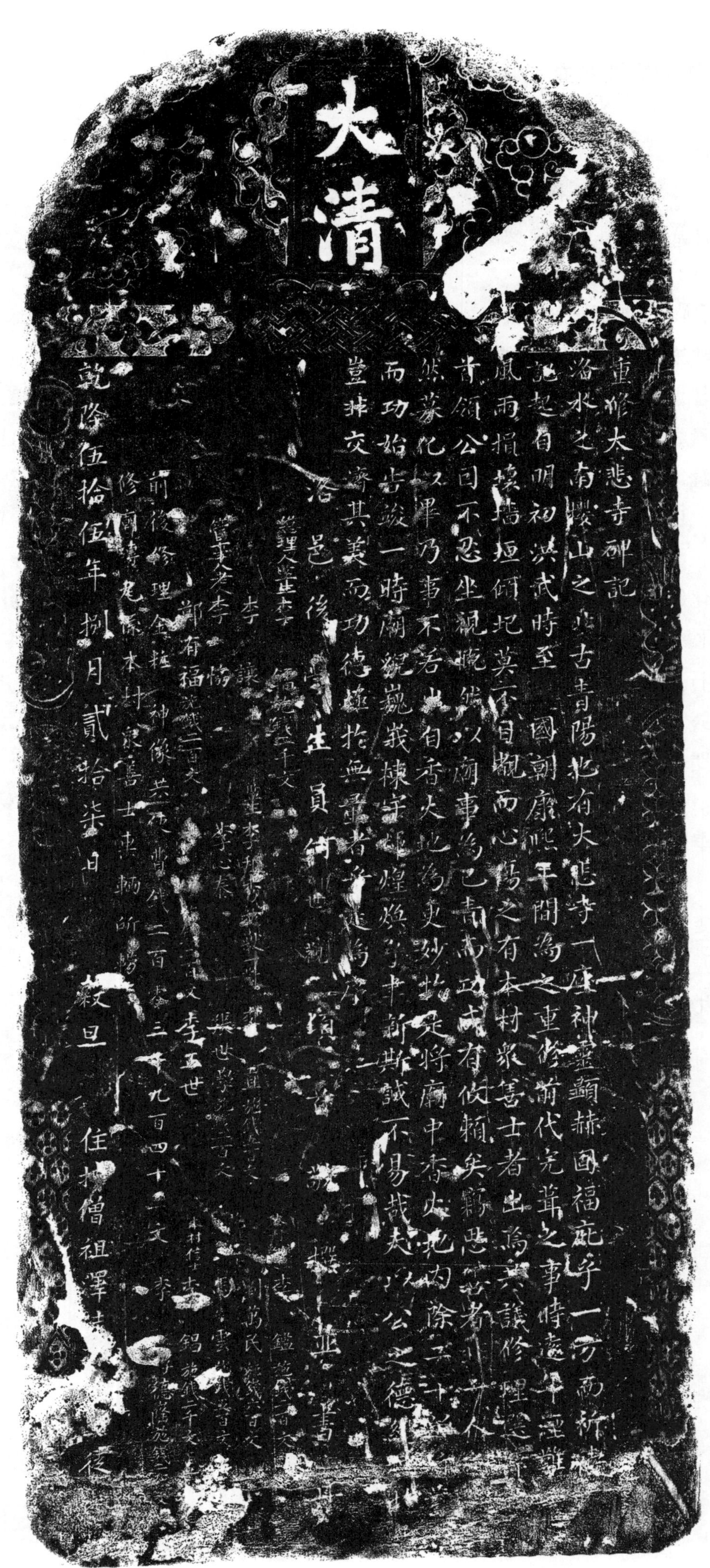
大清
重修大悲寺碑記
乾隆伍拾伍年捌月貳拾柒日

【二〇三】 重修大悲寺碑記

年代：清乾隆五十五年

尺寸：高 154 釐米，寬 63 釐米

立石地點：洛龍區科技園辦事處青陽屯村

重修大悲寺碑記

〔碑首〕：大清

洛水之南，櫻山之北，古青陽地有大悲寺一座，神靈顯赫，固福庇乎一方，而祈禱……記，起自明初洪武時，至國朝康熙年間，爲之重修。前代完葺之事，時遠年湮，難……風雨損壞，墻垣傾圮，莫不目睹而心傷之。有本村衆善士者出焉，共議修理，選擇……首領公，因不忍坐視，慨然以廟事爲己責，而功成有攸賴矣。竊思善者非一人之……然募化，以畢乃事，不若出自香火地爲更妙。於是，將廟中香火地内除二十□□蓄……而功始告竣，一時廟貌巍峨，棟宇輝煌乎聿新，斯誠不易哉！夫以公之德，繼……豈非交濟其美，而功德極於無量者乎？是爲序。

洛陽後學生員何世觀頓首敬撰並書。

總理人監生李鐳施錢二千文。管事八老人：李讓、李協、鄭有福施錢二百文。監生李邦秀、李心泰、李直施錢五百文。張世學施錢二百文。李正世、本村李鑑施錢二百文。劉萬民施錢六百文。馬雲施錢五百文。本村信士李錩施錢二千文。李□子德隆施錢二千文。

前後修理、金粧神像共使費錢二百零三千九百四十二文，修廟磚瓦係本村衆善士車輛所撈。

住持僧：祖澤。徒：□□。徒孫：□□。

乾隆伍拾伍年捌月貳拾柒日穀旦。

【二〇四】 建塑重修碑記

年代：清道光八年

尺寸：高 157 釐米，寬 65 釐米

立石地點：洛龍區科技園辦事處青陽屯村

建塑重修碑記

〔碑首〕：奕世流芳

從來妥侑神靈，創建爲上，重修次之。本寺内諸神威靈，禱無不應，惟無觀音菩薩尊神，兼之殿宇損傷，金鐘破壞，拜謁之衆，時嘗念之。本寺住持爰觕衆志，恭請貴官長者，募化周圍村莊，善男信女，隨心施財，建塑觀音菩薩，重修大悲殿、韋馱殿，復鑄金鐘，不踰月而功程告竣，行見神靈顯赫，殿宇輝煌，金鐘鏗鏘，固非壯麗於一時，寔足福庇乎四方。詎非住持中之傑出，而寺廟内甚盛事也哉？是爲序。

洛邑業儒李鳴周熏沐敬撰並書丹。

……

泥木作：王殿魁。漆匠：劉天章。畫匠：吕振德。石工：馬錫璋鐫。

主持僧：興性。徒：茹忠。孫：海濱、海宴、海壽。曾孫：浩然。仝立

時大清道光八年□月七日吉旦。

【二〇五】 增修觀音堂記（一）

年代：清道光二十七年

尺寸：高 76 釐米，寬 126 釐米

立石地點：洛龍區李樓鎮潘寨村

增修觀音堂記

觀世音菩薩，世皆稱救苦救難大慈大悲錫子錫孫廣生廣育，所以信之者衆，而奉之者虔，尊之曰大士，而親之曰老母，雖祀典或昭著方外，而金身蓮座直遍中州矣。兹堂之建於村南而面北也，其殆以保筏來自南海，庶幾乎宴瓊島、會瑤池，而度洽萱堂歟。乃創建之碑無存，而重修之堂宇復圮，望祥雲於何禱，沐甘霖於何酬。於是，衆善協力，共捐囊資，增其規模，極其經營，改舊堂一間爲正殿三間、月臺一丈、山門九尺，棟楹垣墉，輪奐聿新，有能繪金裝，而體至公無私之意，以發其去妄存誠之心，對法相而感禍爲福之靈，以堅其遷善改過之志。則增修是堂也，非徒壯此地之觀瞻，抑可以渡四方之迷津也。而所謂永垂不朽者，幸勿愧貞珉云爾。

瀍東王輯五熏沐拜撰，洛東史焕文薫沐敬書。

功德主：王定國捐錢貳拾千文。監修管理何文翰捐錢壹仟五百文。督工王恭捐錢壹仟五百文。董事化主李登元捐錢捌千文。何全禄捐錢貳千文。牛永法捐錢壹仟文。□殿魁捐錢壹仟文。李隆堂捐錢壹仟貳佰文。史焕文捐錢七百文。……

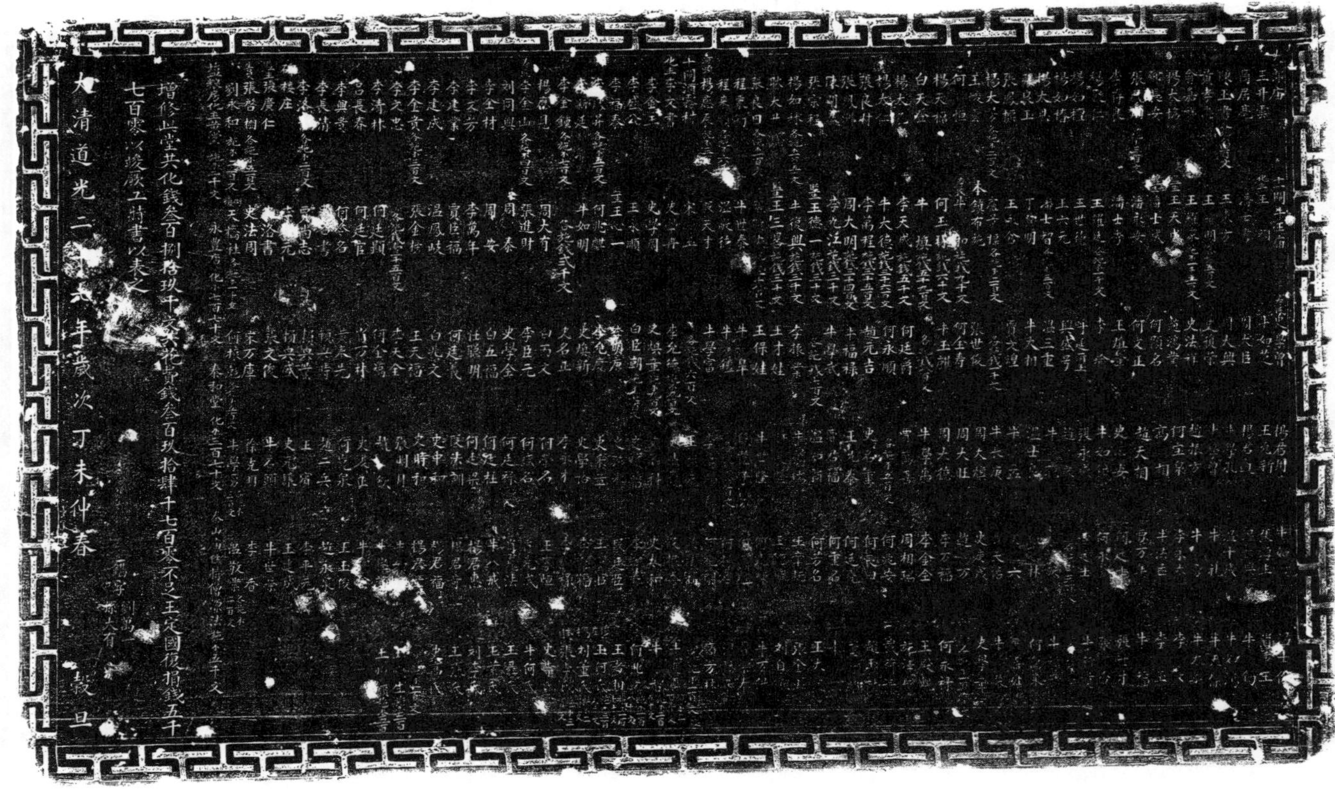
增修此堂共化錢叁百捌拾玖千文，花費錢叁百玖拾肆千七百零，不足王定國復捐錢五千
七百零以竣厥工特書以表之
大清道光二十七年歲次丁未仲春　穀旦

【二〇六】　增修觀音堂記（二）

年代：清道光二十七年
尺寸：高 76 釐米，寬 126 釐米
立石地點：洛龍區李樓鎮潘寨村

大郎廟：王昇雲、商居亳、陳玉書各施錢四百文。黄孝忠、俞嘉祥、楊大協、鄧長安、張鳳翔各施錢三百文。李存良、楊聚仁、楊如檀、楊如椿、楊太恩、張良玉、張鳳標、楊太芳各施錢二百文。王峻雲、何恒、楊天福、白天登、楊太乙、楊太仁、張良材、張鳳洲、張明養、張宗程、楊如林各施錢一百五十文。耿太昇、張良田各施錢一百文。程秉鈞、程來順各施錢六千文。河頭楊應辰施錢三百文。十閘酒務村化主李文書、李金玉、李盛公、李福泰、李鳳昇各施錢五百文。李新延、李金鐘各施錢七百文。楊應恩、李金山各施錢四百文。劉同興、李全材、李文芳、李建業、李建成、李金貴各施錢三百文。李文忠、李清林、吕長春、李興貴、李長清、李洛訓各施錢二百文。碑樓莊監生張廣仁、生員張啟棚各施錢五百文。劉永和施錢二百文。鹽糧房化主黄堂施錢二千文。十一閘牛王廟、化主王綱、潘士書、萬福東方、王耀明各施錢五百。王耀家施錢一千五百文。監生王天成、監生潘士成、潘永安、潘士秀、王耀廷各施錢一千文。王世德、王六元、潘士智各施錢三百文。丁發明、王永倉、盧景標各施錢二百文。本鎮布施壽民牛和施錢九千文。何玉琢施錢六千文。牛煥施錢五千九百文。李天成施錢五千文。牛大德施錢三千六百文。李萬程施錢三千五百文。周大明施錢三千四百文。李九江施錢三千文。監生王德一施錢三千文。牛復興施錢三千文。監生王三略施錢三千文。張龍才施錢二千八百文。牛世泰、温敬德、段天才、宋玉、史學冉、史學周、王永順、監生王心一、何兆麒、牛如明各施錢二千文。周大有、張進財、周泰、周安、李萬年、賈臣福、温鳳岐、張金榜各施錢壹仟五百文。何廷顯、何廷官、何令名、史名書、賈尚志、李名元、史洛書、史法周、天橋社施錢一千文。永豐店化錢七百七十文。壽民史學曾、牛如芝、周大臣、周大興、史復榮、史法祥、趙鴻業、何顯名、何文正、王焕章、李瑜、呼延璽、興盛號、温三重、牛大相、賈文煌各施錢一千文。張世俊、何金壽、牛玉麒各施錢八百文。何廷爵、何永順、趙元吉、牛福禄、牛學武各施錢七百文。李振業、王才娃、王保娃、牛皋、牛鑑、修學富各施錢六百文。李允德施錢九百文。史焕章施錢九百文。白臣朝施錢七百文。李明唐、李允慶、史焕新、史名正、白丙文。李臣元、史學全、白五福、任聰明、何廷義、白兆温、王天福、李天全、何全福、肖萬材、黄奉先、賴興時、賴興業、張文俊、宋萬庫、何振彪各施錢五百文。泰和堂化錢三百七十文。楊君用、王允新、楊君道、牛學孔、牛學曾、趙振方、何寶泉、高相、趙天相、史心安、牛如鏡……

增修此堂共化錢叁百八十九千文，共花費錢叁百玖拾肆千七百零，不足，王定國復捐錢五千七百零，以竣厥功，特書以表之。

大清道光二十七年歲次丁未仲春穀旦。

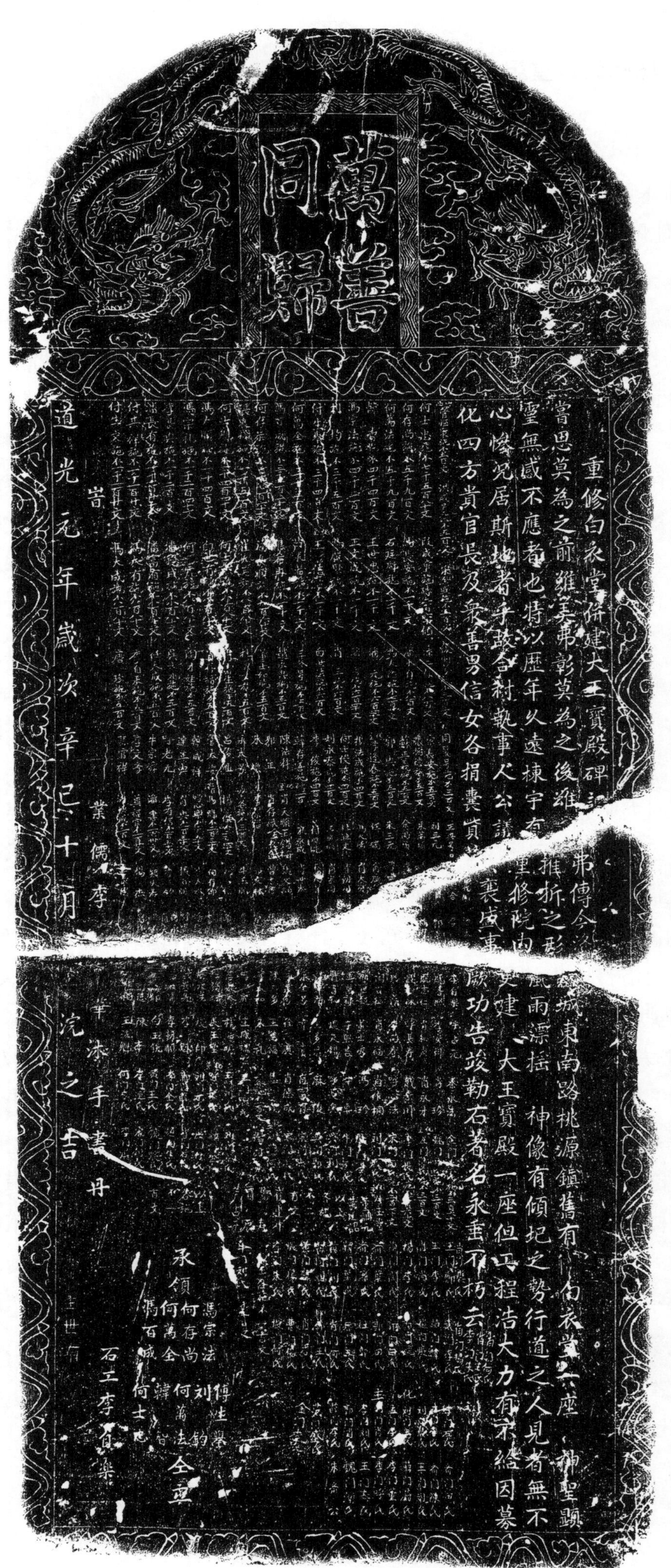

【二〇七】　重修白衣堂併建大王寶殿碑記

年代：清道光元年

尺寸：高 148 釐米，寬 61 釐米

立石地點：洛龍區李樓鎮桃源村

重修白衣堂併建大王寶殿碑記

〔碑首〕：萬善同歸

嘗思莫爲之前，雖美弗彰；莫爲之後，雖盛弗傳。今洛□□□城東南路桃源鎮舊有白衣堂一座，神聖顯靈，無感不應者也。特以歷年久遠，棟宇有摧折之形，風雨漂摇，神像有傾圮之勢，行道之人見之者，無不心慘，況斯地者乎？故合村執事人公議重修，院内更建大王寶殿一座。但工程浩大，力有不給，因募化四方貴官長及衆善男信女，各捐囊資，共襄盛事。厥功告竣，勒石著名，永垂不朽云。

山西管恒聚施錢五百文。洪和號施錢五百文。宋全盛施錢五百文。復明號施錢三百文。同聚號施錢三百文。何士忠施錢七千五百八十文。何存尚施錢五千九百文。何萬法施錢五千九百文。韓智施錢四千四百文。馮宗法施錢四千二百文。劉均施錢三千五百文。付生舉施錢三千四百文。何萬全施錢三千三百文。馮有成施錢三千一百二十文。何存恭施錢一錢七百一十文。張史樺一錢五百文。何士魁施錢一千四百文。馮大順施錢一千四百文。馮宗禮施錢一千二百四十文。李長興施錢一千二百文。潘長有施錢一千二百二十文。付其祥施錢一錢一百二十文。付生文施錢一錢一百二十文。段成章施磚二百四十個。馮長安施錢一千文。石廷魁施錢一千文。王世忠施錢一千文。王文成施錢一千文。馮廣聚施錢一千文。王信施錢一千文。盧炎若施錢一千文。張希冉施錢一千文。潘長順施錢九百六十文。崔大毛施錢八百八十文。白世有施錢八百八十文。何虎施錢八百八十文。潘焓成施錢八百八十文。潘富有施錢八百八十文。馮大有施錢八百八十文。馮大成施錢八百八十文。潘二傑施錢八百文。潘承有施錢八百文。馮大德施錢七百二十文。潘元施錢六百二十文。潘秀施錢六百四十文。肖三施錢六百文。白世法施錢六百文。三合號施錢五百文。趙永興施錢五百文。董士如施錢五百文。杜漢文施錢五百文。肖雷生施錢五百文。肖學福施錢五百文。陶才娃施錢五百文。吴士元施錢五百文。任大成施錢五百文。李自水施錢五百文。唐珍施錢五百文。宗長安施錢五百文。張樹德施錢五百文。蘇正義施錢五百文。郭興施錢五百文。李逢春施錢五百文。楊法成施錢四百文。何士俊施錢四百文。劉永泰施錢四百文。李俊施錢四百文。韓存善施磚一百……

承領人：馮宗法、何存尚、何萬全、馮百成、傅生舉、劉鈞、何萬法、韓智、何士忠。石工：李自樂。仝立。

業儒□華沐手書丹。

道光元年歲次辛巳十月上浣之吉。

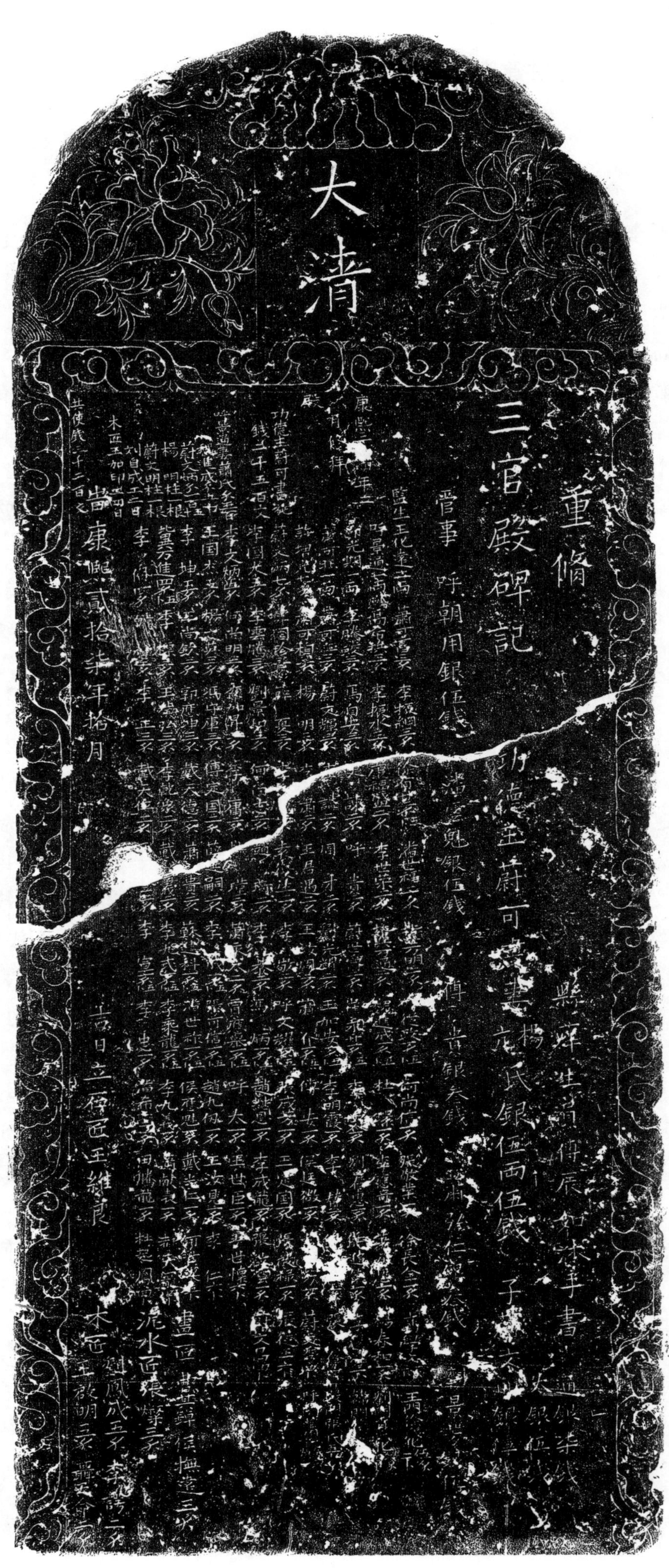

【二〇八】 重修三官殿碑記

年代：清康熙二十七年

尺寸：高 157 釐米，寬 63 釐米

立石地點：洛龍區李樓鎮三官廟村

重修三官殿碑記

〔碑首〕：大清

功德主蔚可書妻楊氏、亢氏銀五兩五錢。管事呼朝用銀五錢。潘雲魁銀五錢。傅貴銀三錢。

康熙二十四年二月修拜殿，功德主蔚可書施錢二千五百文。呼景通妻蕭氏錢五百。魏進成錢五十。蔚文炳錢一百五十。楊明柱一根。蔚文明柱一根。劉自成工二百。木匠王加印工四日。

監生王化遠二兩。呼景通一兩。鄧光期一兩。蕭可旺一兩。許增元七錢。蔚文炳七錢。李國太五錢。李文焕五錢。王國傑五錢。李坤五錢。冀萬進四千五分。李佩四錢。蕭可言三錢。高希拱三錢。李騰蛟三錢。蕭可正三錢。蕭可楨三錢。陳國珍三錢。李雲騰三錢。何尚明三錢。楊之英三錢。王尚欽三錢。李標三錢。常祖三錢。李振綱三錢。李振水三錢。馬自安三錢。蔚文輝三錢。楊明三錢。薛夏三錢。劉景和三錢。李加昇三錢。馮守庫三錢。郭應坤三錢。王業弘三錢。李正三錢。徐有甘二錢。康福盛二錢。史諫二錢。李講二錢。李肅二錢。何尚志二錢。李庸二錢。傅定國二錢。戴天德二錢。李乾象二錢。戴天位二錢。潘世福二錢。李世榮二錢。呼貴二錢。周才二錢。王君遇二錢。袁復生二錢。趙琦二錢。趙瑾二錢。薛延嗣二錢。蕭之貴二錢。戴義二錢。冀萬明二錢。冀萬通二錢。蔚世爵二錢。劉廣耀二錢。王汝周二錢。李敬二錢。李恭二錢。蕭永太二錢。李栽一錢五分。蘇進科一錢五分。李九式一錢五分。李宣一錢五分。□從政一錢五分。魏進成一錢五分。崔永昇一錢五分。王加安一錢五分。蕭介一錢五分。呼文耀一錢五分。馮炳一錢五分。賈應舉一錢五分。張可信一錢五分。潘世祚一錢五分。李乘龍一錢五分。李忠一錢。何尚信一錢。杜環一錢。李□一錢。李明霞一錢。傅安一錢。張成芳一錢。趙繼恩一錢。呼太一錢。趙九仞一錢。侯應魁一錢。李九義一錢。潘希聖一錢。張敬業一錢。李應奇一錢。劉君惠一錢。李替一錢。侯廷微一錢。王定國一錢。王汝見一錢。戴光仁一錢。蕭獻表一錢。田騰龍一錢。徐長金一錢。蕭獻恩一錢。任進策一錢。張啟禄一錢。張啟雲一錢。王世懷六分……

縣庠生員傅辰如沐手書。

畫匠曹其餺。侯撫遠三錢。泥水匠張燦三錢。木匠劉鳳成五錢。王啟明三錢。李謂二錢。聶天命二錢。石匠王維良。

康熙貳拾柒年拾月。

重修

三官寶殿由來舊矣創吾不知始於何代建修不知昉自何人而坐鎮一方除斯世之不祥起無疆之福祿有感即應無報不靈桃園士女誰不崇休無暨乎夫明則有禮樂祀典為重幽則有鬼神感格宜誠矧夫　三官之神有裨民生其為人所尊敬重也尤昭昭矣但自康熙二十七年重修以來年深日久風雨漂搖廟宇頃頹非復昔日之舊神像損壞不見他年之新過其地者無不動情重念居此土者急欲營築更新然言之者雖有人而承領者實無人果孰是大發慈悲以玉成其事者耶幸有許君者觸目警心乃自施銀十兩整又統領同事人四方募化以成厥工厥工既成其善男信女姓氏與所施之銀錢兩數特勒於石以永垂不朽焉是為序

山西解州生員衛峻德沐手敬書

太衛業儒王復心撰

功德主許文君妻賈氏子良貴妻劉氏孫萬全施銀十兩

旹乾隆貳拾貳年歲次丁丑桂月　吉日　立

【二〇九】　重修三官殿碑記

年代：清乾隆二十二年

尺寸：高161釐米，寬63.5釐米

立石地點：洛龍區李樓鎮三官廟村

〔碑首〕：重修

三官寶殿由來舊矣，創建不知始於何代，建修不知昉自何人。而坐鎮一方，除斯世之不祥，起無疆之福禄，有感即應，無報不靈，桃園士女誰不蒙休無暨乎！夫明則有禮樂祀典爲重，幽則有鬼神感格宜誠。矧夫三官之神，有俾民生，其爲人所當敬重也，尤昭昭矣。但自康熙二十七年重修以來，年深日久，風雨漂摇，廟宇傾頽，非復昔日之舊；神像損壞，不見他年之新。過其地者，無不動情垂念；居此土者，急欲營築更新。然言之者雖有人，而承領者實無人，果孰是大發慈悲，以王成其事者耶。幸有許君者，觸目警心，乃自施銀十兩整，又統領同事人四方募化，以成厥工。既成，其善男信女姓氏與所施之銀錢兩數特勒於石，以永垂不朽焉，是爲記。

山西解州生員衛峻德沐手敬書，本街業儒王復心撰。

功德主許文君、妻肖氏，子良輔、妻劉氏、子萬全；許文臣、妻賈氏，子良貴、妻史氏共施銀十兩。同事李恒發、李恒愛銀五兩八，神三尊，獸一對。王□辰銀二兩。蔚保元銀一兩五錢。蔚學成銀五錢。楊瑚銀二兩。劉文德銀二兩。候選縣丞王如辰銀五錢。許文采銀一兩。劉宏宇銀一兩。李繼周銀一兩。齊宗義銀一兩。李士儒錢五百。李潮錢四百文。蔚清元銀五錢。馬宗聖銀五錢。肖如銀五錢。肖篤忠銀五錢。蔚承元銀五錢。李本恒錢三百文。馮□尊銀五錢。李云行銀三錢。李云福錢二百文。李涵錢二百文。王仁銀二錢。郭□錢二百文。李澤錢一百五十文。□宏禮錢二百文。楊治松銀二錢。薛坤錢二百文。薛炎臣錢二百文。王永□錢二百文。張鍾明錢一百五十文。楊榮錢三百文。李云山銀二錢。耿□……郭永錢一八文。李云禄錢一八文。李云木銀一錢。杜涵錢一百文。何玉高錢一百文。監生葉世其錢一百文。生員李士章錢一百文。李德弘錢一百。宏印銀五分。張仁銀五分。蔚復元銀五分。呼文宣錢五十文。李云合錢五十文。李正如錢五十文。呼學行錢五十文。呼學文錢五十文。李云弘錢六十文。山西王君保銀五錢。何王春銀五分。郭寬錢二十文。齊藩錢二十文。楊文魁錢二十文。肖篤敬錢五十文。何玉英錢一百文。肖篤恭銀五錢。蔚門薛氏銀五錢。許門肖氏錢二百文。肖門許氏錢一百一十。許門賈氏錢一百文。薛門呼氏錢一百文。許門劉氏錢一百文。胡門焦氏錢一百文。孫門杜氏錢一百文。肖門李氏銀一錢。劉門薛氏銀一錢。李門薛氏錢五十文。馬門付氏錢五十文。肖門李氏錢四十文。肖門孝氏錢三十文。

泥木兩作：蔚清元、蔚天元。石匠：胡文學。

時乾隆貳拾貳年歲次丁丑桂月吉日。

【二一〇】　閤鄉公遷創修三官廟碑記

年代：清光緒二十六年

尺寸：高 181 釐米，寬 64 釐米

立石地點：洛龍區李樓鎮三官廟村

閤鄉公遷創修三官廟碑記

〔碑首〕：流芳百代

此廟不知創自何年，舊在桃園街村東。光緒十六年，幾圮於洛，本街力不能遷，執事恭聘呼水福領袖，與閤鄉商議，公博車馬遷斯廟於南崗，架木爲屋，寄居三年，竟無作□之地，神像暴露，噫，可傷矣！呼永福乃買地賒價，將己身田産寫與賣主，保還稞租。越數年，□歸地價乃清，又請本鄉數村屢次按地捐錢，以及四方近鄰各有布施，二十餘年，早作夜思，□□□□，甘苦備嘗，非有智勇之德，其孰能與於斯。功成刻碑，求文於余，余不能文，以實序之。□入桃園街共地價錢九十四千零，折行錢一百二十一千四百文，入外布施錢三百九十四千文，入谷麥花布土共大錢折行錢四百二十千六百文，車工人工錢三十四千五百文，□事共見樹錢土錢三十千零七百文，請客拆廟花費錢三十一千文，出匠人工錢大錢折行錢三百二十八千零，出買物件大錢折行錢三百四十九千零，酬客花費大錢折行錢三百四十二千零，共入行錢一千零四千二百，共出行錢一千零五十七千三百零，賠鈿錢五十三千三百零。

明經進士候選訓導蕭璐撰文，本鄉業儒蕭瑄敬書。

功德主呼永福，子錢三，孫運娃、和尚、曾孫。管事：李曰朋、李跟尚、李神保、李廣通王十方、何士福。……

光緒十九年開工，二十六年四月中旬穀旦。

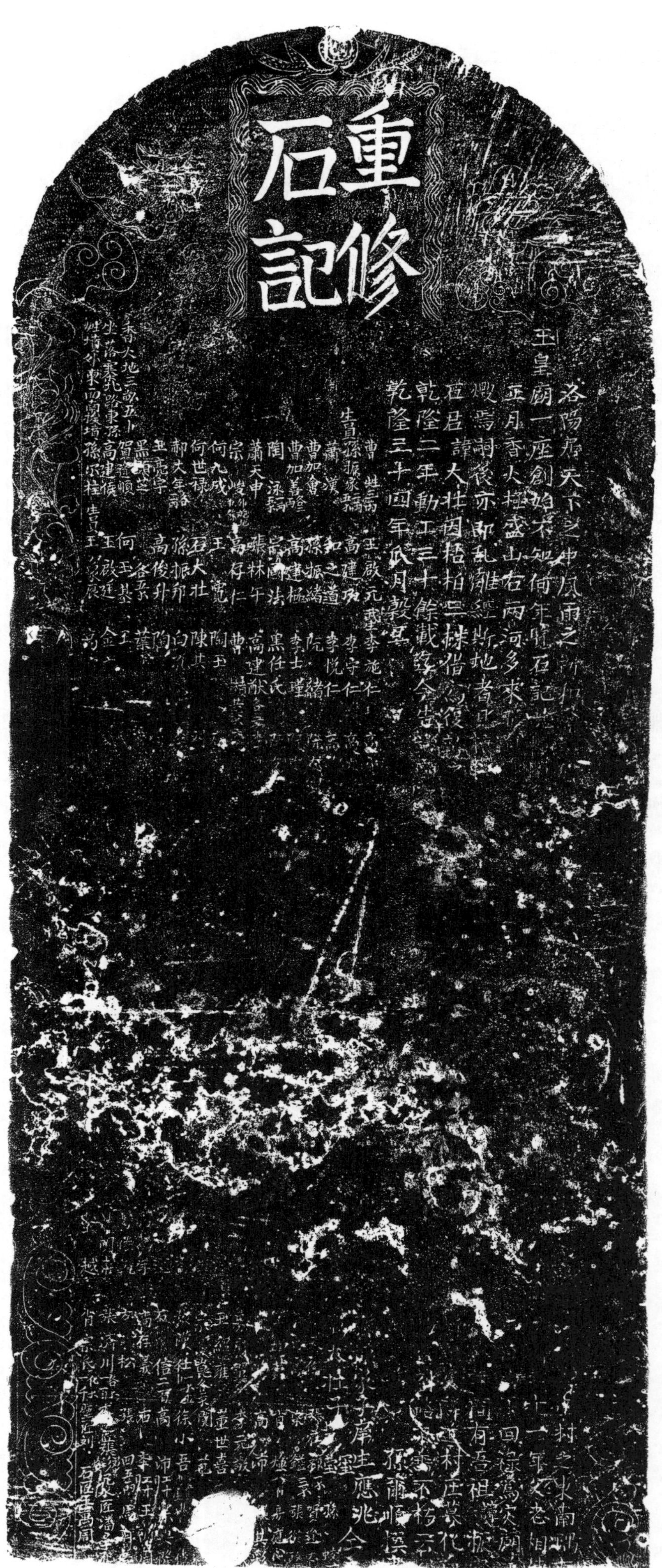
重修石記

【二一一】　重修玉皇廟碑記

年代：清乾隆三十四年

尺寸：高 156 釐米，寬 61 釐米

立石地點：洛龍區李樓鎮南石人村

〔碑首〕：重修石記

洛陽居天下之中，風雨之所和……村之東南隅有玉皇廟一座，創始不知何年，覽石記……十一年，父老相告，正月香火極盛，山右兩河多來……年，回禄爲災，廟貌毀焉。嗣後亦即亂離，經斯地者，見……年間，有吾祖諱振口、石君諱大壯，因枯柏三株，借寫復新，……鄰近村莊募化，自乾隆二年動工，三十餘載，迄今告竣，……刻銘，永垂不朽云。

香火地三畝五分，坐落寨北路東孫姓墳外，東西南挨墳。

曹牲三兩。生員孫振家二兩五錢。曹加會、曹加善各二兩。陶泳一兩五錢。蕭天申、宗峻、何九成、何世禄、郝大年各一兩。王亮宇、黑顯芝、賀逢順、高建侯、孫爾柱、王啟元、高建功、和之道、孫振緒、高建極、宗國法、張林午、高存仁、王寬、石大壯、孫振邦、高俊昇各五錢。何玉基、王啟廷、生員王象辰、武生李施仁、李守仁、李悦仁、阮緒、李士瑾、黑任氏、高建猷各三錢。……

泥水匠：潘學禮。石匠：王萬周。

乾隆三十四年瓜月穀旦。

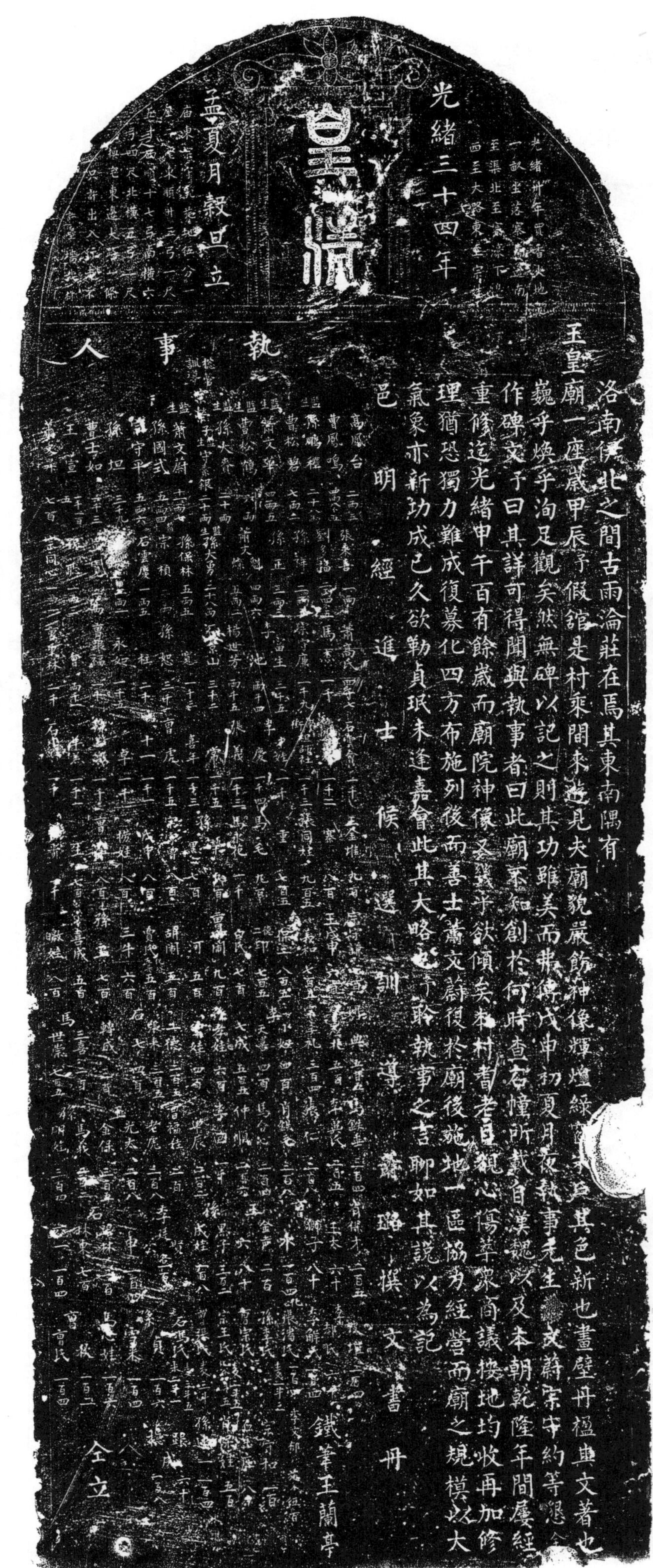

【二一二】　重修玉皇廟碑記

年代：清光緒三十四年

尺寸：高 167 釐米，寬 63.5 釐米

立石地點：洛龍區李樓鎮南石人村

重修玉皇廟碑記

〔碑首〕：皇清

洛南伊北之間，古雨淪莊在焉。其東南隅有玉皇廟一座，歲甲辰，予假館是村，乘間來遊，見夫廟貌嚴飭，神像輝煌。緑窗朱户，其色新也；畫壁丹楹，其文著也。巍乎焕乎，洵足觀矣。然無碑以記之，則其功雖美而弗傳。戊申初夏月夜，執事先生蕭文蔚、宗守約等懇余作碑文，予曰：其詳可得聞與？執事者曰：此廟不知創於何時，查石幢所載，自漢魏以及本朝乾隆年間，屢經重修，迄光緒甲午，百有餘歲，而廟院、神像又幾乎欲傾矣。本村耆老目睹心傷，萃衆商議，按地均收，再加修理，猶恐獨力難成，復募化四方，布施列後。而善士蕭文蔚復於廟後施地一區，協力經營，而廟之規模以大，氣象亦新。功成已久，欲勒貞珉，未逢嘉會，此其大略也。予聆執事之言，聊如其説，以爲記。

邑明經進士候選訓導蕭璐撰文書丹。

執事人：總管訓導宗榮子監生守素銀二十兩。高鳳臺二兩三。曹鳳鳴四兩八錢五分。監生孫鵬程二十八兩。曹松碧七兩二。監生蕭文華四兩五。監生曹松鶴六兩。監生孫大貴二十兩。監生蕭文蔚十一兩七。孫國式五兩四。宗守平五兩六。孫坦三千九。曹士如一千三。王宣一千一百五。蕭文昇七百。張來喜一兩。劉多福二兩四錢五。孫祥二兩三。孫正三兩三。蕭大魁四兩六。蕭大燦五兩二。監生孫保林五兩五。宗楨二兩。石慶雲一兩五。宗寬二兩。孫聰一兩三。宗同心一兩一。蕭高氏四千七。馬傑一千。宗守廉一千九。李富生三千五。李池兩千四。楊世芳兩千五。石景山三千三。孫寬一千三。孫恕三千。孫柱二千。孫永如一千五。曹跟福一千。曹跟會兩千一。曹秉林一千。石雲會一千。南街祖師社一千三。李中娃一千。李中慶一千四。張義一千三。張常一千五。張喜年一千三。曹虎一千五。曹十一一千一。曹卓一千。孫□□一千。孫羊羔一千一。石忠一千。王金堆九百。王寨堆八百。張同娃九百五。張重娃七百五。馬毛九百。馬永花一千。孫榮九百。孫黑七百。宗宋曾八百。宗戊申八百。宗捞娃八百。曹策八百。曹生七百。□貴一千。宗守謙七百。王戊申六百。王義和七百五。王保三八百五。……

鐵筆：王蘭亭。

光緒卅年買香火地一畝，坐落寨南邊，南至渠，北至寨濠，西至大路，東至宗娃。廟東宗守範施地五分一厘二毫，東順廿三弓一尺五寸，西順十七弓，南横六弓四尺，北横五弓二尺。换宅東邊大路一條，只許出入行走，不許壘墻栽樹。

光緒三十四年孟夏月穀旦。

流傳百代

重置香火地畝碑記

竊以香火地畝原爲[illegible]神而設即再爲增添河頭寺大羊莊

關帝廟舊有香火地畝前碑載明無庸復贅迨道光十一年[illegible]

內有錢三十七千文至年之間本金獲利與地畝[illegible]共積錢一百六[illegible]

十二千二百九十文因置地十六畝三厘四毫費錢一百三十九千

四百六十五文大糧漕[illegible]雜項以及[illegible]用全食等項共費錢十七千[illegible]

百二十五文又當地八分費錢五千[illegible]其地即在此地段落內[illegible]

時至歷久事有錯爰勒諸貞珉以誌其詳細云

此地坐落大羊莊東南係東西中長一百三十五弓二尺

五十兩擔俱三十三弓四尺地西一小段中長三十五弓二尺

横五尺此地有水糧銀二分一厘四毫

總管[illegible]國梁[illegible]全立

大清道光十七年九月十二日吉旦

【二一三】 關帝廟重置香火地畝碑記

年代：清道光十七年

尺寸：高138釐米，寬55釐米

立石地點：洛龍區李樓鎮潘寨村

重置香火地畝碑記

〔碑首〕：流傳百代

竊以香火地畝原爲敬神而設，即再爲增添何妨乎？太平莊關帝廟舊有香火地畝，前碑載明，無庸復贅。迨道光十一年，愚等接辦廟事，内有錢三十七千文，三年之間，本金獲利，與地畝出産共積錢一百六十二千二百九十文，因置地十六畝零三厘四絲，費錢一百三十九千四百六十五文，又當地八分，費錢五千文，其地即在置地段落内，時至遲久，事有舛錯，勒諸貞珉，以誌其詳細云。

此地坐落太平莊東南，係東西畛，中長一百三十五弓二尺五寸，兩横俱三十三弓四尺。地西一小段，中長三十五弓二尺，横五尺，此地有水稞杴二分一厘四毫。

總管：蘇國梁。衆管事：李全雲、□景行、薛永福、李金熙、□萬順、薛全章。仝立石。

大清道光十七年九月十三日吉旦。

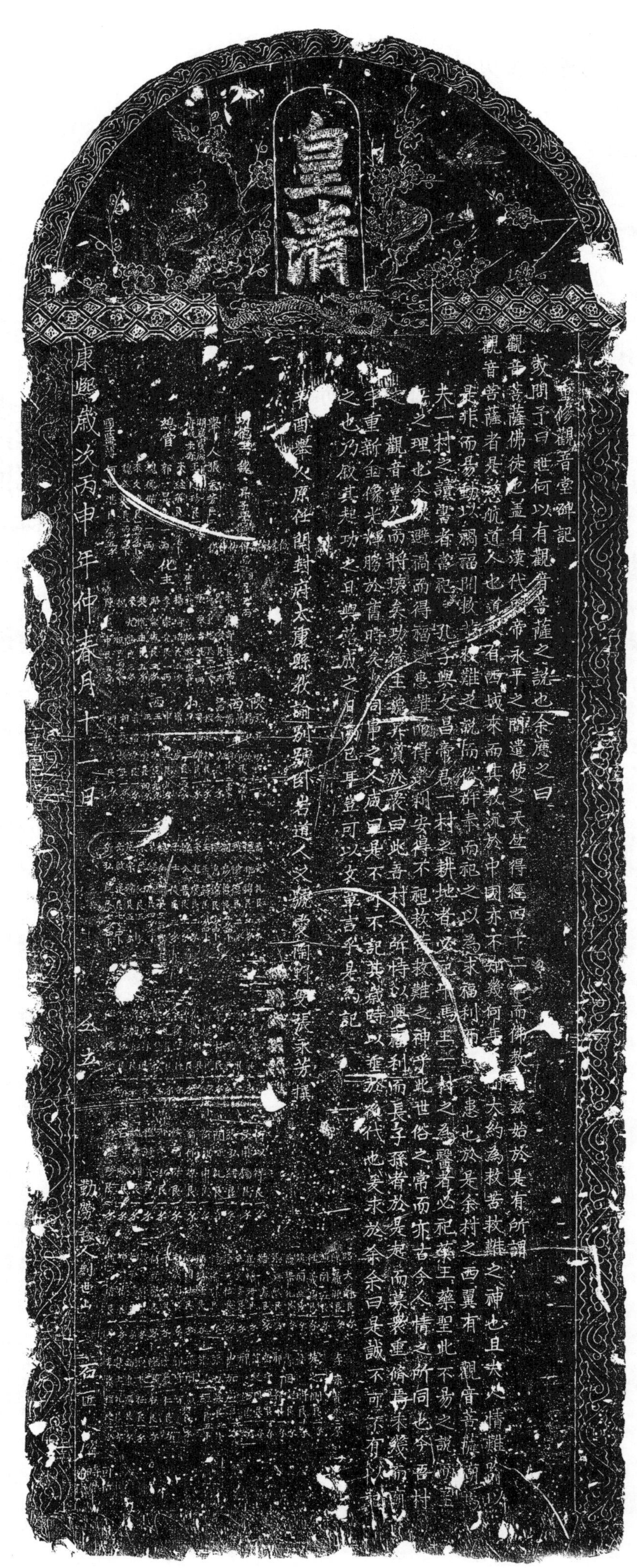

【二一四】　重修觀音堂碑記

年代：清康熙五十五年

尺寸：高 172 釐米，寬 65 釐米

立石地點：高新區辛店鎮龍潭寺

重修觀音堂碑記

〔碑首〕：皇清

或問予曰，世何以有觀音菩薩之説也？余應之曰：觀音菩薩，佛徒也。蓋自漢代明帝永平之間，遣使之天竺，得經四十二章，而佛教□兹始，於是有所謂觀音菩薩者，是慈航道人也。道教自西域來，而其教流於中國，亦不知幾何年□，而大約爲救苦救難之神也。且夫人情難喻，以是非而易動以禍福，聞救苦救難之説，而俗群奉而祀之，以爲福利而避大患也。於是，余村之西翼有觀音菩薩廟焉。夫一村之讀書者，嘗祀孔子與文昌帝君；一村之耕地者，必祀牛馬王；一村之爲醫者，必祀藥王藥聖，此不易之説而至□之理也。今欲避禍而得福，□患難而得樂利，安得不祀救苦救難之神乎？此世俗之常，而亦古今人情之所同也。今吾村之觀音堂久而將壞矣，功德主魏昇質於衆曰：此吾村之所恃以興福利而長子孫者。於是，起而募衆重修焉。未幾，而廟宇重新，金像光輝，勝於舊時矣。衆同事之人咸曰：是不可不記其歲時，以垂於後代也。爰求於余，余曰：是誠不可不有以記之也。乃敘其起功之日與落成之日而已耳，豈可以文章言乎？是爲記。

辛酉舉人原任開封府太康縣教諭别號臥巖道人又號愛陶野叟張永芳撰。

功德主：魏昇，子學詩、學貴捐銀三兩。舉人張永芳銀二兩。湖廣寶慶府成步縣王廷珍銀一兩。來繼□銀一兩三錢七分。總管郭昇銀一兩。魏儒傑銀一兩。來文□銀一兩六錢四分。魏公文銀一兩七錢四分。國子監典簿何兆湛銀一兩五錢……

康熙歲次丙申年仲春月十一日仝立。

【二一五】　重修正殿碑記

年代：清嘉慶□年

尺寸：高 170 釐米，寬 63 釐米

立石地點：高新區辛店鎮龍潭寺

前重修正殿債主情願盡將前欠捐作布施永不責償碑記

〔碑首〕：流芳百代

重修正殿係乾隆五十五年事。

生員高順天施錢二十一千七百。魏長爵施錢二十一千七百。魏朝宗施錢二十一千七百。周萬舉施錢五千。陳路氏統子富生：施錢十五千。李成壽施錢十一千。吕珩施錢五千三百。崔蘭施錢四千。李卓施錢四十千。申法、張榮曾、安元興三共施錢十四千。許順：施錢四千。許復太施錢三十千。姚希恭：施錢五千。范全仁施錢二千五百。高永壽施錢二千五百。陳富蘭施錢十五千。山西梁太和施錢十千零七百。梁義盛施錢三百五十文。李文鋭施錢十三千八百。葉成禄、李柄、李文平三共施錢三千。陳法周施瓦七百。魏大喜施錢二千。魏進施錢五百。張帥施錢二十千。馬昇施錢十千。魏振倉施錢二千。魏永祥施錢三千。馬太子有吉、有才施錢二十千。

前在廟執事化主姓名并列於後：

自備飲饌宿廟辦事化主李之用除正布施，又外施大板四塊、大樹三株，作價伍拾兩。

管事化主貢生張羽翔。化主范璋、子賡堯除正布施外，又施大樹二株。管事化主李朝龍。化主□宗朱。化主東耀龍。化主魏朝周。化主李永貞、孫芳枝施錢八千。以上各布施俱統誌於後。

本鎮本溝商民約……失落，不便清開，僅此誌略。

落雁寺僧清閤，徒：凈智，孫：愷、悟、恒，曾孫：如相、如松、如楝。

金禪寺僧清琴，徒孫：□玉。曾孫：如常。

蓮花寺僧凈梅，徒：五性。孫：如忠。曾孫：海濱、海晏、海籌。

同善寺僧□誠，徒：如柱、如貴。

本廟住持僧凈椿、凈槐，徒：真秀、真順，孫：如林、如惠、如順。仝立。

石匠：楊林、楊棕。

龍飛嘉慶□年□月穀旦。

【二一六】 重修福勝院中佛殿地藏殿觀音殿伽藍殿碑記

年代：清嘉慶四年

尺寸：高 145 釐米，寬 67.5 釐米

立石地點：高新區豐李鎮李王屯村

重修福勝院中佛殿地藏殿觀音殿伽藍殿碑記

嘉慶三年，歲在戊午仲春之吉，洛邑西南李王村福勝寺東院住持僧德真派衍曹洞肇於青源，立於……安禪師計派三十二字曰：廣崇妙普，洪勝喜昌，繼祖續宗，慧鎮維方，圓明净智，德行福祥，澄清覺海，□□□□。國初，真元祖維老泰然和尚係直隸昌黎縣人也，由京師入洛，駐錫於法藏水陸堂中，弘開法界，大闡……祖明公連枝和尚遷郡東九龍臺供奉香火，迨乾隆乙丑歲，真師智公西老和尚始移錫于福勝禪院，……至乾隆二十五年，師募資己捐，重修寺左天齊聖殿三楹、廣生聖母、龍王殿各一間，大門、墻垣……誌之其沿年。真師窮究方脈，普行醫道，於丁亥春叩化十方，創建藥王寶殿三間、聖像二尊，月台重……撰記而勒諸石，邇來師已壽稱古稀，而補葺之志猶然，弗能恒念其寺中佛寶殿，自萬曆二十二年……後而再無重整之碑，迄今年將二百，其殿簷壁剥落，諸殿傾頽，難以觀瞻，師命真於本村募資若干，給……其事，自真師徒經營五十餘年，聊襄諸工其歷年，負債啜糠，終無所憾。自真師徒謹承中上人之志，而略……意焉。

衲子德真撰，記侄比邱行常書丹並篆。

員莊任殿臣捐錢五百文。小利屯黄甲裕五百文。梁屯梁文修三百文。石佛寺王萬有三百文。陰陽范宏儒三百文。庠生潘鰲甲一百文。魏曾瑞一百五。范宏德五百文、車工一個。李雲行一百文。孫無愆二百文、車工一個。范宏□一百文。魏花一百文。李雲□一千文。孫無息一百文。魏琚一百五十文、車工一個。監生范遠宗一千文。王化成一百文。趙之孔三百文。范宏傑三百文。范宏仙一百文。監生范承先二千文。監生魏策萬二千文。梁生芳一千文。劉之太車工一個。魏賢車工一個。李文車工一個。任松，各五百文。范德俊四百文。李經四百文。范顯彪三百文、車工一個。潘新、庠生孫景文。李松車工一個。李吉車工一個。范循□車工一個。聶萼、魏良選、范德辛各三百文。魏永、魏貞、閆守法各二百文。趙之花、李汝、劉之聰、聶連、范宏慶、梁生池、宋萬倉一百五十文。魏仁、劉顯、劉之才各一百文。石永成、魏良吏、孫興財、王永澤、梁鳳祥、楊柄、趙之庚、劉之柱、霍欽、李横各一百文。温有義、李永、李雲祥、劉之福、孫文相、范循、范顯相、范顯卓、魏良奎、魏陳、潘春雲各一百文。

住持僧：智崑。徒：德真、德志。孫：行曇、行立、行元、行常。曾孫：福興、福寧、福慶、福旺、福臻。元孫：祥雲。

龍飛嘉慶肆年玖月拾貳日吉旦。

重金裝諸佛菩薩聖像碑記
蓋聞龍藏象貞皆為覺岸津梁寶殿金身無非化成像教故祇園恒
佛國三千金世界多賴檀那之助天宮百萬玉樓台頻来大雄之
上人重修爲至康熙五十年寂元同岱二上人金裝大佛像三尊
之碑寺僧西来上人性愛焚修嘉慶元年瞻諸殿傾頹目睹心
西若師徒二上人撒手歸西次徒若心忽殿堂雖修諸佛菩
山會善見源老和尚朝南海而叅金山高旻拜九華而禮
不敢自專謀於耶貢李友輔庠生李中道檀越李九福等
廿八日開工大雄天王二殿燦然改觀觀音地藏兩陪
舊跡矣功程完日請記於余余不敢以碑記文謹序
邑庠生孫
邑庠生范
監生魏
龍飛嘉慶拾叁年柒月拾叁日吉

【二一七】 重金裝諸佛菩薩聖像碑記

年代：清嘉慶十三年

尺寸：高 106 釐米，寬 65 釐米

立石地點：高新區豐李鎮李王屯村

重金裝諸佛菩薩聖像碑記

〔碑首〕：皇清

蓋聞龍藏象負，皆爲覺岸津梁；寶殿金身，無非化成像教。故衹園恒……佛國三千金，世界多賴檀那之助；天宫百萬玉，樓台頓來大雄之□。……上人重修焉。至康熙五十年，寂元、同岱二上人金裝大佛像三尊，……之碑，寺僧西來，上人性愛焚修，嘉慶元年，瞻諸殿傾頽，目睹心傷，……西若師徒二上人撒手歸西，次徒若心念殿堂雖修，諸佛菩薩……山會善見源老和尚朝南海而參金山高旻，拜九華而禮華……不敢自專，謀於職員李友輔、庠生李中道、檀越李九福等……廿八日開工，大雄、天王二殿燦然改觀，觀音、地藏而陪焕……舊跡矣。功程完日，請記於余，余不敢以碑記文論，謹序……

邑庠生孫□□撰，邑庠生范□□書丹，監生魏□□篆額。……

龍飛嘉慶拾叁年柒月拾叁日吉旦。

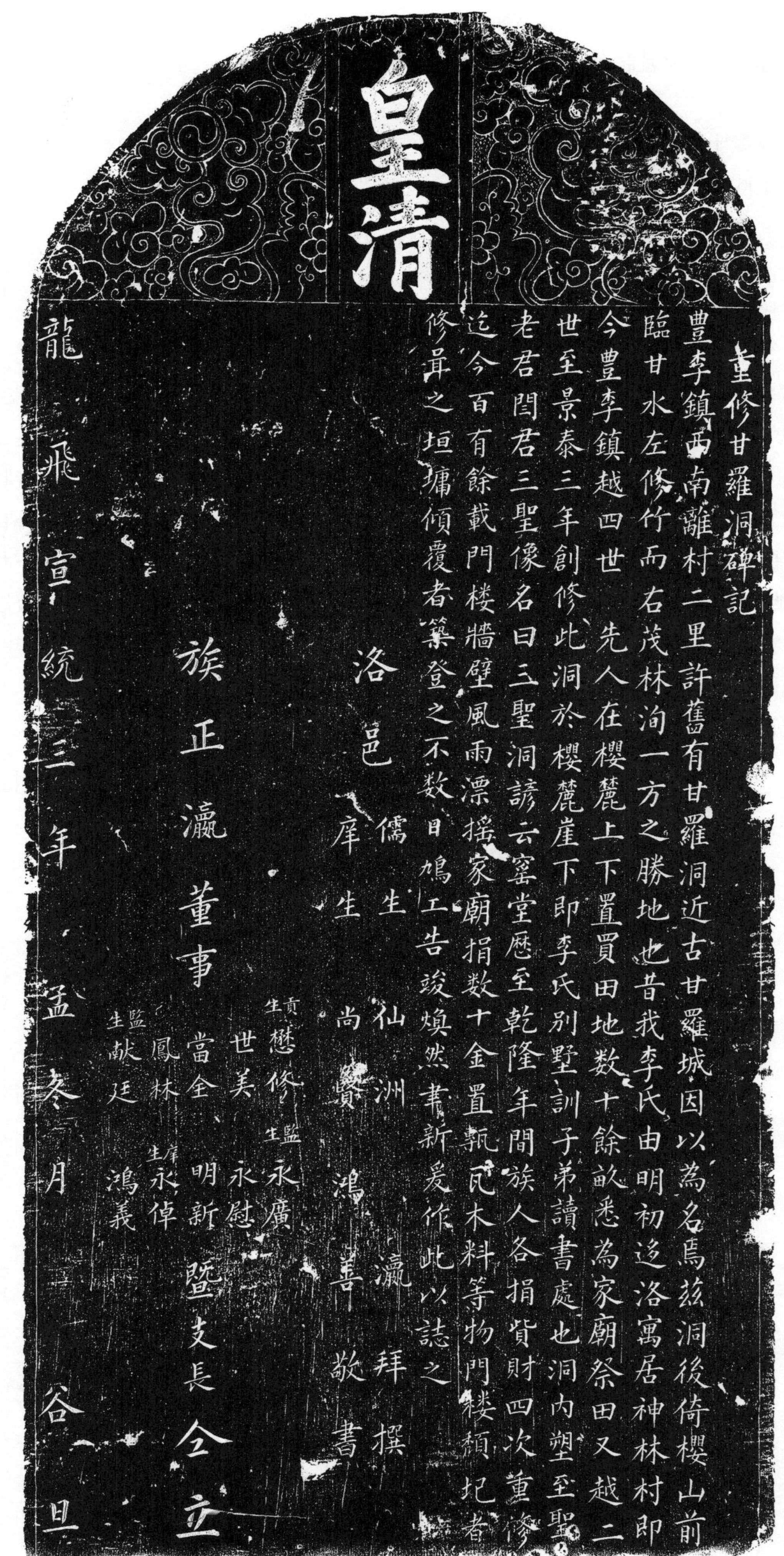

皇清

重修甘羅洞碑記

豐李鎮西南離村二里許舊有甘羅洞近古甘羅城因以為名焉茲洞後倚櫻山前臨甘水左修竹而右茂林洵一方之勝地也昔我李氏由明初迻洛寓居神林村即今豐李鎮越四世 先人在櫻麓上下置買田地数十餘畝悉為家廟祭田又越二世至景泰三年創修此洞於櫻麓崖下即李氏別墅訓子弟讀書處也洞內塑至聖老君関君三聖像名曰三聖洞諺云窰堂歷至乾隆年間族人各捐貲財四次董滲迄今百有餘載門楼牆壁風雨漂摇家廟捐数十金置瓴瓦木料等物門楼頹圮者修葺之垣墉傾覆者築登之不数日鳩工告竣煥然聿新爰作此以誌之

洛邑儒生仙洲瀛 拜撰

庠生尚賢鴻善 敬書

族正瀛 董事 貢生懋修 監生永廣 世美 永慰 當全 明新 鳳林 庠生永倬 監生献廷 鴻義 暨支長 仝立

龍飛宣統三年孟冬月 穀旦

【二一八】　重修甘羅洞碑記（碑陽）

年代：清宣統三年

尺寸：高124釐米，寬58釐米

立石地點：高新區豐李鎮豐李村

重修甘羅洞碑記

〔碑首〕：皇清

豐李鎮西南離村二里許，舊有甘羅洞，近古甘羅城因以爲名焉。茲洞後倚櫻山，前臨甘水，左修竹而右茂林，洵一方之勝地也。昔我李氏由明初移洛寓居神林村，即今豐李鎮。越四世，先人在櫻麓上下置買田地數十餘畝，悉爲家廟祭田。又越二世，至景泰三年，創修此洞於櫻麓崖下，即李氏別墅，訓子弟讀書處也。洞内塑至聖、老君、閻君三聖像，名曰"三聖洞"，諺云：窑堂歷至乾隆年間，族人各捐資財，四次重修。迄今百有餘載，門樓、墻壁風雨漂揺，家廟捐數十金置磚瓦木料等物，門樓頹圮者修葺之，墻墉傾覆者築登之，不數日，鳩工告竣，焕然聿新，爰作此以誌之。

洛邑儒生仙洲瀛拜撰，洛邑庠生尚賢鴻善敬書。

族正：瀛。董事：貢生懋修、世美、當全、鳳林。監生獻廷、監生永廣、永慰、明新、庠生、永倬、鴻義、暨支長仝立。

龍飛宣統三年孟冬月穀旦。

家廟祭田地坐落畝數弓口碑記
甘羅洞南地一段分六段丈南北畛　頭一段中長二十六弓[illegible]横二十八弓一尺　又一段長[illegible]
長七十弓零四尺北横十弓零三尺南横十弓零二尺　又一[illegible]弓北横十六弓[illegible]長一百[illegible]
六弓　又一段中長一百零六弓　又一段中長一百零六弓[illegible]二十六弓内除趙姓坟地
畝[illegible]　又一段中長四十弓南横十三弓北横二十六弓[illegible]至趙北至本主　甘[illegible]
洞東边地一段南北畛南北横二十九弓三尺中長三十弓[illegible]地一段四畝零中長五[illegible]
西横十弓東横十五弓　甘羅洞北溝平地二壋東西畛[illegible]地一段東西畛　河窰[illegible]
嶺地兩段東西畛一段中長六十三弓一尺東横十七弓三尺南[illegible]又一段中長四十二弓西横十九
二尺東横二十弓零一尺　薛營村南地一段分兩段丈西一段中長四[illegible]三尺北横十二弓三尺三寸南横
三弓二尺一寸東一段順三十五弓南北横俱十弓　牛家溝北嶺地一段[illegible]畝南北畛
繼後添祭田　甘羅洞東嶺地一段六畝三分五厘東西畛　老[illegible]東南[illegible]一段二畝五分南北畛中長九十四
南北横俱六弓一尺九寸　甘河西地一段五畝五分三厘一耗地北頭西斜尖中長二十[illegible]弓二尺北横七弓計地四分六厘九
共六畝　本村東地一段八畝九分八厘九耗五系南北畛中長五十九弓一尺[illegible]寸南[illegible]十二弓一尺五寸北横十二弓二尺五寸
本村西南地兩段共三畝零[illegible]段坐落渠西南北畛一段坐落渠東南北畛　[illegible]地一段五畝零
買地基一區坐落祠堂後兩丈二尺長三間寬價六串整　[illegible]地基一區坐落祠堂前路[illegible]東至出入路西至牆南
牆北至大街路轍、買地基一區坐落祠堂東边南至大街路轍北至李東至賣主[illegible]牆西至祠堂價六十二千整
丈中長二十八弓一尺

【二一九】 重修甘羅洞碑記（碑陰）

年代：清宣統三年

尺寸：高 124 釐米，寬 58 釐米

立石地點：高新區豐李鎮豐李村

家廟祭田地坐落畝數弓口碑記

甘羅洞南地一段，分六段丈，南北畛，頭一段中長二十六弓，然□□□□□橫二十八弓一尺；又一段，中長七十弓零四尺，北橫十弓零三尺，南橫十弓零二尺；又一段……寸，北橫十六弓，中長一百零六弓；又一段，中長一百零六弓；又一段，中長一百零六弓；……二十六弓，内除趙姓墳地一畝六分。又一段，中長四十弓，南橫十三弓，北橫二十六弓，……南至趙，北至本主。甘羅洞東邊地一段，南北畛，南北橫二十九弓三尺，中長三十弓三尺，□□□□廟前地一段四畝零，中長五十弓，西橫十弓，東橫十五弓。甘羅洞北溝平地二墱，東西畛，……臺地一段，東西畛。河窑村東嶺地兩段，東西畛，一段中長六十三弓一尺，東橫十七弓三尺，南橫□□□弓；又一段，中長四十二弓，西橫十九弓二尺，東橫二十弓零一尺。薛營村南地一段，分二段丈，西一段，中長四十弓二尺，北橫十二弓三尺三寸，南橫□□三弓二尺一寸；東一段，順三十五弓，南北橫俱十弓。牛家溝北嶺地一段五畝，南北畛。□□□繼後添祭田。甘羅洞東嶺地一段六畝五分三厘，東西畛。老寨東南地一段，二畝五分，南北畛，中長九十四弓，南北橫俱六弓一尺九寸。甘河西地一段，五畝五分三厘一毫，地北頭西斜尖，中長三十二弓二尺，北橫七弓，計地四分六厘九毫，共六畝。本村東地一段，八畝九分八厘九毫五系，南北畛，中長五十九弓一尺一寸，南橫十三弓一尺五寸，北橫十二弓二尺五寸。本村西南地兩段，共三畝零。一段坐落渠西，南北畛；一段坐落渠東，南北畛。官坑地一段，五畝零。買地基一區，坐落祠堂後，兩丈二尺長，三間寬，價六串整。施地基一區，坐落祠堂前，路南東至出入路，西至墻，南至墻，北至大街路轍。買地基一區，坐落祠堂東邊，南至大街路轍，北至李，東至賣主夥墻，西至祠堂，價六十二千整，南□丈，中長二十八弓一尺。

大清

洛邑西南路□水西河口村舊有
漢薄姬尊神殿宇一座為風雨損壞忽有□□□士李君諱義敬楊君諱名
儒者加意重脩不數日而人功告竣□□求予為文凡所取入布
施悉刻諸石予不敏謹承諸君之□□誌不朽云

乾隆拾玖年正月吉日立

【二二〇】 重修薄姬廟碑記

年代：清乾隆十九年

尺寸：高 123 釐米，寬 52 釐米

立石地點：高新區豐李鎮河口村

〔碑首〕：大清

洛邑西南路洛水西河口村舊有漢薄姬尊神殿宇一座，爲風雨損壞，忽有本村善士李君諱義、李君諱敬、楊君諱名儒者加意重修，不數日而人功告竣，諸君求予爲文，凡所收入布施悉刻諸石，予不敏，謹承諸君之善口，以誌不朽云。

施布施人列後：

李景先錢一百文。李義銀二錢。李臣錢一百五十文。李彪銀一錢。蔡傑錢一百五十文。李如英錢二百文。金有禮錢一百六十文。李全喜錢一百文。李明善錢一百九十九文。劉虎山銀六分。李春生銀三錢。李立杖子一根。牛軍銀一錢。何門李氏銀一錢。李門何氏銀一錢。周瑞鳳銀一錢。周祥銀二錢。李如梅銀一錢五分。楊霆錢二百四十文。楊大儒銀三錢。楊鴻儒銀六錢。李信銀六錢。何應召銀一錢。金國印銀二錢。李敬銀二錢。范良臣銀一兩。張有銀二錢。田維新銀五錢。李門高氏、李門魏氏共錢六十五。李門劉氏十文。寧盡忠銀二錢。葉發富錢一百文。秦山錢一百文。魏錢一百文。鳳林之錢一百文。陳起石銀一錢。李丑錢一百文。李玄生銀一錢。李有榮銀二錢。李育生銀一錢。李千朋銀一錢。趙門李氏銀一錢。趙嘉言銀一錢。李全經銀一錢。金射鵠銀一錢。高名昌拜石一塊。許文祥銀一錢。張猷錢一百文。李營錢一百文。張虎臣錢一百文。李門李氏錢二百文。李成錢一百文。盛柱錢一百文。温三相公錢八百五十文。李錢一百四十文。馬仁銀一錢。潘門李氏銀一錢。張松銀三錢。李彪、李敬、王門卜氏、李義、李立、王祥銀一錢。魏宗學銀一錢。李倫獸頭一對。李信、趙廷貴、李智銀一錢。楊鴻儒、楊大儒、王朝佐、張松、趙宗智……

管事人：王門卜氏、李敬、李義、王朝佐。

陰陽：葛世魁。泥木匠人：范德。塑匠：許建學。石匠：馬雲。

乾隆拾玖年正月吉日立。

大清

河口村重修薄姬廟碑記

薄姬者漢高祖之側室文帝之生母也文帝未立時則以姬稱及入承大統則尊為太后故今人目其廟曰薄姬亦曰太后蓋因其所歷而名之也洛之有此廟者非一所即本路亦不僅一所也太后莊梁家屯皆有之太后莊乃因太后廟得名時諺后為古耳梁家屯薄姬廟正直黃家屯之高祖廟後先輝映旁侍文帝俗所稱娘娘廟嘗聞劉青峰師曰當日高祖出征薄后從軍故凡所處皆肖象以祀之吾師博洽言必有據今河口村南亦有薄姬廟其楹不知創自何代考其重修碑則在有明崇禎中年久頹圮村老祀生李翁長泰年八旬暨其族子篤發心重修鬻其廟前大柏若干株得銀若干兩不足復鳩貲成之廟貌神像煥遂舊觀其地在櫻鶴兩山之間甘水中貫形似伊闕余嘗擬其名曰小龍門甘水東厓有老君洞古柏蒼鬱曲徑通幽亦靜境也茲廟處甘水之西長楊參天青山作屏洵堪與老君洞對峙若非李氏大小院協力繕葺則陵夷隳廢甘水西厓失一勝槩矣惟存老君洞獨作魯靈光將使遊人騷客每攬西顧之憂小龍門之佳境不幾偏枯乎然則賢竹林之有功於小龍門也大矣哉李翁與余有葭莩之誼丐記於余爰誌其顛末揭示來者苟奕葉皆心李翁之心則佳境不替可與伊闕爭勝千古矣未必非李翁之所厚望也 皆

功德主李長春 管事李篤 施大松一根 王門卜氏 王門賀氏

乾隆貳拾貳年歲在丁丑春王月天寧日同邑後學上程潘瀚東宇氏敬撰於梅竹清芬處

【二二一】　河口村重修薄姬廟碑記

年代：清乾隆二十二年

尺寸：高 162 釐米，寬 61 釐米

立石地點：高新區豐李鎮河口村

河口村重修薄姬廟碑記

〔碑首〕：大清

薄姬者，漢高祖之側室、文帝之生母也。文帝未立時，則以姬稱，及入承大統，則尊爲太后，故今人目其廟曰“薄姬”，亦曰“太后”，蓋因其所歷而名之也。洛之有此廟者，非一所，即本路亦不僅一所也，太后莊、梁家屯皆有之。太后莊乃因太后廟得名，特譌后爲古耳。梁家屯薄姬廟正直黄家屯之高祖廟後，先輝映，旁侍文帝，俗呼娘娘廟。嘗聞劉青峰師曰：當日高祖出征，薄后從軍，故凡所□處，皆肖像以祀之。吾師博洽，言必有據。今河口村南亦有薄姬廟三楹，不知創自何代，考其重修碑，則在有明崇禎中，年久頹圮，村老祀生李翁長泰，年八旬，暨其族子篤發心重修，鬻其廟前大柏若干株，得銀若干兩，不足，復鳩資成之，廟貌神像頓還舊觀，其地在櫻鶴兩山之間，甘水中貫，形似伊闕，余嘗擬其名曰“小龍門”。甘水東厓有老君洞，古柏蒼鬱，曲徑通幽，亦靜境也。兹廟處甘水之西，長楊參天，青山作屛，洵堪與老君洞對峙，若非李氏大小阮協力繕葺，則陵夷隳廢，甘水西厓失一勝概矣，惟存老君洞獨作魯靈光，將使遊人騷客每廑西顧之憂，小龍門佳境不幾偏枯乎？然則賢竹林之有功於小龍門也大哉。李翁與余有葭莩之誼，丐記於余，爰誌其顛末，揭示來者。苟弈葉皆心李翁之心，則佳境不替，可與伊闕争勝千古矣，未必非李翁之所厚望也。

功德主：李長泰。管事：李篤施大梁一根。化主：王門卜氏、王門賀氏。

同邑後學上程潘瀛瀚東原氏敬撰於梅竹清芬處。

殷士奇銀一兩。郭天福銀一兩。李廷瑄銀一兩。形及優銀五錢。潤雨錢一千。范良臣銀一兩。王起鳳銀三錢。張镕銀三錢。張漢銀三錢。張宅銀一兩。安存仁銀三錢。李天申銀五錢。何任龍錢一百。任章錢二百。李受仁錢一百。李有用錢一百。潘俊錢一百六十。李益生錢一百。李白銀二錢。李景孝錢二百。魏珍銀一錢。李弘文錢一百。李章錢一百。趙義錢一百。李三桂錢二百。張顯銀二錢。李倫銀三錢。李良銀一錢。董二先錢一百。胡敏錢一百。張朝佐銀二錢。李彦聚銀二錢。黄宣銀二錢。夏建寅錢一百。李楝宇錢二百。李德啟錢一百。李天崇錢一百。李士弘銀二錢。李久昌銀一錢。孫法錢二百。張顯錢二百。吴居銀二錢。晉起功銀三錢。張錦錢一百。金國敬銀三錢。張天錫錢一百。祝萬禄錢一百。李首仁錢一百。任進財錢二百。苗爾花錢三百。苗順錢二百。宋松錢二百。温進財錢八十。李克建錢一百。温云良錢八十。温云財錢八十。殷成學錢一百。殷士珍銀二錢。曹永昌錢二百。張義錢一百。張鳳林銀五分。……

石匠：馬雲。畫匠：許建學。泥木匠：范德。

時乾隆貳拾貳年歲在丁丑春王月天穿日。

張老師訓弟子十則

無蔽生作書文苦苦勸戒曉諭那羣弟子傾耳細聽
有老師到今冬五十七歲大又腳跳出世普化衆生
我有心收英才六十四個未敢毀人一半謝我精言
並非是塵世人敢毀長短還恐怕弟兄多各變心情
想當初不等們同來學技到而今得了道各自有名
師徒們如父子一般一樣倘若是行正道即是吾榮
既同堂論甚麽誰高誰下孔門弟數三千賢愚不同
滿招損謙受益古人之話你不能有何妨去問他能
劉關張拜桃園如同骨肉孫龐子學鬼谷誰奸誰平
他有過你就該勸勉於他你有善他自然遵着你行
既然間入仙門誠心求化我有那十道條一一敬聽
第一件且不可受人財賄第二件且不可求人謝情
第三件且不可爭人禮貌第四件且不可各自誇功
第五件且不可刻薄貧下第六件且不可貪聯富翁
第七件且不可女子答話第八件且不可匪人同行
第九件且不可道人長短第十件且不可寬待妖精
有老師我好比明月一顆照天下並九州無處不明
遵吾訓把你等點入仙衆達吾訓再休想雲路高登
師徒們恩情重不能盡想因脩下一幅文橫列中庭
要你們各存心來濟今世到龍飛與鳳舞自然亨通

又老師十八他銘箴

天地神明不可瞞他朝廷王法不可犯他官府粮草不可欠他父母之恩不可忘他手足之情不可絶他枕邊之言不可聽他人家田地不可占他人家美色不可看他人比我貧不可欺他人比我富不可忌他既是用人不可疑他既是疑人不可用他無義之財不可使他無義之食不可喫他無義之衣不可穿他無義之友不可交他膝下兒女不可慣他良心一点不可昧他

言語雖淡味無窮　奉勸世人要可學
若能時刻一一念　亦可免禍福亨通

民國三十年二月十一日

【二二二】 張天師訓戒碑

年代：民國二十年

尺寸：高 64 釐米，寬 114 釐米

立石地點：高新區辛店鎮東高崖村張天師廟

〔碑首〕張天師訓戒碑

張老師訓弟子十則

無蔽生作書文苦苦勸戒，

曉諭那群弟子傾耳細聽：

有老師到今冬五十七歲，

大乂腳跳出世普化眾生。

我有心收英才六十四個，

未收彀人一半謝我精靈。

並非是塵世人敢毀長短，

還恐怕弟兄多各變心情。

想當初爾等們同來學技，

到而今得了道各自有名。

師徒們如父子一般一樣，

倘若是行正道即是吾榮。

既同堂論甚麼誰高誰下，

孔門弟數三千賢愚不同。

滿招損謙受益古人之話，

你不能有何妨去問他能。

劉關張拜桃園如同骨肉，

孫龐子學鬼谷誰奸誰平。

他有過你就該勸勉於他，

你有善他自然遵著你行。

既然間入仙門誠心求化，

我有那十道條一一敬聽：

第一件且不可受人財賄。

第二件且不可求人謝情。

第三件且不可争人禮貌。

第四件且不可各自誇功。

第五件且不可刻薄貧子。

第六件且不可貪聯富翁。

第七件且不可女子答話。

第八件且不可匪人同行。

第九件且不可道人長短。

第十件且不可寬待妖精。

有老師我好比明月一顆，

照天下並九州無處不明。

遵吾訓把你等點入仙界，

違吾訓再休想雲路高登。

師徒們恩情重不能盡愬，

因修下一幅文横列中庭。

要你們各存心來濟今世，

到龍飛與鳳舞自然亨通。

又，老師十八他銘箴：

天地神明不可瞞他，

朝廷王法不可犯他。

官府糧草不可欠他，

父母之恩不可忘他。

手足之情不可絕他，

枕邊之言不可聽他。

人家田地不可占他，

人家美色不可看他。

人比我貧不可欺他，

人比我富不可忌他。

既是用人不可疑他，

既是疑人不可用他。

無義之財不可使他，

無義之食不可吃他，

無義之衣不可穿他，

無義之友不可交他。

膝下兒女不可慣他，

良心一占不可昧他。

言語雖淡味無窮，

奉勸世人要叮嚀。

若能時刻一一念，

亦可免禍福亨通。

民國二十年二月十一日。

重修九龍聖母祠記

洛城西四十里許有延秋里者林木森然北問冀然佳

九龍聖母祠歲久湮沒遂失其處蔓草離離一荒[illegible]嘉

之因命工疏鑿以求其源不數日得磚甃一池宛然如

修於漢武元光二年六月十有九日也遠近聞之捐輸

龍香火之依殿之下汪汪而清澈者池之淵泉也又其

之社首崔上登聞滿曼衛陸綱李義柴[illegible]諸余求一言以識不朽余方

聖塑以形像丹堊塗雘欒[illegible]煌丸遇水旱[illegible]禱必[illegible]

廷而詢龍者不亦[illegible]誕耶[illegible][illegible]之曰幽明非二理[illegible]

勃之敬乎非其堂則齋肅之孔棘恐對越也非駿奔[illegible]

纖非身心性命之資乎瞻其峯巔而思以貢安其棲[illegible]

應之而必甘霖雨潤澤乎蒼生風霆鼓舞乎萬物又[illegible]

庶不經大有倍於吾道者矣是可不紀其始末哉

萬曆元年歲次癸酉夏五月十日府庠生[illegible]

賜進士第嘉議大夫南京刑部右侍郎前[illegible]

經筵邑人杜峯王正國撰廩生王[illegible]

中順大夫河南府知府[illegible]

【二二三】　重修九龍聖母祠記

年代：明萬曆元年

尺寸：高 120 釐米，寬 73 釐米

立石地點：高新區辛店鎮龍潭寺

重修九龍聖母祠記

洛城之西四十里許有延秋里者，林木森然，比閭翼然往……九龍聖母祠，歲久淹没，遂失其處，蔓草離離一荒谷，然嘉……之，因命工疏鑿，以求其源，不數日得磚甃一池，宛然如……修於漢武元光二年六月十有九日也，遠近聞之，捐輸……龍香火之位，殿之下汪汪而清冽者，池之淵泉也。又其……之社首：崔上、□德盈、閆滿、岳萬衢、陸綱、李茂輩詣余求一言，以識不朽。余方……堂，塑以形象，丹堊塗艧，燦爛輝煌。凡遇水旱疾疫必禱，以……遇而詎龍者，不亦降□誕耶。余應之曰：幽明非二理，人……勃之敬乎？升其堂，則齋肅之孔赫昭對越也，非駿奔在……穢，非身心性命之資乎？瞻其峰巔而思以奠，安其棟宇……應之，而必速霖雨潤澤乎？蒼生風霆鼓舞乎？萬物又……戾不經，大有倍於吾道者矣，是可不紀其始末哉？

府庠生竹溪薛……

賜進士第通議大夫南京刑部右侍郎前……經筵邑人柱峰王正國撰，廩生王官，王□□

中順大夫河南府知府覃六□。

萬曆元年歲次癸酉夏五月十日。

創建五瘟諸神祠記

蓋聞幽明一理，神人一机，然感應者在乎神，其建祠者存乎人。苟人心不誠，不

惟不能建功立祠，亦不能以服衆也。惟延秋者乃賈君諱志名，素有善因，始建祠

前修石橋二座，往來謁神者因得以禮焉矣。今又捐己資，會衆財，復建祠叁楹，內

塑五瘟諸神像八尊。是祠也者，正堅母大殿之前，龍池之左也。雖塑神像，巍

然俱新，采植墻壁，燦然足觀。工未浹久，不日告成。噫！賈君年逾九旬，善心耿耿，終

始不怠，必獲餘慶。積善者斯神嘗不默賜嬰齡者乎？然諸工已畢，於是樹石以

後記。

旹大明萬曆貳拾叁年歲次乙未春三月吉旦　五石山人野堂子陸天爵書

功德主賈志名　同室人張氏　賈氏　田氏　男賈廷任

姪男賈廷璣　賈廷用　賈廷器

孫男賈應先　賈應春　賈天庫　賈應秋

賈應元

本廟住持邑太定化主郭玄

宜陽縣石匠王務成　楊守印

【二二四】 創建五瘟諸神祠記（碑陽）

年代：明萬曆二十三年

尺寸：高 128 釐米，寬 62 釐米

立石地點：高新區辛店鎮龍潭寺

創建五瘟諸神祠記

蓋聞幽明一理，神人一機，然感應者在乎神，其建祠者存乎人。苟人心不永，誠不惟不能建功立祠，亦不能以服衆也。惟延秋耆老賈君諱志名，素有善因，始建廟，前修石橋二座，往來謁神者，固得以利涉矣，今又捐己資，會衆財，復建祠叁間，内塑五瘟諸神像八尊。是祠也者，在聖母大殿之前，龍池之右者也，粧塑神像，焕然俱新，朱植墻壁，燦然足觀，工本浩大，不日告成。噫！賈君年逾九旬，善心耿耿，始終不怠，必獲餘慶，積善若斯，神豈不默賜嬰麟者乎？然諸工已畢，於是樹石，以爲後記。

山人野堂子陸天爵書。

功德主：賈志名同室人張氏、賈氏、回氏；贾廷住；侄男賈廷現、賈廷用、賈廷器；孫男賈應先、賈應春、賈天庫、賈應秋、賈應元。

本廟住持：扈太定。化主：郭玄官。宜陽縣石工：楊天池、楊守印。

時大明萬曆貳拾叁年歲次乙未春三月吉旦立石。

【二二五】　創建五瘟諸神祠記（碑陰）

年代：明萬曆二十三年

尺寸：高 128 釐米，寬 62 釐米

立石地點：高新區辛店鎮龍潭寺

計開施財信士列于後：

河南衛千户李天秩：施磚一千。陸綸、林天受、李朝宣，以上俱施錢三百。劉三傑、魏天相、潘汝孝、趙得春、任永寧、馬豕、王守德，以上俱施錢二百。張萬邦、李仲金、張有餘、閆林二人檁三根。寧堯現、昌乃林、昌乃豕、昌乃厚、張倉、潘東陽，以上錢二百文、謝振□、李□□、昌光□、□賓、來思篆、趙朝鄉、劉庚、王加善、楊文□、昌洪、劉希魁、潘東山：麥七斗。紀彦谷六斗。馬進禮、紀章、蔡君、張學、□奇強，以上各錢一百文。□臣良、有餘、張成、張澤、潘敘、張□運、郭立元、楊□高、齊隨時、柳國祥、王進忠，以上俱錢六十文。張山、楊進孝、郭孟味、郭孟節、王大倫、李梅、趙相、趙仲禮、張喜言、趙廷用、陳堂、趙得時、田強、王尚賓、□朝、王仲良、張宗如、王進朝、冉希臣、鄭賓、鄭進孝，以上俱錢五十文。鄭登科、蔡天禄、何還、何欽、陸綱、王勝、王有餘、張永受六人各檁一根。楊沛、谷文魁、李大松、李朝臣、張田、王進孝，以上俱錢三十文。管飯于後：寧堯京、趙約、馬四、李朝君、董竹、鄭甫、董以方、李朝用、閆鄉、東禮、楊科、于成、張坤、趙得庫、崔應科、郭孟南、郭孟吉、尚林、王振邦、□世英、陳西禮、李進禄、寧應時、趙倉、李守科、姚虎、王孟春、王大富、李朝相、魏科、尚朝、張周、扈□、張勤、張世強、趙實、張寶、周尚友、趙應魁、閆進道、韓得時、楊進福、李淮、魏進孝、吕甫、張安、閻進養、魏仲孝、許實、趙君寵、張諫、閆休道、楊銀。李尚仁椽四根。趙天爵：煤八斗。

泥水匠：趙雨。長工：康相、回永昌、潘進孝。木匠：張成、王西名。

住持道士：郭清□、崔清祥、紀清和。

【二二六】 重修觀音堂碑記

年代：清咸豐六年

尺寸：高127釐米，寬55釐米

立石地點：澗西區工農鄉尤東村

重修觀音堂碑記

〔碑首〕：皇清

洛邑西二十八里許尤家溝村，即古雁門屯也，村東舊有觀音堂一座，查前明碑文，所□□堂創自景泰七年，尤氏、張氏倡厥功德，閲百餘載。至萬曆十年，尤氏兄弟諱珍、諱玠復加修理，規模仍其舊焉。又五十餘年，至天啟七年，尤氏諱元之同化主趙氏諱江、董氏諱萬策修其廢弛，稍加恢弘，迄今又二百餘年矣。年愈久則傾頽愈甚，村人咸謂修廢舉墜，前人既屢屢爲之，我輩亦蒙神佑，其可不重修以報神功乎？於是各捐資財，重加修理，東邊增修關帝殿一間，不多日而厥功告成。是舉也，因仍舊規，何敢自詡有功，但莫爲之後，雖盛弗傳，今兹整舊成新，一以妥神像，一以彰衆善，且有合承前啟後之道，所謂一舉而三善備者，此也，因勒諸石，以誌不朽云。

嘉慶丙子科舉人前任直隸阜平南和清河等縣正堂尤夢蓮撰，趙凌雲書丹。

督工人：庠生尤進貢，庠生尤芳春，鄉耆尤金錫、尤金會。

功德主：尤夢蓮捐錢十一千文。尤金錫捐錢十千文。尤範鍾捐錢四千三百文。尤文蔚捐錢四千二百文。尤金會捐錢四千文。尤朝元捐錢三千六百文。趙宗武、尤文林各捐錢三千文。尤金石捐錢二千九百文。尤金川捐錢二千七百文。尤金鐸捐錢二千四百文。尤金貢捐錢二千三百文。尤□進捐錢二千一百文。尤萬全捐錢二千一百文。尤調元捐錢一千八百文。尤大本、尤金蘭各捐錢一千四百文。尤金保、李忠誠各捐錢一千五百文。尤士元一千二百文。孫尤氏捐錢二千文。尤李氏捐錢五百文。谷水孫尤氏捐一千文。尤金太、尤金法各捐一千文。尤瑞元、尤金周各八百文。尤道元、張連榜、尤金昇、尤書琴、尤金鉦，以上各捐七百文。張玉貴錢九百文。尤榜元六百文。尤旺元、尤金鈴各錢五百文。尤吉元、尤廷元、張全德，以上各捐四百文。尤全順、尤金重、尤得元、尤貴元、尤金科、尤金福、楊文焕，以上各捐錢三百五十文。尤大月、尤致元、尤西來、尤中流、尤金銘、尤石頭、尤金壽、尤雙孝，以上各捐錢三百文。李金棟、尤義元各錢二百五十文。尤洛元、尤萬育各錢二百文。吴祥錢二百八十文。尤金榮、尤李氏、王村孫殷氏、尤洛、尤玉麒、尤來娃、尤秉意、馬進元、尤永、馬廣、尤成子，以上各捐錢一百文。尤榮先、李遇江各一百四十文。尤金科、尤明元、尤金瑞、馬太元、尤春華、尤金玉、尤真定、尤金枝、胡麻子、胡保，以上各錢一八四十文。尤益謙、尤金省、谷水劉尤氏，以上各錢一百文。張栓、尤保、趙揪子、尤李氏，以上各錢七十文。胡二棟錢一百七十文。馬書香施香爐一個，尤于元、尤萬元各錢五百六十文。尤淑元錢七百文。尤黨氏錢三百五十文。又入充公錢六千四百文。

木工：張全德。泥工：李振興。鐵筆：苗書洛。

時大清咸豐六年九月穀旦立。

【二二七】 重修五龍廟記

年代：明嘉靖四十二年

尺寸：高 138 釐米，寬 59 釐米

立石地點：澗西區孫旗屯鄉前五龍溝村

重修五龍廟記

〔碑首〕：重修五龍廟記

古豫郡西距城二十里餘，五龍溝北岸舊有五龍廟，考之郡乘，溝有五泉湧出，澄澈瀠洄，故廟建焉，唐尉遲敬德創也。稽諸殘碑斷礎，累昭靈異，歷宋元以來，屢遭兵燹，廢興靡詳。及嘉靖戊午，鄉耆□□孫朝用、張江覩兹廢圮，嘆曰：廟建於昔，非而人也爲之邪。遂首倡義社，偕宦族□□麒、俞得水輩聚財鳩工，植廢起墜，於是，前爲大門、殿宇三楹，中肖五像，廟貌翼然，觀者歎服。禦災捍患，有禱輒應，神之福於斯郡者，不直是已也。工始於己未之春，落成於癸亥之夏，人心協和，神靈默相，足爲郡一勝景也。陳子鳳因請余爲記，以徵歲月，余謂龍之爲物，靈變莫測，沛膏澤而滋下土，時和年豐，災害不生，以佑我皇明億萬載無疆之祚，以錫我黎□□生之樂。傳曰有功德於民則祀之，能禦災捍患則祀之。龍之於人可謂無愧於是矣，則廟宇香火之祀宜哉。復延黄冠，以尸守護，則益永演於無窮矣。凡與於斯廟者，俱列於碑右，用垂不朽云，以紀其績，或爲將來者勸。是爲記。

文林郎知昌黎縣事郡人伊東李桐撰，同郡慎菴李□書併篆。

捐財助工：姚世倫、姚世傑、李克儉、徐文玉、姚世威、姚廷佐、姚士學、劉幹、李□、□恒、李秀、夏□、俞學、孫釗、夏佳、陳州、孫欽、温杲、孫銘、俞朝、聶朝憲、金良重、李同洪、孫龐次、夏廷甫、李天受、夏洪、夏朝、夏良、夏禄、夏谷、夏京、夏魁、潘□、潘敖、潘寶、潘現、李東、□川、李進、胡得、陳魁、閆俊、李雄、陳梅、夏陽、吴宗甫、潘朝陽、朱朝先、孫天福、俞得河、胡元清、謝良節、商爵、劉善、劉金、劉成、劉銀、閆敞、房江、陳還、馬儒、張海、孫定、劉雨、李仝、韓春、王得山、劉景山、劉大用、劉大先、張奉、張表、劉云、潘盈、陳道、梁佩、劉得水、張朝、崔文洪、李得行。

陰陽生：有臣、常鸞。匠作：賈廷州、劉永勝、李增、賈寶。石工：劉策鐫。

嘉靖四十二年仲秋十日。

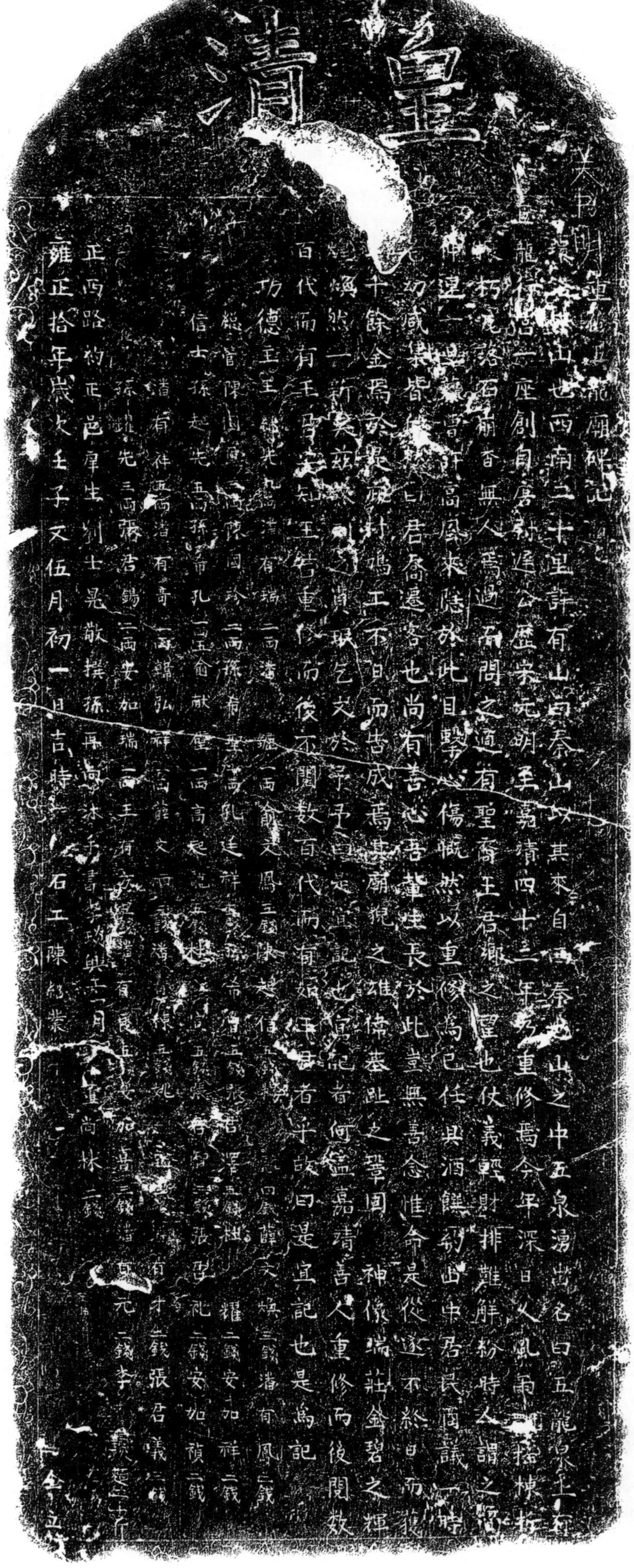
皇清
雍正拾年歲次壬子文伍月初一日吉時

【二二八】　重修五龍廟碑記

年代：清雍正十年

尺寸：高 122 釐米，寬 48 釐米

立石地點：瀍西區孫旗屯鄉前五龍溝村

重修五龍廟碑記

〔碑首〕：皇清

環洛皆山也，西南二十里許有西秦山，以其來自西秦也，山之中五泉湧出，名曰“五龍泉”，上有五龍行宫一座，創自唐尉遲公，歷宋元明，至嘉靖四十二年，乃重修焉。今年深日久，風雨飄摇，棟折榱朽，瓦落石崩，杳無人焉過而問之。適有聖裔王君，鄉之望也，仗義輕財，排難解紛，時人謂之魯仲連，一旦慕曹許高風，來隱於此，目擊心傷，慨然以重修爲己任，俱酒饌約山中居民商議，一時老幼咸集，皆欣然曰：君喬遷客也，尚有善心，吾輩生長於此，豈無善念？惟命是從。遂不終日而獲十千餘金焉，於是庀材鳩工，不日而告成焉。其廟貌之雄偉，基址之鞏固，神像端莊，金碧之輝煌，焕然一新矣。兹欲列之貞珉，乞文於予，予曰：是宜記也。宜記者何？蓋嘉靖善人重修，而後閲數百代而有王君，安知王君重修，而後不閲數百代而有如王君者乎？故曰是宜記也。是爲記。

功德主：王瑞先九兩。總管陳國璽三兩。信士孫起先五兩。潘有祥五兩。孫耀先三兩。潘有瑞二兩。陳國珍二兩。孫希孔一兩。潘有奇一兩。張君錫二兩。潘鏞一兩。孫希聖一兩。俞獻壁一兩。韓弘祥一兩。安加瑞一兩。俞文鳳五錢。孔廷祥五錢。高起龍五錢。薛文炳三錢。王有方五錢。陳起信五錢。孫希曾五錢。杜□宣五錢。潘有棟五錢。潘有良五錢。李琰與工一月。楊麟四錢。張君澤五錢。張君智三錢。姚鎰三錢。安加喜三錢。董尚林二錢。薛文焕三錢。杜耀二錢。張君禮二錢。潘有才二錢。潘有元二錢。潘有鳳二錢。安加祥二錢。安加禎二錢。張君義三錢。李琰麥二十斤。

石工：陳紹業。

正西路約正邑庠生劉士晃撰，孫再尚沐手書。

雍正拾年歲次壬子又五月初一日吉時仝立。

後記

宗教文化是中華文化的重要組成部分，在我國數千年的歷史進程中，貫穿始終，上至朝廷、官府，下至普通民衆，雖觀念各異，目的不一，而無不對神靈頂禮膜拜，虔誠有加。朝廷、官府通過宗教信仰，弘揚大道一統，束縛民衆思想，達到鞏固其長期統治的目的。而民眾則通過宗教信仰，祈求國泰民安，保障一方，福佑家庭。因此，千百年來，寺廟、道觀遍佈城市、鄉村，缺而創、圮而修，不遺餘力，鍥而不捨。而正是這種對信念的追求，使得宗教文化代代傳承，長盛不衰。而寺廟、道觀碑刻，作爲最爲重要的文獻載體，承載着濃厚的宗教文化，見證了各個寺觀的興衰變化，折射出時代的變遷，從另一個角度反映各個歷史時期政治、經濟、文化以及各種社會關係狀況。寺觀碑刻書法、藝術價值也是毋庸置疑的，歷史上許多書法家作品的傳承，無不賴于碑刻的流傳；碑碣上的雕刻，也呈現了古代雕刻藝術的發展脈絡。同時，碑刻中描繪的廟宇建築風格，對當今研究古建藝術也有一定的借鑒意義。從這個意義上講，寺廟、道觀碑刻，是前人給我們留下的豐厚的文化遺産，是一部宗教史及社會發展史的百科全書，是一座燦爛輝煌的藝術寶庫。但隨着時間的變遷，風雨飄摇，人爲損壞，這些碑刻或漫漶不清，或殘缺不全，不免令有識之士心痛不已。因此，保護、挖掘、整理、研究這一文化遺産刻不容緩，也是一件功在當代、利在千秋的好事。河南省文物建築保護研究院正是基於這一原因，在大量調查研究的基礎上，編輯出版了“河南寺廟道觀碑刻集成”叢書，彌補了河南宗教石刻文獻的空白，對於傳承和保護中華文化，具有積極意義。

《河南寺廟道觀碑刻集成》洛陽卷一，共精選輯録了洛陽市區的吉利區、伊濱區、洛龍區、高新區、澗西區等現存碑刻228件，時間跨度上至宋代，下迄民國。運用文獻學、歷史學及語言文字學等相關學科相結合的整理研究方法，對碑刻進行釋文、點校、編目，按立碑時間先後順序，採取圖版與釋文對照的方法編排，印刷精美，對照方便，是編者竭盡心力試圖呈現給大眾的一場道盛筵。

本書出版，得到了洛陽市文物局的大力支持和協助。本卷由郭茂育釋文，余扶危校對，陳文學垂拓，王志軍拍照，在此一并致謝。

由於編者水平所限以及參稽資料的短缺，在釋文、句逗等方面難免有疏漏和訛誤之處，敬請專家批評指正。

編　者

二〇一九年十月